国家社会科学基金一般项目
"积极治理主义导向下的中国反腐败刑事立法问题研究"
(15BFX055)研究成果

钱小平 著

中国反腐败
刑事立法研究

Research on Anti-corruption
Criminal Legislation in China

北京大学出版社
PEKING UNIVERSITY PRESS

图书在版编目(CIP)数据

中国反腐败刑事立法研究/钱小平著. —北京:北京大学出版社,2023.3
ISBN 978-7-301-33679-3

Ⅰ.①中… Ⅱ.①钱… Ⅲ.①反腐倡廉—刑法—立法—研究—中国
Ⅳ.①D924.04 ②D630.9

中国版本图书馆 CIP 数据核字(2022)第 252408 号

书　　　名	中国反腐败刑事立法研究 ZHONGGUO FANFUBAI XINGSHI LIFA YANJIU
著作责任者	钱小平　著
责 任 编 辑	徐　音　姚沁钰
标 准 书 号	ISBN 978-7-301-33679-3
出 版 发 行	北京大学出版社
地　　　址	北京市海淀区成府路 205 号　100871
网　　　址	http://www.pup.cn　新浪微博:@北京大学出版社
电 子 信 箱	sdyy_2005@126.com
电　　　话	邮购部 010-62752015　发行部 010-62750672　编辑部 021-62071998
印 刷 者	河北滦县鑫华书刊印刷厂
经 销 者	新华书店
	730 毫米×980 毫米　16 开本　16.75 印张　332 千字 2023 年 3 月第 1 版　2023 年 3 月第 1 次印刷
定　　　价	78.00 元

未经许可,不得以任何方式复制或抄袭本书之部分或全部内容。
版权所有,侵权必究
举报电话:010-62752024　电子信箱:fd@pup.pku.edu.cn
图书如有印装质量问题,请与出版部联系,电话:010-62756370

导论（代自序）

腐败是人类社会的公敌，对于任何国家来说都是一个严峻的挑战。在不同层面，腐败有不同的定义。在政治层面，腐败是对公共道德的破坏，会导致国家或治理者道德的降低；在经济层面，腐败会非法影响经济进程的运行；在社会层面，腐败是一种异常行为，表现为不顾他人和社会利益的权力滥用。[①] 国际公约及国际组织对腐败的定义更加多元化。1979年《联合国公职人员行为守则》中提出了腐败的示范性定义：公职人员以获得任何形式酬劳为目的，为了支付者的利益，在其职权范围内采取或不采取某种行动，无论是否违反规范。1995年欧盟的立法机构将腐败界定为：具有公共或私人责任的人直接或间接地以经济或其他利益换取其履行职责过程中作为或不作为，从而不能履行责任的行为。2003年欧盟委员会在欧盟层面将腐败定义为"基于私人利益而滥用权力"。非政府组织"透明国际"将腐败定义为"为了私人利益而滥用受委托权力"，该定义包括了私营部门的腐败。《联合国反腐败公约》虽然未对腐败做出定义，但其第12条专门指出，要"防止涉及私营部门的腐败"，表明腐败涵盖了公共部门和私营部门两个领域，本质是权力的越轨。

腐败的社会危害性是一个逐步为西方社会在现代化进程中所认知的问题。亨廷顿在其代表作《变化社会中的政治秩序》中发现了腐化程度与社会和经济迅速现代化之间的内在关系，提出了著名的"亨廷顿原理"，即某个国家处于变革时期的腐化现象比该国在其他时期的腐化现象更为普遍。[②] 现代化与腐败的内生关系及其对现代化发展的消极影响，强化了现代国家对腐败实施积极治理必要性的认识，进而为腐败治理的重点选择指明了方向。在与腐败斗争的经验总结中，先现代化国家率先调整了腐败治理策略，将治理重点置于引发腐败的原因层面，20世纪初西方国家的腐败治理运动将权力的限制与控制作为腐败治理对策的核心，建构起以预防法为核心的反腐败立法体系，腐败惩治法同时也得到了进一步发展。英美国家创新了腐败犯罪证明规则及腐败犯罪行为的入罪标准，提高了实体法与程序法的协同治理功能；欧洲国家将民事追偿与修复制度引入惩治机制，更新了腐败犯罪刑事责任模式。西方国家反腐败刑事立法的发展

---

① 〔俄〕哈布里耶娃主编：《腐败：性质、表现与应对》，李铁军等译，法律出版社2015年版，第11页。
② 〔美〕塞缪尔·亨廷顿：《变革社会中的政治秩序》，李盛平等译，华夏出版社1988年版，第57页。

变化,体现了国家对现代化风险扩张带来的腐败危机予以主动性干预的特征,其中所反映的国家治理理念,可称为积极治理主义,即以科学决策为先导,以风险防范为目标,以结构化治理为基础,以治理效能提高为表征,以全球化参与为使命的一种国家治理理念。在积极治理主义导向下,国家将腐败定位为严重影响国家现代化发展的公共风险,根据腐败衍生原理而形成的治理策略,要求将反腐败资源重点投入对腐败动因具有遏制功能的制度领域,设置针对腐败衍生本源性、内生性、根本性的刑事治理措施,以有效预防腐败风险。

我国理论界对现代腐败及其治理问题的研究起步于20世纪80年代的改革开放。公权腐败对国家政治经济秩序的危害最为严重,是国家现代化过程中必须首先解决的障碍,被作为最主要的研究对象。王沪宁教授将腐败定义为"运用公共权力来实现私人目标",因此"必须从公共权力的体制、结构、功能和关系等多种层次来控制腐败的发生,从而尽可能大范围限制公共权力的非公共运用"[①]。倪星教授认为,在腐败治理对策上,可以通过政治和经济体制改革,堵塞制度漏洞,消除腐败机会,使政府官员不可能腐败;强化监督机制,加大惩罚力度,增加腐败成本,使政府官员不敢于腐败;承认和尊重政府官员的合法权益,以薪养廉,使政府官员不必要腐败;加强思想教育和道德约束,提高廉洁自律度,使政府官员不愿意腐败。[②] 在实践层面,改革开放之初腐败现象的大量出现,促使从自然人到单位、从公共领域到私营领域主体二元化的腐败犯罪刑事立法体系得以快速构建。1997年《刑法》以专章方式将腐败犯罪相关内容予以集中规定,实现了反腐败刑事立法的"第一次飞跃"。在此之后,立法增设了关于外国公职人员、与国家工作人员关系密切的人的腐败犯罪罪名,完善了非国家公职人员腐败犯罪的立法规范,使刑事法网更加严密,并对贪污贿赂犯罪的刑罚结构体系做出了积极调整,确立了不可假释的无期徒刑,优化了量刑情节和法定刑配置。但是,较反腐败刑事立法更新,腐败衍生环境及腐败形态的变化更为迅速。公权力在经济转型过程中的主导性与支配性造成了权力运行的风险,在权力监督机制尚未健全的情形下,权力支配者容易利用现代化所创造的新型财富与资源的分配权,将公共利益转为个人利益,并先后形成了"寻租型"腐败、"制度型"腐败、"系统型"腐败等腐败类型。这些腐败的特殊之处在于,隐藏于经济改革发展的政策目标之下,与经济发展有"共生共荣"之假象,降低了社会对腐败危害性的警觉与预防,并导致市场经济体制转型初期的腐败泛滥,加之受以结果为中心的传统刑法惩治观的影响,彼时的腐败治理制度建设具有滞后性,腐败治理效果未达预期。

总结以往腐败治理的经验与教训,党的十八届四中全会提出了"形成不敢

---

① 王沪宁:《反腐败:中国的实验》,三环出版社1990年版,第1页。
② 倪星:《腐败与反腐败的经济学研究》,中国社会科学出版社2004年版,第1页。

腐、不能腐、不想腐的有效机制",确立了"三不"的国家反腐败战略。党的十九大报告指出"强化不敢腐的震慑,扎牢不能腐的笼子,增强不想腐的自觉,通过不懈努力换来海晏河清、朗朗乾坤",提出了国家反腐败战略的实现方法和要求。2019年十九届中央纪委三次全会进一步提出了"不敢腐、不能腐、不想腐"的一体推进要求。习近平总书记在2021年十九届中央纪委五次全会上的讲话中再次强调"深刻把握反腐败斗争新态势,一体推进不敢腐、不能腐、不想腐"。2022年10月,党的二十大报告进一步指出:"只要存在腐败问题产生的土壤和条件,反腐败斗争就一刻不能停,必须永远吹冲锋号。坚持不敢腐、不能腐、不想腐一体推进……以零容忍态度反腐惩恶……决不姑息。"在一体推进"三不"反腐败战略中,以刑事立法惩治为代表的"不敢腐"体制机制是国家反腐败战略目标实现的基础保障。当下中国已经进入系统性反腐阶段,由《刑法》《刑事诉讼法》所构建的腐败犯罪惩治机制已经生效运行了四十余年,在此期间立法虽有多次修补,但腐败犯罪罪刑结构和追诉模式总体上未发生重大变化。2018年3月20日《监察法》的颁布实施,使腐败犯罪的追诉模式从检察机关的"一体追诉"变成了监察机关、检察机关的"分体追诉"。在"变"与"不变"之间,进一步提升刑事立法的"不敢腐"功能,需要反腐败刑事立法理念的优化升级。

  中国现代化的特殊之处在于其复杂性,既有先现代化问题,也有后现代化问题,经济转型与社会安全问题、政治安全问题和国家安全问题等交织在一起,腐败及其治理问题也融于其中,受到国家治理基本策略与战略发展方向的系统性影响。积极治理主义虽然在先现代化国家的国家治理中最早被验证运用,但作为现代国家防范风险、应对危机的一般性理念,同样也适用于正处于国家治理现代化发展道路上的中国。当然,在中国国家治理语境下的积极治理主义不仅是应对危机与预防风险的国家治理观,在更高层面还是以积极治理方式推进国家治理体系和治理能力现代化的国家发展战略观,即积极治理发展战略观。总体国家安全观、人类命运共同体、"一带一路"倡议等国家发展战略的提出,已经在一定程度上体现了积极治理发展战略观。在刑法领域,积极治理发展战略观促进了传统刑事立法理念的松动与转变,并促使刑事治理在国家治理中的参与功能得到了优化更新。为及时回应社会转型中出现的各种复杂问题,近年来刑事立法一直处于活跃状态,新设了诸多轻罪罪名且刑罚处罚不再以行为侵害结果为导向。周光权教授较早关注到这一现象并将这一立法理念称为"积极刑法观",认为在中国当下的社会情势中,刑法观念已经逐步转向功能主义,刑法被赋予了积极参与社会治理的新的机能。[①]"积极刑法观"所主张的立法积极评估了可能出现的法益侵害危险、有限度的理性立法等观点,与积极治理发展战略观

---

① 周光权:《积极刑法立法观在中国的确立》,载《法学研究》2016年第4期。

中的理性决策、风险防范治理理念具有同源性,但积极治理发展战略观更具有全局性和综合性,在结构化治理、效能治理以及全球化治理等领域有着更为广泛的理念表达与制度设计要求。积极治理发展战略观在腐败治理领域体现为积极治理的反腐败战略观,是以决策理性、风险预防、效能提升、结构完善、全球化参与等关键词为核心的腐败治理理念。魏昌东教授是最早从国外反腐败立法发展中注意到积极治理主义在反腐败领域体现的学者,认为积极治理以腐败所赖以生存的本原性要素、内生性环境改造为治理重点,因此需要构建提高腐败追究可能与预防机会的机制,针对腐败犯罪形成更具主动性、进攻性、策略性的治理理念。① 这一观点揭示了积极治理的反腐败理念在腐败风险防范、遏因性功能、治理效能等方面的核心特征。

在以往学者研究的基础上,本书对积极治理主义的形成、发展及中西方语境下的区分进行了分析,针对中国语境下积极治理在国家治理体系现代化中的战略定位进行了初步探讨,提出了积极治理反腐败战略观的内涵,以之为导向进一步提出中国反腐败刑事立法理论的优化发展方向。应当注意到,尽管全面从严治党、国家监察体制改革、国际追逃追赃等方面已经体现出了积极治理反腐败战略观对国家腐败治理体系的推动性影响,但积极治理反腐败战略观尚未真正成为腐败治理的主导性理念,以消除腐败诱因、遏制腐败动因为目标,从根源上消除腐败"交易机会"的科学立法观并未占据支配地位,在防止利益冲突、行权公开、财产登记等方面,仍然存在诸多"制度洼地";腐败治理预防法与惩治法、社会法与国家法、程序法与实体法的协同性仍有不足;《监察法》与刑事立法的衔接仍存在诸多问题。对此,在"三不"一体推进的国家反腐败战略背景下,倡导积极治理反腐败战略观具有重要的理论价值和现实意义。以积极治理反腐败战略观为指导,修正反腐败刑事立法政策,推进反腐败刑事立法原理更新,实现贿赂犯罪刑事立法"内涵式"发展,优化监检衔接机制,提高腐败犯罪追诉程序的运行效能,为中国特色反腐败刑事立法体系建设"第二次飞跃"提供参考,是本书期望达到的目的。

围绕上述目的,本书共分为七章。第一章系统梳理世界主要国家腐败犯罪刑事立法发展过程及国际反腐败公约对反腐败刑事立法的基本要求,对现代国家反腐败刑事立法的共同特征进行了归纳和评价;第二章分析了积极治理主义在先现代化国家的兴起过程,论证了积极治理主义的概念与特征,阐释了积极治理主义对现代国家腐败治理策略及刑事立法原理发展的影响;第三章探寻了积极治理主义在中国话语体系中的合理定位,明确了积极治理国家发展战略观及积极治理反腐败战略观的概念,对改革开放以来腐败演变与治理模式进行了系

---

① 魏昌东:《积极治理主义提升立法规制腐败的能力》,载《中国社会科学报》2014年10月31日。

统考察,提出了积极治理反腐败战略观导向下反腐败刑事立法政策的应然选择;第四章对我国贪污贿赂犯罪立法运行效能进行了实证研究,指出了立法规范在腐败规制能力上存在的问题;第五章在积极治理反腐败战略观下对廉洁性法益进行反思,提出以公职行为的不可徇私性和公职行为的不可收买性为标准的"分层化"廉洁性法益设计,就贿赂犯罪立法结构性更新与体系性完善进行了深入研究,提出了贿赂犯罪立法完善建议;第六章基于监察体制改革及监检衔接之现实问题,提出了积极治理反腐败战略观下腐败犯罪"分体式"追诉模式的法治化构建路径与方案,并对腐败犯罪刑事追诉程序的立法完善进行了深入研究,提出了反腐败刑事程序立法的完善建议;第七章围绕海外腐败治理展开研究,明确了反海外腐败立法的完善策略与措施,提出了《中华人民共和国反海外腐败法(建议稿)》。

本书在合理借鉴域外反腐败刑事立法经验的基础上,从推进国家治理现代化及提升国家治理能力角度倡导积极治理反腐败战略观,围绕反腐败刑事实体法、刑事程序法两大领域及其协同关系,注重监察法与刑事法的"法法衔接"以及反腐败刑事治理的"内外贯通",构建了"积极治理型"反腐败刑事治理机制,为中国特色反腐败刑事立法的体系性完善提供理论参考。由于作者知识领域的局限性和能力的有限性,本书尚未涉及积极治理反腐败战略观的政治学、社会学基础,腐败的积极治理原理还有待深化,研究对象尚未扩展到包括渎职型腐败犯罪在内的整体腐败犯罪类型,对反腐败企业合规的研究尚未展开。诸如以上不足,恳请读者谅解。本书的顺利完成,亦要感谢博士研究生张奥、冯文杰以及硕士研究生相赐、费雪娇等的协助。最后,对本书的疏漏和错误,祈请读者批评指正。

目　　录

第一章　反腐败刑事立法发展的国际视野 ············· 1
　第一节　世界主要国家腐败犯罪立法发展 ············· 1
　第二节　国际反腐败公约的刑事立法要求 ············· 35
　第三节　腐败犯罪立法国际发展的基本评价 ··········· 54

第二章　积极治理主义导向下反腐败刑事立法原理更新 ··· 59
　第一节　积极治理主义的兴起 ······················· 59
　第二节　积极治理主义对现代国家腐败治理的影响 ····· 67
　第三节　积极治理主义导向下腐败犯罪刑事立法理论更新 ··· 76

第三章　积极治理的中国语境与反腐败刑事立法政策优化 ··· 97
　第一节　改革开放以来腐败演变与治理模式考察 ······· 97
　第二节　国家治理话语体系下积极治理反腐败战略观的倡导 ··· 108
　第三节　积极治理反腐败战略观下反腐败刑事政策的优化更新 ··· 115

第四章　中国贪污贿赂犯罪立法运行的实证与效果评估 ··· 130
　第一节　贪污贿赂犯罪立法运行的实证分析 ··········· 130
　第二节　贪污贿赂犯罪立法运行的效果评估 ··········· 157

第五章　中国腐败犯罪刑法立法完善 ················· 163
　第一节　廉洁性法益的反思与分层化设计 ············· 163
　第二节　贿赂犯罪立法的结构性更新与体系性完善 ····· 173
　第三节　贿赂犯罪刑罚制度的立法完善 ··············· 188

第六章　中国腐败犯罪程序立法完善 ················· 194
　第一节　腐败犯罪"分体式"追诉程序的法治化构建 ··· 194
　第二节　腐败犯罪刑事追诉程序的立法完善 ··········· 207

第七章 中国海外腐败治理的立法完善与创新 ……………………… 224
  第一节 中国海外腐败现状与立法规制问题 …………………… 224
  第二节 中国海外腐败治理立法完善的策略与措施 …………… 229

附录 中华人民共和国反海外腐败法(建议稿) ………………… 241

参考文献 ……………………………………………………………… 246

第一章 反腐败刑事立法发展的国际视野

法律规范本身既具有一定的特殊性,又具有一定的普遍性。植根于不同国情民意的各国法律规范之间虽具有一定的差异性,但各国之间又面临着一些相同或相似的问题,由此使得各国之间的法律规范具有一定的相似性。[①] 法律规范并非凭空而来,它的确立以及完善在不同程度上受到社会经济发展需求、思想观念变迁等因素的影响。各国国民之间面临着一些相同或相似的问题,经历着一些相同或相似的生活,各国法律规范之间能够且应当互相借鉴甚至适度模仿。[②] 腐败治理是各国普遍关注的问题,在腐败治理策略、制度构建及治理效能上,各国有共同的价值诉求。在经济全球化背景下,国家之间的经济流动性在增强的同时,也带来了腐败流动的全球化和交互化,打击腐败犯罪已经成为各国作为国际法主体的共同责任,作为各国反腐败共识的国际条约代表了全球反腐败的价值定位与反腐败制度的建设标准。系统梳理世界主要国家腐败犯罪刑事立法的发展过程及国际反腐败公约对反腐败刑事立法的基本要求,分析、总结反腐败刑事立法的基本规律、特征与发展趋势,对于完善中国反腐败刑事立法,具有重要意义。

第一节 世界主要国家腐败犯罪立法发展

本章所选取梳理的国家包括三类:一是以英、美、德、法、日等国为代表的先现代化国家。这些国家在19世纪末20世纪初完成了工业革命,最先进入了现代化国家行列,在现代化道路上最早遭遇到现代腐败的侵袭,也较早建立了现代腐败治理的刑事立法体系。二是以瑞典、芬兰、丹麦等国为代表的北欧国家。这些国家属于较为清廉的国家,其反腐败刑事立法所具有的共性特征及在国家腐败治理体系中发挥的积极功能,值得深入研究。三是以俄罗斯为代表的后现代化国家。在政治、经济体制全面转型情形下,俄罗斯出现了较为严重的腐败问题且目前依然面临着较为严峻的反腐败形势,其反腐败刑事立法的特点及缺陷,同

---

① 何勤华:《法的移植与法的本土化》,载《中国法学》2002年第3期。
② 高鸿钧:《法律移植:隐喻、范式与全球化时代的新趋向》,载《中国社会科学》2007年第4期。

样值得作为参考。

一、英国腐败犯罪立法发展

作为普通法国家,英国腐败犯罪最早出现于判例法之中。在 19 世纪末 20 世纪初,英国将贿赂犯罪成文法化,形成了普通法与成文法的二元化模式。腐败犯罪的成文法化在 21 世纪达到一个高潮,2000 年《信息自由法》(Freedom of Information Act 2000)、2001 年《打击恐怖主义、犯罪与安全法》(Anti-Terrorism, Crime and Security Act 2001)、2010 年《贿赂法》(Bribery Act 2010)、2015 年《刑事司法和法院法》(Criminal Justice and Courts Act 2015)等多部立法中均规定了腐败犯罪类型,尤其是《贿赂法》废止了普通法中的贿赂罪名,统一了制定法上的罪名,形成了针对贿赂犯罪的统一的成文法体系,代表了英国腐败犯罪刑事立法的最新发展。

(一)"交易型"腐败犯罪立法发展

1. 普通法与制定法的并存时代

在 2010 年《贿赂法》生效之前,英国既有普通法上的贿赂犯罪,也有制定法上的贿赂犯罪。作为普通法罪名,贿赂罪在英国已经有了几百年的历史,但普通法上的贿赂罪并非单一罪名而是针对不同身份公职人员形成的一系列罪名,如贿赂枢密院成员罪、贿赂法医罪等。[1] 通常而言,普通法上的贿赂罪是指,公职人员收受不当报酬(undue reward)或向公职人员提供不当报酬,意图影响公职行为并使其实施有悖于诚实与廉洁的公认规则的行为。[2] 普通法贿赂犯罪可以单处或并处罚金或无期限的监禁刑。

在普通法之外,英国还通过特别刑法及附属刑法的方式规定了成文法层面的贿赂犯罪。英国最早的反贿赂法施行于 14 世纪 80 年代,规定禁止法官"接受除国王之外的人赠送的礼服、酬金、津贴、礼物等任何形式的报酬,但不太值钱的酒肉除外"[3]。1551 年《公职买卖法》(Sale of Public Office Act 1551)[4]规定了买卖公职或者为了任何涉及行政司法、国王财税收入管理、法院记录员等职位而收受或同意收受钱财的情况,对于出卖者,没收其全部收益,对于购买者,剥夺其所获公职。19 世纪 80 年代末大都会工作委员会(Metropolitan Board of Works,

---

[1] Monty Raphael, *Blackstone's Guide to the Bribery Act 2010*, Oxford University Press, 2010, p. 11.
[2] J. W. Cecil Turner, *Russell on Crime*, Sweet & Maxwell, 1964, p. 381.
[3] 〔美〕泽菲尔·提绍特:《美国的腐败》,冯克利、苗晓枫译,中国方正出版社 2016 年版,第 76 页。
[4] 该法于 1809 年修订,2013 年废止。

MBW)的腐败丑闻,①促使了1889年《公共机构腐败行为法》(Public Bodies Corrupt Practices Act 1889)的诞生。该法首次规定了适用于公共机构人员的贿赂犯罪,标志着普遍意义上的贿赂犯罪正式进入成文法序列。《公共机构腐败行为法》第1节规定了贿赂罪,包括:(1)受贿。本法所确定的公共机构成员、职员或雇员通过自己或与其有关联性的其他人,为自己或他人而腐败性(corruptly)提出或收受,或同意收受礼物、贷款、费用、酬劳或利益,作为在公共机构所涉及的实际的或提议的事务或者交易中实施作为或不作为的诱因或报酬或其他原因的,构成本罪。(2)行贿。任何人通过自己或与其有关联性的其他人,为自己或他人利益而腐败性给予、承诺给予或提议给予任何人礼物、贷款、费用、酬劳或利益,作为本法所确定的公共机构成员、职员或雇员在公共机构所涉及的实际的或提议的事务或者交易中实施作为或不作为的诱因或报酬或其他原因的,构成本罪。② 1889年《公共机构腐败行为法》所规定的公共机构仅限于地方公共机构,包括地方议会、市政委员会、教区委员会和其他基于地方政府、公共卫生、公共资金管理等立法规定而行使权力的机构。

在19世纪末,秘密佣金(secret commissions)在商业领域极为泛滥。伦敦商会在1896年任命了一个特别委员会调查秘密佣金的泛滥情形。委员会出具的调查报告显示,以秘密佣金方式呈现出的贿赂在各个商业领域、各个职业中都存在,并建议通过立法来打击这种"极恶"(great evil)。③ 在此报告的影响下,英国在1906年颁布了《预防腐败法》(Prevention of Corruption Act 1906),将贿赂犯罪的犯罪主体规定为"代理人"(agent),即受雇于他人或代理他人的任何人,既包括了为王室服务的人员或者地方及公共机构人员,也包括了私营部门的人员,"委托—代理"模式由此成为贿赂犯罪的基本特征,刑法对贿赂犯罪的惩治从公权领域扩张到私营领域。

在20世纪初期,英国出现了战争物资采购的腐败丑闻,④为更严厉地打击腐败,议会在1916年颁布了第二部《预防腐败法》(Prevention of Corruption Act 1916),将贿赂犯罪的适用范围从地方政府扩张至中央政府,确立了特定情况下

---

① 为了更好地进行城市规划和建设,1885年大都会工作委员会(MBW)成立,其行使伦敦地方政府的所有权力。在1886年10月至11月之间,《金融时报》刊登了两篇文章,对MBW处置多余土地的方法进行了批评。在1887年,MBW成立了一个特别委员会就土地出卖的腐败问题进行调查,但收效甚微。在1888年2月,蓝道夫大法官提出动议说服下议院成立皇家委员会来调查MBW的工作。调查结果发现,MBW在出售或出租房屋过程中,经常不采用公开竞争的方式就将房屋处置给MBW成员的提名人,并且向公房租客收取贿赂。基于调查结果,蓝道夫大法官等人向议会提出了旨在更为有效预防和惩治公司、委员会或其他公共组织的成员、职员或雇员贿赂和腐败的立法,即1889年《公共机构腐败行为法》。Monty Raphael, *Blackstone's Guide to the Bribery Act 2010*, Oxford University Press, 2010, p.15.
② Public Bodies Corrupt Practices Act 1889, Section 1.
③ Monty Raphael, *Blackstone's Guide to the Bribery Act 2010*, Oxford University Press, 2010, p.19.
④ 皇家陆军军服部的公职人员收受来自合同生产商的贿赂,以使其对特定商品不履行检查职责。

贿赂犯罪的推定规则,并将法定最高刑从 2 年监禁刑提高至 7 年监禁刑。1916年《预防腐败法》第 2 节规定,在与王室、政府部门或公共机构签订合同并向其雇员支付报酬的情形下,公诉方只要证明公职人员收受了钱财或报酬,就可以推定收受行为具有腐败性,除非存在反证。这一规定导致了举证责任的转移,即由被告方证明收受钱财或报酬不具有腐败性。该规定首次提出贿赂犯罪的推定规则与举证责任倒置,使贿赂犯罪的刑事追诉效率得以提高。

2. 统一制定法时代

在 20 世纪,英国贿赂犯罪可以同时适用三部制定法以及普通法的规定,普通法中的贿赂罪与制定法中的贿赂罪罪名大量重合,不经常被使用,而制定法的罪名则是对当时社会腐败问题的仓促反应,不具有综合性、明确性和连续性,[①]不同立法所规定的贿赂犯罪构成之间甚至存在矛盾和冲突。比如,1906 年《预防腐败法》规定受贿罪的犯罪主体收受贿赂必须是在履职期间,而 1889 年《公共机构腐败行为法》则规定在政府官员离职或未上任之前收受贿赂的,仍可构成贿赂罪。[②] 在 20 世纪 90 年代一系列公共领域内的腐败丑闻之后,英国法律委员会在 1998 年提出了一份报告,认为贿赂犯罪在普通法和制定法上的适用较为混乱,因此提出了制定一部统一的、完善的反贿赂法的立法建议。在该报告的基础上,形成了 2003 年《腐败法(草案)》(Draft Corruption Bill 2003),但该草案在议会受到了诸多批评,立法一度搁置。2005 年 12 月,英国内政部发布了一份关于贿赂立法改革的咨询文件,再次强调现有的贿赂立法是陈旧过时的,必须进行革新。在此之后,英国政府要求法律委员会重新审查贿赂立法。在回顾以往立法意见的基础上,法律委员会在 2007 年提出了咨询意见,建议立法应当为保护个人和社会利益而制定连贯、清楚的罪名,使罪犯受到恰当的处罚,并确保不违反《欧洲人权公约》及国际义务。2008 年 10 月,法律委员会出台了《贿赂法(草案)》的最后版本。2010 年 4 月 8 日《贿赂法》获得上下两院及御批通过,并于 2011 年 7 月正式生效。[③]《贿赂法》生效后,三部制定法及普通法上的贿赂罪罪名被废止,英国从此进入了统一的贿赂犯罪制定法时代。

《贿赂法》立法特色主要体现在以下三个方面:第一,统一了罪名适用。立法不再对公共部门与私营部门进行区分,而将公共部门与私营部门的贿赂行为合为一体,即第 1 条普通受贿罪和第 2 条普通行贿罪。经过 20 世纪 70 年代国有化运动与资本主义经济垄断的双重发展与融合,英国"以前很多公共部门的职责已经通过分包合同由私营部门来负责,而公共机构现在也经常与私营机构

[①] Legislating the Criminal Code:Corruption, The Law Commission, p. 1.
[②] Ibid., pp. 17-19.
[③] Monty Raphael, *Blackstone's Guide to the Bribery Act 2010*, Oxford University Press, 2010, pp. 22-29.

设立合资公司"①,实践中很难明确区分公共部门与私营部门的职能,"公共部门私营化"的普遍存在使立法没有必要再区分公共部门与私营部门的贿赂行为,而在公私部门界限逐步模糊的情况下,私营部门的贿赂比以往具有更大的危害,因此也应当设置与公共部门相同的入罪标准。第二,重视对行贿行为的治理。为更有效地预防行贿犯罪的发生,英国《贿赂法》第 7 条规定了商业组织预防贿赂失职罪(Failure of Commercial Organization to Prevent Bribery),要求商业组织对于腐败发生承担保证人责任,即商业组织疏于构建行贿预防机制而导致其雇员为商业组织利益行贿时,商业组织承担监管不足的刑事责任,但若商业组织可以证明其为了防止贿赂行为的发生已经构建了"充分程序",如符合风险评估原则、监督和复查原则、程序比例原则、最高层责任原则、沟通原则、尽职调查原则的具体要求,则可以作为有效的责任阻却辩护事由。② 此外,立法还加强了对海外行贿的打击力度,增加了行贿外国公职人员罪(Bribery of Foreign Public Officials)。第三,扩大了司法管辖权的范围。英国对司法管辖一直采取较为保守的立场。在普通法上,司法管辖采用行为地原则,即刑法的作用仅是惩罚和阻止发生在英国境内(英格兰与威尔士)的侵害行为,而 1889 年和 1906 年通过的法案也都没有包含试图创制域外适用罪名的明确意思。③ 但近十多年来,英国在司法管辖上的保守态度开始有所转变。《贿赂法》将"密切联系"(Close Connection)作为司法管辖的基本原则。对于发生在英国境外的普通行贿罪、受贿罪及行贿外国公职人员罪,只要行为人在实施行为时与英国存在"密切联系",具有下列因素之一,即属于英国公民、英国海外领土公民、英国海外国民、英国海外公民、1981 年《英国国籍法》之下的及受其保护的人、常住英国的个体、按照英国法律设立的组织以及苏格兰合伙企业,④就可适用《贿赂法》。至于商业组织预防贿赂失职罪,只要是按英国法律成立的或在英国开展业务的公司,都可以构成该罪。

(二)"侵占型"腐败犯罪立法发展

"侵占型"腐败犯罪本质上属于财产犯罪,早期在普通法和制定法上均将其归于盗窃罪。在 1473 年"承运人案"(Carrier's Case)中,英国法院改变了以往盗窃罪要求行为人侵害的是他人对财物的"占有"的规则,首次将代理人盗窃所占货物的行为也认定为盗窃罪。1529 年立法将这一规则成文法化。17 世纪,英国立法规定了官员违背国王信任而侵占军火、纺织物等公共财物的犯罪,而从 18 世纪开始,对违反私人经济信托犯罪行为的法律规制变得非常普遍。1742 年英

---

① Reforming Bribery, The Law Commission Consultation, p. 14.
② The Bribery Act 2010 Guidance, Ministry of Justice, pp. 20-32.
③ Reforming Bribery, The Law Commission Consultation, p. 167.
④ Bribery Act 2010, sec. 12(4)(2011).

国以特别法方式规定了关于英格兰银行职员及雇员的侵占犯罪;1751年立法规定了南海公司职员及雇员的侵占犯罪;1765年立法规定了邮局雇员的侵占犯罪。① 1799年英国议会颁布制定法,规定:仆人、职员或者其他受雇的人,在基于雇佣关系以雇主名义或者为了雇主而接受、占有金钱、实物、有价证券等财物之后,非法侵占这些财物的,构成犯罪,处14年以下流放。后来,英国议会在1812年、1827年和1857年通过立法不断扩大侵占罪的范围,将经纪人、律师、代理商、受托人等侵占客户或委托人财产的行为先后纳入侵占罪的处罚范围。② 1916年《盗窃法》(Larceny Act 1916)第17条职员及雇员盗窃与侵占罪(Larceny and Embezzlement by Clerks or Servants)第2款规定:在陛下的公共服务或任何警局中被雇佣的人,盗窃属于或由陛下占有的或是基于雇佣关系而占有的动产、现金和有价证券的;基于非公共服务目的,贪污或以其他任何方式欺诈性地运用或处置基于雇佣关系而由其占有的动产、现金或有价证券的,构成盗窃罪。在1968年《盗窃法》(Theft Act 1968)中,③盗窃罪被定义为"行为人以永久剥夺他人财产为目的,不诚实地非法占有属于他人的财产"。

2006年《欺诈法》(Fraud Act 2006)第一次以制定法形式规定了独立而统一的诈骗罪(之前诈骗罪规定在1968年《盗窃法》中),该法明确规定了三种类型的诈骗犯罪:"虚假表示型"诈骗(fraud by false representation)、"隐瞒信息型"诈骗(fraud by failing to disclose information)以及"滥用职权型"诈骗(fraud by abuse of position)。其中,"滥用职权型"诈骗罪是指,行为人基于其职责应当保护或不可违背他人经济利益,但却不诚实地滥用职权,意图为自己或他人谋取利益,或导致他人损失或将他人置于损失危险之中的行为。有关观点认为,1968年《盗窃法》以及2006年《欺诈法》,完全满足了《联合国反腐败公约》对于公职人员贪污以及挪用财产犯罪化要求,因此在英国法律中无需再单独规定贪污罪。④

(三)"渎职型"腐败犯罪立法发展

"渎职型"腐败犯罪主要体现为公职人员行为不当罪(Offence of Misconduct in Public Office)。公职人员行为不当罪是一个古老的罪名,最早可以追溯到13世纪。⑤ 现代意义上的这一罪行确立于1783年曼斯菲尔德勋爵在 R. v. Bem-

---

① Jerome Hall(ed.), *Theft, Law, and Society*, The Bobbs-Merrill Company,1952, pp. 36-37.
② 刘士心:《美国刑法各论原理》,人民出版社2015年版,第216页。
③ larceny和theft都是指盗窃,但对象范围不同,前者仅指盗窃可以转移占有的个人财产;后者指盗窃任何财产和财产性利益,包括盗窃服务、盗窃知识产权或个人财产。
④ Colin Nicholls QC et al., *Corruption and Misuse of Public Office*, Oxford University Press, 2017, p. 182.
⑤ F. Pollock, F. Maitland, *The History of English Law*, Cambridge University Press, 1898, pp. 520-521.

bridge 一案①中确立的两项原则：一是无论以何种方式任命的官员，一旦受委托从事职务活动，在涉及公众尤其是存在利益关系时，应当就职务上的不正当行为对国王承担刑事责任；二是在涉及公众的问题上，如果出现背信、欺诈或强制的行为，可以被起诉。② 因此，当公职人员实施违反其职责的行为或不作为时，就可能构成该罪。芬恩认为，公职人员行为不当罪的本质在于规范被公众赋予公权力的公职人员，防止其滥用职权或者违反职责，并认为滥用职权或违反职责可以以各种形式出现。③ 同时，芬恩在其著作中总结了以往关于该罪的判例，列举出该罪主要适用的几种情形：一是公职人员贪污受贿；二是公职人员蓄意不履行职责，如警察蓄意不执法办事；三是公职人员蓄意以不正当方式行使职务，如违反法定程序进行行政审批；四是公职人员对犯人刑讯逼供。④ 当然，以上四种情形仅仅列举了该罪最常适用的情况，实践中该罪的适用包括但不限于以上情形。随着时间的推移以及贪污贿赂等腐败犯罪的成文法化，该罪的重点逐渐被转移至不当行为之性质的界定，尤其是当被投诉的不当行为并非纯粹违反公职人员所要履行的一项明确的责任，而是公职人员未行使或错误地行使其自由裁量权的时候，如公职人员为了个人利益而偏向性地行使其酌情处置权。在十八至十九世纪的案例中，涉及该罪的公职人员很多都是在行使权力时，为了个人利益而实施不诚实、舞弊或者偏私的行为。因此，该罪的本质不在于规制以权钱交易或侵占公共财产为目的的滥用公职行为，而是在于确保公职人员不得借任何故意的作为或者不作为而违反其公务上的职责，不得蓄意滥用其被公众所寄予的信任。

近年来，该罪较多适用于公职人员利益冲突的场合，具体包括：一是"自我交易型"利益冲突。⑤ 自我交易不是权钱交易，而是指公职人员代表政府与同自

---

① 该案被告是军队指挥部办公室的会计，他腐败地以不作为方式隐藏了应当出现在决算中的一笔金钱。在该案之前，普通法上也出现过将公职人员不真实履行或不为公共利益而履行其职责的行为予以犯罪化的案例，如 1600 年的克劳特案（Crouther's Case）中，一个警察因在收到抢劫信息后拒绝发出警报声而被起诉。See Colin Nicholls QC et al., *Corruption and Misuse of Public Office*, Oxford University Press, 2017, p. 149.

② John Hatchard, Combating Corruption: Some Reflections on the Use of the Offence and the Tort of Misconduct/Misfeasance in a Public Office, *Denning Law Journal*, Vol. 24, 2012, pp. 65-88.

③ Paul Finn, *Official Misconduct*, Cambridge University Press, 1978, p. 72.

④ Ibid.

⑤ 在布莱克斯托克案中，被告人 2002 年任职于铁路部门，主管铁路运营与维修。同年，他与好友成立了一家名为 Precision 的公司，主营铁路维修服务。为了使公司参与铁路部门的投标，布莱克斯托克隐瞒了他与该公司之间的利益关系。2004 年，该公司与其他五家公司一起参与了政府的投标项目，布莱克斯托克在没有申报利益冲突的情况下，将为期三年的承包合同授予了他本人经营的 Precision 公司。虽然在为期三年的合作期间，该公司在业务上没有出现过任何纰漏，但布莱克斯托克在行使公权力的过程中显然夹带了个人利益，在明知存在利益冲突的情况下进行自我交易，损害了公权力行使的正当性以及公众的信赖利益，法院判定其构成公职人员行为不当罪，并判处三年有期徒刑。R. v. Blackstock, (2007) EWCA Crim 276.

己或其亲友有经济利益关系的商业组织进行交易。① 在公职人员进行自我交易时,基于经济人之假设,有充分的理由相信其自由裁量权下的选择行为会表现出利己之倾向,这会使得公权力行使的方向与原轨道产生偏离,从原本公共利益最大化的方向偏至公职人员个人利益最大化的方向,破坏公权力正常的运行秩序。在"自我交易型"行为不当罪中,只要行为人隐瞒了利益冲突关系,进行了自我交易,即构成对公众信赖利益的侵害,即便未产生任何实际后果,也构成行为不当罪。二是"施加影响型"利益冲突。② 施加影响是指公职人员利用影响力,斡旋其他代表公共利益的公职人员与同自己或其亲友有经济利益关系的商业组织进行交易。"施加影响型"行为不当罪的成立,要求行为人隐瞒了利益冲突关系而对其他公职人员施加不当影响,与前面一种行为类型相似,其成立也不需要产生任何实际后果。三是"不履行回避义务型"利益冲突。③ "不履行回避义务"属于不作为的不当行为,即行为人在明知存在利益冲突的情况下,没有作出利益申明并且没有履行相关回避义务。该罪的成立,要求行为人明知或应当知道出现利益冲突且不履行回避义务。

20 世纪以来,英国司法机关在归纳公职人员行为不当罪构成要件及规制范围上作出了诸多努力。在 1979 年 R. v. Dytham 案件中,法官归纳了该罪五个构成要素:一是被告必须是有义务履行职责的公职人员;二是所违反的职责是基于有意疏忽,而不只是忽视,当然,这种有意疏忽并不一定是故意的;三是违反职责并无合理的借口或正当理由;四是行为损害必须达到损害公共利益的程度且法庭认为应当予以谴责和惩罚;五是对于陪审团而言,需要根据证据判断是否存在

---

① 钱小平、尤广宇:《不履行"回避义务"可能入罪——美国"自我交易型"利益冲突罪的核心》,载《检察日报》2018 年 12 月 25 日。

② 2007 年,英国时任议会议员的奥贝德同时也是圆形码头餐饮有限公司股东,他就圆形码头餐饮有限公司与政府续租一事,牵线搭桥,介绍该公司代表人与当年刚上任的海事局领导斯蒂芬就租约一事进行私下谈判。因租约到期,政府原打算在涨价百分之十的基础上以公开招标之方式签订新租约。但在奥贝德的介绍下,公司代表人与政府部门负责人斯蒂达成了协议,放弃公开招标之方案,并以原租金与该公司续约。法院认为,奥贝德在担任公职或与公职有关的情况下,利用工作所处的环境影响了具有公共事务管理权的其他公职人员,他为了个人利益私下为公司与政府部门负责人牵线搭桥的行为损害了公权力正常运行之秩序,而公权力运行之秩序是公共利益的重要保障,因此,其行为性质属于为了个人利益而损害公共利益,法院最终判定奥贝德构成公职人员行为不当罪。R. v. Obeid, (2008) EWCA Crim 647.

③ 在 2004 年施佩克案中,时任保守党理事会领导的施佩克在 A1703 号公路沿线拥有一块约 1.7 公顷的私人土地,但他在规划 A1703 号公路的路线时,因没有履行回避义务而构成行为不当罪。依照英国的《议员行为准则》中关于禁止利益冲突的规定,官员必须登记其私人利益,且利益的范围非常广泛,包括但不限于收入、股份、土地等。此外,英国亦规定了利益申明制度,要求高级别的公职人员在参与一项决策或者审议之前,必须申明自身与正在决策或审议的事项是否存在利益关系,若存在利益冲突,则必须申请回避。施佩克在参与路线规划审议中,在明知于规划路线附近存在一块私人土地的情况下,没有按照要求申明自己拥有的私人土地与其参与的路线规划审议中可能存在利益冲突。法院认为,施佩克在没有履行回避义务的情况下参与了规划路线的决策,最终导致该路线"绕行"至其土地附近并因此获得 17500 英镑的土地升值金,构成公职人员行为不当罪,判处 18 个月的监禁并处罚金 25000 英镑。R. v. Speechley, (2005) EWCA Crim 811.

达到刑事犯罪程度的罪责。① 法院在"鲍登案"(Bowden Case)中显示了该罪适用范围的扩张(特别是对"公职人员"的定义上),但却没有设置任何标准以帮助从业人员了解该罪的界限范围。② 史密斯教授认为,普通法上轻罪最不令人满意地方就在于它们的构成要素以及罪名之间的界限是不确定的。③ 2003年《总检察长参考指南》中总结了该罪构成要素,具体包括:公职人员故意不履行其职责,同时/或者故意不当履行,达到滥用公众对公职人员信任的程度,且无合理理由的,构成该罪。

在20世纪中期,英国检察官对该罪使用较为谨慎,甚至一度使该罪濒临废止,但从20世纪晚期开始,该罪被频繁使用,2010年的起诉数量为149起,2014年为135起。司法扩大适用的主要原因在于:第一,该罪具有高度的包容性,一次起诉可以涵盖所有行为;第二,可以反映出属于刑事犯罪的严重的不当行为,而这些行为并不能被其他罪名充分涵盖;第三,可以用于缺乏司法正义环境下的妨碍司法公正的行为;第四,可以用于非法传送保密信息行为,该行为适用其他保护保密信息罪会受到限制;第五,该罪最高刑为无期徒刑。④ 2011年,英国法律委员会第十一届法律改革启动了对该罪名的审查,主要任务是决定该罪是要被废止,还是保留或修正。2016年1月20日,法律委员会发布了第一次总结报告,该报告具体分析了公职行为不当罪存在的问题。2016年9月5日,法律委员会发布了第二次总结报告,该报告概括了既存罪名适用中存在的问题,并且认为,修正后的罪名应当至少解决以下问题:一是违反责任导致严重损害的风险;二是腐败行为——为了个人利益滥用职责或导致对他人的损害。报告还认为可以考虑用以下两种新罪名取代普通法上的公职行为不当罪:一是旨在解决由特定公职人员(其职责与预防损害有关)实施的违反职责所导致的严重损害风险的新罪名;二是旨在解决所有公职人员所实施的腐败行为的新罪名。⑤ 截至2022年6月,新的立法仍未产生。

(四)"选举型"腐败犯罪立法发展

英国是首创议会制的国家,同时也是世界上较早实行普选制的国家。英国议会分上下两院,上议院主要由贵族把控,下议院由骑士、市民组成,后者在1832年议会改革后成为英国最高立法机关以及政体发展的主导机关,拥有决定内阁人选、监督内阁施政、干预司法工作等权力。19世纪的英国选举腐败猖獗,

---

① R. v. Dytham(1979) QB 722.
② Colin Nicholls QC et al., *Corruption and Misuse of Public Office*, Oxford University Press,2017,p. 150.
③ John Smith, Case Comment "Misconduct in Public Office",https://www.lawcom.gov.uk/project/misconduct-in-public-office/,2022年7月30日访问。
④ Colin Nicholls QC et al., *Corruption and Misuse of Public Office*, Oxford University Press, 2017, p. 147.
⑤ Ibid.

虽然更多的公民享有了选举权,但新增选民受到外界因素影响,仅在1832年至1868年间举行的10次全国大选中,就有346份揭露贿赂选举问题的诉求请愿书呈递予议会。① 1854年《预防贿选法》(Corrupt Practices Prevention Act 1854)统一了普通法罪名以及其他制定法上的选举腐败罪名,②但贿选以及选举舞弊问题反而在1865年的大选中爆发至高潮。选举腐败现象直到1883年《取缔选举舞弊及非法行为法》(Corrupt and Illegal Practices Prevention Act 1883)颁布后才逐渐好转。《取缔选举舞弊及非法行为法》详细列举了各种选举舞弊和非法行为,并规定了严厉的制裁措施,其中,选举舞弊构成犯罪的,处以监禁和罚金并剥夺政治权利7年。③ 1983年《人民代表法》(Representation of the People Act 1983)取代了1854年《预防贿选法》,进一步扩大了选举腐败犯罪的范围。之后,《人民代表法》经历了数次修正,但选举腐败犯罪的基本框架及内容并未发生实质性调整。

英国"选举型"腐败犯罪主要包括以下几类:一是冒充他人选举罪。《人民代表法》第60条规定,在议会或地方政府选举中,冒充他人作为选举者或候选人进行投票的,构成本罪。二是贿选罪。《人民代表法》第113条规定,任何人为其利益,通过自己或他人直接或间接地实施以金钱或其他贵重物品贿赂选民投票或不投票的,构成贿选罪。三是选举招待罪。《人民代表法》第114条规定,为选民提供食物、饮料或娱乐活动,以影响其投票的,构成选举招待罪。四是不正当影响罪。《人民代表法》第115条规定,通过施加针对选民的威胁(包括精神性或物理性侵害),影响选民投票或投票结果的,构成不正当影响罪。当然,选举中的腐败犯罪还包括虚报竞选经费罪、向选民注册官提供虚假信息罪等其他犯罪。2016年2月,英国法律委员会发表的一份报告指出,在1997年之后伴随着更多形式的选举和全民公决,"定制式"立法逐步增多,英国的选举法已经变得繁杂且支离破碎,应当整合现有立法并使其现代化和简约化,以符合21世纪的要求,既有的选举犯罪应当被更新,法定刑也应当提升。④ 英国关于选举法的立法修正仍在进一步推进中。

二、美国腐败犯罪立法发展

在反腐败立法方面,美国继承了英国的传统,并根据本国情况予以进一步发

---

① Eric J. Evans, *Parliamentary Reform in Britain*, c. 1770—1918, Longman, 2000, p.65.
② 英国在1416年、1695年、1809年均规定了关于议会选举犯罪的法律,比如,1695年《腐败行为法》规定,任何候选人不得给予特定的人"礼物或娱乐回报",以便被选举为议会成员。任何因参与、承诺或允许此类行为而被认定有罪的人不得在议会任职。
③ 张怀印:《19世纪英国治理选举舞弊现象的法律规制及其借鉴》,载《湖南科技大学学报(社会科学版)》2008年第2期。
④ Colin Nicholls QC et al., *Corruption and Misuse of Public Office*, Oxford University Press, 2017, p.198.

展,特别是其"利益冲突型"腐败犯罪立法具有独创性。

(一)"交易型"腐败犯罪立法发展

1776年美国独立之后,新成立的联邦政府没有通过反贿赂或反敲诈勒索的一般性法规,也没有针对立法者制定任何反贿赂法规。作为替代,联邦政府通过了只禁止法官、海关官员和税务官员收受贿赂的反贿赂法律,处罚是罚款和监禁,缺乏一般性的联邦法定罪名,对于那些未被列入反贿赂法的主体是否可以以贿赂罪起诉有诸多争议,导致了司法适用的混乱。① 在18世纪末,美国各州贿赂犯罪通常规定在普通法中,但实际上很少使用;到了19世纪初期,部分州已经开始在制定法中规定贿赂犯罪,并对贿赂行为予以严厉的刑事惩治。比如,在1800年至1810年间,密歇根州和马里兰州分别通过刑事立法来打击贿赂犯罪,前者规定最高可处800美元罚金以及5年劳役刑;后者规定最高可处12年徒刑。② 当时新设贿赂犯罪的各州对贿赂采取了宽泛的定义,并不限于以特殊关照换取利益,只要发现官员有偏袒或者较为关照某一方,即可定罪。如,科罗拉多州规定,收受礼品以偏袒一方皆为非法;1851年肯塔基州立法将贿赂罪规定为"任何州议员或行政管理官员,为其职权的作为或不作为而收受或有意收受贿赂的行为"③。

到了19世纪中期,美国在联邦和地方层面全面开启了贿赂犯罪的成文法化运动。1853年美国通过第一部联邦反贿赂法——《预防财政欺诈法》,其中规定:任何人向包括立法官员在内的美国官员许诺有价值的物品,意图影响"他在任何尚未决定,或按照法律或美国宪法规定在其职权内,或有责任、薪俸的职责范围内的问题、事宜、案件或诉讼中的投票或决定",皆要给予刑罚处罚。内战结束后,地方各州向更为宽泛的贿赂犯罪成文法迈进,突出表现为贿赂犯罪规制范围的扩大化。1871年印第安纳州的反贿赂法涵盖了司法、立法和行政部门,禁止任何可能"影响"正在履行公职的官员之"行为"的事情;1873年路易斯安那州的反贿赂法将一切可称为贿赂的行为都囊括在内,包括赠予任何官员任何种类的礼品,只要有影响官员行为的意图,皆属违法。④ 20世纪初以来,随着国家干预主义的兴起,加强对权力滥用的刑事惩治,成为美国腐败治理的重要议题。1926年和1948年《美国法典》将各个法律中的贿赂罪名整理归纳,形成了贿赂犯罪的罪族体系,包括向国会成员行贿罪、国会成员受贿罪、向法官或司法官行贿罪、法官受贿罪、司法官受贿罪等罪名。⑤ 1962年《美国法典》统一规定了

---

① 〔美〕泽菲尔·提绍特:《美国的腐败》,冯克利、苗晓枫译,中国方正出版社2016年版,第78页。
② 同上书,第82页。
③ 同上书,第86页。
④ 同上书,第88页。
⑤ 18 U.S. Code. § 204 § 205 § 206 § 207(1948).

贿赂罪,并在罪刑规范上进行了整合修正,进一步明确了收受财物与公职行为履行之间的"交换关系"(in return for),①并沿用至今。

(二)"利益冲突型"腐败犯罪立法发展

美国在独立战争胜利之后,决心建立一种全新的政治社会,其核心在于高度强调公民道德及民选代表对民众需求的积极响应。为此,美国制定法律,将欧洲视为正常的非腐败行为定义为腐败行为。1781年《联邦条例》规定,任何担任美国及其州中的有薪水或信托的公职人员,不能收受任何礼物或回报,也不能接受任何官职或头衔。其实,公职人员接受赠礼,这在当时的欧洲属于十分正常的事情,但美国则将此视为一种腐败,由此改造了人们的腐败观念,即认为,腐败不仅包括了钱权交易,也包括了腐败的诱因,当个人在行使公共权力时将个人私利放在公共利益之前,就构成腐败行为。② 19世纪中叶以后,美国陆续构建了以"利益冲突"为导向的腐败犯罪刑事立法体系。"利益冲突"的犯罪化最早出现在1848年"加德纳案"(Gardiner Case)里。彼时,托马斯·科文任职美国参议员,而乔治·加德纳想针对美国政府提起诉讼,使美国政府赔偿其因战争而遭受的损害,于是加德纳就委托科文担任其代理人,科文接受了这一委托,并利用其公职便利为加德纳谋取利益。针对这种情形,美国于1853年颁布《预防财政欺诈法》,将公职人员在针对美国政府的诉讼中帮助诉讼相对方的行为犯罪化。该法案明令禁止了公职人员代理以美国政府为索赔对象的诉讼行为,但并不禁止公职人员的一般诉讼代理或普通代理行为,于是导致其他类型的代理活动频繁出现。比如,1861年出现了一起武器制造商委托美国参议员向美国政府有关机构寻求军火买卖合同的案例,最终武器制造商获得了军火买卖合同,参议员因此获利5万美元,但这类案件却无法适用1853年《预防财政欺诈法》。③ 这一时期类似案件的屡屡发生,推动了利益冲突行为的入罪化进程。1862年公职人员收受与签订合同有关报酬的行为被规定为犯罪;1863年为打击战争期间的采购欺诈,立法禁止公职人员作为政府代理人与其直接或间接享有金钱或合同利益的企业进行商业交易;1864年公职人员在与美国政府有关的事务中接受相对方报酬的行为被予以犯罪化;1917年立法进一步禁止公职人员收受来自政府以外的且与其公职行为有关的薪金。④

---

① 美国受贿罪的行为构造为:"作为公共官员或已经被选为公共官员的人员,直接或间接地,为自己或第三人腐败性地要求、索要、接受或同意接受任何有价值之物,以作为进行以下行为的交换:(1)使其官方行为受到影响;(2)实施、帮助实施、共谋实施或允许实施任何针对美国政府的欺诈或制造欺诈机会;(3)被引诱作为或不作为任何违反其职责的行为。"18 U.S. Code. §201(1962)。

② 〔美〕泽菲尔·提格特:《美国的腐败》,冯克利、苗晓枫译,中国方正出版社2016年版,第7—10页。

③ 尤广宇、张涛:《美国"影响公务型"利益冲突罪:肇因、根据与启示》,载《犯罪研究》2019年第1期。

④ Beth Nolan, Public Interest, Private Income: Conflicts and Control Limits on the Outside Income of Government Officials, *Northwestern University Law Review*, Vol. 87, 1992.

早期"利益冲突型"腐败犯罪立法的目的在于防止公职人员因兼职而损害政府利益,因而此类犯罪本质上属于背信类犯罪。1958 年,当时的美国总统助理谢尔曼从一位工业家处接受实质性礼物和其他好处的事情被揭露后,美国参议院对此大为震惊,很快未加辩论地通过了《政府工作人员十项道德规范》,①对于利益冲突侵害法益的认识迅速发生转变。1958 年,美国参议院司法委员会在关于《利益冲突法》立法修正的报告中明确提出"利益冲突损害了联邦公务廉洁性",这使得确保公职人员行为廉洁性成为"利益冲突型"腐败犯罪立法发展的主导方向。此后,在刑法领域确立并强化公职人员廉洁性的保障,成为刑法立法改革的重要目标。② 美国国会在 1962 年颁布了与联邦贿赂法有关的修正内容,将"利益冲突型"腐败犯罪与贿赂犯罪一并规定在《美国法典》第 18 卷第 11 章之中,成为美国腐败犯罪治理的两大支柱。肯尼迪总统在向国会递交的联邦贿赂法修正说明中强调,公职人员必须维持最高的道德标准,"持续的廉洁、绝对的公正以及完全奉献于公共利益不仅要实际存在,而且必须以看得见的方式表现出来"。

美国现行立法规定,"利益冲突型"腐败犯罪包括五种类型:一是非法报酬的禁止,即禁止公职人员在与美国政府有直接或实质利益的特别事项中接受相对方报酬。二是非法代理的禁止,即禁止公职人员起诉政府或在与美国政府作为当事人或有直接或实质利益的诉讼中充当相对方的代理人。三是"旋转门"的禁止,即禁止公职人员在离职之后的特定时间内的游说行为。四是自我交易的禁止,即禁止公职人员亲自或实质性地代表政府参与与自己或利益关系人存在经济利益的特别事项。五是外部薪酬的禁止。禁止公职人员接受来自公职之外的其他报酬。③ "利益冲突型"腐败犯罪在 20 世纪下半叶虽有部分修正,但罪名体系与行为结构并未发生根本性变化,发挥了腐败预防性治理的积极功能。

(三)"侵占型"腐败犯罪立法发展

侵占罪的基础在于违反受托信赖原则,公职人员对受托公共财产存在管理责任,违反管理责任将公共财物占为己有即为侵占。1840 年,美国国会颁布了一项侵占罪法案,适用于那些对公共税收的收集、安全保管、转移和支出负有责任的官员。1846 年,立法将侵占罪的范围扩大至那些合法占有公共资金并对此负责的官员或代理人。在整个 19 世纪,美国从地方到联邦颁布了大量惩治不同类型侵占犯罪的法律。1875 年,联邦立法规定了普遍意义上的负责公共资金管

---

① 于安:《美国政府官员行为道德及其法律控制——浅说〈美国政府道德法〉》,载《国外法学》1988 年第 1 期。

② 在 1952 年《美国法典》中,"利益冲突型"腐败犯罪规定得较为分散,且有多处存在重复或矛盾,尚未形成针对"廉洁性"法益的集中规定。例如,最为重要的利益冲突犯罪——"公职人员在代表政府的活动中收受外部利益",仍被规定在"欺诈"犯罪中。

③ 18 U. S. Code. § 203 § 205 § 207 § 208 § 209(1962).

理公职人员的侵占罪,同时还规定了针对特殊主体的侵占罪。联邦法律所规定的侵占罪具有多种形式,包括:国家财务支出员(disbursing officer of the United States)将受信管理的公共资金(任何国家金钱、财产、记录、凭证或有价值物品)予以非法存放、挪用(unlawfully depositing or converting)的侵占行为;受雇于邮政服务组织的主体实施的侵占行为;国家银行现金、基金或信贷部门的负责人、主管、出纳人员、职员或代理人实施的侵占行为等。在地方立法层面,不同州也规定了对于基于职责或雇佣关系而掌握地方公共资金的主体侵占(embezzle)或欺诈性地挪用(fraudulently appropriating)公共资金的犯罪。

现行《美国法典》将侵占罪编撰到第 18 卷第 31 章"侵占与盗窃罪",最常适用的有两条:一是《美国法典》第 18 卷第 31 章第 641 条,该条文规定了对政府公共财产、金钱和记录的侵占和挪用行为;二是《美国法典》第 18 卷第 31 章第 656 条,该条文具体规定了对银行资产、存款和信托基金的侵占行为。根据第 641 条的规定,任何人侵占、窃取、盗取、或挪为己用或他用,或者未经授权而出售、转让或处置美国或其任何部门机构的任何记录、凭证、金钱或有价值物品,或根据合同为美国或其任何部门机构制造或正在制造的任何财产的,应单处或并处罚金或不超过十年的监禁刑,若定罪数额不超过 1000 美元,应单处或并处罚金或不超过一年的监禁刑。①

(四)"渎职型"腐败犯罪立法发展

美国没有单独规定滥用职权罪,渎职罪作为一个具体罪名在美国各司法区域有多种表述方式,如 misconduct in office、malconduct in office、misbehavior in office、malpractice in office、misdemeanor in office、corruption in office 等,其共同特征是以职务名义进行的非法行为。② 基于国家管理职权的加强,美国在 20 世纪初期针对性地通过立法规定了"渎职型"腐败犯罪。现行《美国法典》第 18 卷第 93 章"公职人员和雇员"中,较为集中地规定了不同类型的渎职犯罪,包括:非法披露重要信息的渎职犯罪(第 1902 条、第 1905—1907 条)、基于裙带关系的渎职犯罪(第 1910 条)、财产管理的渎职犯罪(第 1911 条)、基于海关责任的渎职犯罪(第 1915 条)、干扰公务员考试的渎职犯罪(第 1917 条)、虚假陈述的渎职犯罪(第 1919—1920 条、第 1922 条)等。

(五)"选举型"腐败犯罪立法发展

美国建国初期,候选人代表拥有官职,无需为官职竞选,但在 1828 年总统大选之后,"轮流任职"的观念开始盛行,并导致了"政党分肥制"的泛滥。1883 年《彭德尔顿法》(Pendleton Act)确立了联邦雇员的录用机制,瓦解了"政党分肥

---

① 18 U.S. Code. § 641(1962).
② 储槐植:《美国刑法(第三版)》,北京大学出版社 2005 年版,第 210 页。

制",但竞选花费依然巨大。既然不能用政府职位筹款,候选人便寻找行业垄断者或托拉斯为其筹措经费。企业向政党捐款,政党则用这些钱从投票站购买选票。① 1901 年泰迪·罗斯福总统上台后,在全国范围内掀起了反腐败浪潮。1907 年《蒂尔曼法》(Tillman Act)禁止社团法人向政治竞选捐款。在 20 世纪 20 年代,为回应"茶壶山丑闻",美国国会通过了一系列要求公开账目的法律,以使社团法人捐款相关法律得到实施。1939 年《哈奇法》(Hatch Act)限制了议会选举中的捐款和花费,禁止一切联邦雇员募集竞选捐款。1974 年《联邦竞选法》(Federal Election Campaign Act)提出了一些结构性规则,力图最大限度地防止选举中腐败行为的出现,主要包括:(1) 对候选人及其支持者的竞选开支予以限制,且要求候选人的支持者的捐款金额不能超过一定数额;(2) 所有候选人必须公开竞选所用的金额等财务信息;(3) 成立规范的公共竞选基金组织,给放弃部分私募竞选财产的竞选人一定的财务补助,用于竞选;(4) 成立监管竞选财务运行规则的联邦选举委员会,以更好地规范竞选开支事宜。② 但上述立法规定在司法适用上受到了阻碍。美国最高法院 1976 年对巴克利诉法雷奥公司案(Buckley v. Valeo)的判决使限制竞选开支的条款失效,最高法院虽然承认公众有正当理由去阻止腐败,但却裁定限制竞选开支的法规与腐败并无多大关系。在 2010 年 1 月的"公民联盟案"(Citizen United Case)中,美国最高法院的判决消除了选举过程中法人团体(如企业、工会和财团等组织)的独立竞选开支限制。最高法院认为,作为法律问题,不对等的社团开支是政治言论自由的原初形式,这种开支并不会腐蚀候选人或政治制度。在现行《美国法典》中,涉及选举的犯罪集中规定在第 18 卷第 29 章"选举和政治活动"中,包括利用军事手段胁迫选举的犯罪(第 592 条、第 593 条)、恐吓选民的犯罪(第 594 条、第 606 条)、利用行政权力干预选举的犯罪(第 595 条)、关于旨在影响投票的费用支出的犯罪(第 597 条)、利用救济款胁迫投票的犯罪(第 598 条)、候选人非法承诺的犯罪(第 599 条、第 600 条)、关于政治献金的犯罪(第 601—603 条)等。

三、法国腐败犯罪立法发展

法国是目前全球范围内较为清廉的国家之一,但在历史上,法国也曾遭遇过严重的腐败问题。法国历史学家、政治思想家、政治社会学奠基人阿历克西·德·托克维尔在其政治学名著《旧制度与大革命》中重点描述了爵位买卖腐败、立法审批腐败与公共支出腐败等现象。20 世纪中后期以来,法国始终致力于腐败犯罪刑事立法系统的建设与完善,构建了具有本国特色的腐败犯罪刑事惩治

---

① 〔美〕泽菲尔·提绍特:《美国的腐败》,冯克利、苗晓枫译,中国方正出版社 2016 年版,第 141 页。
② 褚向磊:《美国腐败问题的历史演变与制度根源》,载《南京政治学院学报》2017 年第 6 期。

机制。

(一)"交易型"腐败犯罪立法发展

法国在1810年《刑法典》第177—182条中已经规定了索贿和受贿罪。其中,第177条规定,公职人员索取或收受礼物,或接受他人行贿的承诺或提议的,处以2年以上10年以下有期徒刑,并处贿赂价值两倍的罚金;第178条规定了加重的索贿和受贿罪;第179条规定了贿赂犯罪的共犯;第180条规定了法条竞合问题;第181—182条规定了司法领域中的贿赂犯罪。1889年的《刑法典》修正案又增加了利用影响力交易罪。该罪与贿赂罪最大的区别是,利用影响力交易罪处罚的是中间人滥用其实际或假定的影响力,以便从权力机构或行政部门获得有利决定。例如,市长接受企业的非法薪酬以推动市政社区当局(市长是当局成员)将合同分配给该公司的行为,构成利用影响力交易罪。1994年法国颁布了新的《刑法典》,在其第三编"危害国家权威罪"第二章"公职人员危害公共行政管理罪"第三节"违反廉洁义务罪"中规定了受贿罪、利用影响力受贿罪以及非法获得利益罪;在第三章"个人妨害公共行政管理罪"第一节"个人行贿罪和影响力交易罪"中规定了行贿罪,第二节"妨碍司法活动罪"中规定了司法贿赂犯罪。

21世纪初,法国开始了新一轮反腐败刑事立法改革进程。首先是根据"欧洲反腐败公约"(包括欧洲《反腐败刑法公约》和《反腐败民法公约》)的规定,法国于2000年在《刑法典》第三编中增设了第五章"危害欧共体、欧盟成员国、其他外国与公共国际组织公共管理罪",以契合公约的要求。此后,法国又将《联合国反腐败公约》相关内容转化为国内的《反腐败法》,对既有反腐败刑事立法做出了系统性的修正。具体包括:(1)增设了贿赂罪中"为自己及为他人"谋利益的规定,以弥补立法空白,以刑法规制变相的(如相关主体以中间人身份实施间接的行贿受贿行为)、却又值得刑法处罚的行贿受贿行为。(2)修订司法人员受贿罪的罪刑规范,将书记官列入可构成司法人员受贿罪的主体名单。(3)增设了司法人员利用影响力交易的行贿及受贿犯罪。若司法人员自己或通过他人在任何时间索取或收受利益,并滥用影响力使得《刑法典》第434-9条所列举的人员做出有利之司法判决或意见,则对其应判处监禁刑5年与罚金75000欧元。(4)扩大了国际腐败犯罪的适用范围。之前行贿罪、受贿罪及影响力交易罪仅适用于欧盟公务员或者欧盟成员国的公务员。法律改革后,非欧盟成员国的其他国家、公共国际组织中公权力的拥有者、履行公共服务职责的人员或者民选代表均可成为此三罪的犯罪主体。①

现行法国《刑法典》中的"交易型"腐败犯罪可以分为:公职人员受贿和被动

---

① 施鹏鹏:《法国刑事反腐机制及其面临的挑战》,载《人民检察》2012年特刊。

利用影响力交易罪(第 432-11 条)、个人行贿罪(第 433-1 条)、利用影响力交易罪(第 433-2 条)、司法人员受贿罪和向司法人员行贿罪(第 434-9 条)、司法人员利用影响力交易罪(第 434-9-1 条)、外国公职人员受贿罪及被动利用影响力交易罪(第 435-1 条和第 435-2 条)、向外国公职人员行贿罪及主动利用影响力交易罪(第 435-3 条和第 435-4 条)、外国司法人员受贿罪及被动利用影响力交易罪(第 435-7 条和第 435-8 条)、向外国司法人员行贿罪及主动利用影响力交易罪(第 435-9 条和第 435-10 条)。法国刑法较为重视对利用影响力交易犯罪的刑事惩治,不仅规定了主动利用影响力交易和被动利用影响力交易,而且就司法人员、外国公职人员和外国司法人员等特殊主体的影响力交易做出了特别规定。

(二)"侵占型"腐败犯罪立法发展

侵占公共财产罪是一种非常古老的罪行,自罗马法以来就已为人所知,处罚的是受委托负责管理资金或财物的公职人员违反廉洁义务之行为。法国《刑法典》第 432-10 条规定了一种特殊的贪污犯罪:"行使公共权力、承担公共服务任务之人接受、要求或命令以税费、分摊费、税收或公共征税之名收取其明知不应收取或超出收取范围的款项,处 5 年监禁和 50 万欧元罚金,罚金数额可提高至犯罪所得的两倍。上述人员违反法律或法规,以任何形式和任何理由减免或免除税费、分摊费、税收或公共征税的,处相同刑罚。"该罪所指向的贪污主要是指违反法律或法规,对纳税人征收、减免或免除税收。比如,市长在没有市议会授权的情况下,免费向该市足球俱乐部教练提供属于市政府的住宅。该罪属于故意犯罪,公职人员须明知税收或利益的不正当性质,其明知属于推定的明知。公职人员无需从中获得个人利益,即使该税收本应由社区而非公职人员收取,该行为也构成贪污罪。

值得注意的是,法国《刑法典》还规定了故意或过失侵占公共财产罪。其第 432-15 条规定:"行使公共权力、承担公共服务任务之人,公共财务会计人员,公共财产保管人员或其下属,毁灭、挪用或窃取文书、凭证、公共或私人资金、票据、文件、类似凭证或者因职务或任务而交予他的其他任何物品的,处 10 年监禁并科以 100 万欧元罚金,罚金数额可提高至犯罪所得的两倍。犯前款所指轻罪未遂的,处相同刑罚。"该罪的主体要件是行使公共权力或承担公共服务任务之人、公共财物会计人员和公共财产保管人员或其下属,包括依法获得授权接受钱款或任何物品之人员,只要该人员依据其职务合法持有物品或财产。该罪的犯罪对象是财物,可以是文件或证书,如行政文书、档案、行政行为的原始文本、其他主管部门的文书或私人信件;也可以是公共或私人财产,包括现金、支票、汇票和国库券。该罪的行为要件包括了毁灭、挪用或窃取行为。公职人员可以为自己的利益而使用这些财产,也可以为使其近亲属、协会或任何其他第三方获利。该罪的主观方面为故意,即行为人明知毁灭、挪用或窃取行为,但无需获利的意图。该法第432-16条规定了过失侵占公共财产罪:"行使公共权力、承担公共服务任务之人,公共财务会计人员,公共财产保管人员因疏忽大意,导致第三人毁灭、挪用或窃取第432-15条所指之物品的,处1年监禁并科以15000欧元罚金。"例如,市政厅的工作人员将公民身份登记册保留在住所,但因监管疏忽,将其丢失,或市长签署与市政活动无关的物品的发票。

（三）"渎职型"腐败犯罪立法发展

法国《刑法典》中规定的"渎职型"腐败犯罪主要包括:对政府部门滥用权势罪,对个人滥用权势罪,妨害公共工程和公用事业委托之参与自由及候选人平等罪,过失导致财产被窃取、侵吞罪等。

其中,需要重点关注的是妨害公共工程和公用事业委托之参与自由及候选人平等罪。该罪增设于1991年通过公共合同进行政党筹资丑闻发生后,也称为徇私罪。法国《刑法典》第432-14条规定:"行使公共权力、承担公共服务任务或经公共选举委任职务之人,或者国家、地方领土单位、公立公益机构、承担公用事业任务的国有利益混合经济公司或地方混合公司之代表、管理人员或工作人员,或者为以上人员利益开展活动之人员,违反旨在维护公共工程和公用事业委托之参与自由及候选人平等之法律或条例,为他人谋取或试图谋取不正当利益的,处2年监禁并科以20万欧元罚金,罚金数额可提高至犯罪所得的两倍。"该罪可以发生在合同制订、分配或执行的所有阶段。该罪的构成包括以下四个要素:一是犯罪主体包括当选官员以及行使公共权力或承担公共服务任务之人。在实践中,参与公共合同程序的所有人都可能会构成徇私罪,无论他们的任务是技术类的、法律类的、财务类的还是决策类的。二是行为表现为不遵守公共合同法。通常表现为违反公共合同的两个基本原则:进入公共合同的自由和合同申请人的平等。如,在合同制订阶段,低估金额或人为拆分购买以便低于公开采购门槛或者选择分配标准,以有利于某位申请人;在合同咨询阶段,在分析报价时修改分配标准,而不是真诚地分析报价,或在咨询或谈判之前告知某企业其竞争对手的报价;在合同执行阶段,对未发生或超额发生的服务支付费用,或者在延迟履行或未正确提供服务时,不要求支付合同规定的罚金。三是违法行为应当会对他人产生不合理的优势,在大多数情况下,会导致将合同分配给其想要优待的企业或给予该企业异常有利的执行条件。四是行为人必须基于故意而违反公共合同规则。对于徇私罪而言,这个要求是宽松的,因为任何人都不应忽视法律,所以法官会理所当然地认为当选官员或公职人员已经知道公共合同的法规,因此通过推定规则,只要行为人有违反公共合同规则的行为,即推定其存在故意。此外,在主观方面,也不要求有谋取个人利益的目的以及为某个企业获得优势地位或损害社区利益的目的。

（四）"利益冲突型"腐败犯罪立法发展

法国《刑法典》第 432-12 条规定了"非法获取利益罪"，即行使公共权力、承担公共服务任务或经公共选举委任职务之人，在从事由其或部分由其负责监督、管理、结算的企业或业务活动中，无论以何种方式获得任何利益，均处 5 年监禁和 50 万欧元罚金。该罪禁止在公共事务管理中混淆个人利益与公众利益，目的是确保处于利益冲突情况中的公职人员在决策时保持公正。该法第 432-13 条规定："在实际履行职责的范围内，负责对私人企业进行监督或控制，与私人企业订立任何形式的合同或对此类合同提供意见，就私人企业活动直接向有关主管部门建议决策或对此类决策提供意见的公务员、地方行政单位工作人员、行政部门工作人员或雇员，在其离开上述公职后不满 3 年，即以劳务、建议或资金的形式在上述某家企业投资参股或接受参股股份，处 3 年监禁和 20 万欧元罚金，罚金数额可提高至犯罪所得的两倍。在至少持有 30% 共同资本的私人企业内，或在与第 1 款所指私人企业签订包含法律上或事实上排他权条款合同的私人企业内，以劳务、建议或资金的形式进行任何参股的，处相同刑罚。"该罪又可称为"旋转门罪"，目的是避免负责监管或与私营公司签约的公职人员优待某个公司，以期在离职后的短期内在该公司获得职位、拥有部分股份或做些咨询工作的可能性。简而言之，非法获取利益罪和"旋转门罪"旨在防止公共事务管理中的任何偏袒，避免私人利益干扰或可能干扰到公共利益。

（五）企业组织腐败犯罪立法发展

2016 年 12 月 9 日，法国颁布了《透明度、反腐败和经济生活现代化法》（简称《萨潘第二法案》），旨在预防腐败、提高透明度、加强企业内部风险管理和监督的义务。近年来，不少法国公司因行贿外国公职人员而受到美国《海外反腐败法》（Foreign Corruption Practices Act）管辖，最终接受认罪协议，并支付高额罚款。比如，2010 年，阿尔卡特朗讯股份有限公司被罚 1.37 亿美元，德西尼布股份有限公司被罚 3.38 亿美元；2013 年，道达尔股份有限公司被罚 3.84 亿美元；2014 年，阿尔斯通股份有限公司被罚 7.22 亿美元。这些法国公司因本国无合规要求，在签订协议之时，无法享受减免优惠政策，处于非常被动之境遇。更加引起法国当局关注的是在反腐败执法不平衡现象背后的本国数据保护、金融安全、国家安全等重大议题。一方面，《萨潘第二法案》立法目标之一是满足法国司法机关对国际管辖权限之需求，尤其是与美国司法机关竞争腐败犯罪的管辖权；另一方面，其目标还在于将腐败治理作为全社会的共同责任，促进国家和企业对腐败的共同治理。

《萨潘第二法案》是一部具有较高原创性的法律，通过全新的实体性和程序性法律框架，引入全新的反腐败合规制度，重点强化反腐败斗争中的企业义务，同时促进"合规"理念在法国法律体系中的渗透。《萨潘第二法案》创新性地将合规计划引入法国刑罚体系,该法第 18 条对《刑法典》做出了重要修订,在第131-39-1 条之后,新增第 131-39-2 条,规定:若根据《刑法典》第 121-1 条之规定,法人应对特定轻罪承担刑事责任,则可判处合规计划之刑罚。法人需要在法国反腐败局监管下,在最长 5 年的期限内,提交一份合规计划,旨在确保特定的措施和程序在其内部得以建立并实行。在法人因涉嫌以下犯罪而受到调查时,可以判处合规计划的处罚:个人行贿罪、利用影响力交易罪、司法人员受贿罪、向司法人员行贿罪、向国外公职人员行贿罪、向对国外公职人员有影响力的人行贿罪、向国外司法人员行贿罪、向对国外司法人员有影响力的人行贿罪、非公职人员行贿罪、向体育比赛运动员行贿罪、非公职人员受贿罪、体育比赛运动员受贿罪。合规计划之处罚所要求的"特定的措施和程序"包括:(1)行为准则,界定并说明可能被视为贿赂或利用影响力贿赂的不同类型的行为;(2)内部举报系统,旨在收集雇员存在违反法人行为准则的行为或情况的举报;(3)定期更新的风险绘图资料,旨在识别、分析和列举以诱惑法人贿赂为目的的外部风险;(4)评估程序,对客户、一级供应商和中介机构就风险绘图方面的情况进行评估;(5)内部或外部的会计监督程序,旨在确保账簿、记录和账户不被用于隐瞒贿赂或影响力交易;(6)培训机制,针对最容易受到贿赂和影响力交易风险的高管和职员进行培训;(7)纪律制度,在违反法人行为准则时允许对法人的雇员予以制裁。对于在协议期限内未能完成"特定的措施和程序"的,《萨潘第二法案》进一步规定了不利后果,即在《刑法典》中新增第 434-43-1 条,规定:"被判处第131-39-2 条规定刑罚的法人机关或代表未能采取必要措施或妨碍有效履行该刑罚义务的,将被处以 2 年监禁和 5 万欧元罚金。对于因本条第 1 款规定的罪行而被追究刑事责任的法人所处的罚金数额,可增至该法人被定罪并被判以第131-39-2 条刑罚的罪行所判决的罚金数额。被判承担刑事责任的法人也得因其被定罪并被处以该刑罚的罪行而受到所有其他刑罚"。

在完善刑法立法的同时,《萨潘第二法案》还创设了刑事诉讼程序上的一项新制度——公共利益司法协议,建立了刑事合规的程序保障机制。《萨潘第二法案》在法国《刑事诉讼法典》第 41-1-1 条之后,新增了第 41-1-2 条,规定:对因特定腐败罪名而受到调查的法人,检察官在起诉之前,可向其建议达成公共利益司法协议,要求其完成以下一项或多项义务内容:(1)向国库缴纳公共利益罚金。该笔罚金数额应与被确认的未履行反腐败义务行为所获利益成比例,最高不得超过未履行反腐败义务行为确认之日前 3 年年平均营业额的 30%。根据检察官确定的时间表,可分期付款,该期限由协议规定但不得超过 1 年。(2)在法国反腐败局监管下,在最长 3 年的期限内,提交一份合规计划,旨在确保《刑法典》第 131-39-2 条规定的措施和程序在法人内部存在并得以实行。法国反腐败局因求助专家或适格的个人或机构协助其执行法律、财务、税务和会计分析的费用由被定罪的法人承担,数额范围由协议确定。若被调查法人同意检察官提出的公共利益司法协议的建议,则检察官会通过申请书将协议提交至大审法院院长以确定协议有效性。大审法院院长对被调查法人和被害人举行公开听证会。听证会结束后,大审法院院长会通过审核诉诸该程序是否于法有据、其进展是否具有规律、罚金数额是否符合法律规定及协议计划措施是否与腐败犯罪行为所获利益成比例,来决定协议建议是否生效。若大审法院院长裁定生效,从生效之日起10日内,被调查法人拥有撤回权。撤回需通过带回执信件通知检察官。若被调查法人不行使撤回权,则应当切实履行协议中规定的义务。否则,提议失效。生效裁定并不做有罪宣告,也不具有定罪判决的性质和效果;执行协议期间诉讼时效中止。法人如履行协议规定义务,则检察官不得提起公诉。若大审法院院长认为协议建议无效,或被调查法人决定行使其撤回权,或在协议规定期限内,被调查法人并未充分履行规定义务,则检察官得提起公诉。在起诉和定罪时,法人部分履行协议规定义务的情况应予以酌情考虑。一旦确认协议无效或当该法人没有充分履行规定义务时,检察官会通知受调查法人中止履行协议。若有必要,法人可以要求退还向国库缴纳的公共利益罚金,但对于法国反腐败局因监管职责需要而求助专家或适格的个人或机构协助其执行法律、财务、税务和会计分析的由法人承担的费用,协议法人无权要求退还。当合规计划已经执行超过1年,并且被定罪的法人已采取适当的措施和程序来预防和发现腐败行为并表明后续行动已非必要时,检察官可向刑罚执行法官提出申请,通过充分说理判决提前终止刑罚。[①]

四、德国腐败犯罪立法发展

德国第一部统一的现代刑法典是1871年《刑法典》。该法典第28章"与公职有关的犯罪"第331—359条规定了贿赂犯罪和渎职犯罪。在此后的百年里,德国的腐败犯罪立法保持了相当长时间的稳定。1974年,腐败犯罪立法得到重大修正,在章节设置上做了调整,修正了一些规制范围较窄的问题,形成了德国《刑法典》中现行的腐败犯罪立法的基本结构和规范体系,包括:刑法分则第30章"渎职犯罪"中规定了受贿罪(第331条)、索贿罪(第332条)、行贿罪(第333条)、违反公职的行贿罪(第334条)等多个罪名;第4章"妨碍宪法机关及选举和表决的犯罪"中规定了贿选罪(第108b条)。

(一)"交易型"腐败犯罪立法发展

20世纪90年代以后,以1997年《腐败防治法》为代表的一系列立法,对德国反腐败刑事立法进行了频繁修正,"交易型"腐败犯罪立法出现了规制范围扩

[①] 陈萍、孙国祥:《中法法人犯罪刑事规制体系对比与借鉴》,载《学海》2017年第6期。

大化趋势。具体包括：

1. 国内公职人员贿赂犯罪立法的扩张

1997年《腐败防治法》对贿赂犯罪立法进行了一系列的重要修正，尤其引人注目的是，接受他人利益或承诺给予利益不再需要与公务行为的履行直接相联系，仅仅需要二者之间存在相关性即可认定行为人构成相应的腐败犯罪。这样，诸如"送礼"等开始腐败的行为，会被较早发现。在利益概念方面（收受他人利益）也包含了向第三人捐赠行为，以防止公务人员转移财产。此外，《刑法典》还新增了情节特别严重的索贿和行贿的具体规定，还规定了行为人是职业犯或作为团伙成员实施贿赂犯罪而适用财产刑和扩大适用充公的可能性。最后，受贿罪和行贿罪的法定最高刑也被提高，自由刑的上限从2年提高至3年，超过了可以缓刑的刑罚界限。①

2. 国际公职人员贿赂犯罪立法的扩张

20世纪90年代，一系列国际公约的签署与生效，推动了德国反腐败犯罪的刑事法改革。欧盟委员会在1996年通过了《欧共体金融利益保障条约》、1997年通过了《打击涉及欧洲共同体官员或欧洲联盟成员国官员的腐败行为公约》，这两个条约均规定，欧盟成员国必须修订刑法规定，将贿赂犯罪的行为主体从原先的本国公务人员扩张为包含欧共体与欧盟成员国公务人员。此外，1998年《欧盟贿赂法》批准了1996年《关于保护欧共体财政利益条约的议定书》。根据该议定书的要求，德国《刑法典》第332条、第334条、第338条扩大适用于欧盟其他成员国的法官和欧盟的成员，或欧共体官员、欧共体委员会和计财司成员。1998年9月10日，《国际贿赂防治法》批准了在经济合作与发展组织（简称经合组织）范围内签订的《禁止在国际商业交易中贿赂外国公职人员公约》。由此，德国《刑法典》第334条规定的行贿罪的适用主体范围在有关国际业务交往中被进一步扩大，包括了任职于国外或国际组织的士兵、法官以及公务员。②

2002年，德国刑法进一步完善了对于国际公职人员贿赂犯罪的规制，具体而言，《国际刑事法庭罗马条例》的有关规定被德国制定的《国际刑事法庭法官与公职人员同等化处理法案》所引入，明确规定贿赂国际刑事法庭法官、公职人员的行为与贿赂外国公职人员同等处理。③ 2015年德国生效的一部新法案，对反腐败刑事立法作出重大修正，使得刑法能够规制所有通过向外国议员行贿而委托其实施议会中的公职行为的德国公司；同时，被行贿的外国议员也成为德国刑法规制的对象，这使得腐败罪行构成实际上已经适用于所有的外国法官、官员

---

① 《德国刑法典》，徐久生、庄敬华译，中国法制出版社2000年版，第33页。
② 同上。
③ 〔德〕萨班斯蒂安·沃尔夫：《德国反腐败刑事立法的现代化发展路径：与国际公约接轨》，谢杰译，载《检察日报》2009年1月8日。

和公职人员,扩张了德国刑事准据法(Strafanwendungsrecht)的适用范围。具体而言,如果德国企业牵涉腐败犯罪案件,不论案发地是在欧洲还是美国,德国反腐败刑法都可以适用。同时,当与行为构成相关时,德国反腐败刑法的扩张还可以体现在适用主体的范围上,即可以规制所有欧盟法院的成员,包括"欧洲法庭"。此外,德国反腐败刑法还可以规制国际法院法官的腐败犯罪,包括外国法官、国际调解员以及仲裁员。换言之,德国反腐败刑法的适用主体范围呈现出前所未有的全面扩张,所有外国司法人员均可以被其规制。[1]

3. 商业贿赂犯罪立法的扩张

早期德国刑法中的贿赂犯罪不适用于自主执业、经医疗合同许可的医生的医疗活动,因为这些医生不是强制医疗保险的管理者,不属于公职人员范围。为解决这一问题,2015 年德国《刑法典》增设了第 299a 条医疗事业中的受贿罪、第 299b 条医疗事业中的行贿罪,将医生在公共卫生领域内的行贿和受贿行为予以犯罪化,以保证公共卫生领域的公平竞争,防止诚信执业的医生、药剂师以及其他医疗职业人员受到腐败的威胁。此外,针对体育竞技诈骗难以直接适用诈骗罪的情形,德国《刑法典》增设了第 265c 条体育欺诈罪、第 265d 条腐败性操控比赛罪。这两个罪名均以贿赂协议为前提,打击的是运动员、教练员为获利而故意"放水"的行为,裁判员为获利而不公裁判的行为,以及其他人对运动员、教练员、裁判员的相应的利益输送行为。

4. 贿选犯罪立法的扩张

德国《刑法典》第 4 章"妨碍宪法机关及选举和表决的犯罪"第 108b 条专门规定了新罪名,即贿选罪。此罪的构成要件为:通过向他人提供利益而使其不选举或以特定方式选举的行为,以及通过向他人索取利益而不选举或以特定方式选举的行为。考虑到保护立法免受行政的干涉,防止刑法规定在政治斗争中被滥用,立法将贿选犯罪限于选举期间的选票出卖行为。1994 年,《刑法典》增设了第 108e 条,专门规制贿赂欧洲议会、联邦、州以及区联盟的议员的犯罪行为,防止选票买卖化现象的出现。值得注意的是,在德国,议员即便收受贿赂也不必然构成相关犯罪,除非其公然"购买"选票,但这也与议员没有财产申报义务相关。2003 年德国签署《联合国反腐败公约》之后,贿赂议员罪被认为与该公约的强制性要求不符,但联邦议院不同意修正刑法罪名,这使得《联合国反腐败公约》在超过十年的时间内未能在德国国内获得批准。由于法律的明显缺陷以及议会的不作为,很多法律学者认为贿赂议员罪仅仅是一个象征性的反腐败立

---

[1] 〔德〕汉斯·约格·阿尔布莱希特:《德国贿赂犯罪的基本类型与反腐刑法的最新发展》,韩毅译,载魏昌东、顾肖荣主编:《经济刑法(第 17 辑)》,上海社会科学院出版社 2017 年版,第 57 页。

法。① 有人主张,收受竞选资金的议员可能被认为是在收受贿赂,若将其作为刑法规制的对象,则将使得作为当权者的议员处于极为不利的境地;与之不同,在野的党派其成员即使收受竞选资金,也不会被公众认为是在收受贿赂。② 最终,德国议院在2014年通过了第108e条的修正案,并使得《联合国反腐败公约》在国内被批准生效。据此,贿赂议员罪的构成要件得以扩张,那些通过实施与议会有关行为而获得利益的议员也成为刑法打击的对象。此外,德国还于2015年进一步扩张贿赂议员罪的构成要件,将德国公司、外国议员等同样作为规制的适格主体,管辖范围进一步扩张,但行为方式基本并无变化。③

(二) 其他腐败犯罪立法发展

德国《刑法典》没有规定贪污罪,公职人员对公共财产的侵占行为可以适用《刑法典》第246条规定的侵占罪。立法规定,行为人侵占他人之动产,会被处以3年以下自由刑或罚金;若刑法中存在处罚更重的条文,则适用处罚更重的条文;若行为人侵占委托的不动产,则会被处以5年以下自由刑或罚金。此外,侵占未遂的,仍应受到刑法处罚。

1871年德国《刑法典》规定了特定的滥用职权犯罪,尤其是规定了拥有司法职权的人员以及其他公职人员实施普通犯罪的加重情节,涉及不正当影响、破坏司法公正、逃脱法律处罚、虚假注册等。1974年,《刑法典》修正,将滥用职权犯罪与贿赂犯罪合并规定在第30章之中,增加了刑讯逼供罪(第343条)、对无罪者的追诉(第344条)和对无罪者执行刑罚罪(第345条)。徇私枉法罪(第339条)被扩大至名誉法官。第353b条将对泄露职务秘密的处罚,限制在对公务负有特别义务的人和依据人员代理法完成特定任务的人中。④ 总体而言,德国《刑法典》中的滥用职权犯罪几乎都是按照特别公职事项加以规定的,包括司法权的滥用、泄露秘密、虚假记录、非法超收费用、超收税款等,职务上的伤害罪(第340条)与引诱下属犯罪(第357条)等,均适用于全部公职人员。

五、日本腐败犯罪立法发展

在腐败犯罪刑事立法方面,日本采取了"法典+附属刑法"的二元化模式,日本《刑法典》规定了公职类腐败犯罪,附属刑法中还规定了大量的"准公职类"腐败犯罪以及商业贿赂犯罪,形成了较为严密的腐败犯罪刑事立法体系。

---

① Sebastian Wolf, Dark Sides of Anti-Corruption Law: A Typology and Recent Developments in German Anti-Bribery Legislation, *German Law Journal*, Vol. 17, 2016.

② 杨舒怡:《国际反腐面面观:德国行贿大案倒逼反腐改革》,载《中国纪检监察报》2014年5月22日。

③ [德]汉斯·约格·阿尔布莱希特:《德国贿赂犯罪的基本类型与反腐刑法的最新发展》,韩毅译,载魏昌东、顾肖荣主编:《经济刑法(第17辑)》,上海社会科学院出版社2017年版,第59页。

④ 《德国刑法典》,徐久生、庄敬华译,中国法制出版社2000年版,第34页。

（一）"交易型"腐败犯罪立法发展

1. 日本《刑法典》中贿赂犯罪立法发展

1882年，日本以法国1810年《刑法典》为范本制定了其第一部现代刑法，第一次将贿赂行为纳入刑法规制范围，但该法典只规定了受贿罪、受托受贿罪等罪名，未规定行贿罪。1907年，日本以1870年德国《刑法典》为样板制定了新刑法。对于受贿罪而言，新刑法改变了1882年《刑法典》的结构，将其细化为单纯受贿罪与加重受贿罪；同时，新刑法还增加了关于行贿罪及其自首减轻处罚或免予处罚的规定。具体而言，单纯受贿罪是受贿犯罪的基本犯，公务员就自己的职务行为收受、索要或约定贿赂的，构成该罪；若在此基础上还实施了其他不正当行为的，则构成加重受贿罪，这就形成了从基本犯到加重犯的纵向结构。

1941年，在战时统制经济体制之下，日本公务员的受贿行为被认定为近似于"叛国行为"。基于提高公职人员清廉水平的考虑，贿赂罪的构成要件进行了惊人的扩张，出现了受托类型与事前类型的受贿罪、向第三者提供贿赂罪及其事后加重类型、事后受贿罪及其事后加重类型。同时，立法删除了自首减免规定，设置了必要没收及其追缴的配套措施。受托受贿是受贿的加重类型，与受贿的区别在于，当事人必须明确接受行贿人的请托，且具有作为贿赂对价的执行职务的意思。在受托受贿罪中，作为请求对象的职务行为，在某种程度上必须是具体的，仅说"这是一点意思，请多关照"的时候，不能被认为是请求。① 事前受贿与事后受贿罪的区别在于主体类型的不同，事前受贿的主体是即将成为公务员的人，事后受贿罪的主体是曾经担任公务员的人，包括虽然还是公务员但行为时丧失职权的情形。向第三者提供贿赂罪又称间接受贿罪，即公务员不直接收受贿赂，而是要求行贿人向第三人提供贿赂。1941年日本《刑法典》的修正，进一步完善了"基本犯—加重犯"的立法纵向结构，同时延伸了权力运行评价的时空范围，形成了"事前—事中—事后"的立法横向结构，构成了立体化的贿赂犯罪罪群体系。

二战结束后，日本政府推行"倾斜性经济政策"，政府直接干预经济活动，确保重要产业快速复苏，这增加了腐败寻租的机会。昭和电工公司的社长为了获取更多的"政府复兴金融公库贷款"，以支持其公司的经济运作，通过斡旋方式贿赂了首相、议员等公职人员7000万日元，由此获得共计26.3亿日元贷款，时任首相芦田均等政要涉案，就其所管事项进行斡旋，并接受谢礼，但因为当时贿赂犯罪中未规定斡旋行为属于职务行为，所以他们并未受刑事处罚。② 以此为契机，1958年12月日本新增了斡旋受贿罪。公务员接受请托，对其他公务员进

---

① 〔日〕大谷实：《刑法讲义各论（新版第2版）》，黎宏译，中国人民大学出版社2008年版，第581页。
② 冷葆青：《战后日本的腐败与治理》，中国方正出版社2013年版，第38页。

行斡旋,使其实施或不当实施职务行为,并为已经进行或即将进行的斡旋活动接受、要求或约定报酬的,构成斡旋受贿罪。同时,在行贿罪之下也增设了斡旋行贿罪。1980 年,"洛克希德事件"之后,为建立政治伦理,严厉打击贿赂犯罪,日本刑法加大了对贿赂犯罪的刑罚力度,提高了多个类型的受贿犯罪的法定刑(自由刑最高可至 7 年监禁)。具体而言,只有加重及事后加重受贿罪、事后加重向第三者提供贿赂罪以及行贿罪类型的受贿犯罪的刑罚未被加重;同时,斡旋行贿罪刑罚幅度也提高至与普通行贿罪相同。

2. 日本《刑法典》之外贿赂犯罪立法发展

在《刑法典》中,日本贿赂犯罪的主体包括公务员和仲裁人(斡旋受贿罪仅包括公务员),历次修正并未涉及贿赂行为的主体。但是,在《刑法典》之外的附属刑法和特别刑法领域,贿赂犯罪主体则出现了明显的扩张趋势,包括:

(1) 在附属刑法中根据"假定公务员"身份规定了主体类型不同的贿赂犯罪。"假定公务员"是根据法律规定履行公权力的人员,同样也是受贿罪的犯罪主体。如《株式会社企业再生支援机构法》中的董事、会计、监事及其他职员,《关于与国际刑事裁判所开展合作的法律》中的裁判官、检察官和其他职员,《关于体育振兴中心投票等事务的法律》中的董事、职员和与裁判比赛有关的人员,等等。此外,日本经济法中也规定了大量的商业贿赂犯罪,比如有规制公司发起人、经理、破产管理人、证券交易所负责人等人员的受贿罪。① 同时,日本在 1997 年还签署了经合组织的《禁止在国际商业交易中贿赂外国公职人员公约》,该公约要求成员国规定贿赂外国公职人员的罪名,这推动了日本于 1998 年修改《不正当竞争预防法》,规定了贿赂外国公职人员罪。

(2) 在特别刑法中规定新的犯罪主体。2000 年,日本制定《有关处罚公职人员因斡旋行为而获利的法律》,其目的是防止政治家通过向公务员进行斡旋而非法获利。该法第 1 条规定了议员斡旋得利罪,第 2 条规定了议员秘书斡旋得利罪,由此规制议员以及议员秘书向有关公职人员进行的斡旋得利行为,只不过议员秘书斡旋得利罪的法定刑配置(2 年以下惩役)轻于议员斡旋得利罪的法定刑配置(3 年以下惩役)。上述两个罪名类似于我国刑法上的斡旋型受贿罪。② 值得注意的是,斡旋的对象不仅包括公职人员,还包括政府出资在 50% 以上的法人团体的职员,体现出对"公职人员"认定的实质化倾向。由此可见,日本刑法中贿赂犯罪所规制的主体不断扩大,法网日渐严密,也体现了对贿赂犯罪的从严治理。③

---

① 〔日〕大塚仁:《刑法概说(各论)(第三版)》,冯军译,中国人民大学出版社 2003 年版,第 678 页。
② 李春珍:《日本特别法中的贿赂罪规定及对我国的启示》,载《东方论坛》2015 年第 1 期。
③ 〔日〕西田典之:《日本刑法各论》,刘明祥、王昭武译,武汉大学出版社 2005 年版,第 340 页。

（二）其他腐败犯罪立法发展

承继德国刑法，日本没有单独规定贪污、挪用类犯罪，对于贪污、挪用行为往往按照财产犯罪处理，涉及日本《刑法典》第246条欺诈罪、第247条背信罪以及第253条业务侵占罪。需要注意的是，在日本《刑法典》中财产犯罪属于侵害个人法益的犯罪，对于侵害国家财产法益的贪污、挪用行为是否能够按照财产犯罪认定，日本理论界是有争议的。"否定说"认为，针对"国家法益"的诈骗行为不构成诈骗罪，欺骗人的行为直接以侵害公共法益为目标而实施时，应该认为不构成针对个人法益犯罪的欺诈罪。[1] "肯定说"认为，国家与地方团体的财产性利益应当成为相关财产犯罪的保护对象，因为其享有相应的财产权利。尽管这种行为是指向国家管制作用的诈骗行为，但只要其同时又侵犯了诈骗罪的保护法益即财产权，并且按照行政法规的处罚规则，不排除诈骗罪的适用，那么就应当构成诈骗罪。[2] 日本的司法判例通常也认为，在侵害国家利益的情况下，只要同时侵害了诈骗罪的保护法益，就构成诈骗罪。

在1882年的日本《刑法典》中，滥用职权罪是"官吏滥用权力，危害他人做或不做某种行为的权利"，1907年的日本《刑法典》第25章将滥用职权罪规定为：公务员滥用其职权，让人实施没有义务履行的行为，或妨碍其行使权利的行为。在刑法理论中，滥用职权罪属于结果犯，其既遂必须使他人实施了无义务的行为，或者产生了妨害他人行使权利的结果，包括虽然没有强迫对方实施具体的作为或不作为，但使对方承受了实际上的不利或负担的情形。如审理盗窃案的法官为了与该案中的被告人发生性关系，便于夜间约出被告人来到饮茶店商讨被害人赔偿事宜，两人共处时间达半个小时，这种行为属于使得被告人实施无义务之行为。[3] 此外，立法还规定了特别公务员滥用职权罪、特别公务员滥用职权致死伤罪和特别公务员暴行凌虐致死伤罪，适用于司法工作人员滥用职权或滥用职权导致严重后果的情形。1882年日本《刑法典》官僚国家色彩浓厚，对公务员侵害职务廉洁的贿赂行为进行了强烈的非难，但是，对于以公务员自身职权行使上的过分行为为内容的职权滥用犯罪，则给予相当宽大的处理。因此，之后的日本刑法显著加重了职权滥用犯罪的法定刑。目前，日本滥用职权罪的法定刑是2年以下有期徒刑或监禁。

六、北欧国家腐败犯罪立法发展

在世界范围内，北欧地区国家的清廉程度总体最高，形成了腐败治理的"北欧模式"，在腐败犯罪刑事立法模式上也形成了独特的风格。在北欧国家，刑法

---

[1] 〔日〕大塚仁：《刑法概说（各论）（第三版）》，冯军译，中国人民大学出版社2003年版，第272页。
[2] 〔日〕大谷实：《刑法讲义各论（新版第2版）》，黎宏译，中国人民大学出版社2008年版，第234页。
[3] 同上书，第570页。

的使用不是腐败治理的首选或主要措施,但这并不意味着北欧国家忽视刑法在腐败治理中的积极功能。相反,北欧国家在现代化转型之初,已经构筑了"严密化"腐败犯罪刑事法网,有效控制了腐败诱因,涤荡净化了社会风气,为清廉国家的产生提供了重要保障。受资料所限,本书仅就贿赂犯罪的刑事立法予以介绍。

(一) 瑞典贿赂犯罪立法发展

瑞典是北欧最大的国家,也是世界上最早开始推行官员财产申报登记制度的国家,在 1766 年,瑞典公民就取得了查阅所有官员财产和纳税状况的权利。瑞典政府素以清廉著称,自 1995 年起,便在有关政府廉洁指数的国际排行中占据前位。瑞典通过刑事手段惩治腐败由来已久,在 17、18 世纪瑞典一些地方性法律中就规定了对法官、地方治安官和地方行政长官腐败的刑事处罚。瑞典在 1734 年通过了第一部统一的《刑法典》,之后借鉴德国、法国和奥地利的经验,于 1864 年颁布了第二部《刑法典》,贿赂犯罪的刑事责任延伸至所有高级别的政府官员。[①] 第二部《刑法典》实施半个世纪之后开始落后于时代,瑞典于 1962 年颁布了现行的《刑法典》,该法于 1965 年生效实施。

在 1978 年之前,瑞典的公职人员受贿罪和国有企业或公共实体雇员贿赂犯罪被规定在《刑法典》中,而私营部门贿赂犯罪被规定在附属刑法之中。1978 年《刑法典》修正之后,贿赂犯罪立法的"瑞典模式"形成。在立法体系上,瑞典将行贿罪和受贿罪分别规定在不同章节之下,行贿被视为是侵害行政行为的犯罪,被规定在《刑法典》第 17 章,受贿属于滥用职权的犯罪,被规定在《刑法典》第 20 章。这种将行贿和受贿分章规定的立法模式,也为芬兰所采用。"瑞典模式"的另一特点在于,将公共部门贿赂犯罪与私营部门贿赂犯罪规定在一个条文之中。《刑法典》第 20 章中规定了受贿罪(消极贿赂罪),即任何雇员(公职人员或私营雇员)就履职之事,索取、收受他人给予或承诺给予的贿赂或其他不正当报酬的,处以罚金或 2 年以下有期徒刑,出现加重情形时,有期徒刑可提升至 6 年。根据瑞典《刑法典》的规定,受贿罪主体还包括:国家或地方委员会成员、法律授权履职的主体、军人以及基于法定义务履行公共职责的主体、其他未经委托或本身并非雇员但实际履行公共职责的主体、基于受托职责而被赋予任务的人。瑞典《刑法典》第 17 章中规定了行贿罪(积极贿赂罪),任何人给予、承诺或提供贿赂或不正当的报酬给雇员,以使其履行其职责的,判处罚金或 2 年以下有期徒刑。1999 年,为了进一步加大打击力度,瑞典将上述条款的犯罪主体进一步扩张,包含了欧盟委员会成员、欧洲议会成员以及欧盟法庭的法官。此外,为了进一步加大对跨国公司腐败的打击力度,瑞典于 2012 年新增了对资金管理不善或

[①] Madeleine Leijonhufvud, Corruption—A Swedish Problem, *Scandinavian Study Law*, Vol. 38, 1999.

者过于滥用资金罪。① 在受贿罪的犯罪构成上,瑞典法律并不要求证明贿赂现实地影响到了受贿人职责的履行,只要受贿人的职责与贿赂具有联系即可。但是,并不是所有礼物或报酬在与其职责有关时都被禁止。通常来说,如果影响到个人职权的行使,那么礼物或报酬一定是不正当的。对于行贿罪而言,即使是劝诱受贿人履行其基于义务的职责,也构成犯罪。②

（二）丹麦贿赂犯罪立法发展

丹麦是北欧第二大国家,拥有北海油田,是重要的能源出口国,也是高福利国家。1995 年以来,在全球清廉指数排行榜中,丹麦多次荣登榜首。但是,在 19 世纪初期,尤其是在 1810 年至 1830 年期间,丹麦的腐败是较为严重的。经过一系列的政治经济体制机制改革,丹麦的腐败问题得到了有效控制。及至 1860 年,丹麦的腐败控制策略取得了明显的效果,腐败问题保持在可控的状态,每年的腐败案件只有几件。③ 丹麦与瑞典一样,将行贿罪与受贿罪分别规定在刑法的不同章节中,刑罚力度不高,但较为重视刑事法网的严密性。

丹麦第一部现代《刑法典》颁布于 1886 年。在实行 40 年之后,面对 20 世纪初欧洲社会形势的急剧变化和社会防卫理论的兴起,丹麦在 1930 年颁布了其第二部现代《刑法典》。1930 年《刑法典》第 122 条规定了行贿罪,即任何人许可、承诺或提供给公职人员礼物或其他特权,以使其实施或不实施职责行为的,应当处以不超过 3 年的监禁,情节较轻的,处以拘禁或罚金。1930 年《刑法典》第 144 条规定了受贿罪,即行使公权力的任何人,非法收受、索取或接受有关礼物或其他特权的许诺的,应当处以 6 年以下监禁或拘禁,情节较轻的,处罚金。此外,该法典第 145 条还规定了基于非法目的的受贿罪,即公职人员为谋取个人利益,索要或接受与法定职责、税收或不正当费用有关的财物的,处以 6 年以下监禁刑;收受或索要他人财物时不具有违法性认识,但在具有违法性认识后继续持有上述赃物的,最高可处 2 年的监禁刑。丹麦于 2002 年颁布了第三部现代《刑法典》。为了适应欧洲社会发展变化以及国际反腐败公约的要求,丹麦在贿赂犯罪的犯罪主体中增加了外国或国际组织的公职人员。

丹麦现行《刑法典》并未对贿赂犯罪的数额做出规定,理论上收受任何价值的财物都会构成贿赂犯罪。丹麦《公共部门行为准则》规定了公职人员礼物收受的指导规则:公职人员通常不得接受与工作有关的任何礼物,但可以接受与生日、周年纪念日或离职等普通生活事件有关的小礼物,在圣诞节或新年等节日也可以接受一些随机的小礼物;一些小礼物如果被退回会非常不礼貌并使得赠与

---

① 王鹏、赛明明:《瑞典怎样有效防治腐败》,载《理论导报》2017 年第 2 期。

② Michael Bogdan, International Trade and the New Swedish Provisions on Corruption, *The American Journal of Comparative Law*, Vol. 27, 1979.

③ 季美君:《丹麦为何多次排名清廉榜首》,载《检察日报》2017 年 4 月 18 日。

人感到失望的,也可以被收取。需要注意的是,《公共部门行为准则》并非强制性的法律,只是公职人员行为指导规则,并不是对《刑法典》的解释。①

(三) 芬兰贿赂犯罪立法发展

芬兰是世界上清廉程度较高的国家之一,在全球清廉指数排行榜上长期占据前位。在其通向清廉国家的道路上,刑事立法发挥了重要作用。随着国际反腐败公约的制定和执行,作为清廉国家的代表,芬兰根据国际反腐败公约的要求,结合本国国情,调整了反腐败刑事法律的规制范围,整体上出现了扩大化趋势。

1917年芬兰独立之后,给予公职人员报酬作为其履行职责交换条件的行贿行为,还不被认为是犯罪。1946年芬兰《刑法典》修正,将所有意图影响公职履行的行贿行为予以犯罪化,无论该公职是否履行,履行方式是否合法。1984年芬兰《刑法典》再次修正,在"妨碍公共职权犯罪"一章中规定了行贿罪;在"公职犯罪"一章中规定了受贿罪,同时区分了贿赂犯罪的基本犯与加重犯(单独罪名设置),并规定了不以权力交易为条件的违法受贿罪,确立了芬兰现在的贿赂犯罪罪名体系和基本内容。在1989年芬兰《刑法典》的修正中,行贿罪增加了行贿人"为了他人利益"而行贿的情形,以及意图影响或将会影响公职人员但这种影响并未变为现实的情形。

芬兰贿赂犯罪立法的发展,还受到国际公约的影响。根据经合组织《禁止在国际商业交易中贿赂外国公职人员公约》和欧盟《打击涉及欧洲共同体官员或欧洲联盟成员国官员的腐败行为公约》的要求,芬兰在1999年规定了贿赂外国公职人员罪。根据芬兰法律,当时议会成员不是公职人员,被排除在公职犯罪主体之外。芬兰在1999年1月签署了欧洲委员会《反腐败刑法公约》(该公约于2002年在芬兰国内批准生效),并根据该公约要求,在2002年修正刑法,将向议员行贿和议员受贿行为犯罪化。但是,议员贿赂犯罪的范围仍然要窄于普通贿赂犯罪,并没有覆盖到意图引发议员实施或不实施违反其职责行为的情形,也不涉及立法投票问题。② 2003年,芬兰签署了《联合国反腐败公约》。实际上,芬兰《刑法典》中的腐败犯罪体系较为全面,超出了《联合国反腐败公约》的最低履约要求,如芬兰《刑法典》中关于公务犯罪的构成要件设置,其规制的行为类型更为全面,入罪门槛要低于《联合国反腐败公约》的标准,受贿罪的构成要件并不要求索贿或收受贿赂必须与公务行为相关,且不要求现实地履行了职责,质言之,官员以履行或不履行职责为承诺,实施了受贿行为,降低了公众对公职人员

---

① Gruetzner, Hommel, Moosmayer, *Anti-Bribery Risk Assessment*, Hart Publishing, 2011, p. 75.
② J. Peurala, Assessing the Corruption Prevention Measures and the Bribery Criminalisations in the Finnish Anti-Corruption Framework, *European Journal of Crime, Criminal Law and Criminal Justice*, Vol. 19, 2011.

的信任水平,就应受到刑法的制裁。① 芬兰对于贿赂犯罪采取了"零容忍"态度,立法不区分贿赂和便利费(facilitation payments),对于礼物和招待费,芬兰司法部发布了相关指引规则,以作为公职人员行为的指导。当然,芬兰对于《联合国反腐败公约》倡导的将资产非法增加(illicit enrichment)、影响力交易(trading in influence)犯罪化的要求,也提出了保留意见,因为前者造成举证责任倒置,违反了言论自由和法治原则,无法适用于现行法律体系;后者所指的影响力无法精准界定,其行为基本可以通过贿赂犯罪的帮助犯和教唆犯原理加以规制而无需单独规定罪名。②

七、俄罗斯腐败犯罪立法发展

刑法具有社会发展的适应性,这一特征在俄罗斯刑法发展史上体现明显。在20世纪,俄罗斯分别于1903年、1922年、1926年、1960年、1996年通过了五部《刑法典》,这与其剧烈的社会政治经济体制变革相关,体现了刑法与社会发展之间的互动性质。③

(一)"交易型"腐败犯罪立法发展

以欧洲现代刑事立法制度为模式,在新社会政治浪潮的影响下,1903年沙皇俄国制定了俄罗斯第一部现代《刑法典》。1903年《刑法典》将职务犯罪予以集中规定,专门规定了收受贿赂的刑事责任(第656—659条)。十月革命之后,贿赂被认为是对国家政权和社会稳定的破坏,因此巩固苏维埃政权就必须清除贿赂。1918年5月8日《关于贿赂行为的法令》是苏俄颁布的第一个法令,也是社会主义国家关于贿赂的第一个法令,它将行贿和受贿都规定为犯罪,并处以不少于5年的有期徒刑(附加强制劳动)。同时,对于行贿罪的帮助犯、教唆犯等也比照行贿罪的法定刑进行处罚。该法令也体现出了明显的阶级斗争色彩,尤其是触犯受贿罪或行贿罪的有产阶级将被判处最为严厉的强制劳动,并被没收全部财产。④ 1922年苏俄《刑法典》颁布,贿赂犯罪被规定在分则第2章"渎职犯罪"之中,并被1926年苏俄《刑法典》继受。1926年苏俄《刑法典》第3章"渎职犯罪"第117条受贿罪的规定为:公务人员因其职位始能为或应为之某种行为,亲自或经由中间人收受任何种类之贿赂,为行贿人之利益而执行或不执行者,构成2年以下有期徒刑;担任职务的公职人员再犯或索贿的,构成2年以上有期徒刑,并没收财产。该法典第118条规定了行贿及介绍行贿罪,行贿人及贿

---

① 王秀梅:《芬兰高标准推进公务员廉政建设》,载《中国纪检监察报》2013年10月12日。
② J. Peurala, Assessing the Corruption Prevention Measures and the Bribery Criminalisations in the Finnish Anti-Corruption Framework, *European Journal of Crime, Criminal Law and Criminal Justice*, Vol.19, 2011.
③ 龙长海:《俄罗斯联邦刑法典的困境及原因探析》,载《中国刑事法杂志》2012年第2期。
④ 〔美〕安妮·阿普尔鲍姆:《古拉格:一部历史》,戴大洪译,新星出版社、浙江人民出版社2013年版,第6页。

赂行为的介绍人,会被处 5 年以下有期徒刑;行贿人在被勒索或行贿后自首的,免除处罚。①

1960 年,新的苏俄《刑法典》颁布,贿赂犯罪被规定在分则第 7 章"渎职犯罪"之中,犯罪构成并未发生变化,只是在刑罚配置上做了一些调整,包括:受贿罪基本犯的法定最高刑提升至 5 年有期徒刑,加重犯罪的法定最高刑提升至 10 年有期徒刑;行贿罪基本犯的法定最高刑降至 3 年有期徒刑,并增加了多次行贿或介绍行贿,如有贿赂再犯的,处 5 年以下有期徒刑。② 1962 年,《关于加重贿赂行为刑事责任的法令》颁布,以特别刑法方式加大了对贿赂犯罪的刑事处罚力度。该法令将贿赂犯罪视为是"特别危险"的犯罪,将受贿罪基本犯的法定最高刑提升至 10 年有期徒刑,加重犯的法定最高刑提升至死刑;将行贿罪与介绍行贿罪区分为两个罪名,但处罚仍然相同,基本犯的法定最高刑提升至 8 年有期徒刑,加重犯的法定最高刑提升至 15 年有期徒刑。③

苏联解体之后,俄罗斯在政治体制上迅速转向了资本主义,在经济体制上由计划经济转向市场经济。国家政治经济基础的变化,要求制定与之相适应的新刑法。1996 年,俄罗斯颁布了新的《刑法典》,贿赂犯罪被规定在分则第 10 编"反对国家政权"的犯罪之中,与社会主义时期的罪刑规定相比,具有以下几个方面的变化:(1) 受贿行为方式的扩大化。公职人员利用职务影响力实施能够促进相关行为的实施或进行包庇、纵容的行为,属于受贿行为,应受刑法处罚。(2) 贿赂范围的扩大化。《刑法典》将财产性利益规定为贿赂类型。(3) 加重犯的体系化。《刑法典》在基本犯之外,还系统规定了三档加重情节,按照加重程度从轻到重依次包括:公职人员实施非法行为而收受贿赂的(3—7 年有期徒刑);担任国家职务的公职人员以及地方自治机关首脑实施受贿的(5—10 年有期徒刑);有预谋的团伙或有组织集团实施的、索贿的或数额巨大的(7—15 年有期徒刑)。行贿罪增加了因公职人员实施明知非法的行为(包括不作为)而对其行贿的加重犯。④ (4) 刑罚配置的调整。除了增加罚金刑的规定之外,《刑法典》在受贿罪中还规定了剥夺担任一定职务或从事某种活动权利的资格刑。(5) 刑罚处罚力度的降低。《刑法典》废止了贿赂犯罪的死刑,受贿罪的法定最高刑调整为 12 年有期徒刑,行贿罪的法定最高刑为 8 年有期徒刑。(6) 其他技术性调整。《刑法典》将贿赂犯罪再犯、累犯的加重犯规定删除,上述问题均适用总则的一般规定,并废止了介绍行贿罪。

2003 年,俄罗斯对《刑法典》进行了大规模修正,涉及原有 372 条中的 266

---

① 中央人民政府法治委员会编:《苏俄刑法》,陈汉章译,新华书店 1950 年版,第 92 页。
② 《苏俄刑法典》,王增润译,法律出版社 1962 年版,第 61 页。
③ 同上书,第 98—99 页。
④ 《俄罗斯联邦刑法典》,黄道秀译,中国法制出版社 2004 年版,第 157 页。

条。对贿赂犯罪的修正包括:(1)改变了罚金刑的计算方式,将原劳动报酬额倍比系数的计算标准修正为固定数额标准。(2)在刑罚体系中删除了没收财产。俄罗斯在整个执法系统非职业化、执法系统贪污腐败严重的背景下,删除没收财产的刑罚使得刑事法律失去了对腐败犯罪人非常强有力的法律规制手段,同时也与俄罗斯签订的欧洲《反腐败刑法公约》等国际公约相背。① 2006年,没收财产在俄罗斯刑法中恢复,但被规定在其他强制性措施中,而非作为独立的刑种。(3)受贿罪基本犯的法定最高刑被提高。(4)在加重犯的情节中删除了"多次实施"情况。

2011年,俄罗斯对贿赂犯罪立法进行了修正,在行贿罪之下增加了介绍贿赂罪。与通谋不同,介绍贿赂虽然带有辅助性质,但主要是协助行贿者,是指在达成受贿者与行贿者之间收受和提供较大数额贿赂协议过程中,受托直接转交贿赂的行为。② 该法令还规定《刑法典》中的商业贿赂犯罪以及介绍贿赂犯罪行为可以被处以罚金。③

(二)"侵占型"腐败犯罪立法发展

1903年《刑法典》未规定贪污、挪用犯罪,但1922年和1926年《刑法典》均规定了公职人员侵占或浪费资金罪和窃取国家财产或公共财产罪。二战之后,苏联国民经济受到严重的破坏,引发了战后经济犯罪的浪潮。对此,苏联最高苏维埃主席团颁布了关于盗窃国家财产和盗窃公共财产的刑事责任的法令,加重对侵害国家财产犯罪的处罚。根据该法令,实施盗窃、侵占、侵用或者其他盗窃国家财产行为的,判处7年以上10年以下在劳动改造营中的监禁;再犯的、有组织实施的或大规模实施的,判处10年以上25年以下劳动改造营中的监禁。④

1960年《刑法典》专门规定了"侵犯社会主义所有制的犯罪"一章,并将其置于分则体系的第二章,这表明立法者将社会主义所有制视为苏维埃国家制度、社会制度的经济基础,相关犯罪的刑事责任重于侵犯公民个人财产的犯罪。⑤

1996年修订的《刑法典》延续了之前的规定,其第92条规定了"侵占型"腐败犯罪的行为,具体包括:侵占或滥用职权盗取国家或公共财产的行为;侵占由本人保管的国家或公共财产的行为;公职人员滥用职务影响力将国家或公共财产据为己有的行为。

苏联解体之后,俄罗斯《刑法典》较以往有了较大变化。在国家转型过程中,俄罗斯大力推进国有企业私有化,在立法上追求私有财产法律保护的更高水

---

① 《俄罗斯联邦刑法典》,黄道秀译,中国法制出版社2004年版,第5页。
② 〔俄〕哈布里耶娃主编:《腐败:性质、表现与应对》,李铁军等译,法律出版社2015年版,第111页。
③ 同上书,第98页。
④ 薛瑞麟:《俄罗斯刑法研究》,中国政法大学出版社2000年版,第36页。
⑤ 同上书,第40页。

平,以促进社会经济的迅速发展。基于此,俄罗斯刑法进行了大幅修订,对私有财产的保护达到与国有财产的保护同等化的水平。① "侵占型"腐败犯罪成为普通财产犯罪的一种形态。

(三)"渎职型"腐败犯罪立法发展

作为国家管理的重要手段,渎职类犯罪在俄罗斯刑法史上占据着重要地位,也是早期职务犯罪的代表类型,1835年《俄罗斯帝国法律全书》第一次将职务犯罪单独划分为一个章节,主要包含了不执行公职命令罪、逾越职权罪、贿赂犯罪以及玩忽职守罪等罪名。1903年《刑法典》第646—648条、第652条、第655条、第663条、第669条、第676条、第682—683条等条款的罪刑设置沿用了以上罪行的规定,并且设置了普通形式与特别形式的逾越职权罪与玩忽职守罪的法定刑,同时确立了滥用职权罪的法定刑,此外立法还规定了官员对于公职漫不经心地懈怠的刑事责任。② 1922年和1926年《刑法典》专章规定了职务犯罪,包括滥用职权罪、逾越职权罪、玩忽职守罪、伪造公文罪、泄露国家秘密罪等。逾越职权罪与滥用职权罪均属于故意犯罪,但前者不要求行为人具有贪利动机或其他私人利益的动机,后者则要求具备该主观要素。1960年《刑法典》专章设置了渎职罪,涉及滥用职权罪、逾越职权罪、玩忽职守罪;在其他章节中还规定了一些具有特别职权或职务的公职人员才能触犯的罪名,如非法搜查住宅罪、违反公正审判的犯罪、违反劳动保护法规的犯罪等。

1996年《刑法典》中渎职犯罪的设置沿用了之前的相关规定,并将渎职犯罪规定于《刑法典》第30章"侵害国家政权、侵害国家公务利益和地方自治机关公务利益的犯罪"之中。与之前立法相比,滥用职权罪、逾越职权罪、玩忽职守罪基本犯的构成要件并未发生改变,仅增加了罚金刑和资格刑,自由刑的处罚力度有所提升,并且增加了加重犯的情形。除了上述犯罪之外,1996年《刑法典》还增设了拒绝向俄罗斯联邦会议或联邦审计署提供信息罪(第287条)、非法参与经营活动罪(第289条)两个罪名,以进一步加强对权力滥用的预防和监督。2003年,俄罗斯立法机关对渎职犯罪予以进一步修正:增设不按专项开支预算资金罪(第285-1条)、不按专项开支国家非预算基金罪(第285-2条);修正了渎职类犯罪的罚金计算方式。2008年12月25日俄罗斯出台法令,扩大了《刑法典》第201条滥用职权罪注释的解释范围。该法令最为重要的一条是加强了《刑法典》第201条和第204条的制裁力度,使其达到重度和极重度的标准。③

---

① 薛瑞麟:《俄罗斯刑法研究》,中国政法大学出版社2000年版,第77页。
② 苏东民:《俄罗斯职务犯罪研究》,黑龙江大学2015年博士学位论文。
③ 〔俄〕哈布里耶娃主编:《腐败:性质、表现与应对》,李铁军等译,法律出版社2015年版,第99页。

第二节 国际反腐败公约的刑事立法要求

国际社会对腐败问题的关注始于20世纪70年代。针对美国"水门事件"所暴露出的海外腐败问题,1975年12月的联合国大会表决通过了3514号决议,① 专门谴责海外行贿等腐败行为。在此之后,联合国经济及社会理事会就制定国际反腐败规则做出了积极尝试,但由于国家分歧严重,相关工作均未能取得积极成果。20世纪80年代,国际有组织犯罪增多,并通常伴有公权力腐败,联合国在重点推进预防和打击有组织犯罪国际协议的同时提出了惩治腐败犯罪的要求。② 1996年联合国《公职人员行为国际守则》以及2000年联合国《打击跨国有组织犯罪公约》,均明确要求缔约国家以刑法方式规制涉及公职人员履行公职的贿赂行为。20世纪90年代以来,腐败在西方国家不再是边缘性或例外性问题,而成为一种通病,③区域性反腐败公约得到了快速发展,1996年《美洲反腐败公约》、1999年欧洲委员会《反腐败刑法公约》等区域性国际公约的颁布,为全球性反腐败公约的推出创造了条件。联合国经济及社会理事会下设的"预防犯罪和司法委员会"对区域性国际反腐败公约进行了比较,倡议整合优质资源,设计全球性的反腐败体制机制。秉持协商沟通以及民主表决的精神,联合国在考虑了多种腐败行为的差异性后,于2003年出台了《联合国反腐败公约》,为世界反腐败斗争以及国际反腐败合作提供了国际法的依据与保证。

一、《美洲反腐败公约》的刑事立法要求

腐败、贩毒、贫困是20世纪后半叶美洲国家的三大"顽疾"。1994年,为了治理腐败犯罪和确立反腐败犯罪的区域合作机制,美洲国家首脑第一次会议召开,会议代表发布了合作进行反腐败斗争的联合声明。经过两年的谈判和磋商,1996年3月在加拉加斯通过了《美洲反腐败公约》。该公约是历史上第一个关于腐败治理的区域性国际公约,共计28个条款,所规定的腐败行为主要包括跨国贿赂、以权谋私、行贿受贿以及非法获利等。此外,该公约还规定了管辖权争

---

① 该决议早期源自美国、伊朗和利比亚的建议。伊朗建议各国政府采取严格措施打击腐败,要求秘书长进行关于打击腐败方法的研究,号召政府和非政府组织积极参与。利比亚谴责跨国公司的不道德行为,号召对行贿的跨国公司实施包括国际抵制在内的制裁。美国也建议联合国大会谴责行贿及诱使行贿行为,并号召通过国际合作来解决这一问题。Alejandro Posadas, Combating Corruption Under International Law, *Duke Journal of Comparative and International Law*, Vol.10,2000.

② 1989年联合国经济及社会理事会在"打击组织犯罪的国际合作决议"中表示:世界许多地区产生的组织犯罪已经具有了跨国特性,特别是导致了诸如暴力、恐怖主义、腐败、毒品非法交易等负面现象的传播。Alejandro Posadas, Combating Corruption Under International Law, *Duke Journal of Comparative and International Law*, Vol.10,2000.

③ D. Della Porta, Y. Mény (eds.), *Democracy and Corruption in Europe*, Pinter,1997, p.4.

议、银行保密、引渡、定罪和禁止交易贿赂的税费减免等事项,美国、加拿大等三十多个美洲国家先后加入该公约。该公约在推动美洲国家之间的反腐败合作上发挥了重要作用。

(一) 腐败行为的犯罪化要求

1. 强制性的犯罪化要求

《美洲反腐败公约》第6条对腐败行为作出了具体界定,并将反腐败设为强制性义务,要求缔约国必须在国内法上将第6条所涉及行为予以犯罪化。具体而言,包括以下行为:(1) 索取或收受贿赂。公职人员或履行公职的其他人员,直接或间接地为自己、他人或其他组织索取或收受财产性利益或其他好处,如礼物(gift)、帮助(favor)、许诺(promise)、优势(advantage),以实施或不实施其公共职责。(2) 为自己、他人或其他组织而向公职人员或履行公职的其他人员提供或允诺给予其财产性利益或其他好处,如礼物、帮助、许诺、优势,以使其实施或不实施公共职责。行贿罪和受贿罪均要求证明行为与贿赂之间具有直接因果关系。(3) 以自己或第三方非法获得利益为目的,使(或作为)公职人员或履行公职的其他人员做出基于职务的任何作为或不作为。(4) 欺诈性地使用或隐藏公约第6条所指行为产生的财产的行为。这一内容的实质是打击贿赂犯罪的下游洗钱犯罪。(5) 以正犯、共同正犯、教唆犯、帮助犯、共谋犯方式实行或未遂或者以其他任何合作方式或预谋实行公约第6条所指行为的共同犯罪。该条款为共犯条款,涵盖了那些在贿赂犯罪中充当中间人的情形。①

2. 倡导性的犯罪化要求

《美洲反腐败公约》第8条、第9条对跨国贿赂行为、资产非法增加行为给予了倡导性的规定,仅要求缔约国在其法律体系之下"考虑"将上述行为规定为犯罪。《美洲反腐败公约》第8条规定,在符合本国宪法和立法体系原理的情形下,如果其国民或在本国境内有经常居住地以及企业住所的非国民,在国际商业活动中,为了使得其他国家的公职人员实施或不实施公共职责而直接或间接地向其提供或允诺给予财产性利益或其他好处,那么缔约国应当对这种行为予以处罚。该条实际上是确立了国家主权原则基础上的域外管辖权,即缔约国对发生在本国境外的行贿犯罪具有管辖权,但这种域外管辖权并非强制性规定,仅是公约在跨国贿赂犯罪上的倡导性规定。该公约第9条规定,在符合本国宪法和立法体系原理的情形下,缔约国应当采取必要措施在其法律体系之下将公职人员资产明显增多且无法就履职期间的合法收入提供合理解释的情形,规定为一个独立罪名。将资产非法增加规定为独立罪名,在普通法传统上未有先例,同

---

① Luis F. Jiménez, The Inter-American Convention Against Corruption, *American Society of International Law*, Vol. 92, 1998.

时,会因为导致证明责任的倒置而被认为违反了无罪推定等宪法原则。因此,公诉方必须首先证明非法增加的资产源自非法行为,只有在此之后,公职人员才需要对其财产增加的正当性作出说明。①

《美洲反腐败公约》第11条"进步性发展"(Progressive Development)还基于缔约国国内法的发展性以及与公约之间的协调性,倡导将以下行为犯罪化,具体包括:公职人员不正当使用基于其职务履行而获得的保密信息;为了个人利益不正当使用国家财产;为自己或他人获得非法利益而作为或不作为;为了个人利益私分国有资产。

(二)腐败犯罪追诉的程序性要求

《美洲反腐败公约》关于腐败犯罪追诉的规定主要体现为国家之间反腐败合作机制的构建。推进、便利和规范国家间的合作机制,确保更为有效地预防、发现和惩治腐败,是《美洲反腐败公约》的重要目的。对此,《美洲反腐败公约》第13条规定了引渡制度,第14条规定了协助与合作机制,第15条规定了与财产有关的措施,第16条规定了银行保密规定,后三条均为强制性条款。

《美洲反腐败公约》第14条要求缔约国在涉及证据获取、调查、追诉公约所规定的腐败行为时,为其他缔约国提供最为广泛的协助措施。各缔约国应当相互提供技术合作以使得腐败预防、发现、调查和惩治更为有效。该公约第15条规定缔约国应当在查封、没收与腐败相关资产方面进行合作,在协助鉴别、追踪、冻结、查封、没收财产或其收益时给予最大可能广泛的相互协助。该公约第16条规定了在其他缔约国提出请求时,禁止以银行保密义务为由拒绝提供信息或协助。上述规定使公诉方、调查机关以及警察之间形成了一个横向联动的网络体系,使得证据收集更为便利;同时,也形成了一个能够有效发现腐败的反腐败立法框架。②

(三)《美洲反腐败公约》执行机制及其情况

2001年,美洲国家组织建立了"《美洲反腐败公约》后续执行报告机制",以推动缔约国执行公约并确保地区间反腐败立法具有协同性。在后续执行中,大部分美洲国家均按照公约要求对国内立法进行了修正。危地马拉在2002年建立了一项机制,要求公职人员公开资产,以预防资产非法增加和国有资产的滥用,并在2005年将资产非法增加规定为犯罪,并提高了贪污、滥用等腐败犯罪的法定刑。洪都拉斯在2003年修订了宪法,允许起诉国会议员和国家最高元首。洪都拉斯将行政管理委员会和审计委员会合并,成立了会计最高法院(the Superior

---

① Luis F. Jiménez, The Inter-American Convention Against Corruption, *American Society of International Law*, Vol. 92, 1998.

② Giorleny D. Altamirano, The Impact of the Inter-American Convention Against Corruption, *University of Miami Inter-American Law Review*, Vol. 38, 2007.

Court of Accounts),该组织是一个独立政府机关,负责《美洲反腐败公约》的执行。在该组织之下,还设有"道德和廉洁局"负责登记新的公职人员资产和进行收入登记公开,不符合公开制度的行为会被认为构成刑事犯罪。① 牙买加在2002 年颁布了《腐败预防法》,该法以特别刑法的方式规定了公职人员行贿罪和受贿罪、普通行贿罪、贪污罪、国际贿赂罪以及资产非法增加罪,该法第 14 条关于腐败行为的界定与《美洲反腐败公约》中的定义极为相似。②

二、"欧洲反腐败公约"的刑事立法要求

"欧洲反腐败公约"主要指欧洲委员会通过的《反腐败刑法公约》和《反腐败民法公约》。欧洲委员会成立于 1949 年,是在欧洲范围内协调各国社会和法律行为的地区性国际组织。1994 年欧洲委员会在马耳他举行第 19 次欧洲司法部长会议,认为腐败严重威胁民主、法治和人权,建议设立一个国际层面上的多学科反腐败小组,研究可以采取的措施和可能起草的法律或行为准则模型,包括国际公约。1994 年 9 月多学科反腐败小组建立(GMC),启动反腐败行动计划,小组从刑事、行政和民事法律角度研究打击腐败的综合性方案。1996 年,欧洲司法部长会议要求多学科反腐败小组在其研究成果的基础上,起草欧洲地区的反腐败行动指南和反腐败公约。1999 年,欧洲委员会反腐败国家集团(GRECO)成立,该组织的目标是通过系统性相互评估和同伴压力的方式,提高成员国打击腐败的能力。1999 年 1 月 27 日,欧洲委员会通过了《反腐败刑法公约》,为欧洲国家构建认定腐败犯罪的规范标准,并对一些实体与程序法上的疑难问题做出具体规定,从而促进刑事司法合作的有效展开。1999 年 11 月 4 日,欧洲委员会通过《反腐败民法公约》以帮助因腐败行为遭受损害的人在民事上获得救济。该公约的突出特色在于,将腐败导致的民事责任作为腐败责任一并规定,具体通过合同方式以及损害赔偿法定化,使腐败人员接受一定的民事责任,从而剥夺腐败所得,起到严格惩罚腐败人员与预防腐败行为的效果。该公约具有标志性意义,标志着国际腐败治理理念的深化,开创了消除腐败后果的完整法律体系。③ 欧洲委员会通过的这两项公约具有重要意义,不仅从总体上提高了欧洲的廉洁度,还直接影响到《联合国反腐败公约》具体规范的制定。《反腐败刑法公约》与《反腐败民法公约》虽然以欧洲国家为主要缔约国,但仍具有一定的开放性,非欧洲委员会国家可以通过获得《欧洲委员会规约》第 20(d) 条规定的多数决议和有权出席部长委员会的缔约国代表全票通过这一途径加入该公约。欧洲委员会47

---

① Giorleny D. Altamirano,The Impact of the Inter-American Convention Against Corruption,*University of Miami Inter-American Law Review*,Vol. 38,2007.
② Ibid.
③ 孙国祥、魏昌东:《反腐败国际公约与贪污贿赂犯罪立法研究》,法律出版社 2011 年版,第 27 页。

个成员国均已批准并在国内实施了两部公约。

(一) 腐败行为的犯罪化要求

《反腐败刑法公约》除序言外共 5 章 42 条,首次将腐败犯罪的范围扩大至十三类犯罪,并且依据犯罪主体的不同确立了十种不同类型的贿赂犯罪,还将私营部门(private sector)内的贿赂作为其中的一种予以规制。此外,刑事犯罪的规制类型还包含了影响力交易(trading in influence)、财务犯罪(account offenses)、腐败犯罪收益的洗钱(money laundering of proceeds from corruption offences)行为以及参与行为(participatory acts)。《反腐败刑法公约》关于腐败行为的犯罪化要求,属于强制性要求,各缔约国国内立法应当符合公约的强制性要求。

1. 强制性的犯罪化要求

《反腐败刑法公约》第 2 条规定了行贿罪,要求缔约国将"为了自己或他人利益,直接或间接向公职人员有意地(intentionally)承诺(promising)、提出(offering)或给予(giving)不正当利益,以使其实施或不实施公职"的行为,予以犯罪化。承诺、提出和给予三种行为存在以下区别:"承诺"包括行贿人和受贿人就未来给予贿赂达成一致,或者行贿人就未来给付贿赂作出承诺情形;"提出"意味着行贿人表现出其可以在任何时候给付贿赂;"给予"则表明贿赂已经交付给受贿人。行贿罪属于故意犯罪,故意的认识内容应当涵盖所有的客观构成要素,必须与公职人员实施或不实施职务行为有关。行贿人可以是任何人,但若行贿人是为了公司利益而行贿的,根据《反腐败刑法公约》第 18 条规定,公司应当承担某种责任。贿赂并不一定要给予受贿人,也可以给予受贿人的关系密切人、受贿人所在组织或政党等第三方,但要求受贿人必须对此明确知情。不正当利益(undue advantages)包括了经济利益和非经济利益,利益的本质在于使行贿人能够较行贿之前处于一种更佳的地位。"不正当"意味着收受行为是不合法的,法律或行政规则允许的利益以及价值不高、数量极少或习俗上可接受的礼物被排除在外。[①]

《反腐败刑法公约》第 3 条规定了受贿罪,要求缔约国将"公职人员直接或间接地为自己或他人有意地(intentionally)索取(request)或收受(receipt)不正当利益,或接受(acceptance)这种不正当利益的提议(offer)或许诺(promise),以实施或不实施其职务"的行为,予以犯罪化。基于权钱交易的基本立场,在事前没有索取、收受或接受的情形下,公职人员在履行公职之后,接受好处的,公约不认为构成受贿罪。接受行为要求公职人员必须持有贿赂一定的时间,若收到后即将财物返还给行贿方的,也不构成受贿罪。[②]

[①] Explanatory Report-ETS 173-Criminal Law Convention on Corruption.
[②] Ibid.

在第 2 条和第 3 条所确立的行贿罪和受贿罪基本模式之下,《反腐败刑法公约》要求缔约国进一步扩大公职人员的主体范围。其第 4 条将涉及"行使立法或行政权的公共议会(public assembly)的成员"也纳入贿赂犯罪的主体范围,涉及人员包括市长、地方委员会成员、司法部长以及议会成员等。其第 5 条和第 6 条规定了向外国公职人员行贿罪和外国公共组织成员受贿罪;第 9 条规定了国际组织成员贿赂犯罪;第 10 条规定了国际议会组织成员贿赂犯罪;第 11 条规定了国际法院法官和公职人员贿赂犯罪。上述贿赂犯罪在客观方面采取第 2 条、第 3 条的行为模式设计,区别主要在于主体类型不同。

值得注意的是,《反腐败刑法公约》第 12 条规定了影响力交易罪,要求缔约国将下列行为予以犯罪化:(1) 为了自己或他人利益,向声称或确实有能力对第 2 条、第 4—6 条以及第 9—11 条所涉及的决策人员实施不正当影响(improper influence),直接或间接地承诺、提出或给予不正当利益的任何人;(2) 基于这样的影响而索取、收受不正当利益或接受关于不正当利益的提议或许诺的人,无论这种影响力是否实施或导致预期结果的发生。尽管影响力交易罪保护的也是公共行政决策程序的透明性和公正性,但仍与贿赂犯罪存在一些区别。影响力交易罪旨在"进入"公职人员及其所在党派的核心圈,处理那些具有邻接权力并据此试图获得利益,从而造成腐败风气蔓延的腐败行为。[①] 不正当影响包含影响力实施者的腐败意图,但不包括公认的游说形式。此外,强制性的犯罪化还包括《反腐败刑法公约》第 13 条要求缔约国将公约涉及腐败犯罪的洗钱行为规定为犯罪、第 15 条要求缔约国将腐败犯罪的帮助和教唆行为规定为犯罪。

2. 倡导性的犯罪化要求

《反腐败刑法公约》第 14 条要求缔约国采取刑事或其他形式的制裁,惩治涉及腐败犯罪的虚假财务行为,这些行为被认为是腐败犯罪的预备行为。该公约所指向的财务犯罪有两种:一是制造或使用虚假或不完整信息发票或其他形式的会计凭证的行为,这种欺诈行为以隐瞒腐败犯罪为目的,旨在欺诈审计等专业审查人员;二是承担记录法律责任相关人员的违法不作为。上述两种行为在部分国家属于行政处罚范畴,因为《反腐败刑法公约》允许缔约国在刑事处罚和行政处罚之间进行选择。当然,该公约本身并不要求针对腐败犯罪设置独立的财务犯罪罪名,当缔约国刑法已经规定了一般意义上的财务犯罪时,就没有必要再单独规定。

法人在商业活动中经常涉及腐败犯罪。通常是自然人以法人名义实施贿赂行为,但法人却可以基于集体决策程序逃脱其责任。即使对法人管理层的自然人采取了刑事强制措施和处罚,对法人也无影响,个人受罚对法人缺乏威慑力,

---

[①] Explanatory Report-ETS 173-Criminal Law Convention on Corruption.

腐败行为依然会继续实施。据此,《反腐败刑法公约》第 18 条倡导建立包括刑事、行政以及民事措施在内的有效的法人责任体系。《反腐败刑法公约》第 18 条第 1 款规定,缔约国应采取立法和其他必要措施,确保在自然人独立地或作为具有重要地位(lead position)的人为法人利益而实施公约所规定的行贿、影响力交易以及洗钱犯罪时,法人应当承担必要的责任。第 18 条第 2 款规定,缔约国应当采取必要措施,确保法人在对第 1 款所指的自然人犯罪缺乏监督和控制时,要承担责任。这意味着法人要对它所监督的自然人的过失行为承担责任,这种责任可以是刑事责任,也可以是行政责任或民事责任,但是应当确保处罚的有效性、适当性和威慑性。

3. 腐败犯罪的刑罚配置要求

《反腐败刑法公约》第 19 条规定了腐败犯罪的刑罚配置标准,要求缔约国给予腐败犯罪有效、适当和威慑性的处罚。需要特别注意的是,该公约强调对腐败犯罪予以严厉的财产处罚。其第 19 条第 3 款规定,缔约国应当采取立法或其他必要措施,以确保对腐败犯罪的犯罪工具、犯罪收益或与犯罪收益相对应的财产价值的没收与剥夺。该规定源自欧洲委员会《关于洗钱、搜查、扣押及没收犯罪收益的公约》。该公约认为,没收犯罪收益是打击犯罪的有效措施之一。犯罪收益的定义较为宽泛,保留了来自犯罪的经济利益以及基于犯罪的节流之物;没收的范围也较为广泛,包括了犯罪直接收益,以及虽然是间接获得,但具有与直接收益同等价值的收益,即所谓的"替代性财产"。对于替代性财产,公约并不要求缔约国必须采取刑事措施,也允许采取民事没收方式。

(二) 腐败犯罪追诉的程序性要求

1. 缔约国国内刑事程序机制的建设要求

《反腐败刑法公约》第 22 条规定了对司法合作者及证人的保护制度,要求缔约国对腐败犯罪的举报人、在调查和起诉中的司法合作者以及证人给予有效和适当的保护。司法合作者是指愿意提供所涉及腐败犯罪信息以使得司法机关能够进行调查和起诉的腐败犯罪嫌疑人;证人是指掌握腐败信息的人,包括举报人。在 1997 年 10 月塔林第二届"打击腐败专门措施的欧洲会议"上,参会各国一致同意,为了有效打击腐败,应当引入保护证人和其他司法合作人员的综合性保护体系,其中不仅应包括合理的立法,还应包括必要的经济支持。对腐败犯罪调查、发现或预防予以帮助的腐败案件犯罪嫌疑人,应当给予豁免或充分的从宽处罚。1997 年 9 月欧洲委员会部长级会议提出了关于禁止恐吓证人以及保护被告人权利的建议。《反腐败刑法公约》对司法合作者及证人的保护制度是在这样的背景下形成的。[①]

---

① Explanatory Report-ETS 173-Criminal Law Convention on Corruption.

《反腐败刑法公约》第 23 条规定了收集证据和没收收益的便利性措施,要求缔约国通过立法或其他必要措施,包括使用特别调查工具,使得公约所规定的腐败犯罪的证据收集以及鉴定、追踪、冻结手段更为便利,也使得公约第 19 条规定的腐败收益或其他替代价值更容易被评估。贿赂犯罪具有隐蔽性特征,行贿人和受贿人具有共同的利益联结,其证据较难取得,因此,有必要建立特别调查手段,包括卧底、窃听、通信拦截、侵入电脑系统等。这些特殊的侦查手段在《关于洗钱、搜查、扣押及没收犯罪收益的公约》中也有规定。大部分技术手段都具有侵入性特征,与宪法规定的个人基本权利和自由之间存在兼容性障碍。因此,《反腐败刑法公约》并未将其作为强制性义务,而是由缔约国根据本国立法加以选择。

2. 腐败犯罪损害赔偿机制的建设要求

欧洲委员会采取了民刑分离的立法模式,将腐败犯罪民事损害赔偿规定在《反腐败民法公约》之中。腐败犯罪损害赔偿对于震慑、阻止犯罪行为人和保护受害方的合法权益具有重要意义,能够提高相关主体依靠法律手段参与打击腐败犯罪的能动性,在更高程度上完善社会参与型腐败犯罪打击机制,并且可以更为有效地实现国际追赃。基于腐败治理的一体化理念,本书仍然将损害赔偿机制视为腐败刑事执法机制的重要补充并将其置于刑事程序机制中加以探讨。

1994 年欧洲委员会多学科反腐败小组提出,要采取一种全球化、多学科和综合性的方式来治理腐败。由其行动纲领可见,在治理腐败犯罪时,必须综合民、刑的各自优势,发挥互动互助的功能。换言之,若刑法禁止某种腐败行为,则当然可以就行为人依靠腐败行为获得的收益提起诉讼,以获取合适的损害赔偿。如此一来,被害人获得了更合适的途径保护其个人权利,公职人员在履行公职时也会更加符合法律要求。① 1997 年在布拉格召开的欧洲司法部长会议提出进一步贯彻反腐败行动纲领,并希望制定一项因腐败犯罪导致的损害赔偿之诉的民法规范,这些促使了 1999 年《反腐败民法公约》的诞生。

《反腐败民法公约》第 3 条规定了对腐败犯罪的损害赔偿制度,要求缔约国应当在其国内法中确保因腐败行为而遭受损害的人,能够依据相关规范提起旨在获取对应于物质、利益与非财产损失在内的损害赔偿的诉讼。其中,利益损失是指基于腐败行为而未能获得的合理预期利益;非财产损失是指那些不能被立即计算的损失,如竞争对手的名誉损失;若当事人一方国内法规定了非财产损害赔偿,则相关主体应履行这一义务。《反腐败民法公约》第 4 条规定了责任承担的具体条件以及责任承担方式,具体条件包括:(1)被告人实施或授权他人实施了腐败行为,或未采取合理措施阻止腐败行为的出现;(2)原告因腐败行为或不

---

① Civil Law Convention on Corruption Explanatory Report.

作为导致了损害。责任承担的方式为:(1)对同一腐败行为负有损害赔偿责任的被告人需要承担连带责任,各个被告人还需基于各自特点承担相应的个别责任;(2)原告对腐败行为或相关不作为的发生具有过错的,应当依据情节的轻重减少甚至不给予赔偿。此外,《反腐败民法公约》第 8 条规定,各缔约国应在本国法中规定涉及腐败的合同整体为无效合同或部分条款为无效合同条款;被迫涉及腐败行为而同意合同签署的一方当事人有权向法院申请宣告合同整体或部分合同条款无效,且保留提起损害赔偿之诉的权利。各个缔约国应在本国法中制定相应的法规条款,规定合适的程序供上述损害赔偿之诉提起使用;规定合适的证据法则,使行为人可以针对腐败行为获取民事证据;规定合理的法院命令规则,使行为人在提起损害赔偿之诉时可以获得法院的相应保护;规定损害赔偿之诉的提起时效不少于 3 年,并且是自受到损害的人知道或理应知道损害发生或腐败行为发生时开始计算诉讼时效;规定在腐败行为发生后的至少 10 年以后,行为人才不得提起损害赔偿之诉。①

3. 腐败犯罪司法协助机制的建设要求

《反腐败刑法公约》旨在建立欧洲区域内腐败犯罪的刑事司法协助体系,其第 25 条规定了国际协助的基本原则和措施,第 26 条规定了互助措施,第 27 条规定了引渡制度。根据该公约第 25 条的规定,缔约国在既有的国际文件基础上应当建立最为宽泛的反腐败合作机制,已有的一般刑事合作的国际文件包括:《欧洲引渡公约》及其附加协议、《刑事事务互助公约》及其附加协议、《关于刑事判决的国际有效性的公约》《关于刑事事务移交程序的公约》《关于刑事判决人移交的公约》《关于洗钱、搜查、扣押及没收犯罪收益的公约》等。根据《反腐败刑法公约》第 26 条的规定,缔约国有义务在最为广泛的范围内展开司法协助,除了证据收集之外,还可以包括通告、财产返还、文件移交等方面,协助程序应当具有迅速性。

《反腐败民法公约》规定了反腐败领域的国际民事合作规则,即各缔约国应依据相关国际文书以及各自的本国法,在包括但不限于文书送达、证据获取、管辖权争议、准据法获取、承认和执行外国判决以及诉讼费用上进行充分而广泛的司法合作。该公约本身并未直接硬性规定各缔约国应当如何处理这些问题,而是主张各缔约国结合自身实际以及当前的相关国际公约处理以上问题,从而能够更加高效地开展司法合作。其中,可供缔约国借鉴的国际公约包括:1954 年《海牙民事诉讼程序公约》、1965 年《民商案件诉讼和非诉讼文件的国外送达公约》、1970 年《民商事案件国外调取证据公约》等国际公约。②

---

① 范红旗、王盛菊:《反腐败国际合作的民事机制》,载《政治与法律》2009 年第 3 期。
② 同上。

(三)"欧洲反腐败公约"执行机制及其情况

根据规定,《反腐败刑法公约》和《反腐败民法公约》的执行都由反腐败国家集团负责监督。截至 2020 年,该组织对公约的执行情况进行了五轮评估。第一轮评估的主题为:"从事预防和打击腐败的国家机关的独立性、专业性和方法"以及"豁免的范围和程度";第二轮评估的主题为:"识别、查封和没收腐败利益""公共行政与腐败(审计体系与利益冲突)""防止法人被用于腐败的庇护""打击腐败的税收和金融立法"以及"腐败与有组织犯罪及洗钱罪的联系";第三轮评估的主题为:"《反腐败刑法公约》的犯罪化"以及"政党基金的透明性";第四轮评估和第五轮评估的主题均为:"行为道德原则和准则""利益冲突""禁止或限制某些行为""资产、收入、债务和利益公示"以及"关于利益冲突的执行规则"。

根据反腐败国家集团的推荐建议,部分缔约国对其刑事立法进行了调整。根据在加重贿赂中采取特别侦查手段的建议,2004 年 10 月 1 日瑞典通过立法,在可能判处 2 年以上监禁刑的情况下,调查机关有权采取无线窃听、秘密电话监控和秘密摄像监控进行侦查,从而使得特别侦查手段可以适用于加重受贿的情形;根据在复杂案件中能有充分时效进行侦查的建议,斯洛伐克在 2001 年修正了刑法,将贿赂犯罪监禁提高至 3 年以上,从而使得追诉时效提高至 5 年以上;根据证人保护的建议,罗马尼亚在 2002 年通过了《证人保护法》,并在 2003 年修正了《刑事诉讼法典》,规定了对证人和专家的保护制度,特别是规定了对证人个人信息的保护;根据犯罪化标准要求,2011 年格鲁吉亚修正了贿赂、商业贿赂和影响力交易罪的刑法定义,规定了在有效悔过情形下的赦免机制等。① 也有部分国家针对建议进行解释和说明,使其符合了公约的标准。当然,也有部分国家基于本国的法律原则和传统,对推荐建议给予了必要保留。

三、《联合国反腐败公约》的刑事立法要求

联合国于 20 世纪 70 年代就开始通过做出相关决议的方法促进反腐败领域的国际司法合作。20 世纪 80 年代末的世界政治格局的变动使得国际有组织犯罪泛滥,于是联合国适时提出惩罚与预防国际有组织犯罪的相关框架,并倡议各国合作开展腐败犯罪打击工作。同时,有组织犯罪往往与公权力腐败有关,联合国也在这段时间对公权力腐败犯罪进行了突出打击。1995 年第 9 届联合国"预防犯罪和罪犯处遇"大会推出了系统性的腐败犯罪预防建议。联合国于 1998 年开始主持起草《打击跨国有组织犯罪公约》,并从众多区域性国际公约中汲取了

---

① 欧洲委员会网站,https://www.coe.int/en/web/greco/evaluations,2019 年 6 月 9 日访问。

智慧。① 2000年12月,联合国决议设置特设委员会制定有关国际协议规则。②联合国"预防犯罪和刑事司法委员会"于2001年举行了第十届会议,系统比较分析了前文提到的各反腐败公约,并提出其中的诸多不便或不合理之处。比如,因为是区域性公约,故而存在适用地区或对象较为狭窄的问题;还比如,《打击跨国有组织犯罪公约》无法解决一些国家或地区的特殊反腐败问题,因此应当构建国际性的反腐败公约供参考适用。③ 2003年10月31日第58届联合国大会通过了《联合国反腐败公约》(简称《公约》)。《公约》以对腐败犯罪的国际化趋势判断为前提,在区域性、国际性腐败治理公约的基础上,首次全面提出了全球性的反腐败共同纲领与规范性行为准则,着力构建起科学的反腐败机制与国际反腐败合作机制,全面强化了国际社会治理腐败犯罪的观念基础,提升了国际社会应对腐败犯罪的现实能力。《公约》作为国际反腐败领域的一项重要成果,不仅提高了人类社会对腐败犯罪危害性质与程度的认识,也为国际反腐败斗争指明了发展方向。

(一)腐败行为的犯罪化要求

《公约》全面且系统地构建了腐败犯罪定罪制度,不仅涵盖腐败犯罪的主要类型,而且还详细规定了具体的犯罪构成,建立了更为严密的刑事法网。强制性的犯罪化要求在《公约》中体现为强制性条款(也称刚性条款、义务性条款),要求缔约国给予明确的承诺。强制性条款一般使用"应当""必须""确保"等语言。倡导性的犯罪化要求在《公约》中体现为弹性规范(也称授权性条款),是参与条约谈判的各方利益难以协调但又必须达成某种形式上的妥协的产物。弹性规范又可以分为任意性条款和保护性条款。④ 前者使用"可以""应当努力""应当酌情""应当考虑"等语言;后者使用"在不违反本国法律原则的情况下""在本国法律许可的范围内"等用语。弹性规范允许缔约国进行对自己有利的解释,从而为各国制定和实施相关制度保留一定的灵活性,是国际条约签订中经常使用的技术性和策略性手段。

1. 强制性的犯罪化要求

(1)"交易型"腐败犯罪。《公约》关于"交易型"腐败犯罪的具体罪名主要有9个,包含了受贿罪、行贿罪、向国际公共组织官员行贿罪、外国公职人员受贿罪、向外国公职人员行贿罪、国际公共组织官员受贿罪、影响力交易罪、私营部门人员受贿罪、向私营部门人员行贿罪,覆盖了"交易型"腐败犯罪的全部发生领域和变化形式,形成了相对独立的"交易型"腐败犯罪罪名体系。其中强制性条

---

① A/RES/54/128(2000)。
② U. N. Doc. A/RES/55/61(2001)。
③ E/CN. 15 (2001)。
④ 甄贞等:《〈联合国反腐败公约〉与国内法协调机制研究》,法律出版社2007年版,第24页。

款有:受贿罪、行贿罪、向外国公职人员行贿罪、向国际公共组织官员行贿罪。后两罪的核心行为与行贿罪相同,故而以下仅以受贿罪和行贿罪加以说明。

《公约》第15条规定了公职人员贿赂犯罪,包括受贿罪(第15条第2款)和行贿罪(第15条第1款)。根据规定,贿赂犯罪的构成要件要素包括:① 犯罪对象为不正当好处。不正当好处是最广泛意义上的犯罪对象,既包括财物,也包括财产性利益,还包括非财产性利益;既包括有形的好处,也包括无形的好处,如荣誉职位和头衔、优惠待遇或性好处等。"不正当"具有非法性,旨在诱导公职人员违背其职责或义务行事,排除了社交上"适当"的好处,将真正馈赠与不正当好处区分开来。② 行贿的行为要件为许诺给予、提议给予或者实际给予,受贿的行为要件为索取或者收受。《公约》对行贿行为要件给予了严厉的评价,它将"行贿视为是自主行为,不依赖于受贿方的同意,单凭提议给予本身就足以追究行贿者的刑事责任"①,因此《公约》并未对接受行贿提议或许诺做出规定。③ 就贿赂犯罪主观要件而言,除了要有腐败意图之外,还要求具备"意在让公职人员实施作为或不作为的行为"的目的要素。根据《公约》的规定,贿赂犯罪的成立不取决于公职人员的作为或不作为,只要是有提议给予、许诺给予、收受利益等行为就足以构成犯罪,因此,"以影响公职人员为目的"属于从客观行为推定出的主观目的要素。当然,这一目的是针对公职人员"执行具体公务时"的作为或不作为,不包括公职人员在公务活动之外的行为,也不包括因抽象职责而有机会实施的行为。④ 就主体要件而言,《公约》第2条"术语的使用"中规定的"公职人员"必须是因担任立法、行政、行政管理或者司法职务而履行公共职能的人员。当然,各缔约国相关法律中特别规定的其他人员(包括被视为公职人员的人员)也为公职人员。这种通过三层次逐步推进演绎的立法模式,既突出了重点,也为缔约国在制定国内法时尽可能穷尽腐败犯罪主体的范围,提供了有效的借鉴对象。②

(2)"侵占型"腐败犯罪。《公约》第17条规定了贪污、挪用等"侵占型"腐败犯罪的犯罪化要求。其中,《公约》第17规定的"侵占型"腐败犯罪的基本构成包括:① 犯罪对象为财产。"财产"泛指一切具有经济利益属性的物质、非物质、动产、不动产、有形、无形、权益性文书、权益性文件等类型的财产。无形的财产,通常是指财产性权益,比如债权,或能够带来经济利益的非有形物质,比如电力资源。② 行为方式为以贪污、挪用或其他方式侵害受托财产。"受托"意味着公职人员对财产的控制是建立在职务委托关系基础之上,并不包括以任何方式取得控制的财产。

---

① 甄贞等:《〈联合国反腐败公约〉与国内法协调机制研究》,法律出版社2007年版,第17页。
② 孙国祥、魏昌东:《反腐败国际公约与贪污贿赂犯罪立法研究》,法律出版社2011年版,第47页。

2. 倡导性的犯罪化要求

（1）影响力交易犯罪。《公约》第18条规定了影响力交易罪，鼓励缔约国将意在从本国行政部门或公共机关获得不正当好处的影响力交易定为犯罪。影响力交易罪作为一种非典型的"交易型"腐败犯罪，包括了向有影响力的人行贿罪和具有影响力的人受贿罪两项罪名，其行为结构与普通贿赂犯罪相同，区别在于：第一，向有影响力的人行贿罪的对象主体及有影响力的人受贿罪的犯罪主体不仅包括了公职人员，也包括了其他任何可能对公职人员具有影响力的人，即不仅包括了公职人员兜售影响力的情形，还包括了私人滥用其对公共行政运行的实际影响力或被认为是具有影响力的行为。第二，影响力包括了实际具有的影响力以及欺诈性的影响力。利用欺诈性行动使他人误以为具有影响力而诱使他人给予不正当好处的，应当构成本罪而不是财产欺诈犯罪，因为后者要求财产损失，无法涵盖本罪中的不正当好处。需要注意的是，实际给予、提议给予或许诺给予与公职人员或其他人员利用其影响力之间需要存在关联，但不要求公职人员或其他人员实际施加影响力，滥用影响力但实际上尚未施加影响力的，仍然构成本罪。

（2）滥用职权犯罪。《公约》第19条要求缔约国考虑采取必要措施，规制公职人员通过作为或不作为而为自己或他人获取不正当收益的行为，并将其纳入刑法的规制范围。滥用职权罪的犯罪意图限于故意，即公职人员滥用职务权力损害公共利益的行为通常是故意实施的。滥用职权罪以公职人员为本人或他人获取不正当好处或给他人造成损失作为特殊目的。

（3）资产非法增加犯罪。《公约》第20条规定了资产非法增加罪，即公职人员的资产与其可以合理说明的合法收入相比显著增加。公诉方需要证明增加的资产来源不合法；对于可疑财产，需要证明单凭犯罪嫌疑人的收入不足以取得这些资产。如果有足够的证据证明被告人的资产超出其薪金和其他合法收入的总和，那么被告人就要证明这些资产系合法所得。被告人可反驳有罪推定，做出合理或可信的解释，以避免处罚。资产非法增加的时间期限并没有限制，既包括了公职人员任职期间，也包括了公职人员离职后的一段时间。

（4）法人刑事责任。将法人作为腐败犯罪的主体一直以来为国际反腐败条约所承认，但由于刑法理论、立法传统以及条约内容的局限，法人责任的范围往往被限制。如《反腐败刑法公约》第18条规定的法人责任仅发生在"故意行贿、利用影响力交易或洗钱行为"三种情况下，《打击跨国有组织犯罪公约》第9条规定的法人责任也只是存在于贿赂国内外公职人员行为过程中。作为最为全面的反腐败国际条约，《公约》第26条第1款将法人责任扩大到所有腐败犯罪类型之中，进一步促进了腐败定罪机制的系统化。考虑到一些缔约国存在不承认法人刑事责任的传统，《公约》第26条第2款提出法人责任包括刑事、民事或行政责任,各缔约国需要依据各自法律进行选择。

除了上述犯罪之外,《公约》还从腐败犯罪预防和控制角度,将与防控有关的连带型犯罪也一并规定,如《公约》第23条规定的洗钱罪、第24条规定的窝赃犯罪、第25条规定的妨碍司法犯罪,进而构建了最为全面的腐败犯罪框架。

3. 腐败犯罪的刑罚配置要求

给予腐败犯罪更为有效的惩罚,提升刑事追诉的效率,加强刑罚的一般预防效果,是《公约》积极追求的目标之一,就此而言,《公约》主张:(1)建立刑事制裁的重罪基准。《公约》第30条第1款要求缔约国在做出处罚时认真考虑犯罪的严重性,确保腐败犯罪受到与其严重性相当的制裁。《公约》倡导缔约国出台强有力的制裁措施,以应对腐败犯罪,避免腐败犯罪的罪刑不相称。换言之,《公约》实质上是将腐败犯罪视为一种严重犯罪,倡导建立以"重罪"为基准的刑罚处罚体系。在对《公约》执行情况的审议中,审议小组发现,"在另一个国家,有时无法确定某一特定腐败犯罪是重罪还是轻罪,鉴于这类犯罪的严重性,审议人员建议将它们统一定为重罪。审议发现,还有一个国家也需要加大制裁力度,将腐败行为按严重或特别严重的犯罪论处"①。在重罪基础上,《公约》评议组织更加赞许有效发挥罚金刑威慑效果的立法。(2)提出剥夺资格的刑罚要求。《公约》第30条第7款规定了资格剥夺的处罚要求,倡导缔约国根据犯罪的严重性,通过刑罚等方式,剥夺触犯本公约确立的罪刑规范的人员在一定期限内担任公职的机会,即使是在国有企业或部分国有化企业中担任职务的机会,也会一并被剥夺。取消资格的期限留予各缔约国依照本国法律并根据其对被定罪官员所犯罪行的严重性的重视程度自行斟酌而定。值得注意的是,《公约》倡导剥夺犯罪人在国有独资或参股企业中的职务,但对相应国有企业的国有参股比例并未做具体要求,这样可以涵盖国有资本参股的非国有企业。(3)限制假释的适用范围。假释决定机关有义务允许所有符合假释条件的罪犯假释出狱,但与罪犯本来就有的权利如生命权和健康权等基本人权不同,假释请求权产生于行刑这一特殊的法律活动,是一种受限制的权利。② 这种限制既要考虑罪犯的人身危险性,也要考虑刑罚目的、刑事政策等因素。《公约》第30条第5款规定,缔约国应审慎评估已经触犯相关犯罪的人员的犯罪严重性程度以及假释或早释的可能性,进而对假释权予以严格限制,以更为彻底地预防腐败犯罪的再次发生。(4)建立有效的刑事没收制度。《公约》第31条规定了冻结、扣押和没收制度,以防止犯罪行为人从犯罪中获利,并消除腐败诱因,其中,又以没收制度最为重要。《公约》第31条第1款规定了没收的类型,包括犯罪所得的没收以及犯罪工

---

① 《〈联合国反腐败公约〉执行立法指导》,http://www.unodc.org/unodc/en/treaties/CAC/legislative-guide.html,2020年8月2日访问。
② 柳忠卫:《假释本质研究——兼论假释权的性质及归属》,载《中国法学》2004年第5期。

具的没收。针对犯罪所得的没收,《公约》提出了两种没收的方式,包括基于财产的没收以及基于价值的没收。基于价值的没收是允许没收价值相当于犯罪所得的财产。在腐败犯罪所涉财产已经被消耗、无从追查、与其他合法财产混同或已经转让给善意第三人时,可以考虑采用基于价值的没收。没收的对象是犯罪所得财产,不包括为了获得犯罪所得而花费的支出。《公约》第31条第2款规定了对犯罪工具的没收,目的是剥夺罪犯用以实施腐败行为的财产,并防止具有危险性的物品或手段(例如,用来转移资金的软件、用于妨害调查的武器或者为转让非法得利而制定的企业计划)被用于腐败目的,因此,此规定兼具惩罚性和保护性。特别要注意的是,《公约》对犯罪工具的没收,不仅包括了实际使用的犯罪工具,也包括了拟用于犯罪的犯罪工具。

(二)腐败犯罪追诉的程序性要求

刑事程序机制的作用在于确保刑事定罪措施能够落实,不同国家刑事法律制度的差异使得《公约》在确定腐败犯罪刑事机制的基本标准上存在诸多挑战,尽管多数为倡导性规定,但却更能充分体现出国际社会对于腐败犯罪追诉的共同立场和基本准则。具体而言,《公约》提出的腐败犯罪刑事程序机制包括以下方面:

1. 允许特殊的侦查措施

特殊侦查手段是与传统侦查手段相对应的侦查措施,也称为"秘密侦查",通常是在被追诉对象不知情的情形下进行的,易侵害到公民权利。考虑到腐败案件具有高度的隐秘性、采用常规侦查方法难以获取充足证据的实际情况,《公约》第50条赞成在反腐败斗争中使用特殊侦查措施。其中,主要手段包括三种:控制下交付、电子监控和特工行动。控制下交付最早出现在打击毒品犯罪的国际公约之中,1988年联合国《禁止非法贩运麻醉药品和精神药品公约》正式规定了该措施,后适用于跨国有组织犯罪案件,进而延伸至腐败犯罪案件。《公约》第2条第9项规定了控制下交付的具体内涵:为了便于侦破某种犯罪及其具体犯罪人员,可以在主管机关知情并监管的情况下运送非法或可疑物。同时,《公约》第50条第4款阐明了拦阻货物、资金或许可继续运送或替换部分货物等方法属于控制下交付。但是,《公约》未对其他两种特殊侦查手段进行定义。通常认为,电子监控是运用窃听视听装置技术、计算机设备、红外线望远镜及摄像机等高科技设备或技术监听相关人员的谈话或者秘密拍取或者录制特定人、物或场地等的侦查方法;[①]特工行动是依靠特殊的侦查人员控制赃款赃物、侦破案件以及追捕犯罪嫌疑人的方法,侦查人员包括卧底等类型。侦查圈套属于特工行

---

① 杨宇冠、吴高庆主编:《〈联合国反腐败公约〉解读》,中国人民公安大学出版社2004年版,第427页。

动的一种。① 需要注意的是，《公约》第 50 条第 1 款未规定依靠此类侦查手段获得证据的法律效果，即未规定证据排除规则，通过此类手段获得的证据是否可采信，由各缔约国依据该国具体法律制度的要求自行斟酌决定。

2. 倡导高效化的追诉机制

确保腐败犯罪能够被有效追诉，提高追诉效率，是《公约》贯彻实施的重要目标。《公约》第 30 条第 3 款要求司法机关在起诉腐败犯罪时，应通过必要手段确保刑事责任的执行效果，并兼顾腐败犯罪惩罚的必要性。对此，《公约》倡导缔约国在制定腐败追诉机制上考虑以下制度：

（1）"预防性"羁押制度。为确保腐败犯罪嫌疑人出庭受审，防止因释放被告人而导致的潜逃风险，《公约》第 30 条第 4 款规定了"预防性"羁押制度，规定各缔约国需要依据本国法律的规定，并在保障嫌疑人相关权利的前提下通过适当方法，确保刑事程序中判决前或上诉期的裁决所需求的各项要求均已得到履行，以此促进嫌疑人的顺利出庭。其中，"判决前"包括了侦查阶段。基于无罪推定原则，任何人在未经正当程序审判前都是无罪的，享有申请保释的权利，但考虑到腐败犯罪嫌疑人往往身居要职，掌握更多社会资源，过早释放可能会给刑事追诉带来障碍，因此，有必要建立"预防性"羁押制度，在决定对腐败犯罪嫌疑人予以保释或在判决前释放时，必须考虑到被告人因潜逃而缺席刑事诉讼的可能性。

（2）犯罪主观要素的推定规则。为了解决主观要素的证明难题，《公约》第 28 条规定了诉讼中的主观要素推定规则，各缔约国可以依据一定的客观情形推定明知、故意等主观要素。被告人的心理情况无法直接为法院所感知，并且极少有关于其心态的直接证据，因此要想证明犯罪的这一主观要件，或可采用所谓的环境证据，也即运用逻辑推理过程，通过各种直接证据（例如文件、证人和专家报告），就已知和已证事实推出有效结论，同时推理中也要考虑到被告的个人情况、案件的总体背景以及经验与常识问题。② 作为刑事诉讼证据的评价规则，主观要素推定通常存在于证据理论之中而鲜有立法规定，但《公约》将其单独提出，鼓励推定规则的成文法化，体现了有效提高腐败追诉率的基本立场。当然，上述推定规则必须建立在由证据证明客观事实基础上。否则，就是违反基本刑事诉讼法理的不当表现。同样，推定规则不能否定行为人的相关权利，如果行为人有证据，则可以推翻推定。③

（3）刑事没收的举证责任倒置。《公约》第 31 条第 8 款规定，各缔约国可以

---

① 陈雷：《惩治与预防国际腐败犯罪理论与实务》，中国检察出版社 2005 年版，第 191 页。
② 《〈联合国反腐败公约〉执行立法指导》，http://www.unodc.org/unodc/en/treaties/CAC/legislative-guide.html，2020 年 8 月 2 日访问。
③ 陈学权：《〈联合国反腐败公约〉与中国刑事法之完善》，载《法学》2004 年第 4 期。

在不违反本国法所规定的实体规则与程序规则的前提下,使犯罪嫌疑人本人证明犯罪所得等应予没收的收益之合法来源。此外,对于应予没收之财物主张权利的第三人应当举证证明自身合法权利,如果应予没收的财物的确为其所有,且其并未参与实施腐败犯罪,则司法机关应当返还财物。由于没收不是依据罪责刑关系而是依据保安理由或某种刑事政策理由而采取的处分措施,因此对财产来源是否合法的证明不要求遵守"任何人不得被迫自证其罪"原则。换言之,在具有保安措施性质的没收制度中,可以从特定的刑事政策目的出发,在财产归属问题上实行举证责任倒置,以降低追诉机关的证明难度,最大限度地切断腐败收益的实现途径。行为人会因受到上述条款的制约而不敢实施腐败行为。当然,举证责任倒置对人权保护存在潜在的威胁,特别容易侵害到善意第三人的合法利益,因此,《公约》对该制度并没有做强制性规定,只是要求缔约国"考虑"在符合本国法律的基本原则及司法程序和其他程序的性质的基础上实施该制度。

(4) 建立污点证人制度。污点证人制度对拓宽证据收集渠道,提高公诉成功率发挥着重要作用。《公约》第 37 条要求"对于在根据本公约确立的任何犯罪的侦查或者起诉中提供实质性配合的被告人",缔约国应当考虑就适当情形下减轻处罚或者允许不予起诉的可能性作出规定。当涉嫌腐败犯罪的嫌疑人(通常是行贿人)为腐败犯罪的侦查或者起诉提供实质性配合时,可以适用污点证人制度。对于提供实质性配合的内涵,《公约》没有直接解释,但可以参考《公约》第 37 条第 1 款的规定,包括:提供有助于主管机关侦查和取证的信息,如检举揭发腐败犯罪,查证属实的;或提供相关证据使公诉能够继续进行;或提供实际性帮助而可能能够为主管机关所用,以剥夺并追回犯罪所得。在刑事诉讼理论中,污点证人豁免存在罪行豁免和证据使用豁免两种情况:前者是指对污点证人提供证言中涉及的犯罪不再追诉的豁免,后者是污点证人提供的证言以及依照该证言获得的其他证据不得用来指控污点证人,但通过其他途径获得的证据仍然可以指控污点证人。①《公约》第 37 条同时包括了以上两种豁免类型,不起诉决定是否被做出,取决于"提供实质性配合的被告人"的犯罪情节及主观恶性等其他因素。对此,缔约国应当在以下两者之间取得平衡:一是在处理具体案件时给予豁免可以换取的无可争议的益处;二是保护公众对于司法的信心的必要性。②

(5) 确立缺席审判制度。《公约》倡导各缔约国在国内法中建立刑事缺席审判制度,以便及时完成犯罪追诉并追回腐败资产。《公约》第 54 条规定,各缔约国应当通过多种手段,对诸如犯罪人死亡、潜逃或缺席等情形,能够不经刑事

---

① 徐静村、潘金贵:《"污点证人"作证豁免制度研究》,载《人民检察》2004 年第 4 期。
② 《联合国反腐败公约技术指南》第 37 条。

定罪而没收财产,确保犯罪所得不留于犯罪人之手。该条款要求缔约国在犯罪人缺席的情况下承认先行启动的民事诉讼或刑事没收等诉讼活动的效力。《公约》第57条"资产的返还和处分"规定,被请求国在对腐败犯罪财产没收后,基于请求国法院所作的生效判决以及被请求国承认请求国遭受的损害属于应予返还的没收财物时,方得以返还没收财物于请求国。根据该条款,只有请求国建立了缺席审判制度,才能提供关于相关犯罪人及其没收财物的生效刑事判决,之后才能请求财产所在国返还财物;若请求国无法满足这一条件,则被请求国将不会返还没收财物。如此一来,请求国必须保证本国法中存在相应的未定罪没收程序,才能够依靠《公约》寻求被请求国的支持,获得应予没收的财物。[1]

3. 确立更为全面的证人保护制度

《公约》第32条采用了强制性条款方式规定了证人保护制度,即在缔约国能力所及的范围内,应当采取必要的、适当的证人保护措施。在主体范围上,包括了证人(含污点证人)、鉴定人及他们的亲属和其他与其关系密切者,同时还包括了作为证人的被害人。根据第32条第1款的规定,各缔约国应依据本国法规定,在能够保障的范围内采取合理措施,为证人、鉴定人提供保护性措施,并酌情为上述人员的亲属以及其他关系密切人提供保护性措施,使其免受报复或恐吓,能够安心作证。《公约》第32条第4款规定,各项规定还应当适用于作为证人的被害人,作为证人的被害人与在审判中出庭作证的第三人或者鉴定人享有相同的保护标准。在保护措施上,包括人身保护和取证规则保护。《公约》第32条第2款要求缔约国建立一系列证人保护措施,在取证规则的设计上确保证人、鉴定人的人身安全。基于腐败犯罪治理的全球化,该条第3款设置了国际合作中的证人保护规则,缔约国之间应考虑签订相应的证人、鉴定人转移协定或安排。此外,该条在强调证人保护的同时,也要求兼顾被告人利益。在刑事诉讼的控辩对抗中,被告人处于弱势地位,保障被告人的诉讼主体地位,维护其合法的诉讼权利是程序公正的当然要求。《公约》第32条第5款规定应关切被害人的相关主张,但不得以损害被告人权利的方式为手段。如此一来,各缔约国必须在证人保护制度的设计上充分考虑被告人对证人进行当场质证、行使口头辩论权的可能性,防止出现为追求单一的实体公正而牺牲被告人程序权益的代价。

4. 倡导构建体系化的举报制度

《公约》关于举报制度的规定体现在两个方面:一是建立公众、私营部门的举报通道。《公约》第38条要求缔约国采取必要措施,鼓励公共机关及其公职人员在有合理理由相信发生了贿赂本国公职人员罪、私营部门内的贿赂犯罪和洗钱犯罪时,向侦办机关举报相关罪行及相关信息。同时,《公约》第39条第2

---

[1] 甄贞等:《〈联合国反腐败公约〉与国内法协调机制研究》,法律出版社2007年版,第155页。

款规定,举报上述罪行及其相关信息的鼓励对象包括本国公民以及在本国有经常居所的人员。二是有关举报人保护的强化手段,具体体现于《公约》第33条。根据相关规定,各缔约国必须考虑为有合理缘由而向主管机关善意举报腐败罪行及其相关信息的人员提供保护,从而使得举报人受到公正的对待。

5. 倡导建立腐败后果消除制度

为提高腐败犯罪的经济成本,更为有效地预防腐败犯罪,《公约》第34条规定了腐败后果消除制度。该制度来自《反腐败民法公约》第8条,常适用于内容合法却系通过腐败影响力达成并且可据以废除效力的合同,其意义在于通过利益剥夺,使犯罪人最终无法从腐败活动中获得任何收益,提高犯罪的经济成本,以达到抑制犯罪人腐败动因的目的。然而,在腐败利益取消范围上,《公约》突破了《反腐败民法公约》将范围限制在与腐败有关的合同上的做法,将范围扩展到包括合同、特许权及其他类似文书以及其他与腐败行为有关的任何因素;《公约》也没有采用民事规则中常见的保护善意第三人的绝对标准,而是规定了适当限制标准,要求在适当顾及善意第三人的前提下取消腐败利益,在腐败利益取消带来的社会价值与保护善意第三人的价值之间更倾向于前者。当然,作为非强制性条款,《公约》没有规定腐败后果消除的模式与标准,为缔约国灵活选取相关措施留下了空间。

6. 要求建立腐败被害人保护制度

通常认为,腐败是"无被害人犯罪",但《公约》则多次强调腐败案件被害人的法律地位,并要求对腐败被害人的程序参与权和求偿权予以充分保护,由此体现出对被害人权利的特别重视。正如前文所述,《公约》第32条第5款规定,被害人的具体主张与请求有受到关切的权利;《公约》第35条规定,被害人具有依据法律程序提起损害赔偿之诉的权利。根据《〈联合国反腐败公约〉谈判工作的正式记录(准备工作文件)注释》第38条的解释,《公约》第35条的主旨在于确定一个基本原则,确保各缔约国构建合适的法律程序,从而为被害人提起损害赔偿之诉提供法律支撑。因此,《公约》只就提出赔偿的主体作了规定,对赔偿程序的设置方式、程序性质、赔偿范围和标准并没有作具体规定。按照《〈联合国反腐败公约〉谈判工作的正式记录(准备工作文件)注释》第37条的规定,有权提出赔偿的实体和人员包括"国家、法人和自然人"。

(三)《联合国反腐败公约》执行机制及其情况

《公约》第63条第1款规定,缔约国会议负责促进和审议《公约》的实施,第63条第7款确立了缔约国应当建立《公约》实施情况审议机制。2009年11月第三届《联合国反腐败公约》缔约国会议通过了"审议机制"的第3/1号决议,确定了履行审议机制的相关规则。第3/1号决议规定:"每一审议阶段均应由为期五年的两个审议周期组成,且在每个审议周期中的前四年中均审议四分之一的缔约国。"由于存在多个国家,且各国风俗习惯、政治经济面貌等方面的情形多有不同,故而将缔约国划分为不同组别,即拉丁美洲及加勒比海组、东欧组、非洲组、亚洲组、西欧及其他国家组。同时,经过抽签择取的受审议国需要交给审议组一份自我评估清单,审议组的两个审议国中必须有一个与受审议国来自同一组(即同一地区),或具有相似甚至相同的法系,以便提供针对性的审议,做出高质量的审议报告。受审议国在收到审议报告后的第2个周期时,应向联合国阐明问题改进情形及其具体进展。

联合国于2017年发布了《〈联合国反腐败公约〉的实施情况》,对评估情况进行介绍和总结。不同国家基于法律制度、历史背景与传统的不同,对《公约》内容的贯彻与执行情况也有较大不同。如非洲国家普遍将资产非法增加规定为犯罪,但受宪法制约和无罪推定原则影响,西欧国家则对资产非法增加罪存在较多担忧,很多国家倾向于采取替代性做法;中亚、东亚、东欧国家在贿赂范围上往往都排除了非物质性好处,并且更倾向于以减轻或免除对行贿人的处罚而换取受贿证据。总体而言,大多数缔约国的反腐败刑事立法都朝着《公约》在定罪、执法和国际合作方面所提倡的要求而积极进步。在很多国家,法律的修订和结构性改革共同催生了连贯一致和大体和谐的刑事定罪制度,在立法和执法行动、起诉和定罪方面,甚至在涉及高层腐败的案件中取得了切实成果,建立了强有力的引渡、司法协助和跨国执法合作框架。但是,审议也发现,各国在刑事定罪与执行方面仍然存在一些重大挑战,包括:对"公职人员"涵盖范围的认识程度不同;对非物质好处是否能够成为贿赂对象的分歧较大;法人承担刑事或非刑事责任的措施较为有限;等等。①

第三节 腐败犯罪立法国际发展的基本评价

先发型现代化国家反腐败刑事立法起步于工业革命期间,后发型现代化国家则开始于民族国家独立后。20世纪中后期以来,在长达近半个世纪的历史跨度中,在国家政治经济转型、地区融合、经济全球化等因素的影响下,现代国家反腐败刑事立法出现了融合发展的特征,特别是"交易型"腐败犯罪在世界范围内的泛滥,使得各国贿赂犯罪立法修正活跃,重视立法的积极预防功能、推进立法的协同化构建以及加强刑事法律与非刑事法律的并合治理,成为现代国家反腐败刑事立法发展的共同特征。

---

① 《〈联合国反腐败公约〉执行立法指导》,http://www.unodc.org/unodc/en/treaties/CAC/legislative-guide.html,2020年8月2日访问。

一、强化反腐败刑事立法的积极预防功能

在刑罚理论上,积极的预防是指通过规范稳定公众的规范性期望,使公众形成规范信赖并最终实现犯罪的一般预防。刑事立法上的积极预防包含了刑罚的一般预防观念,但更是指立法本身作为行为指导规范和裁判规范所独具的预防功能,即通过立法提前介入、扩大处罚范围、降低追诉难度等方式,遏制潜在犯罪人的犯罪动机,降低严重犯罪的风险。现代国家反腐败刑事立法所反映的共性之一就在于,立法不再追求刑罚的严厉度,而是强调通过提前介入腐败衍生环节、预防严重腐败风险以及严密法网、确保腐败犯罪的不可脱逃性来强化立法的积极预防功能。

反腐败刑事立法的积极预防功能主要表现为:一是犯罪构成的严密化。各国针对腐败犯罪形态的多变性,采取了简洁化的犯罪构成,形成了以权力不可交易性为基础的具有包容性的罪刑规范体系。大部分国家未规定数额、情节等具有入罪和罪量调节功能的要素,也未规定为他人谋取利益要素,行为不法的判断标准具有单一性,即基于职务行为而收受财物,从而确保刑事立法层面对腐败的"零容忍",避免因构成要素复杂化而出现规避法律的机会。二是以犯罪主体为中心的立法扩张。随着国际反腐败公约的制定实施,欧洲国家启动了以犯罪主体类型为中心的腐败犯罪化浪潮。法国在2000年《刑法典》中增设了"危害欧共体、欧盟成员国、其他外国与公共国际组织公共管理罪",以契合欧洲反腐败国际公约的要求;德国则将腐败犯罪的主体范围全面扩张到欧盟司法部门的成员以及外国法官、调解员和仲裁员;丹麦、瑞典等北欧国家的反腐败刑事立法修正也是如此。基于司法腐败对国家法治和国民对法律的信赖具有严重的破坏性,各国尤其重视司法工作人员腐败犯罪的惩治,德国、法国等国家专门设置了司法腐败罪,犯罪主体包括了调解员、仲裁员甚至是书记员。三是腐败刑事惩治空间场域的延伸。传统观点认为,腐败是权力滥用的客观事实,但随着对腐败认识的深化,行为所产生的腐败风险被视为是腐败本身,原本是违反行政秩序的行为被认为具有法益损害的风险,由此带来刑法对腐败社会危害性的评价标准的前移,将侵害廉洁义务的利益冲突行为予以犯罪化,以发挥刑法在"阻止潜在损害及其罪恶发生"方面的预防功能。美国在"交易型"贿赂犯罪之外,设立了"利益冲突型"腐败犯罪,加强了对腐败早期行为的刑法干预;英国的不当行为罪中涵盖了主要的利益冲突情形;法国则规定了非法获得利益罪,禁止在公共事务管理中将个人利益与公共利益混同,以确保公权行使的公正性。四是重视腐败犯罪的追诉效率。《联合国反腐败公约》等国际反腐败公约倡导建立具有威慑性的刑事程序机制,包括采取秘密侦查、庭前羁押、推定规则等方式,以确保腐败犯罪的不可脱逃性,最大限度发挥刑事惩治的一般预防功能。

二、推进反腐败刑事立法的协同化构建

以有效预防和高效惩治腐败为主导,加强反腐败刑事立法的协同化建设,减少规范冲突与制度损耗,提高腐败治理的效能,是现代国家反腐败刑事立法的又一重要特征。

反腐败刑事立法的协同化具体表现为:一是犯罪构成要件设置与追诉证明标准的协同化。犯罪构成要件要素的复杂化,不仅会限制刑法的规制范围,同时也会导致诉讼证明上的障碍,故而在设置腐败犯罪构成要件要素时,应当考虑诉讼证明上的便捷性。在贿赂犯罪构成要素上,一些国家减少或弱化收受行为与职务行为之间的关联性要素,降低了犯罪的证明难度。德国1997年《腐败防治法》规定,接受或给予利益与公职行为的履行之间仅需相关性即可,无需必然性联系。芬兰等北欧国家也不要求证明贿赂是否对受贿人的职务行为产生现实影响,只要证明两者之间存在联系即可。在贿赂犯罪上规定"腐败性"目的这一主观要素的国家,也在程序法上确立了相应的主观要素的推定规则,降低了主观目的的证明难度。英国最早确立了"腐败性"目的的推定规则,澳大利亚、加拿大等国家也确立了类似规则,而《联合国反腐败公约》则倡导缔约国建立诉讼中的主观要素推定规则。二是私营领域腐败犯罪与公共领域腐败犯罪惩治的协同化。腐败具有快速传染性,无论是公共领域腐败还是私营领域腐败,均具有严重的社会危害性并且会相互传染,私营领域腐败无法得到有效根治,往往会成为诱发公共领域腐败的源头。随着私有化经济体制的改革,一些国家公共领域与私营领域的界限已经不再清晰,实践中也很难明确区分公共部门与私营部门的职能。基于公共领域与私营领域腐败犯罪的同质化和"公共部门私营化"的普遍存在,英国、瑞典等国家在贿赂犯罪立法上采取了"一视同仁"原则,不再区分公共部门与私营部门的贿赂行为,将公共部门贿赂犯罪与私营部门贿赂犯罪规定在同一个条文中,形成了"同一化"的贿赂犯罪立法模式。三是国内腐败犯罪惩治与域外腐败犯罪惩治的协同化。随着经济区域化、全球化的发展,域外腐败犯罪对一国国内廉洁制度产生的连带性损害,成为现代国家腐败治理中必须考虑的重要因素,加强对跨国公司腐败的惩治成为反腐败刑事立法发展新的方向。美国在20世纪70年代末制定的《反海外腐败法》、瑞典在2012年新增的对资金管理不善或者过于滥用资金罪等,均旨在积极打击针对跨国公司的腐败犯罪。此外,《联合国反腐败公约》《反腐败刑法公约》等国际反腐败公约的缔结,也为各国反腐败刑事立法标准最低程度的统一化提供了重要保障,确保了国内与域外腐败犯罪惩治的协同性。

三、重视反腐败立法中非刑事制裁措施的综合运用

现代国家在与腐败斗争的实践中逐步认识到,加强商业组织的合规管理以及对腐败犯罪的民事惩治,具有积极的腐败犯罪治理效果。基于此,各国纷纷将民事惩治及企业内部控制理念引入腐败治理理念之中,采取并合主义立场,在刑事措施之外积极探寻非刑事措施在腐败治理中的运用方式和路径。

腐败治理措施的多元化构建体现为:一是通过民事措施加强对腐败被害人的保护。传统观点认为,腐败犯罪(通常指"交易型"腐败)为"无被害人犯罪",不存在对被害人损害的赔偿问题,但放任腐败犯罪产生的消极后果,既不符合市场公平原则,也不利于全面净化腐败环境。《联合国反腐败公约》《反腐败民法公约》等国际公约倡导对被害人予以有效的民事救济,将腐败犯罪作为合同无效的理由;美国、英国等国在民事诉讼实践中也确立了被害人损害赔偿的基本规则和制度。二是以民事方式剥夺腐败犯罪人的经济利益。以刑事手段剥夺腐败犯罪人的经济利益受管辖制度、证明标准等诸多方面限制,但通过民事手段则具有便捷性和灵活性,能够提高对腐败的经济性惩治效果。《联合国反腐败公约》倡导缔约国建立腐败资产的直接追回和间接追回制度。前者是通过被请求国法院或主管机关以法令、判决等方式直接确认财产归属并将财产还于请求国;后者是先由被请求国没收腐败犯罪所得财产,然后根据资产返还和处分协议的规定返还给请求国。英国、美国、德国、意大利等国纷纷规定了在未定罪情形下的民事没收制度。三是加强商业组织合规制度建设。在市场经济中,大量腐败犯罪主体为商业组织,加强商业组织合规制度建设有利于预防腐败犯罪的发生。《联合国反腐败公约》《反腐败刑法公约》等国际公约强调要给予法人有效、适度和具有警戒性的刑事或非刑事制裁。《反腐败刑法公约》特别规定了因内部控制机制问题而导致腐败发生情况下的法人责任。英国、法国、美国等国家在刑事立法或司法中建立了有关企业组织的反腐败合规评价机制,特别是英国还创设了与刑事合规直接相关的独立罪名。通过建立一套完整的合规审查标准与执行机制,将内部合规与企业刑事责任相结合,既可以避免严厉打击腐败犯罪给商业活动带来的负面影响,也可以实现商业组织内部环境的自我净化,提高腐败犯罪的预防效果。

总体而言,各国反腐败刑事立法及国际反腐败公约围绕腐败犯罪衍生机理提出了多元化的制度设计。应当明确的是,腐败刑事治理是国家治理的重要构成部分,受国家政治、经济制度以及其他治理机制与环境的影响而具有本土性特征,诸如英美反腐败刑事立法所倡导的腐败民事没收制度就难以在行政法发达的国家推行,即使是国际公约所倡导的反腐败制度,也须与本国国情相适应才能发挥积极作用。俄罗斯在批准加入《联合国反腐败公约》后通过立法和修法将

公约内容纳入国内反腐败法律体系中,但由于制度环境不佳、反腐败机构效能不高、对权力的监督制约不足等原因,反而影响了腐败治理的效果,腐败至今仍是困扰俄政局稳定的一大难题。① 因此,对国外反腐败刑事立法的借鉴,与其说是借其形,不如说是借其神,即将国际社会已经形成普遍共识的腐败治理理念、原理与我国反腐败资源和实践充分结合,方能实现我国反腐败刑事立法的优化发展。

---

① 王田田:《俄罗斯的反腐败体制:建设路径与现实困难》,载《俄罗斯学刊》2017年第4期。

第二章 积极治理主义导向下反腐败刑事立法原理更新

域外反腐败刑事立法的发展体现了腐败治理策略基于国家治理观发展的适应性选择。现代国家起步于自由主义经济模式,但在经历过世界经济危机以及战争之后,加强国家职能、确保国民福利、有效预防风险与应对危机,已经成为现代国家治理的共同目标,从而逐步形成了积极治理主义的国家治理观。在积极治理主义影响下,腐败治理立法体系构建的重心从惩治性立法转向预防性立法。尽管刑事惩治不再处于腐败治理的"前沿"阵地,但仍是腐败治理系统不可缺少的部分,承担着整个腐败治理体系的最后保障任务。基于立法系统的压力传导性影响,积极治理主义要求反腐败刑事立法原理做出符合预防性治理方向的适应性调整,以使刑事惩治能够契合腐败治理系统的整体性变化,这更新了现代反腐败刑事立法原理,为现代国家反腐败立法发展提供了理论支撑。

第一节 积极治理主义的兴起

积极治理主义并非横空出世的概念,在19世纪下半叶西方国家的现代化过程中已经隐约可见。先发型现代化国家在资本主义形成过程中严格限制经济自由的边界,提高对社会成员中弱者的保护程度,纠正劳动关系和经济竞争中对自由明显的误用,在一定程度上已经隐约体现了积极治理主义的特征。20世纪以来,从凯恩斯主义到新自由主义,西方国家积极配置、整合市场资源,创造促进市场经济发展的外部条件,在私有化、市场准入、金融自由等市场要素配置方面避免了不必要的政府干预,但在经济安全、金融安全、社会福利乃至国家安全等涉及市场系统运行的宏观层面上却加大了国家干预的范围和程度,将市场运行风险置于可控状态,确立了积极治理主义的经济治理观。风险社会的到来,促使积极治理主义进一步被运用于国家公共治理领域,成为现代国家预防风险、应对危机的主导性理念。

一、积极治理主义的起源与发展

治理(governance)是人类的一种社会活动,是国家、社会、集体乃至个人活动的管理方式。治理有广义与狭义之划分,前者是指引导、约束人类自身及其行为、交往以及反应的各种模式与方法,其中包含了市民社会治理、国家—政府治理、企业治理等多种治理形态;后者是指作为政治主权运转的治理实践,即国家治理。20 世纪 90 年代,治理一词被国际组织广泛使用和推广。1992 年,世界银行在年度报告《治理与发展》中,将治理定义为:为发展而在管理一个国家的经济和社会资源方面的权力。联合国全球治理委员会主张,治理既是安排公共或私人主体共同事务的方法的融合,也是一种以联合行动为手段协调相同的冲突或利益差异化的连续过程。其中,治理既涉及公共部门,也包括私人部门;治理不是一套规则,而是一个过程;治理的基础不是控制,而是协调;治理不是一种正式制度,而是持续的过程。① 国际社会则为治理概念增加了新内容,但基础仍在于国家治理,即狭义上的治理。以国家治理为中心,诸如人口治理、文化治理、社会治理等内容属于对国家治理内部的划分;在国家治理的外部,可以向上延展出国与国之间的治理以及全球治理。②

　　国家治理是政治主权的权力配置与运转方式。福柯将政治主权的运行模式分为三类:一是依国家理性的治理;二是节制性治理;三是新自由主义治理。依国家理性的治理产生于现代国家诞生期间(16—18 世纪),议会制度、军事力量、国家外交等确立、发展、完善了国家力量,形成了依国家理性的治理技术手段,如重商主义经济政策、新兴的外交技术和军事技术。这一时期的治理过程就是现代国家形成的过程,追求的是国家独立和国家实力的无上限增长,"国家仅仅是某种治理方式的相关项"③。节制性治理产生于 18 世纪至第二次世界大战前期,也称传统自由主义治理,遵循亚当·斯密的经济自由主义原理,强调权力的自我节制,所谓"管得最少的政府,就是最好的政府"。19 世纪是经济自由放任的时代,部分欧洲国家转变了重商主义下的经济管制政策,重视市场生产、分配、交换和消费的自我调节,主张减少经济干预(德国等后发型资本主义国家例外),尽可能多地将经济决策留给市场机制去完成。市场经济的快速发展使欧洲国家首次认识到,需要将全世界的市场作为自由市场,供本国商品销售。世界性市场的不断开辟,使得欧洲的商品输出量不断增大,造就了其富裕状态。节制是为了国家内部力量的统一,扩张才是真正目的,节制性治理实质上是更具扩张性的治理模式。④ 新自由主义治理是"二战"后出现的治理模式,它以市场经济为核心,认为市场的根本在于竞争,竞争是市场的组织结构形式,其本质上是一

---

① 俞可平主编:《治理与善治》,社会科学文献出版社 2000 年版,第 2—3 页。
② 王丽:《全球风险社会下的公共危机治理:一种文化视阈的阐释》,社会科学文献出版社 2014 年版,第 271 页。
③ 〔法〕米歇尔·福柯:《生命政治的诞生》,莫伟民、赵伟译,上海人民出版社 2011 年版,第 5 页。
④ 王丽:《全球风险社会下的公共危机治理:一种文化视阈的阐释》,社会科学文献出版社 2014 年版,第 276 页。

种形式化原则。竞争的出现和其作用发挥的条件都要人为地仔细布置。自由竞争是市场经济的本质,但它只能够在具有生产需求等条件时才出现,而条件的满足则需要以积极治理方式为手段。① 为了市场去治理,在治理中利用各种手段和工具,对经济活动积极干预和调控,形成、促进和发展市场,成为新自由主义下国家治理的基本逻辑。福柯关于政治主权运行模式的"三分法",勾勒出了现代国家治理由从属于现代国家的民族性到服务于市场自由竞争,再到理性重塑市场经济规则的嬗变过程。

在论及节制性治理与新自由主义治理时,凯恩斯主义是一个无法回避的话题。凯恩斯主义产生于19世纪末,盛行于20世纪中期,其核心主张是国家应当采用扩张性的经济政策,通过增加需求,促进经济发展。在20世纪30年代,美国华尔街股票市场崩溃事件引发的世界性经济危机,②彻底暴露了自由放任的节制性治理模式的弊端,宣告了自由竞争时代的结束。为应对经济危机,美国在1932—1940年间以凯恩斯主义为主导,实施了新政,扩大政府开支,实行财政赤字政策,刺激经济发展。同时,政府全面加大了对经济的干预,颁布了一系列经济法规,加强了政府对于航空、无线电、能源、电力、运输等行业的管理与控制。第二次世界大战之后,各国为推动经济快速增长,依照凯恩斯主义将宏观经济管理的重点转向市场,加强国家对经济生活的干预,国有化、计划化以及各种经济和财政金融政策成为各国政府干预经济生活的主要手段。对于按照国家规定目标发展的经济活动,尤其是被扶持和确保重点发展的产业,国家实行各种优惠和鼓励政策;反之,则实行限制甚至给予经济处罚。此外,凯恩斯主义还进一步成为西方创建福利国家的基础。福利国家要求国家站在"中间"立场调节社会利益分配,防止贫富差距的进一步加大,为公民的生活保障问题提供一个有成效的解决方案,③其实质是通过政府积极干预实现社会财富的再分配。从1945年到1975年的三十年间,从战争创伤中恢复元气的欧洲工业化国家经济发展向好,通过税收等途径掌握了大量的社会财富,这让政府有能力实行再分配和大规模的转移支付,④并通过积极干预市场秩序,打造了完善的福利制度。但到了20世纪70年代之后,两次石油危机导致了全球性的经济困境,经济发展陷入以高

---

① 〔法〕米歇尔·福柯:《生命政治的诞生》,莫伟民、赵伟译,上海人民出版社2011年版,第103—104页。
② 1929年9月,美国股市开始逐步下跌,10月份有所反弹,但到10月24日,即著名的"黑色星期四",证券市场一天内蒙受的损失创造了历史最高纪录。从1929年9月到12月,美国股市下跌了85%,超过了同期美国经济的全部净收入。美国经济从此进入大萧条。1929—1933年间,全美失业率超过25%,200万成年人在街头四处流浪、无所事事;银行和企业大批破产,超过9000家银行倒闭;国民生产总值从1929年的1050亿美元降至1932年的550亿美元;支付给工人的工资也从1929年的500亿美元降至1932年的300亿美元。这场经济危机的持续时间长达5年。
③ 钱乘旦主编:《世界现代化历程(总论卷)》,江苏人民出版社2012年版,第213页。
④ 任彦:《欧盟高福利拖累竞争力》,载《人民日报》2015年8月21日。

通货膨胀率、高失业率以及低经济增长率为特征的"滞胀"困境。面对"滞胀"困境,凯恩斯主义束手无策,其内在矛盾性充分显露,于是新自由主义逐步占据国家经济治理的主导地位。通过新的经济治理手段进行调节,积极整合全球性的资源要素与经济发展潜力,提高应对经济危机的能力以及降低经济危机发生的可能性,促进经济全球化,成为新自由主义盛行的重要原因。①

尽管在经济政策上新自由主义不同于凯恩斯主义,但新自由主义又何尝不是一种新的国家干预? 正如罗伯特·库尔茨教授所说,专制主义产生了自由主义,但二者都具有极权主义的性质;自由主义与专制主义的不同之处在于,它属于一种倡导市场经济及自由竞争的极权主义,强调生产要素、流通要素以市场的转移为转移,不以个人意志的转移为转移。② 实际上,单一的凯恩斯主义或自由主义并不存在,即使是在节制性治理时代,亚当·斯密也承认政府干预的作用,而凯恩斯主义则建立在市场经济的基础之上,并不排斥市场的调节功能。对节制性治理以及凯恩斯主义进行反思总结的新自由主义,尽管采取了一系列旨在减少国家干预的开放性政策和措施,但仍重视制度建设与秩序维护,因为只有这样才能形成适合市场经济存在和运行的社会条件,只有积极推行社会政策和社会规划,才能使得市场成为可能。一个积极的政府、警觉的政府和进行干预的政府是必须的。③ 新自由主义"治理干预的密度、次数、积极程度和连续性都不比在其他体系中来得少"④。特别是在金融安全、环境安全、社会福利、对外贸易等方面,新自由主义通过一切手段积极排除不安全与障碍性因素,确保市场自由竞争不受影响,进而影响到国家在其他领域治理的理念、策略、模式、方法等,这也成为积极治理主义产生的基础。风险社会的到来,推动了积极治理主义从经济领域向公共社会领域的扩张。现代化所引发的风险加剧,金融危机、工业事故、传染病、恐怖主义、食品安全等人造风险层出不穷,任何个体都无法游离于公共风险之外,政府作为公共权力的行使者、公共政策的制定者和公共服务的提供者,具备了在风险治理中的领导能力、组织能力、动员能力和合法的强制力,能有效管理和降低风险,保护人类安全和公民福祉。这也是政府基本的职能和政治责任。⑤ 政府在风险社会中的职能与责任的扩张,为积极治理主义上升为国家治理观奠定了基础。

---

① 李其庆:《全球化背景下的新自由主义》,载《马克思主义与现实》2003 年第 5 期。
② 〔德〕罗伯特·库尔茨:《资本主义黑皮书——自由市场经济的终曲(上册)》,钱敏汝等译,社会科学文献出版社 2003 年版,第 9 页。
③ 王丽:《全球风险社会下的公共危机治理:一种文化视阈的阐释》,社会科学文献出版社 2014 年版,第 278 页。
④ 〔法〕米歇尔·福柯:《生命政治的诞生》,莫伟民、赵伟译,上海人民出版社 2011 年版,第 128 页。
⑤ 张成福、谢一帆:《风险社会及其有效治理的战略》,载《中国人民大学学报》2009 年第 5 期。

二、积极治理主义的内涵与特征

(一) 积极治理主义的内涵

积极治理主义建立在对现代化引发风险的反思基础上,是国家对政治行动中偏离社会公共利益行为的一种自我纠正理念。风险具有突发性、不可预测性、超常规性等特征。在风险治理中,政治组织和体制应当保证积极和主动,能够根据社会情势的变化,及时回应社会需求,以提高组织效能、效率、适应性和创新能力为目标,通过变革组织目标、组织结构、组织形式、责任机制、激励机制、权力结构以及组织文化等来回应风险带来的挑战。① 因此,积极治理主义是国家对公共领域风险及危机予以主动性预防的理念,即国家根据环境的变化制定相应的政策,动员并整合不同资源,系统地表达和推进自身目标,进而有效预防与阻止现代化风险扩张带来的治理危机。

积极治理主义中的"积极"并非简单地增加制度供给和资源投入的力度,而是在科学理论指导下进行审慎选择。面对风险的不可预测性和突发性,应对风险本身也成为一种风险,因此"积极治理"应当是理性的,是融合事物普遍性和特殊性而做出的降低风险的决策智慧。同时,"积极治理"也是建构式的,国家作为治理核心,可以通过推进各项资源整合,构建体系化、合作化、协同化的治理结构,完善各项风险防范制度,最大可能地防范现代化风险。综上,本书所指的积极治理主义是以科学决策为先导,以风险防范为目标,以结构化治理为基础,以治理效能提高为表征,以全球化参与为使命的国家治理理念。

(二) 积极治理主义的特征

1. 积极治理主义以科学决策为先导

科学决策是理性与经验的融合。理性本身是一个充满歧义的概念,一般认为,理性是指通过甄别社会现实与方式方法的适应条件使得行为能够实现一定目标的认识与评估能力。新制度经济学下的理性主义,则是通过理性人假设、产权、交易费用等基本概念来分析比较视野下的政治问题。② 新自由主义经济学家弗里德曼通过对现代货币数量论、消费函数理论的研究,认为支配生产量、就业以及物价变化的唯一重要因素就是货币,而非其他要素,促进资本主义经济发展的关键在于保持稳定且适度的货币数量增加水平,制定一个能够长期适用的货币规则;政府不应再干预私营经济的发展,应当让市场竞争充分发挥作用。新制度经济学下的理性主义表明,理性决策要求建立"知识—权力"的权力关系模式,充分解构事物发展的过程,掌握事物发展的规律,这也是理性决策的核心

---

① 靳文辉:《弹性政府:风险社会治理中的政府模式》,载《中国行政管理》2012 年第 6 期。
② 高奇琦:《试论比较政治学与国家治理研究的二元互动》,载《当代世界与社会主义》2015 年第 2 期。

所在。

积极治理主义致力于推进以知识图谱为基础的经验理性决策,它所主张的理性决策是扩展意义上的理性,"科学决策就只能在对经验理性的应用中去维持自身的科学性",只有将具体场景中的行动者与执行者统一起来,才能对其所面对的风险作出正确的解释和定义。① 换言之,在积极治理主义之下,政策本身不应当是具体目标而应是原则性、方向性、价值性的策略。在政策导向下,行动者依赖于实际情况展开行动的框架,并凭借以往经验,对所要解决的问题进行解释与决策。因此,积极治理反映了在既定政策框架下执行者对风险的积极应对,但这种应对并非盲目、冲动的,而是符合既定的政策导向且符合经验主义法则的。

2. 积极治理主义以风险防范为目标

伴随着科技进步发展,人类将置身于后工业社会的风险时代。贝克认为,社会发展的现代化造就了风险社会,由科技发展促进的生产力的飞速发展使得社会风险迅速提升。其实,社会风险的产生不仅是人类自身疏忽的结果,也是人类进行科技生产的附带结果。换言之,代表了最先进知识的科技以及对其进行规制、调整的法律法规等本身就是社会风险的源头。不是因为人类改造自然的能力不足导致社会风险,相反,正是人类越来越强的自然改造能力导致了社会风险。② 风险社会是一种现实存在。各国在加快推进现代化的同时,出现了生态危机、食品安全危机、经济危机、社会危机等,更为严重的是,如果对这些危机处理不当,极有可能演变为国家政治危机、安全危机乃至国民的生存危机。后工业社会产生的危机还具有联动性与不可预测性,生态危机、发展危机、能源危机都不是孤立的,而是相互关联的;引发危机的原因具有不可预测性,诸多关联性要素形成了稳定结构,能够系统地制造和产出现代风险因果的链条存在于整个系统之中,任何不起眼的行动都可能成为公共危机出现的导火索。不仅如此,在危机制造过程中,还可能存在蓄意或无意的"共谋",这让风险源头更加难以被发现和控制。比如,政府基于经济利益至上原则而对污染企业态度暧昧,这种风险产生的原因是集体性的,结果也是集体性的,由此使得风险源头难以查找。质言之,因为原因是集体性行为的产物,所以社会的普遍性也一同进入了系统性之中。③

风险社会的到来是基于科学技术发展而无法回避的现实。现代性既蕴含了不断刺激风险、推进社会发展的要求,也包含了预防和控制风险,将风险和危机

---

① 张康之:《风险社会中的科学决策问题》,载《哈尔滨工业大学学报(社会科学版)》2020年第4期。

② 〔德〕乌尔里希·贝克:《风险社会》,何博闻译,译林出版社2003年版,第225页。

③ 同上书,第34页。

控制在不危及社会秩序范围内的目的性要求。吉登斯认为，如果一个国家中不存在敌人，则其合法性愈加取决于自身的风险管理能力。① 然而，风险越大，越不可控，国家和社会对于风险的控制力度会越强，于是，将国家资源重点配置于风险防控体系建设，以预防为导向，加强对安全机制、社会保障机制及公共应急机制的建设，成为积极治理主义的重要内容。在安全机制方面，福柯认为安全机制是国家存续的基础，主要包括"法律—司法"机制、规训机制和安全配置机制。② "法律—司法"机制具有行为评价功能，规训机制具有行为矫正功能，二者是风险控制的重要手段。20世纪末以来，以法律规制方式预防和控制风险，成为一种全球性的趋势。安全配置机制则具有风险的评价功能，将对象置于概率性事件的问题当中（包括对惩罚成本和惩罚形式的计算），确定一个可接受的底线，超出界限的事则不被允许。③ 在社会保障机制方面，二战之后，西方国家将以社会保险、社会救助以及公共福利制度为基本框架的社会保障机制建设推向了纵深发展，并与"法律—司法"机制相结合，使其具有了刚性特征。在公共应急机制方面，风险社会频发的公共危机，促使国家必须构建独立的风险预警和危机应急机制，并使它们成为常态化设置。企业与第三部门等组织的公共危机管理变得多元，政府变成公共危机管理中的一个主体，不再是绝对的唯一。④ 全球性疫情、经济危机、核污染等重大风险的现实爆发，已经证明了多元主体参与的公共应急机制建设在风险防范中的重要性和必要性。

3. 积极治理主义以结构化治理为基础

"结构"是社会学上的一个重要概念，它不是以可视图像来展示的模式化状态，而是在场与不在场事物的相互交织，可以从表面的现象推断出潜在的关系与符码。⑤ 与统治不同，治理本身是主体结构、权力结构以及过程结构集束成的关系形态。库曼曾经说过，治理不同于固化，它强调社会与国家之间的双向互动，这样才能提高解决复杂化、多样化以及动态化的社会矛盾的能力。⑥ 治理主要体现为国家和社会之间基于共同目标而形成的互动关系及其活动过程。治理可以由国家主导，通过有效的公共政策及制度，将社会利益融合到国家决策之中，支持社会机制的有效运行；也可以由社会力量驱动。多元化的社会主体积极参

---

① 〔英〕安东尼·吉登斯：《第三条道路——社会民主主义的复兴》，郑戈译，北京大学出版社、生活·读书·新知三联书店2000年版，第80页。
② 〔法〕米歇尔·福柯：《生命政治的诞生》，莫伟民、赵伟译，上海人民出版社2011年版，第128页。
③ 王丽：《全球风险社会下的公共危机治理：一种文化视阈的阐释》，社会科学文献出版社2014年版，第309页。
④ 同上书，第319页。
⑤ 〔英〕安东尼·吉登斯：《社会的构成》，李康、李猛译，生活·读书·新知三联书店1998年版，第79页。
⑥ 〔法〕皮埃尔·卡蓝默：《破碎的民主：试论治理的革命》，高凌瀚译，生活·读书·新知三联书店2005年版，第50页。

与到公共事务中来,与政府形成合作关系,可以促进社会机制的有效运行。所谓结构性治理,是指基于现代国家与社会的双向结构关系,积极推进国家—社会制度的协同性建设,避免结构性矛盾,实现国家和社会的整体发展。例如,在新自由主义治理模式下,英国、加拿大、澳大利亚、法国、丹麦等国家都提出了结构化的新公共管理计划,实行公共服务社会化,将政府从包揽一切的财政重负中解脱出来,克服公共部门的无效率,减少垄断,并提高服务质量,增强公众信任感和满意度。

积极治理主义下的结构化治理,更强调国家对治理资源的配置权,在国家主导下推动国家与社会合作机制的优化,可以更为有效地预防和应对现代化风险。20世纪90年代以来,资本的国际流动性增加,大量外来经济资本和劳动力资本的融入,人口老龄化的挑战,家庭结构、职业结构的变化和新的就业形势,对社会保护体系提出了新的要求,迫使福利国家从观念到实践进行根本的改革,就经济政策、移民政策进行重新设计,形成了积极性福利制度的改革趋向,即从开支方向的改变入手,为鼓励公民个人积极创造财富提供便利,在教育、就业指导、就业机会创造、风险投资机遇、劳动工作条件改善等方面增加投入,削减直接性福利支出。① 以国家为主体推动的开支转向已经成为众多福利型国家应对经济危机的重要方法,是积极治理主义下国家与社会合作机制建设的示范典型。对于后发型现代化国家而言,他们通常面临着现代化带来的贫富差距问题,在收入分配和再分配、就业、教育、医疗、住房和治安、社会保障制度政策等方面存在着诸多矛盾,国家调控、动员、分配和管制压力不断增加。因此,国家通过行使治理资源的支配权,改革创新政府体制和管理模式,激活社会治理资源,塑造"政府—市场—社会"的结构化治理,也是积极治理主义的体现。

4. 积极治理主义以治理效能提高为表征

在管理学上,效能是指使用行为目的和手段方面的正确性与效果方面的有利性。基础性国家能力是国家治理效能之核心展现,包括但不限于汲取、濡化、强制、认证、统领、再分配以及整合能力。② 至于如何提高国家治理效能,则是一个见仁见智的问题,但无疑,政府作用的发挥是其中的关键点,因为政府与市场关系的调整质量关乎国家汲取财政的能力高低,政府与社会关系的调整质量也关乎国家再分配能力的高低。③ 充分发挥政府作用,处理好政治与经济层面的上下关系,要求政府具有对市场导向的感知能力,响应环境变迁中市场存在的机

---

① 张伟兵:《发展型社会政策理论与实践——西方社会福利思想的重大转型及其对中国社会政策的启示》,载《世界经济与政治论坛》2007年第1期。
② 王绍光:《国家治理与基础性国家能力》,载《华中科技大学学报(社会科学版)》2014年第3期。
③ 庄尚文:《世界经济衰退背景下提升国家治理效能的政策审计探讨》,载《世界经济与政治论坛》2016年第6期。

遇与威胁并施以积极的政策回应。

积极治理主义强调通过效能原理的运用,敏锐、精准地感知国家治理系统的需求,根据本国政治体制、经济发展模式、社会生活方式、国民价值观念等,确立治理资源投入与产出的"出发点"和"落脚点",优化国家治理结构、治理政策以及相关措施,从而在整体上提高国家防范风险与应对危机的能力。积极治理主义反映了现代国家"以能应变"的适应能力,即适时、适度、适能的环境适应能力。这在实施机制上包括:一是国家对治理资源的整合力,资源整合的广度、深度决定了效能治理的水平与结构优化的可能性。二是国家对治理系统的控制力,即依照国家治理战略,有效调控政府行为。这是实现效能治理的关键所在。三是国家在多元治理体系中的协调力,促进治理协同效应,构建国家、社会与个人的和谐关系的能力。这是巩固效能治理的保障。

5. 积极治理主义以全球化参与为使命

治理原本是国家主权范畴的事宜,但随着经济全球化发展及互联网的兴起,治理问题已经成为全球性问题。在全球化背景下,环境问题、安全问题、有组织犯罪治理等问题已经不再是国内问题,而成为"超越国界"的议题。在区域联合体方面,形成了以欧盟为代表的在国家层面之上的政治、经济联合体,并建立了统一的规则。在诸如经合组织这样的国际机构中,也出现了类似情况,各种委员会、工作组和专家组将成员方境内成千上万的高级官员联系在一起,制定了反洗钱、反腐败、打击环境污染等方面的各种国际规则。网络技术以非正式、快速和灵活的方式,迅速适应着新状况,其所产生的规则和原则,补充了那些经过国家正式谈判的内容,避免了烦琐的程序并更具效率。随着这些变化的出现,国家治理已经不再局限于内部之事,必须考虑到国际关系。

积极治理主义所倡导的全球化参与,并非将他国或国际标准拿来直接适用,而是以本国国情为基础,广泛参与到国际规范协商、制定与合作之中,坚持国家主权原则,在保护本国利益的同时推动国际新秩序的形成。当下许多安全问题,不仅包括恐怖主义,也包括暴力、移民、环境等威胁,不是在国家范围内就能全部解决的,而是必须置于国际经济和政治发展的语境中加以解决,特别是全球性公共危机增多,要求各国在应对中保持密切的协商与合作关系,合理借鉴国外经验并将本国诉求上升为国际规则,使国家治理具有超越"地域"的可能性,成为积极治理主义产生和发展的推动力。

第二节 积极治理主义对现代国家腐败治理的影响

积极治理主义是国家预防现代化风险及应对危机的基本理念。对于国家而言,腐败属于一种公共风险,现代化过程中腐败的泛滥与加剧,严重扭曲了权力运行规则,破坏了民主政治与市场秩序,加大了政治安全与经济安全风险,侵害了国民合法利益的实现。在积极治理主义导向下,现代国家不得不重新审视传统的腐败治理策略,根据现代化过程中的腐败衍生原理,进行腐败治理理念、治理策略、治理制度等一系列改革,以有效防范腐败风险,积极应对因腐败所产生的公共危机。

一、现代化转型中的腐败类型及其衍生原理

腐败是与公共权力相伴而生的一种历史现象,人类的腐败治理史与人类发展史同样久远。在农业社会,腐败滋生于集权主义、独裁主义和专制主义,而随着工业革命和现代国家的出现,国家权力的运行模式发生了根本性变化,腐败的类型及其衍生原理也发生了重要转变。

(一) 现代化转型中的腐败类型划分

西方学者根据社会发展中传统性与现代性相兼容的程度,将现代化做了"内生型"与"应激型"的类型划分。前者如英美等国,在现代化过程中,这些国家的传统性与现代性之间存在较强的兼容关系,现代化主要是从其社会自身不断发展出有利于现代化的因素来实现的;后者的代表国家有欧洲大陆诸国,其社会内部的传统性与现代性之间的兼容关系较弱,无法从社会内部产生出推动现代化的强大因素,即难以依靠自身的内部资源,而是依赖英美等现代化国家的外部刺激逐步实现现代化的。[①] 根据现代化转型的模式差别以及公权力的角色差异,现代化转型中的腐败可以分为以下两种类型:

1. 收买型腐败

收买型腐败(venal corruption)也可称为"经济支配公共权力"的腐败,即经济利益集团通过贿赂官员,影响立法、司法、政府管制和政策制定,最终服务于经济集团的自身利益。其基本特征是经济行为者操纵政治行为、经济利益腐蚀政治过程。

收买型腐败往往集中于"内生型现代化"国家发展的初期阶段。"内生型现代化"国家在现代化过程中保持了传统性与现代性较高的兼容程度,其现代化起步于工业革命所引发的经济迅猛发展,经济优先于政治获得的发展结果为此类腐败犯罪的发生与蔓延提供了机会。第一次工业革命让英国成为最先进入工业化的国家,但与经济发展伴随而来的却是腐败泛滥。尽管当时英国政府采取了节制主义的治理模式,但仍然掌握着大量的市场资源分配权,成为新生利益集团利益腐蚀的对象,官商勾结、损公肥私、贿选议员等腐败行为层出不穷。当社

[①] 〔美〕西里尔·E. 布莱克编:《比较现代化》,杨豫、陈祖洲译,上海译文出版社1996年版,第19—20页。

会发展使得人人都可以赚钱但却难以从政时,占据主导形式的腐败便是以钱换权。①"在资本市场开拓过程中,一些商人大肆贿赂收买政府官员和议员,以便获得特权。这种官商勾结的活动不仅严重地腐蚀了政府的权力,而且破坏了正常的资本市场秩序。"②美国学者在对美国腐败历史的研究中也发现,"在1815年至1975年间,美国经历了一段从腐败事件层出不穷的高峰期到锐减并维持在一个低水平稳定期的过程。19世纪70年代是腐败现象的高发期,其腐败指数近乎美国进步主义时期至20世纪70年代之间腐败水平的5倍。"③当时官商勾结在美国属于常态化现象,官僚与商人形成了极富讽刺意味的"委托—代理"关系。"政府之所以成为被俘获的对象,主要是因为他手中拥有大量公共资源,其中包括财政预算支出、土地和矿产等公共财产、非中性的法律规章制度的设立权等;同时,运转政府的公职人员在分配公共资源的过程中拥有一定的自由裁量权。"④

2. 寻租型腐败

寻租型腐败(rent-seeking corruption)又称"公共权力支配经济型"腐败,即政治行为者依靠有限的市场准入或经济特权来寻求贿赂,并依靠寻租来强化对于政府的控制能力。与收买型腐败所体现出的经济对政治的支配关系不同,寻租型腐败是政治行为支配经济行为的腐败类型。

无论是"应激型现代化"国家,还是"内生型现代化"国家,都在不同程度上存在着寻租型腐败问题。"内生型现代化"国家在因经济政策发生调整而加强国家干预时,便会发生制度"租金"现象。1929年波及整个西方的经济危机,使人们在自由经济时期所奉行的古典经济学理论受到前所未有的挑战,为消除经济危机带来的严重困难,美国转而采用凯恩斯主义经济学作为经济发展的支柱理论,并取得了巨大成功;但到了20世纪中后期,凯恩斯主义带来的国家干预的扩大化却又产生了大量腐败。这成为"寻租理论"的产生原因。1974年,美国学者安妮·克鲁格在《美国经济评论》中提出,政府寻租就是追求者凭借权力对社会资源的垄断而造成涨价的那部分收入。1980年,詹姆斯·布坎南分析了企业寻租活动,认为企业的寻租是为获得政府特许而垄断地使用某种市场紧缺物资或任何其他方面的政治庇护。根据"寻租理论",在社会经济发展中,政府承担了导向与决策功能,它对经济资源的分配与调剂享有绝对支配地位,因此向往经

---

① 〔美〕塞缪尔·亨廷顿:《变革社会中的政治秩序》,李盛平等译,华夏出版社1988年版,第61页。
② 季正矩:《英国经济高速发展过程中腐败例举》,载《中国监察》2001年第10期。
③ 格莱泽等人以"腐败""欺诈"作为关键词在《纽约时报》和Ancestry.com网站上进行了检索,统计包含这些词的文章数或页数,然后分别用"一月""政治的"作为缩减字在结果中再度检索,计算并绘制出三条腐败与欺诈的指数曲线,以分析腐败事件发生的概率。
④ 张宇燕、富景筠:《美国历史上的腐败与反腐败》,载《国际经济评论》2005年第3期。

济利益的资本必然对公共权力趋之若鹜,寻求资本与权力的交换,进而获取更多的利益,再用利益换取能够带来更多利益的权力。这为寻租型犯罪提供了制度基础,特别是在国家强力刺激经济发展的背景下,由国家调整、支配或控制的经济资源范围广泛、规模庞大,公职者享有广泛的自由裁量权。对于"应激型现代化"国家而言,国家干预色彩更为明显,"为尽快缩短差距,追赶先进,国家不仅不能只扮演一个消极的'守夜人',更应成为一位积极的组织者,正是出于这种考虑,许多后发国家选择了有计划的社会主义"①,造成国家职能及公共部门的扩张,产生了大量的寻租机会,导致了寻租型腐败的泛滥。

(二) 现代化转型中的腐败衍生原理

现代化缘何成为刺激腐败加速发展的催化剂,是法学、政治学、社会学乃至经济学共同关注的问题,具有代表性的是美国政治学家亨廷顿提出的"三原因论":一是社会主流价值观会随着现代化的发展而变化,根据传统准则可以接受且认为合法合理的行为,用现代眼光看就是不能接受或腐败的行为。二是现代化开辟了新的财富和权力来源,从而进一步助长了腐败行为。因为这些新的财富和权力的来源及其与政治的关系,在该社会居统治地位的传统规范中没有明确的定义,处理这些新财富和权力的来源的现代规范也没有被该社会内部居统治地位的集团所接受。三是现代化意味着庞大化,政府公职人员的增多以及公共职能的扩大使得权钱交易更易滋生,尤其是后发型现代化国家的腐败问题更为严重。② 根据亨廷顿的观点,现代化过程中,新旧腐败观念的差异性、公共权力的扩大化和权力监督规范的缺失,是导致现代腐败衍生的原因。这一原理对分析不同现代化模式下不同国家的腐败衍生规则具有普遍的适用性。

从古至今,以权谋利的腐败本质并未发生变化,但现代化改变了腐败衍生的系统环境,导致腐败类型、诱因、发生条件等发生了变化。国家权力体系的科层化、公私领域边界的模糊化、政治经济利益诉求的交融化,使得现代化转型时期腐败衍生的机理变得更为复杂。在普遍性的腐败衍生规律之下,不同国家特殊的国情使得各国现代化转型时期的腐败衍生又具有一定的特殊性。例如,印度自1991年经济改革以来经济发展进入"快车道",但其主要政治集团都是围绕政治家族形成的,这些政治世家很容易以政治权力攫取经济利益,用经济实力控制政治运行,形成所谓的"裙带资本主义",导致国家深陷腐败泥潭。③ 又如,1998年苏哈托下台以后,印度尼西亚进入从集权政治向民主政治发展的转型时

---

① 郑永流:《法的有效性与有效的法——分析框架的建构和经验实证的描述》,载《法制与社会发展》2002年第2期。
② 〔美〕塞缪尔·亨廷顿:《变革社会中的政治秩序》,李盛平等译,华夏出版社1988年版,第55—57页。
③ 若德:《印度现代化进程中的反腐败困境》,载《中国监察》2013年第4期。

期,多党制建立起来,非中央集权化进程也开始启动,但腐败问题仍未得到有效遏制,一方面是因为国家对经济仍有较强干预,存在较多的权力寻租机会,但相应的权力监督与制约机制却处于缺失状态;另一方面强调个人权威、等级观念和服从意识的爪哇文化形成了庇护制和主公制度的基础,那些出生成长在传统文化下的公职人员将传统价值观念也带到了官场,这无疑也会滋生大量的腐败。①再如,财阀体系是韩国政商关系的一大特点。在现代化过程中,韩国政府与企业紧密联系在一起,对很多重点产业领域进行了扶植,也对大企业给予了特别的保护,这种腐败长期不受时代变化与政权交替的影响,被认为是政府和执政党在治理国家过程中的一大难题。②亨廷顿认为,腐败程度与社会和经济迅速现代化有关,但现代化本身并不是催化腐败的诱因,现代化过程中政治体制、政商关系以及传统习惯等因素并未随着本国经济发展模式变化而做出适应性调整,是导致现代化进程中腐败集中爆发的重要原因。因此,现代化转型过程中的腐败衍生是一个关乎国家整体现代化的问题。

二、积极治理主义导向下现代国家腐败治理策略调整

人类对于腐败危害性的认识由来已久,但对于现代化与腐败的内生关系,在现代化之初乃至达到一定的发展阶段之后,却是认识不充分的。在积极治理主义的影响下,探寻现代腐败的衍生规律,更新腐败治理理念,加快推动以规范权力运行、监督权力行使、惩治权力滥用为核心的法律体系建设,成为现代化国家腐败治理的重要选择。

(一)反腐败理念的转变:从惩治到预防

传统国家采取惩治性理念,立足于已然的腐败事实,将腐败定位为权力滥用的结果。在国家现代化过程中,由于对腐败缺乏与现代化进程相统一、相匹配的认识,腐败惩治因而存在被动性,严重影响了腐败治理效果。在工业革命初期,促进现代化始终先于治理腐败。英国对政府组织、政党与议会组织以及其他公共权力组织如何在现代化进程中行使对新财富、新资源的控制与分配权,缺乏明确的规范与标准,迟迟未就腐败提供明确的法律评价标准。由于尚未建立起与腐败治理需要相匹配的制度与机制,因此许多新型腐败轻易逃出法律评价的范围。现代化发展最为迅速的时期,也是英国腐败最为严重的时期。

面对腐败泛滥可能导致现代化转型的失败风险,现代国家予以了积极应对,确立了腐败治理的预防性理念,认为腐败是权力异化的结果,防止权力异化的关键在于制度预防,因此应当重视权力的运行与透明,严守腐败衍生的第一道"关

---

① 张洁:《印尼廉政建设中的文化因素》,载《当代亚太》2006年第8期。
② 许利平、李华:《东亚四国反腐败经验与国家治理现代化》,载《北京工业大学学报(社会科学版)》2018年第1期。

口",在刑法之前构筑起以权力控制与监督法为核心的反腐败法律"第一道防线",这也体现出腐败治理的理性主义色彩。从19世纪30年代开始,英国就尝试通过议会选举制和官吏选拔制改革来预防权力腐败。英国议会是西方议会政治的起源,也是现代化起步阶段为经济所较早"俘获"的公共机构。改革后的选举制度以及文官公开考试制度在较大程度上确保了公职人员整体的廉洁性,在此基础上构建了以选拔、透明、制衡、问责、保障为"五大支柱"的现代腐败预防体系,实现了对腐败源头的有效控制。效仿英国经验,1883年美国颁布了《彭德尔顿法》,确立了本国的文官选拔与奖惩机制。① 此后,美国又颁布了《预算和会计法》,设立了直接向国会负责的审计总署,对公共支出以及财政收支予以有效监督,约束和减少行政官员滥用职权、贪污挥霍的行为。芬兰、丹麦、挪威、瑞典、冰岛等世界清廉国家的形成,也是得益于其长期以来推行的以官员财产申报登记、财产信息公开、金融实名存款制度为中心的"阳光政府"立法。20世纪90年代以来,对腐败犯罪实行"全面预防与控制"已成为国际社会的普遍共识。

(二)腐败容忍度的变化:从有限到零容忍

传统国家将腐败惩治作为维系政权稳定及经济发展的辅助措施,而非确保公共权力运行合法性之基础。在封建君主专制政治体制中,"清廉"与"忠君"之间,君王首先要求忠君,其次才是清廉,腐败惩治以是否威胁到王权统治或以帝王喜恶作为标准。18世纪时,各种政治利益集团的博弈使英国对腐败保留了一定的容忍度。1729年,英国《贿赂法》规定,候选人在选举令公布之后如用金钱贿赂选民,取消其候选人资格,并罚款5000英镑。但该条款本身就是既得利益者之间妥协的产物,存在明显的漏洞,即在选举令公布之前和以非金钱方式收买选票的行为不在禁止之列,也不受惩罚。这种以维护共同体利益为导向的腐败治理,导致英国的腐败现象在18世纪非但没有减轻,反而愈演愈烈。② 当经济发展成为国家发展首要目标时,就容易出现对腐败的"有限容忍"现象。19世纪至20世纪初,美国的腐败达到了顶峰,项目回扣、权力资本化、权力俘获、战争敛财等是其主要的腐败类型,这一时期恰恰也是美国经济高速增长的时期。③ 在谋取经济发展的目标之下,治理者作出了包容经济性腐败的现实选择,但其代价却是让社会弥漫着腐败文化,以至于公众间流传着这样一种观念:腐败能干的公

---

① 为保证政府廉洁、防止金钱对选举的渗透和腐蚀,美国国会相继通过了一系列与抑制腐败密切相关的法律,如禁止公司向联邦公职候选人捐款的法律(1907年)、竞选经费公开的法律(1910年)、禁止联邦文官参与政党活动的法律(1939年),这些法律反映出廉洁且高效的政府应遵循的三个原则,即高度透明性、强烈责任感、权力限制。随着美国对政府道德标准的不断修订,其所谓的"现代公共道德管理体系"亦开始逐步走向成熟。张宇燕、富景筠:《美国历史上的腐败与反腐败》,载《国际经济评论》2005年第3期。

② 季正矩:《英国经济高速发展过程中腐败例举》,载《中国监察》2001年第10期。

③ 〔美〕爱德华·L. 格莱泽、〔美〕克劳迪娅·戈尔丁主编:《腐败与改革——美国历史上的经验教训》,胡家勇、王兆斌译,商务印书馆2012年版,第357页。

职人员强于恋权的庸才。①

对腐败采取"有限容忍"的做法,无法彻底遏制腐败衍生的源头,难以形成腐败治理的良性循环,不符合腐败治理的效能要求。在腐败犯罪日益间接化、群体化、隐蔽化乃至"生态化"的背景下,为防止腐败治理边际效益递减,现代国家纷纷将目光置于净化腐败滋生环境,普遍采取了对"腐败零容忍"的治理策略。丹麦、瑞典等北欧国家通过严密的法律规范,严格限制公权的运行边界,法律不仅要求公务员不得出卖公权,也要求其不得接受他人用于感情联络或表示感谢的财物或其他特权,否则也会构成贿赂犯罪。20世纪80年代,日本颁布了《国家公务员伦理法》,对腐败问题实行彻底的"零容忍",禁止一切"引起国民怀疑或不信任的行为",对与"利害关系者"之间的禁止行为也有明确的规定,如打高尔夫球或玩游戏时,即便"费用均摊"亦属禁止。在"零容忍"政策之下,日本国内腐败情况得以有效改善,清廉指数稳定排在世界较前位置。②

(三) 制度重心的调整:从结果到诱因

传统腐败治理将腐败发生的原因简单地归结于腐败人的自身之恶,以严厉惩罚腐败人的方式来打击腐败,反腐败制度建设的重点在于以结果为本位的惩治性立法。积极治理主义则将腐败定位为一种社会风险,强调腐败诱因在引发腐败上的关键作用,将治理重点从事后扩张到事前,主张从系统腐败风险控制角度开展以消除腐败诱因为本位的反腐败机制建设。

积极治理主义不仅倡导建立前置性、预防性的反腐败机制,更强调优化预防制度,充分发挥预防功能。因此,以遏制腐败诱因、消除腐败风险为导向的预防制度受到重点关注,成为现代国家腐败治理体系的支柱性制度。财产申报制度因其独有的"透明化"功能首先受到现代国家的关注。1766年瑞典公民就取得了查阅所有官员财产和纳税状况的权利;1883年英国制定了世界上第一部财产申报法——《净化选举、防止腐败法》(The Corrupt and Illegal Practices Prevention Act)。"透明政府理论"是财产申报制度的理论基础,即政府应当像玻璃缸中的金鱼一样,人民有权了解政府的一切,政府不应当对人民有所隐瞒,除非确有必要对某些信息做暂时性保密。随着预防公权滥用需求的增加,"透明政府理论"的适用对象从政府延伸至公职人员的个人生活,通过建立公职人员财产透明制度,使其处于公众监督之下,发挥遏制腐败动因的预防功能。联合国《反对贪污腐化实际措施手册》强调,财产申报制度能够在事前进行预防,通过公职人员的收支情况可以较为清晰判断其是否存在不合法收入。现代清廉国家多数都制定了关于公职人员财产信息透明的立法,如美国《政府道德法》、新加坡《财产申报

---

① 胡键:《惩治腐败与国家治理能力建设》,载《当代世界与社会主义》2014年第2期。
② 曹林:《对腐败"零容忍"真应学日本》,载《时代人物》2014年第6期。

法》、法国《政治生活资金透明法》等。至 2010 年底,在被收入世界银行数据库的 176 个国家中,有 146 个国家建立了官员财产公示制度。① 此外,防止利益冲突制度也因其对腐败动因的遏制功能而受到普遍关注。腐败的本质是为了私人利益而损害公共利益,为防止腐败,就必须在发生利益冲突时予以及时控制,这也是积极治理主义的内在要求。防止利益冲突已被多数国家视为有效预防腐败的前瞻性、战略性措施,是国家廉政体系建设的支柱。② 美国《行政部门雇员道德行为准则》中几乎全部是关于预防利益冲突的规则:第一章规定了"雇员不得有任何与恪尽职守相冲突的财务利益"等 14 项相关原则;第二章至第八章详细规定了外部礼物、雇员之间的礼物、冲突的财务利益、履职公正与回避、兼职与离职后的工作、参加外部活动等方面的行为准则。《联合国反腐败公约》第 7 条、第 8 条积极倡导各缔约国建立防止利益冲突制度,"各缔约国均应当根据本国法律的基本原则,努力采用、维持和加强促进透明度和防止利益冲突的制度";"各缔约国均应当根据本国法律的基本原则,酌情努力制定措施和建立制度,要求公职人员特别就可能与其公职人员的职能发生利益冲突的职务外活动、任职、投资、资产以及贵重馈赠或者重大利益向有关机关申报"。

(四) 参与机制的完善:从国家到社会

传统国家通常是在政治体制内将腐败治理作为维护政治秩序的工具而非公共产品,形成了国家统治者及其代理人之间自上而下的监督机制,在反腐败治理体系构建上更多地体现为"国家中心主义"。反腐败资源由国家或政党垄断并根据治理者的自身偏好进行资源配置,因此容易形成体制性腐败。在英国工业革命初期,贵族特权阶层掌控了权力运行系统,在议会选举中,会进行贿买选民和指定议员,在党派竞争中获胜的政党也会将官职作为战利品公开分赃。虽然 18 世纪英国不乏一些提升廉洁水平的变革议案,比如确立高标准的财务体制、裁掉多余的政府职员、确立新的薪酬制度、采取推荐—任命官员制等,③但是由于贵族控制了议会,因此很多改革议案都被否定了,腐败并没有真正得到根治。直到 19 世纪中期英国建立了开放式的议会体制,通过公众参与的方式监督权力,这种体制性腐败现象才得以被有效控制。

积极治理主义建立在国家—社会的二元结构关系之上,以国家为主导,将腐败治理作为公共治理的重要内容,延伸腐败治理责任与义务至社会系统,吸收公众广泛参与腐败治理,形成结构化的腐败治理模式。公众参与是影响政治发展

---

① 林喆:《权力腐败与权力制约(修订本第二版)》,山东人民出版社 2012 年版,第 308 页。
② 唐晓清、杨绍华:《防止利益冲突制度:国际社会廉政建设的经验及启示》,载《当代世界与社会主义》2011 年第 2 期。
③ 程西筠:《由恩赐官职到择优录士——十九世纪中叶英国文官制度的改革》,载《世界历史》1980 年第 5 期。

的重要变量,公众参与的程度和规模是衡量政治现代化的重要尺度。① 20 世纪以来,通过公众参与实施有效监督,已经成为现代国家腐败治理的重要举措。为确保公众参与的有效性,积极治理主义要求涉及公共权力运行的重要事项,如公共决策的生成、预算案与资金的使用等,都必须根据法律要求予以公开。新西兰《政府信息法》规定,政府必须公开所有信息,包括某项政策或决定的草案、背景等相关信息,除非涉及国家机密。英国《信息自由法案》规定,新闻媒体及公众可以要求政府提供除了涉密信息之外的政府信息,以便监督政府,构成对政府腐败的有效约束。2009 年英国议员"报销门"丑闻就是在《每日电讯报》等媒体披露下被公之于世的。当时,虚假房贷、狗粮、壕沟清洗等与公职无关的事项都成为英国议员的报销项目。时任英国下议院议长的迈克尔·马丁因为此事引咎辞职,成为英国 300 多年来首次被迫辞职的下议院议长。《联合国反腐败公约》也要求缔约国建立相关促进公众参与腐败监督的制度,如消除立法上的隐私权障碍、畅通信息交流平台等,特别是应重视私营企业在腐败预防中的基本作用,加强有关私营企业社会责任的制度建设。

(五) 治理领域的扩大:从区域到全球

传统腐败治理受本国政治结构、经济发展、法律传统、社会文化、民众意识等影响而具有明显的地域性特征。二战后,资本主义国家区域经济模块形成,并率先提出了区域内治理标准的共识化认知。在"水门事件"引发出一系列国际贿赂丑闻后,国际商会于 1977 年发表了国际商业交易勒索和贿赂的报告并制定了《商事交易中打击勒索和贿赂行为准则》,首次明确提出打击商业贿赂的具体主张,认为政府应在商业贿赂治理中发挥积极作用,如颁布有效的反腐败法律、提供充分的调查和监督机制等。② 20 世纪 90 年代"冷战"结束之后,世界格局的划分已不再受单一政治体制元素的影响,市场因素在更大程度上决定了国家的国际地位,地区市场的逐步统一,促进了全球贸易的增长,经济层面的全球性融合导致腐败成了一种跨国性问题与全球性问题。私营部门已经成长为政治国家、市民社会之外的第三方主体,并在全球经济中占有重要地位。大型公司特别是跨国公司通过设在多个国家的子公司、分公司编织起自己的国际商业网络,世界最大的 200 个经济体中有半数以上是企业,而不是国家。③ 市场经济的全球化,使商业腐败成为"世界病毒",通过国际经济活动传播到其他国家和地区。这不仅腐蚀了国际商业秩序,也对国内政治秩序、社会廉洁环境造成了严重侵害。

---

① 〔美〕塞缪尔·亨廷顿:《变革社会中的政治秩序》,李盛平等译,华夏出版社 1988 年版,第 73 页。
② Antonia Argandoña, The 1996 ICC Report on Extortion and Bribery in International Business Transactions, *Bussiness Ethics*, *the Environment and Responsibility*, Vol. 6, 1997.
③ 〔美〕弗朗西斯科·洛佩斯·塞格雷拉主编:《全球化与世界体系(下)》,白凤森等译,社会科学文献出版社 2003 年版,第 445 页。

"腐败不再是边缘性或例外性问题,而成为一种通病。"①

积极治理主义认为,在经济全球化时代背景下,国家治理应当融入全球化治理的体系之中,积极寻求国际话语权,求同存异,合作共赢。经济全球化导致腐败流动性增强,单一依靠国内"内生式"的反腐败模式,难以保障反腐败效果,因此积极寻求全球"外延式"的反腐败模式,确立国际社会共识的腐败治理标准,推动国家间反腐败合作的展开,成为现代国家腐败治理的时代要求。《联合国反腐败公约》提出了全球腐败治理的基本共识和最低标准,只有把各国力量普遍调动起来,加强国际合作,才能有效地预防和控制腐败。正如该公约序言中所指出的,"腐败已经不再是局部问题,而是一种影响所有社会和经济的跨国现象,因此,开展国际合作预防和控制腐败是至关重要的。"

综上,作为现代国家预防风险和应对危机的主导性理念,积极治理主义将腐败定位为严重影响国家现代化发展的公共风险,进而形成了腐败风险预防观。在腐败风险预防观下,以准确揭示现代腐败衍生原理为前提,腐败治理的重点是:提出科学的腐败治理策略,将反腐败资源投入对腐败动因具有遏制功能以及对腐败过程具有发现能力的制度领域,"进而形成以根除内生性因素、改造本源性要素为重点的治理机制,积极、主动地打击腐败及其制度环境,降低公众对于腐败的容忍度"②,充分激活社会反腐败资源,形成国家—社会二元化的腐败治理结构,积极参与和推动国际反腐败合作,有效解决现代化过程中腐败衍生的环境化、生态化难题。

第三节 积极治理主义导向下腐败犯罪刑事立法理论更新

积极治理主义的核心在于国家主动采取针对腐败衍生本源性、内生性、根本性的治理措施,有效预防腐败发生及后果的扩大化。在积极治理主义影响下,现代国家反腐败刑事立法理论进行了相应的调整,在刑事实体法和刑事程序法两个层面实现了理论更新发展。

一、腐败犯罪刑事实体法理论更新

(一)贿赂犯罪法益原理更新:从权力交易到利益冲突

刑法的目的是保护法益,犯罪的本质、违法性的实质就是侵害和威胁法

---

① D. Della Porta, Y. Mény (eds.), *Democracy and Corruption in Europe*, Pinter, 1997, p. 4.
② 魏昌东:《积极治理主义提升立法规制腐败的能力》,载《中国社会科学报》2014年10月31日。

益。① 罗马法和日耳曼法基于不同理念,对贿赂犯罪的法益分别形成了"不可收买性说"和"职务行为的公正性说"两种基本立场。前者认为,职务行为不能以利益作为对价,收受贿赂即构成法益侵害;后者认为,只有在职务行为不公正行使的情形下,才构成贿赂犯罪的法益侵害。基于这两种基本立场,德日刑法学界形成了不同学说。德国刑法学界的代表性观点主要有:(1)"国家意志之阻扰与篡改"。该说以"职务行为的公正性说"为基础,认为贿赂会导致公职人员不能依法公平执行职务。(2)"执行公务之纯洁与真实"。该观点是"职务行为的公正性说"的翻版。德国《刑法施行法》草案持上述观点,即赞同"公务的纯洁性"属于贿赂犯罪的保护法益。(3)"公务行为之无酬劳性"。该说以"不可收买性说"为基础,认为公职人员只能有固定的薪酬,对其执行职务的行为,不得收受任何报酬。(4)"社会大众对公职人员及其公务行为公正性之信赖"。该观点以"不可收买性说"为基础,认为公职人员收受或承诺收受贿赂,会导致民众形成职务行为可被收买的印象,损害社会公众对公职人员公正行事的信赖。② 在日本刑法学界,大谷实教授在总结归纳日本国内受贿罪法益理论争议的基础上,将受贿罪法益概括为四类:(1)职务的公正性以及社会对职务公正性的信赖;(2)职务行为的不可收买性;(3)职务行为的公正性和不可收买性;(4)公务人员的清廉义务。大谷实教授认为,考虑到公职行为对立法、司法、行政秩序的正常进行是必不可少的,贿赂罪保护的法益首先应是职务行为的公正性,但即使受贿之后公正地执行职务,公众对于公务的信任也会遭到破坏甚至丧失,公务可能难以合理进行,因此,职务的公正性以及社会对职务公正的信赖说最为妥当。③ 西田典之教授持相同立场。他认为,职务的公正性以及社会对职务公正的信赖符合日本刑法立法对单纯受贿罪(信赖保护)和加重受贿罪(职务的公正性)的区分,前者可被视为是后者的危险犯,而判例也采取了相同立场。④ "不可收买性说"和"清廉义务说"尽管有合理性的一面,但在日本未成为主流学说,原因在于:一是未触及法益保护的实质。山口厚教授认为,"不可收买性说"仅是形式性说明,不可收买性的实质——信赖保护,才是需要解答的保护法益内容(也有观点认为"不可收买性说"与"保护信赖说"并无不同);⑤ "清廉义务说"较为模糊,不完全符合保护国家法益的目的。二是与立法现状不符。"不可收买性说"

---

① 张明楷:《法益初论》,中国政法大学出版社2003年版,第3页。
② 林山田:《刑法各罪论(上册)》,北京大学出版社2012年版,第49页;熊琦:《刑法教义学视阈内外的贿赂犯罪法益——基于中德比较研究与跨学科视角的综合分析》,载《法学评论》2015年第6期。
③ 〔日〕大谷实:《刑法讲义各论(新版第2版)》,黎宏译,中国人民大学出版社2008年版,第537—538页。
④ 〔日〕西田典之:《日本刑法各论(第三版)》,刘明祥、王昭武译,中国人民大学出版社2007年版,第380页。
⑤ 〔日〕山口厚:《刑法各论(第2版)》,王昭武译,中国人民大学出版社2011年版,第718页。

难以说明不以职务为利益对价的犯罪。①

上述观点均以权钱交易关系为基础,只是在交易轴线上选择了不同节点,形成了"不可收买性说"和"公正性说"的法益区分。在"不可收买性说"和"公正性说"的选择上,多数大陆法系国家是将其中一种作为贿赂犯罪的基本法益,另一种作为加重犯、减轻犯的法益。德国、荷兰、挪威、日本等国贿赂犯罪的基本犯以公职行为的"不可收买性"为基础,不要求以"违背职务之要求"为要件,"违背职务之要求"是加重犯的构成要素。奥地利、克罗地亚、塞尔维亚等国贿赂犯罪的基本犯以"职务行为的公正性"为基础,要求以"违反职务之要求"为构成要素,"不违反职务之要求"是贿赂犯罪减轻犯的构成要素。

传统贿赂犯罪以交易发生或对价关系的形成作为法益损害的评价标准。然而,随着经济关系与社会结构的复杂化,贿赂犯罪的犯罪化标准过于后置的弊端逐渐暴露,刑法不仅难以发挥防止潜在危害的预防效果,②而且单个罪案的惩治对于发挥刑罚一般预防功能、增强公职人员自我约束的效果并不明显。20世纪中后期以来,在积极治理主义的影响下,美国、法国、意大利、韩国等国前移了刑法评价标准,将侵害廉洁义务的利益冲突行为犯罪化,着力惩治容易引发受贿的诱因型腐败犯罪。

诱因型腐败犯罪以利益冲突作为违法性的评价标准,在具体行为类型上包括:(1)利用优势地位获取利益。该类行为表现为在职务履行过程中,公职人员利用其优势地位、信息或影响力获取非法利益。基于优势地位而获得利益的行为虽然不表现为"权钱交易",但由于公职人员的利益取得与其身份地位具有关联性,潜在地体现了公职人员所处的地位和所掌握的权力优势,"权钱关系"已经联结并具有事后交易的高度风险,因此通过刑法提前介入,将这一行为犯罪化,有助于消除事后交易的风险。美国禁止公职人员在与美国政府有直接或实质利益的特别事项中接受相对方报酬;③澳大利亚禁止公职人员利用其身份或影响力为自己或他人谋取某种利益;④法国、希腊、智利、哥伦比亚以及古巴均将

---

① 〔日〕大谷实:《刑法讲义各论(新版第2版)》,黎宏译,中国人民大学出版社2008年版,第537—538页。
② Robert N. Roberts, *White House Ethics, the History of the Policies of Conflict of Interest Regulation*, 1988, Praeger, p. 17.
③ 《美国法典》第203条非法报酬的禁止与第201条贿赂犯罪最为接近,均是将通过公职谋取私利的行为犯罪化,但区别在于,第203条并不需要证明主观方面有腐败故意,证明行为人基于其公职地位而收受不合法的报酬即可产生推定效果。当然,尽管非法性的明知(knowledge of illegality)不是犯罪构成要素,但仍然需要证明被告对于财物的不合法性具有某种程度的明知。
④ 《澳大利亚联邦刑法典》,张旭等译,北京大学出版社2006年版,第112页。

公务员利用职务介入经济合同或经济管理事务而获利的行为犯罪化。①（2）获取私营领域的非法报酬。禁止公职人员收受来自私营领域的各种财物及其转化物的目的在于，预防公职人员被公职之外的其他报酬所"俘获"而使公职的独立性和公正性受到影响。西班牙《刑法典》第 441 条规定，未经法律允许，公职人员在私人机构实施某种职业行为或充当顾问，且该行为是公职应当介入或已经介入的，构成犯罪。② 尼日利亚《刑法典》第 99 条规定，任何被公共事务部门雇佣的人，因履行其官员职责而从他人处获取或接受超过合理报酬或薪水的回报或回报许诺，构成刑事重罪。③（3）离职后为利益集团游说的行为。在欧美国家，公职人员离职后去商业组织任职被称为"旋转门"，各国普遍规定了公职人员离职后禁止从商的"冷却等待期"，离职的原公职人员禁止在等待期内为企业服务，因为公职人员可能会在其在职期间就考虑到离职后为企业服务，这就会影响其决策，对未来受职企业产生倾向性或明确性的"照顾"，从而产生公职信任风险。从权钱交易关系角度看，"旋转门"则是导致"期权受贿"（事后收受财物）出现的重要原因之一，对其加以必要禁止，可以形成"权钱交易"的"防火墙"。美国禁止离职公职人员对私营组织或个人给予游说帮助，禁止利用自己与政府的联系来为现在所代表的团体谋取特别利益。法国《刑法典》第 432-13 条禁止曾负责对私人企业进行监督或控制的公职人员，在停止相关公职后不满 3 年，即以劳务、建议或资金的形式在相关企业投资参股。④（4）自我交易行为。基于公共地位而形成的直接或间接的自我交易会使得个人利益优于公共利益得到实现，直接损害到公共利益，属于最为典型的"利益冲突"。⑤ 在自我交易中，公职人员兼有公私双重角色，以公共角色发挥其公共权力影响力参与私人事务，可以很方便地为本人、近亲属或其他关系密切人谋取私人利益，如公职人员通过设立公司与其所代表的公共机构进行自我交易。一般而言，通过自我交易的方式，可以使公职人员的个人利益优先得到实现而无需再通过收受贿赂的方式，因此禁止自我交易的实质是切断了公共利益向私人利益的输送通道，有利于预防"侵占型"腐败犯罪。俄罗斯《刑法典》第 289 条非法参与经营活动罪规定，公职人员违反法律的禁止性规定，设立或参与经济组织管理，且向该组织提供优惠和优

---

① 法国《刑法典》第 432-12 条非法牟取利益罪；希腊《刑法典》第 255 条非法参与罪；智利《刑法典》第 240 条非法敛财罪；哥伦比亚《刑法典》第 490 条从合同中不当获利罪；古巴《刑法典》第 153 条非法勒索和非法交易罪。
② 《西班牙刑法典》，潘灯译，中国政法大学出版社 2004 年版，第 159 页。
③ 《尼日利亚刑法典》，于志刚等译，中国方正出版社 2007 年版，第 49 页。
④ 《最新法国刑法典》，朱琳译，法律出版社 2016 年版，第 208 页。
⑤ Harold C. Petrowitz, Conflict of Interest in Federal Procurement, *Law and Contemporary Problems*, Vol. 29, 1964; Roswell B. Perkins, The New Federal Conflict of Interest Law, *Harvard Law Review*, Vol. 76, 1962.

先权或提供其他形式的庇护,构成犯罪。① 意大利《刑法典》第 323 条滥用职权罪规定,公务人员在履行公务时,违反法律规定,在涉及本人或近亲属利益时或在法律规定的情况下,不实行回避的,有意为自己或其他人获取不正当的财产利益的,或者对他人造成非法损害的,构成犯罪。②

在积极治理主义腐败风险预防观下,导致利益冲突的行为具有了实质违法性,将基于利益冲突的腐败诱因行为犯罪化,意味着在传统贿赂犯罪法益之外确立了新的值得刑法保护的法益。诱因型腐败犯罪侵害的既不是公职行为的不可收买性,也不是职务行为的公正性,而是公职人员避免权钱交易风险的廉洁义务。换言之,面对腐败高发情形,现代国家从腐败诱因控制原理角度出发,提出了对廉洁性法益的全面保护要求,将法益保护范围从最为严重的职务行为的不可收买或公正性扩张到了公职人员避免腐败风险的义务,从而将具有权钱交易风险的腐败诱因行为等同于腐败行为。法益具有社会适应性特征,法益的生命力来自社会共同价值标准,立法扩张是社会共同价值推动下法益自我更新的结果。法益扩大化充分反映了现代国家对腐败风险提前预防的共同认识,体现了积极治理主义的腐败风险预防观。

(二) 腐败犯罪行为理论更新:从作为到不作为

在传统腐败犯罪行为理论上,贿赂犯罪的行为具有唯一性,表现为作为方式,贿赂行为被定义为个体以作为方式实施的单一行为。而将行为类型分为作为与不作为两种,是大陆法系国家刑法通行的类型划分。前者指行为人实施了法所禁止实施的行为,是犯罪的基本模式;后者指行为人没有实施法所期待的行为,属于犯罪的特殊模式。通常而言,仅对国家法益、公共法益以及重大人身法益才设置(纯正)不作为犯的规定,以期在对重大法益进行刑法保护的同时,不过分干预公民的权利自由。20 世纪 90 年代之前"世界各国的现行刑法都是以作为犯的基本形态为标准而制定的"。③ 传统贿赂犯罪立法将收受、承诺收受等作为行为作为刑法评价对象,不履行廉洁义务的不作为因不在权钱交易的行为结构之中而不为刑法立法所关注。但不可否认的是,不履行廉洁义务与腐败犯罪有着较为密切的关系,或是引发腐败犯罪的原因,或是导致腐败犯罪难以被及时发现。在积极治理主义腐败风险预防观的影响下,现代国家已经注意到了廉洁义务不履行与腐败犯罪的密切关系,并认为基于腐败犯罪的严重性及其预防之需要,有必要限制部分个人自由,因此现代法律扩展了腐败行为违法性的判断标准,将特定情形下的不履行廉洁义务视为腐败行为,确立了腐败犯罪的不作为犯罪类型,形成了更为严密的行为规制体系。

---

① 《俄罗斯联邦刑法典》,黄道秀译,中国法制出版社 2004 年版,第 157 页。
② 《最新意大利刑法典》,黄风译,法律出版社 2007 年版,第 118 页。
③ 黎宏、〔日〕大谷实:《论保证人说(上)》,载《法学评论》1994 年第 3 期。

腐败犯罪的不作为类型大致可以分为三种：一是利益冲突型的不作为；二是腐败包庇型的不作为；三是组织监督型的不作为。（1）利益冲突型的不作为通常是指，在发生利益冲突的情形下，行为人存在报告义务但不履行报告义务。英国行为不当罪就包括了行为人在明知存在利益冲突的情况下，没有作出利益申明并且没有履行相关回避义务的情形。美国诱因型腐败犯罪在自我交易的行为类型中也明确规定了报告履行的豁免事由，即"如果该官员或者雇员事先向委任自己的政府官员说明上述特别事项的性质和情况，且全面公布上述经济利益，事先取得了该政府官员的书面决定，认为该项利益不重大，不会影响到该官员或者雇员工作的正直性"①则不得构成犯罪。换言之，行为人进行自我交易不履行报告义务才是其实质违法性所在。（2）考虑到如果腐败犯罪无法被及时揭发，可能会对同一腐败犯罪生态体系内的公职人员，乃至不同生态体系内公职人员实施腐败行为产生极大的暗示作用，一些国家引入保证人责任原理，将公职人员设置为维护权力廉洁运行的保证人，将举报义务纳入公职人员的廉洁义务范围，违反义务的不作为则会构成腐败包庇型的不作为。匈牙利法律规定，任何公职人员通过可靠的来源知悉某一尚未被发现的贿赂行为，但未及时向有权机关报告的，构成轻罪，处2年以下监禁、公益劳动或处以罚金。越南《反腐败法》第25条规定，"单位、组织首长在其职权范围内不对贪污腐败行为予以处理或不依照法律规定将有犯罪嫌疑的贪污腐败档案移交调查机关或检察院的，按照包庇行为处理。"②需要说明的是，将怠于举报腐败的不作为犯罪化，意在从整体上提升公职人员的廉洁意识，但却存在因责任过于严苛而难以执行的问题，因此只有少数国家进行了规定，不具有普遍性和代表性。（3）组织监督型的不作为将保证人责任从个人转向了单位组织，单位组织在内部管理上怠于履行腐败预防职责，将承担不作为的刑事责任。此种情形下的不作为主体为单位组织，属于纯正的不作为犯。较之腐败包庇型的不作为，组织监督型的不作为更符合积极治理主义下净化腐败环境的刑事立法改革方向。

（三）腐败犯罪责任原理更新：从个人责任到组织责任

传统腐败犯罪的责任原理在于个体责任，即个人应对其不法行为承担责任；个人也仅对其实施的不法行为承担责任。这里的个人包括了自然人和法人。20世纪90年代之前，限于传统的自然人刑事责任原理，大陆法系国家并未普遍规定法人应对以其名义实施的腐败行为承担独立责任，这导致腐败犯罪刑事责任体系产生严重缺陷。欧洲《反腐败刑法公约》以及《联合国反腐败公约》等公约

---

① 《〈美国法典〉第18编罪行和刑事诉讼——第11章贿赂、以权谋私和利益冲突（节选）》，左袖阳译，载魏昌东、顾肖荣主编：《经济刑法（第18辑）》，上海社会科学院出版社2018年版，第371页。

② 中央纪委法规室、监察部法规司编译：《国外防治腐败与公职人员财产申报法律选编》，中国方正出版社2012年版，第35、74页。

积极倡导缔约国确立法人刑事责任,要求应给予法人有效、适度的刑事或民事制裁。在国际公约的影响下,欧洲部分国家在刑法中增设了法人犯罪及其刑事责任条款,强化了对法人贿赂犯罪的打击力度。但即便确立了法人刑事责任,也是基于个体责任原理,即法人应当对其代理人以法人名义实施的腐败犯罪承担责任,因为在这种情况下,代理人的行为被视为是法人行为。基于个体责任原理,传统腐败犯罪的责任主体仅为腐败行为的实施者,不包括对于腐败行为不履行监督和预防义务的单位组织,因为单位组织的消极不作为与腐败结果的发生没有直接的因果关系。与个人责任不同,组织责任则是为了有效控制社会风险而要求监督者、管理者分担的风险责任。组织责任不是实行者的责任而是监督者的责任。组织责任通常包括两种类型:一是企业组织的监督责任,即企业组织内部上级人员的监督责任和企业组织之间相关人员的监督责任;二是公职人员的公务监督责任,即上级公职人员对下级公职人员的监督责任、公职人员对与公务机关有平等民事关系的主体所负的监督责任和公职人员在履行社会监督职能时对其他组织或个人所负的监督责任。① 从腐败治理角度,腐败衍生的原因不能绝对地归为个人意志的自由选择,而是与权力运行的组织环境也密切相关。单位组织作为独立主体,有对组织内腐败的监督义务和净化组织系统的保证人责任。因此,组织责任在腐败治理领域内的运用是针对企业组织监督责任而言的。

将组织责任原理运用于腐败犯罪治理,最早出现在国际商业贿赂治理领域。20世纪90年代,国际商业贿赂丑闻频发,这促使国际社会对企业诚信和廉洁问题进行了反思,认为打击商业贿赂的重点不仅在于打击贿赂行为,更是要创造一个遏制贿赂产生的环境。1996年,国际商会更新了《商事交易中打击勒索和贿赂行为准则》(简称《准则》),认为公司内部具有完善的、强制性的行为规范是提高商业贿赂治理水平的关键,构建具有自我净化能力的行为规范属于公司高层的责任。1997年,经合组织《禁止在国际商业交易中贿赂外国公职人员公约》规定,各成员国需要在国内构建系统制度,使得会计制度能够起到揭发行贿的作用。联合国"全球契约"第10项原则规定,企业应反对各种形式的贪污,包括敲诈勒索和行贿受贿。2005年,国际商会再度更新《准则》,推荐公司建立反腐败政策以及更为具体的内部控制机制,如设置董事会下的审计委员会。尽管国际社会鼓励企业加强内部腐败预防机制建设,但效果并不明显,大部分企业在系统披露有关反腐败和贿赂活动方面的行为少之又少。令人震惊的国际企业贿赂丑闻至今仍不断出现,其主要原因是,企业治理结构在一定程度上限制了内部预防机制的构建,高层人员会支持对自己有利的内部控制,并在自己职权范围内消极

---

① 吕英杰:《客观归责下的监督、管理过失》,法律出版社2013年版,第35—39页。

对待对自己不利的内部控制。① 作为股东和企业的代理人,管理层的贿赂更多时候具有为企业利益"服务"的性质,即实施商业贿赂行为是为了组织本身的利益,而不是为了某个成员或少数几个人的利益;并且,违法所得会直接用于公司经营,并不会由少数几个人在内部进行分赃,更不会直接交给某个人所有。② 利润是企业的生命线,如果不能盈利,企业将难以生存于市场中。为避免这种情况的发生,通过行贿方式获得更优的市场机会和资源往往成为管理层的选择。就此而言,行贿往往被认为具有资源配置功能,对企业增长具有促进作用。尤其是在转型的经济中,当市场缺失、政府管理僵化或管制过度造成资源配置扭曲时,企业的贿赂行为能帮助其回避这些不利并获得政府帮扶,从而保证经济活动得以在稀缺资源的次优(second best)配置下进行。③ 当商业贿赂的个人利益与企业利益在最大范围内重合时,贿赂行为的非法性也得以淡化,公司董事会甚至会默许贿赂行为的"合法"存在。由于存在企业治理结构、行贿带来的整体利益和自由经济观念构成的企业自我控制的障碍,"目前无论是刑事还是民事诉讼都难以有效地打击那些将贿赂作为建立、扩张其商业地位方法而倾向于允许其雇员贿赂的经济实体,与其忽视这一现象,不如选择一种有效的规范模式,而这对于确保将一个高的商业道德标准贯彻于所有商业实体是必不可少的"④。现代贿赂衍生与组织结构内部权力运行和监督不均衡之间有密切关系,因此基于腐败风险控制的要求,有必要引入组织责任理论,确立企业组织的监督责任。而这也已经成为积极治理主义腐败预防观下各国反腐败刑事立法发展的新方向。

企业承担监督失效的刑事责任的前提是必须明确监督义务的来源。关于监督者的监督义务来源,有"法益保护义务"和"危险源监督义务"的区分,前者是从行为人和保护的目标法益之间的关系出发所认可的"保护一定法益的义务";后者是从行为人和侵害法益的危险源之间的关系出发所认可的"监督避免从危险源中产生侵害法益可能的义务"。⑤ 在积极治理主义的腐败风险预防观下,腐败被视为一种危险源,企业放任其成员腐败行为的发生,对公职人员的廉洁性及市场公平竞争秩序会产生侵害或侵害的风险,因而危险源监督义务是腐败犯罪组织责任的归责依据。在此前提下,确立企业的组织责任对反腐败刑事立法的影响主要体现在以下三个方面:(1)企业不履行对腐败危险源的监督义务而导致企业成员为企业利益实施行贿的,企业构成特定的腐败犯罪。如英国《贿赂

---

① 孙杰:《萨班斯法案能否改善公司治理,根治盈余操纵?》,载《国际经济评论》2006年第6期。
② 〔美〕詹姆斯·S.科尔曼:《社会理论的基础(上)》,邓方译,社会科学文献出版社1999年版,第356页。
③ 李捷瑜、黄宇丰:《转型经济中的贿赂与企业增长》,载《经济学(季刊)》2010年第4期。
④ Monty Raphael, *Blackstone's Guide to the Bribery Act 2010*, Oxford University Press, 2011, p.58.
⑤ 黎宏:《刑法总论问题思考》,中国人民大学出版社2007年版,第137页。

法》第 7 条所规定的商业组织怠于预防贿赂罪就是企业因不履行监督义务而承担法人刑事责任。(2) 企业是否履行对腐败危险源的监督义务作为司法机关的量刑因素会影响量刑的轻重。如美国《联邦量刑指南》第 8 章"组织犯罪量刑"C 部分第 2 节第 5 条规定,企业已经采取预防和发现违法行为的有效措施,但依然发生某种犯罪,可以减轻刑罚。① (3) 企业是否履行对腐败危险源的监督义务可以作为司法机关求刑权行使的依据,如法国《萨潘第二法案》所规定的企业合规附条件不起诉制度。在积极治理主义腐败风险预防观导向下,腐败归责原理已经从个体行为责任扩张到组织监督责任,但需要注意的是,组织监督责任扩张的最终目的在于激励企业积极清除引发腐败的环境性因素,实现组织环境的自我净化,因而必须同步确立企业监督责任履行的积极抗辩事由等出罪通道,避免刑罚的扩大化。

(四) 腐败犯罪刑罚理论更新:从质的预防到量的预防

腐败犯罪刑罚理论建立在目的刑论的基础上,对犯罪人进行处罚的目的是实现腐败的预防。刑罚的预防分为一般预防和特殊预防,一般预防又分为消极的一般预防和积极的一般预防。无论是一般预防,还是特殊预防,都离不开刑罚的威慑功能。一般预防的威慑功能在于通过罪刑法定及司法机关的确证,使潜在犯罪人在趋利避害心态支配下放弃犯罪意念;特殊预防的威慑功能在于通过对犯罪人权利的剥夺、限制,使其感受到痛苦而不至于再犯罪。立足于威慑功能的刑罚预防通常具有质的特征,威慑效果取决于刑罚轻重,进而偏向于通过提高刑罚力度的方式来增强刑法规范的威慑力,长期自由刑与生命刑等刑罚往往被认为是加强刑罚预防功能的主要手段。依赖于严刑峻法的质的预防虽然具有一定的威慑效果,但它未考虑到腐败衍生机理和腐败预防的特殊需要,容易导致处罚的边际递减效益。

积极治理主义腐败风险预防观下所谓量的预防,是指考虑到腐败危害程度的差异和整体腐败治理的需要,在刑罚配置上提出更具针对性的刑种和更具区分化的法定刑设计。在质的预防之下,公众、潜在犯罪人以及犯罪人均能感受到腐败犯罪刑罚的严厉性,但对于这种严厉性如何区别于自然犯或究竟是何种程度的严厉,仍然缺乏概念上的认知。在量的预防之下,腐败犯罪的刑罚配置具有鲜明的标签特征,公众、潜在犯罪人以及犯罪人对于腐败犯罪的刑罚感知更强烈,可以促进刑罚预防功能的优化与提升。量的预防在刑罚配置上表现为以下两个方面:(1) 确立"权责制"的责任评价标准。在质的预防之下,立法不考虑身份类型差异对定罪与量刑的影响,即无论是高级公职人员还是低级公职人员,

---

① 吕忠梅总主编:《美国量刑指南——美国法官的刑事审判手册》,逄锦温等译,法律出版社 2006 年版,第 421 页。

无论是与法律公正性关系更为紧密的司法公职人员还是普通公职人员,因为其贿赂行为均侵害到公职行为的廉洁性,侵害法益的程度、后果完全相同,所以没有必要在立法上作出更为详细的区分。但是,在量的预防之下,积极治理主义坚持对具有特殊身份的公职人员的犯罪行为给予更严厉的惩罚,即构建"权责制"的身份责任立场。① 比如,不同于一般贿赂行为,司法贿赂行为更为直接地侵害了司法公正与公众的信赖利益,应当对其予以更严厉的刑法规制。挪威《刑法典》(第114条)、荷兰《刑法典》(第364条)、希腊《刑法典》(第237条)等均规定了司法贿赂罪,以强化司法贿赂行为的刑事责任。德国《刑法典》第331—333条也将法官和仲裁员的贿赂作为加重情节处理。② 匈牙利《刑法典》还区分了公职的位阶差异,规定:普通公职人员受贿的法定刑为1—5年监禁刑;高级公职人员受贿的法定刑为2—8年监禁刑;高级公职人员受贿并违反职责的法定刑为5—10年监禁刑,这进一步突出了对高级官员的惩治,体现了"严中从严"的更为积极的刑事惩治立场。③ (2) 加大犯罪的经济成本。贿赂犯罪属于"图利型"犯罪,加大犯罪的经济成本和政治成本,远比加大自由成本更具预防效果。职业资格剥夺和加倍经济处罚,成为提高贿赂犯罪成本的重要措施。西班牙、捷克、意大利、挪威、芬兰等国的刑法规定了剥夺贿赂犯罪主体从事特定职业或担任公职的资格。俄罗斯在2011年《关于修改俄罗斯联邦刑法和俄罗斯联邦刑事诉讼法典在公共管理领域与改善反腐败相关的条款》中将贿赂加倍处罚引入其《刑法典》第204条商业贿赂罪之中,规定处罚将达到行贿者行贿数额的50倍和受贿者受贿数额的70倍。根据俄罗斯《刑法典》第290条的规定,受贿官员在免予刑事处罚前提下将被判罚贪污数额80倍的罚款,接受刑事处罚的将被判罚贪污数额50倍的罚款。④ 新加坡《预防腐败法》塑造了实质上的双重处罚规则,委托人可以向实施了贿赂犯罪的行为人提起民事赔偿之诉,并向行为人追缴相同数额的钱款。⑤

二、腐败犯罪刑事程序法理论更新

(一) 腐败犯罪程序模式更新:从程序公正到犯罪控制

自由与秩序是人类社会发展的两大主题,二者是辩证统一的关系。人的主体价值在于个体自由、独立人格以及广泛的人权,但人又是社会中的人,由人际关系构建而成的人类社会必然需要拥有维护内部稳定的规范,这就是秩序,即客

---

① 魏昌东:《〈刑法修正案(九)〉贿赂犯罪立法修正评析》,载《华东政法大学学报》2016年第2期。
② 《德国刑法典》,徐久生、庄敬华译,中国法制出版社2000年版,第227—228页。
③ 钱小平:《"积极治理主义"与匈牙利贿赂犯罪刑法立法转型——兼论中国贿赂犯罪刑法立法改革之方向抉择》,载《首都师范大学学报(社会科学版)》2014年第6期。
④ 许艳丽:《俄罗斯"法治反腐"逐渐完善》,载《法制日报》2016年7月9日。
⑤ 《新加坡预防腐败法》,王君祥译,中国方正出版社2013年版,第10页。

观世界的自由是建立在秩序基础之上的。对自由与秩序的保障是国家机器的重要功能,而对于自由与秩序的不同偏向则形成了不同的刑事程序模式。美国学者帕卡在 1964 年提出了刑事诉讼的犯罪控制模式和程序公正模式。根据帕卡的观点,刑法与刑事诉讼程序之间的密切关联之一,就是凭借刑事诉讼程序实施刑法的"效率"与"妥当性"的问题。"效率"要求刑事诉讼程序能迅速处理大量案件,从而使社会治安得以维持;"妥当性"则要求刑事诉讼程序运作过程具有合法性,不能为达到发现真实的目的而不择手段。① 刑事司法体系的运行,应当兼顾这两个方面的问题,协调处理"效率"与"妥当性"之间的矛盾,但由于基础意识形态的不同,形成了犯罪控制模式和程序公正模式的区别。犯罪控制模式建立在秩序维护的基本立场之上,以保护社会福利、大众安宁为主要目的,主张刑事诉讼最为重要的机能是打击犯罪,国家可以对程序运行予以必要干预,将诉讼程序置于有效的控制之下,以提高司法机关的追诉能力和犯罪惩治效果。程序公正模式则建立在自由保障的基本立场之上,以自由优先和保障人权观念为基础,对以打击犯罪为目的的效率观持否定态度,强调对被告人权利的保障以及国家对犯罪所应当承担的不可推卸的责任。

尽管现实中自由与秩序、程序公正与程序效益、维护秩序与保障人权之间无法完全分开,但从法治发展进程上,程序公正无疑是现代国家刑事诉讼的基础。程序公正,也称为正当程序(due process),源自英国《大宪章》,原仅指刑事诉讼必须采取正式的起诉方式并保障被告人接受陪审团裁判的权利,后来扩大了适用范围,指在广义上剥夺个人某种权利时,必须保障他享有被告知和陈述自己意见并得到倾听的权利。② 美国《宪法》第 1 条至第 10 条修正案,即美国《权利法案》包含了程序公正的基本标准,如确保被告人获得律师的有效帮助、获得公正陪审团的审判、获得质证机会等。根据美国学者贝勒斯的观点,程序公正应当包括四个方面:裁判者的公正性、获得庭审的机会、判决理由以及形式正义。罗尔斯认为,程序公正是诉讼首要的价值目标,程序公正要求尊重当事人的意志和人格,把人看作目的而不是实现某一外在目标的手段,程序公正承认人人都有接受正当法律程序保护的权利,这些权利不应受政治交易和经济效益的左右。③ 程序正义具有独立于实体正义的价值。达夫认为,评价法理程序的价值标准在于它本身是否具有一些内在的优秀品质,而不是它在确保好结果得以实现方面的有用性。④ 程序公正是个人享有公平的最低限度标准,坚持程序公正有助于确

---

① 李心鉴:《刑事诉讼构造论》,中国政法大学出版社 1992 年版,第 24 页。
② 〔日〕谷口安平:《程序的正义与诉讼》,王亚新、刘荣军译,中国政法大学出版社 1996 年版,第 4 页。
③ 樊崇义主编:《诉讼原理》,法律出版社 2004 年版,第 200 页。
④ 陈瑞华:《程序价值理论的四个模式》,载《中外法学》1996 年第 2 期。

保国民对司法的信任,防止程序制度的根基被动摇。

积极治理主义在强调程序公正的同时,提出了对犯罪予以有效惩治对于转型时期稳定社会秩序所具有的重要价值,进而倡导犯罪控制模式,认为在必要时可以在公共利益与个人利益之间进行倾向性选择,对犯罪人的权利给予一定的限缩,以便更为有效地保护绝大多数人的利益。近年来,随着毒品犯罪、腐败犯罪、有组织犯罪的扩大化与跨国化,积极治理主义导向下及时有效地惩治犯罪、确保犯罪不可脱逃性的犯罪控制理念对刑事司法程序设置的影响力逐步增强。对于腐败犯罪而言,犯罪控制模式主要体现为以下几个方面:第一,技术侦查措施的使用。技术侦查通常用于打击具有秘密性、有组织的犯罪,技术侦查措施的使用可以固定幕后领导者的犯罪证据,虽然牺牲了个别主体的隐私权,但却换回了对有组织犯罪的及时惩治,产生了保护公共秩序与公共利益的积极效果。腐败犯罪具有秘密性特征,且交易行为往往一对一进行,客观证据难以直接获得,这使得技术侦查措施具有了必要性,加之腐败犯罪的社会危害性日益严重,因此国家更倾向于选择犯罪控制模式,而公众也更容易接受这样的选择。第二,审前羁押的原则化。腐败犯罪通常属于高智商犯罪,犯罪人反侦查、反指控、反制裁能力较其他犯罪的犯罪人更强。因此,犯罪控制模式要求全面评估犯罪嫌疑人在非羁押状态下对诉讼程序可能产生的破坏性风险,以审前羁押为原则。第三,推定规则的运用。腐败犯罪与普通刑事犯罪的区别在于,它很少留下犯罪现场,腐败证据也更容易被转移、掩饰或销毁,这给腐败犯罪人主观故意的证明造成了障碍,不利于打击犯罪。因此,从提高追诉效果角度,一些国家或国际公约提出建立主观要素的推定规则,如英国在其1916年《预防腐败法》第2条中最早规定了关于贿赂的推定、新加坡1970年《防止贿赂法》也有类似规定,《联合国反腐败公约》第28条更为明确地规定了主观要素可以根据客观情况加以推定。推定规则兼顾了犯罪控制和正当程序的要求,其程序效果是将提出证据的责任转移给被告人,在被告人提供出相反证据时,推定可以被推翻,因此推定并不导致证明责任(说服责任)从控方转移给被告人,仍然符合正当程序的基本要求。第四,污点证人制度的推行。污点证人与腐败犯罪本身具有某种牵连性,甚至污点证人本身就是犯罪的参与者,但因为他对案件又掌握相当多的证据信息,因此可以通过揭发同案犯而使得自己免罪。污点证人制度在腐败犯罪惩治中的运用,也是因为腐败犯罪证据获取困难,司法机关被迫通过给予部分犯罪嫌疑人一定的"好处",换取诉讼证明的便利。罗尔斯认为,"既然存在着激烈的不和,那么正如我们通常考虑的那样,是没有办法避免某些不正义的,我们所能做的事情只是以最少不正义的方式来限制这些不正义。"① 通过放弃对轻罪的打击,确保对

---

① 〔美〕约翰·罗尔斯:《正义论》,何怀宏等译,中国社会科学出版社1998年版,第223页。

重大腐败犯罪的有效惩治,有助于提高腐败治理的司法效率,体现了犯罪控制论模式的基本立场。

(二) 腐败犯罪权利保障原则更新:从普遍保障到权利克减

人权是作为生命主体的自然人所享有的基本权利,包括公民权利、政治权利等。尊重和保障人权是当今世界各国所公认的准则。诉讼人权是自然人在诉讼活动中所享有的权利,是人权的特殊表现形式。由于刑事诉讼涉及犯罪嫌疑人、被告人的行为是否构成犯罪,如何处罚以及如何避免无罪的人受到刑事追究的问题,因此有效保障刑事诉讼中诉讼参与人的人权就显得尤为重要,这不仅是对犯罪嫌疑人、被告人个体权利的保护,更是通过保障犯罪嫌疑人、被告人个体权利来捍卫和保障全体公民的权利。美国、加拿大等国在其宪法中规定了对刑事诉讼被告人权利的保障规则,确保被告人能够得到公正审判。联合国也制定了一系列保障个人权利的国际法规则,如《世界人权宣言》第 9 条规定,任何人不得加以任意逮捕、拘禁或放逐;《公民权利和政治权利国际公约》第 14 条规定,任何人"不被强迫作不利于他自己的证言或强迫承认犯罪"。通常而言,保障诉讼人权包括三层含义:一是保障任何公民不因政府非法强制而沦为犯罪嫌疑人或被告人;二是保障犯罪嫌疑人和被告人在整个刑事诉讼中受到公正的待遇;三是保障依法被认定有罪的被告人受到公正的、人道的刑罚处罚。① 对此,立法要求确立无罪推定原则、程序法定主义、不强迫自证其罪原则、辩护原则等,以确保个人的诉讼主体地位,保障人权不受侵害;同时明确侦查、起诉权力的行使条件、期限、程序,确立强制侦查法定原则、司法令状主义、非法证据排除规则等,以划定公权力的行使范围,严格限制刑事追诉权,防止权力滥用。

尽管权利保障是法治国家的重要体现,但却并非在任何情形下都具有绝对性,在社会紧急状态下它仍受到权利克减原则的限制。克减包含着对权利的限制意思。人是社会关系的总和,社会由个人组成,通过对权利加以限制可以平衡个体与个体之间、个体与群体之间、群体与群体之间的利益关系。在法治系统之内,对权利加以限制本身并不是目的,而是促进权利保护、扩大权利保护的手段。洛克认为,"自由固然要受到法律的约束,但法律的目的不是废止或限制自由,而是保护和扩大自由。"② 权利自身应当有合理的界限,对于超出界限的权利予以必要限制是权利克减的理论基础。《公民权利和政治权利国际公约》第 4 条、《欧洲人权公约》第 15 条、《美洲人权公约》第 27 条等人权保障公约均规定,在社会紧急状态威胁到国家的安全并经正式宣布时,公约缔约国可以采取措施克减其在正常状态下本应承担的一些公约义务,即赋予了缔约国限制公民权利的

---

① 樊崇义主编:《刑事诉讼法学(第四版)》,法律出版社 2016 年版,第 29 页。
② 〔英〕洛克:《政府论(下篇)》,叶启芳、瞿菊农译,商务印书馆 1964 年版,第 35 页。

权力,让个人在正常状态下可以享受的权利被暂停。就此而言,权利克减是为了应对特别严重的危机而对公民权利的一种限制,是从权利外部所施加的并为宪法所允许的限制。尽管权利克减表现为国家对公民权利的限制,但权利克减与权利限制仍然存在区别:前者是特殊情形下对国家义务的一种减轻或者免除,减轻的是国家保障个人权利的义务,具有例外性和临时性;后者是在一般条件下对权利行使的一种要求,是平时为了防止个人权利滥用而对个人权利提出的规定,具有普遍性和长期性。现代法治国家可以在紧急状态下对公民权利予以必要克减,但权利克减不得滥用,《公民权利和政治权利国际公约》第4条对权利克减的限制做出了具体规定:限制的提出和实施应根据有关法律(正当程序);限制需符合大众的合法利益(公共利益);限制是民主社会为了达到目的而采取的十分必要的措施(必要性);尽量不采取过于侵犯性的限制措施(相称性);限制不能没有任何原因或者以歧视的方式武断地制定或强制执行(非歧视)。《欧洲人权公约》规定了不可克减的权利包括生命权、免于酷刑和施以非人道或者有损人格的惩罚或待遇权、免于奴役权、无法律规定不处罚的权利。《公民权利和政治权利国际公约》规定的不可克减的权利,还包括免于因无力履行约定义务而被监禁的权利、被承认在法律面前的人格的权利、宗教信仰自由权利等。《美洲人权公约》规定的不可克减的权利最为广泛,还将姓名权、儿童权等权利纳入其中。① 通常而言,这些权利是人权的最低标准,且一旦克减就很难恢复,故而禁止国家通过任何理由加以限制。

  积极治理主义认为,为达到有效惩治犯罪的目的,有必要借鉴社会紧急状态下的权利克减理论,在特定情形下对腐败犯罪人的诉讼权利给予必要的限制。腐败严重动摇了政治民主体制、市场竞争关系以及社会秩序的基础,其法益损害具有根本性、持续性和难以修复性特征。因此,现代国家在腐败治理上必须将个人利益与公共利益的权衡纳入考量范围,当对个人权利予以某些必要限制可以换取广泛的公共利益保护效果时,权利克减就有了正当性依据。对于腐败犯罪人的诉讼权利克减应当符合以下条件:第一,权利克减不得损害法治原则。法治是现代国家政治文明的基础,是任何国家行动不可触犯的刚性原则。即使国家处于社会紧急状态,法治原则仍然需要被遵守。基于法治原则,对腐败犯罪人实施权利克减,必须获得法律的授权,且按照法定程序进行。第二,权利克减应当具有必要性。权利克减所获得的结果价值应当高于被克减权利本身的价值。这意味着对于严重的腐败犯罪有适用权利克减的必要性,但对于轻微乃至中等程度的腐败犯罪则没有。第三,权利克减应当具有比例性。对于基本人权或重要

---

① 刘丽:《解析〈欧洲人权公约〉的权利克减条款》,载《哈尔滨工业大学学报(社会科学版)》2011年第1期。

权利不能进行克减。在实体权利方面,对于生命、健康、人格尊严等基本人权不得进行克减;在程序权利方面,关乎基本人权的程序权利也不得进行克减,如辩护权。除上述权利之外的其他权利则应当按照腐败的严重程度予以比例性的克减。第四,权利克减应当具有例外性。权利克减应当仅适用于严重腐败犯罪且情势紧急的情况。所谓情势紧急,是指不进行权利克减无法获取关键证据、无法推进审判程序或无法修复腐败损害的社会关系。是否符合情势紧急,需要由司法人员依据案件的具体情况加以判断。此外,在权利克减之后,一旦情势紧急的情况消除,应当恢复被克减的权利。

基于上述要求,在腐败犯罪中可以克减的犯罪嫌疑人、被告人、犯罪人程序权利有:

一是隐私权。作为基本的人格权,隐私权是自然人所享有的生活安宁与私人信息不被他人非法干扰、知悉、收集、利用和公开的权利。腐败犯罪具有秘密性特征,脱离了行贿人的证据,几乎很难有其他证据可以证明交易关系的存在,由此使得特殊侦查措施的运用具有了必要性。这意味着国家在特殊侦查中应当放松对个人隐私权的保护,对个人隐私权予以必要克减。美国、英国、德国、法国、日本等国家,纷纷规定了特殊侦查使用条件并对证据效力作出了明确规定。《联合国反腐败公约》第 50 条也倡导在国家和国际层面的反腐败斗争中使用包括控制下交付、电子或者其他监视形式、特工行动在内的特殊侦查手段。当然,在腐败犯罪中采取特殊侦查手段必须遵守权利克减的限制性条件,通常只能在有理由相信已经存在严重犯罪的情况下使用,在决定使用特殊侦查手段及其使用期限时,应当充分考虑采用对个人权利限制更少的方式。

二是庭审在场权。庭审在场权是被告人的诉讼权利,是实现辩护权、陈述权、诘问权等诉讼权利的基础。作为诉讼程序的参与权,庭审在场权不是一项独立的权利,而是辅助辩护权等权利行使的权利,否定被告人的庭审在场权,将导致被告人难以充分行使辩护权、最后陈述权等正当程序所规定的基本权利。《公民权利和政治权利国际公约》第 14 条将被告人审判时的在场权规定为被告人的基本诉讼权利之一,并且要求得到最低限度的保障。为确保被告人享有庭审在场权,司法机关应当履行告知被告人庭审在场权的义务。但是,在司法机关已经通知被告人参与庭审,充分履行了程序参与权利的保障义务之后,被告人放弃权利或潜逃的,司法机关的保障义务得以解除。为继续推进诉讼程序的展开,提高诉讼效率,可以对被告人此项权利予以克减,直接进行缺席审判。美国、德国、日本等国刑事诉讼法普遍确立了被告人的庭审在场权,但也在被告人权利得到足够保障的情况下设置了缺席审判的例外性规定。[①] 但是,并不是所有的缺

---

① 崔凯:《义务视阈下的被告人庭审在场问题研究》,载《政法论坛》2017 年第 2 期。

席审判都存在权利克减问题。被告人主动放弃其权利而不参加诉讼的,属于权利的放弃而不是权利克减,只有对于"下落不明"或潜逃的犯罪嫌疑人,由于无法获取其明示的意思表示,为避免诉讼的拖延,才能适用权利克减理论。对于腐败犯罪而言,庭审在场权的权利克减主要是针对潜逃情形。在涉案犯罪嫌疑人、被告人潜逃之后,及时追回涉案赃款赃物、确定财产关系、恢复受到损害的社会关系,这些更为广泛的公共利益需求让权利克减具有了必要性。

三是假释申请权。假释是在已经执行一定期限的刑罚之后,对无再犯危险的犯罪人予以附条件提前释放的制度。假释原本是国家给予的恩典,是对于部分受刑人的例外优待,而现代假释已经具有了普遍适用性,成为受刑人的权利。对于普通犯罪而言,犯罪人行使假释权以不具再犯危险为条件,但对于腐败犯罪而言,司法机关还会进一步考虑腐败犯罪的严重性。《联合国反腐败公约》规定,各缔约国应当规定合理的法律制度,在衡量犯罪本身的严重程度后,做出是否予以假释或早释的决定,从而防止腐败犯罪分子利用假释或早释机会进一步实施犯罪行为。换言之,《联合国反腐败公约》认为腐败犯罪属于严重犯罪,需要采取特殊矫正措施,以提升刑罚的一般预防效果,即对腐败犯罪人的假释申请权予以克减,因严重腐败犯罪而被监禁的个人在服刑期满之前不能申请假释或以其他方式获释,特殊情况(如严重的健康问题)除外。当然,假释申请权的权利克减仍应当符合限制性和例外性的要求,即除非是最为严重的腐败犯罪,否则不宜进行权利克减。

(三)腐败犯罪诉讼标的原理更新:从一元论到二元论

诉讼标的是民事诉讼中极为重要的概念,是指当事人存在争议而需要通过法院裁判确定的法律关系。在刑事诉讼中,对于诉讼标的则鲜有讨论。刑事诉讼针对的是被告人的行为是否构成犯罪以及如何适用刑罚,体现了国家与个人之间的具体的刑罚权关系。国家刑罚权是对犯罪客观事实及犯罪人的人身危险性进行的综合评价,诉之内容包括被告人和犯罪事实两个基本要素。一个被告人及其实施的一个犯罪事实,构成一个诉;多个被告人及其实施的多个犯罪事实,构成数个诉;如果多个犯罪事实具有同一性、重复性、牵连性,则可以根据罪数理论合并为一个诉。但是,无论如何计算诉的数量,诉的本质都是裁判者确定被裁判者是否承担以及如何承担刑事责任。在刑事诉讼中,诉讼标的就是辩方与控方所争议的对象,即被告人的刑事责任。刑事诉讼的诉讼标的具有以下两个特征:一是单一性。公诉的内容要求法院追究被告人的刑事责任,具体表现为刑罚请求权,而刑罚请求权又以刑法所规定的刑罚权为依据。简言之,无论被告人实施的行为个数,只要是在刑法上被认定为是实质的一罪或者裁断的一罪,就属于一个不能拆分的单独之诉,即使公诉方仅对单独之诉的部分进行起诉,法院也得对单独之诉涉及的全部事实行使审判权。二是同一性。在诉讼过程中,公诉方对起诉事实的认识会发生变化,但审判事实必须与起诉事实保持一致,不能超出起诉事实的范围,由此又产生了"自然性事实同一说"和"法律性事实同一说"的不同学说。前者将法的要素纳入同一性的判断,变更罪名或法条的适用会影响起诉事实的同一性;后者则认为只要不超出指控的客观事实范围,无论罪名或法条适用是否变更,都不会破坏同一性。① 通过刑事诉讼标的理论,可以锁定诉的范围,进而为公诉事实与裁判事实的变更、证明对象范围的确定等问题的解决奠定理论基础。

除了对人的处置之外,腐败犯罪案件的处置还包括对涉案财物的处置。英美法系国家设置了民事没收与刑事没收两个不同类型的没收制度,区别在于是否以行为人的刑事责任判定为依据。前者不需要以刑事责任的判定为依据,只需要涉案财物与犯罪事实具有一定的相关性;后者则以刑事责任的判定为依据,若无刑事责任,则不得适用刑事没收。英国《犯罪收益追缴法》第 3 部分规定,只要是违法行为所得,就可适用民事追缴程序予以追缴,不需要等到与财产有关的行为被定罪起诉之后再追缴。澳大利亚《犯罪收益追缴法》也规定,民事没收令不以有关人员的刑事定罪为基础。美国、加拿大、爱尔兰等英美法系国家均有类似的规定。在大陆法系国家,不定罪的民事没收通常规定在刑法典中。德国《刑法典》第 76-a 条第 1 款规定,"由于事实性的原因不能对特定的人进行追诉或裁判,如具备处分条件时,法院应当或可以单独宣告充公、没收物或其折价款,或单独宣告查封。"意大利《刑法典》第 240 条规定,"法规可以决定没收犯罪服务或者被用于实施犯罪的物品以及作为犯罪产物或收益的物品;对于下列物品,一律予以没收……即使在没有宣告处罚判决的情况下。"《联合国反腐败公约》第 54 条第 1 款要求各国"考虑采取必要的措施,以便在因为犯罪人死亡、潜逃或者缺席而无法对其起诉的情形或其他有关情形下,能够不经过刑事定罪而没收这类财产"。不定罪的没收可以解决犯罪嫌疑人或被告人潜逃、失踪或者死亡情形下,无法通过刑事宣判对财物进行没收的困境。对于打击腐败犯罪而言,不定罪的没收可以针对国外犯罪的资产实施,发挥为被害人追逃资产、不让犯罪活动继续获得经济资助的重要功能,符合积极治理主义对腐败治理的基本要求。

未定罪没收规则在腐败治理领域的广泛运用,使传统刑事诉讼标的理论面临着重大挑战,特别是大陆法系国家。传统刑事诉讼的标的是解决犯罪人的刑事责任,在理论上称为是"对人之诉";在未定罪的没收制度中,当司法机关在刑事诉讼中对被告人的违法所得及其他涉案财物予以没收时,其诉讼标的是财物,是"对物之诉"。但是,"对物之诉"是一个独立之诉,需要证明的是某物属于犯罪收益,而不是犯罪嫌疑人本身对犯罪行为是否要承担刑事责任,因此被告人被

---

① 宋英辉等:《刑事诉讼原理(第三版)》,北京大学出版社 2014 年版,第 133 页。

指控的犯罪事实与没收程序所针对的财产是两个独立的法律关系。在诉讼结构上,"对物之诉"的参与主体除了审、控两方之外,还加入了与涉案财物具有利害关系的第三人,后者需要对涉案财物与个人合法权利的关联性进行证明,即在涉及财物所有权问题上,"对物之诉"采取"举证责任倒置",由利益关系人证明其所持有财产的合法性,而在证明标准上,也采取"优势证据"标准。概言之,"对物之诉"在审判标准和规则上体现了民事诉讼的属性。将民事对物之诉嵌入刑事程序之中,是基于有效追回腐败犯罪财产,恢复受损社会关系的刑事政策的需要,具有合理性和实用性,但客观上造成了刑事诉讼标的的二元化,即在被告人刑事责任的诉讼标的之外,增加了涉案财产所有权确认的诉讼标的。提出"对物之诉"是基于犯罪嫌疑人死亡、潜逃或者缺席的特定事实,这些事实并不是原本的犯罪事实,不以犯罪事实的认定为基础,独立于公诉机关追究被告人刑事责任的单一事实。如果对物之诉是在审判过程中才提出的,则又超出了起诉事实的范围,不符合刑事诉讼标的的同一性特征增加了新的诉讼标的。此外,新的诉讼标的的增加还提出了利益关系人的程序保障问题。司法机关在"对物之诉"中的裁判认定,直接关系到利益关系人的合法权益,确保利益关系人有效参与并能够提出自己的诉讼主张的要求改变了控、辩、审三方的诉讼结构。在刑事诉讼整体程序结构之下合理嵌入"对物之诉"并确保刑事程序的正当性,要求更新腐败犯罪刑事诉讼的标的理论,建立二元化的标的理论。

(四)腐败犯罪司法观念的更新:从报复性正义到修复性正义

报复性正义是来自人性本能的传统正义观,即当主体权益受到侵害时,应当给予侵害人必要的惩戒,以维护主体利益和社会秩序。报复性正义具有凝聚社会正义观、推动人类社会对正义的持续性追求的重要功能,但也存在不确定性、残酷性、预防性不足等弊端,尤其是无法弥补犯罪给被害人以及被害人身边的人造成的损害和伤害,也无助于促进犯罪人重新融入社会。保护被害人的利益,在刑事政策上的意义在于维持、确保国民对包括刑事司法在内的法秩序的信赖,由此对预防犯罪和维持社会秩序做出贡献。[1] 在20世纪80年代,基于被害人权利保护运动的兴起以及对刑罚矫正效果的反思,刑事司法领域产生了修复性正义理论,认为犯罪不应当被认为是对公共规则的违反或者对抽象的法秩序的侵害,而应当被认为是对被害人的侵害、对社区和平与安全的威胁以及对社会公共秩序的挑战,对于犯罪的反应应当致力于减轻这种损害、威胁和挑战。[2] 因此,应当唤起犯罪人的责任感,用预防性的、恢复性的刑事政策取代惩罚性的、报应性的刑事政策,重点关注被害人的需要,促进犯罪人承担因实施犯罪而应当承担的

---

[1] 〔日〕大谷实、黎宏:《犯罪被害人及其补偿》,载《中国刑事法杂志》2000年第2期。
[2] 宋英辉等:《刑事诉讼原理(第三版)》,北京大学出版社2014年版,第119页。

责任,避免进入正式的刑事司法程序,通过帮助犯罪人重新回归社会以预防其再次犯罪。① 修复性正义将犯罪理解为对社会人际关系的损害,犯罪人因此产生了对被害人的责任和义务,而损害赔偿成为修复关系的重要手段,与被害人之间的合意与融合成为正义实现的主要方式。联合国《关于在刑事事项中采取恢复性司法方案的基本原则》指出,恢复性司法是对犯罪的一种不断发展变化的对策,通过尊重每一个人的权利,恢复被害人与犯罪人之间被破坏了的关系以及犯罪人与社区的关系,进而从源头上、思想上重建和谐秩序。基于修复性正义对于预防犯罪及保护被害人利益的重要作用,英美法系国家率先将其运用于少年司法之中并逐步扩张到成人司法体系,大陆法系国家则是通过刑事和解、刑事调解等制度来体现修复性正义。在制度构建上,修复性正义具体体现为:一是要求国家对被害人利益予以充分的保护,不仅仅体现为保障被害人参与诉讼的主体权利,还要求对被害人的经济损害予以实质性的赔偿,以抚平被害人心理创伤,恢复其社会关系。这种赔偿的标准超过普通的民事侵权之诉,包括了精神赔偿以及为恢复受损社会关系而支出的任何费用。二是要求国家对犯罪人再犯给予更为充分的关注,但与传统刑罚上通过外部矫正措施来实现犯罪人特殊预防不同的是,修复性正义尊重犯罪人的主体资格,将其作为自我矫正的主体,通过建立包括被害人、犯罪人和社区的多方对话机制,在多方合意的基础上促使犯罪人意识到犯罪原因以及犯罪危害,从而能够真正履行义务、承担责任,并且促使社会意识到犯罪原因与犯罪危害,接纳罪犯重返社区,预防犯罪的再次发生。

修复性正义建立在被害人利益保护及社会关系修复的基础上,而腐败犯罪长期以来被认为是"无被害人犯罪",故难以形成修复性正义的适用基础。然而,在积极治理主义影响下,刑事司法应当更为主动地承担因腐败而受损的关系的修复责任,传统腐败犯罪"无被害人"观念在逐步发生改变。从犯罪学角度,当自然人、单位以及国家的正当权益受到侵害时,他们就成了犯罪学意义上的被害人。对于"侵占型"腐败犯罪而言,国有财产的所有人是被害人。对于"交易型"腐败犯罪而言,虽属对合犯而无显见的被害人,但犯罪人出卖的是国家权力,损害了公众对国家的信赖,国家作为权力的委托方及不利后果的承担方,属于抽象意义上的被害人;不仅如此,商业贿赂还扭曲了市场资源的配置关系,使得原本有资格、有条件、有能力获得市场资源的经济主体承受了市场竞争的不利后果,因权钱交易关系而被排挤的市场主体,属于贿赂犯罪具体意义上的被害人。对于滥权型腐败犯罪而言,国家以及因权力滥用而承受不利后果的主体属于被害人。腐败犯罪中被害人主体地位的确立,扫除了修复性正义的观念障碍,使得恢复性司法在腐败治理领域的运用和推广成为可能。修复性正义在腐败治

---

① Tony Francis Marshall, *Restorative Justice:An Overview*, Home Office,1999,p. 9.

理中的贯彻运用,主要体现在两个方面：

一是确立腐败损害赔偿之诉。《联合国反腐败公约》第35条规定,各缔约国需要依据本国法通过必要的制度构建,使腐败行为被害人可以通过合适的程序提起损害赔偿之诉。根据《〈联合国反腐败公约〉谈判工作的正式记录(准备工作文件)注释》第38条的解释,《联合国反腐败公约》第35条的规定意在确定一个旨在促使各国构建保障被害人的损害赔偿之诉权利的原则。同时,有权提出赔偿的"实体和人员"包括国家、法人和自然人。通常而言,腐败犯罪损害赔偿的处理依据的是民事法的原则,个别国家在特别法中规定了针对因实施或授权实施侵权行为,或者因没有采取合理步骤防止此种行为发生而对他人造成损害的人员的具体责任。腐败犯罪损害赔偿之诉是通过民事诉讼或刑事附带民事诉讼展开的,在一些国家,如果腐败犯罪涉及国家资产,则由检察长提起民事诉讼。①

二是建立特定情形下的刑事协商与合规机制。恢复性司法重在修复受损社会关系而不在于惩罚本身。受损社会关系的修复既包括了对被害人利益的弥补,也包括了作为社会关系成员之一的犯罪人的自我修复,后者对于预防再犯具有重要意义。腐败犯罪人分为自然人和法人两类,刑事协商机制仅适用于法人的自我修复。从犯罪衍生原因上看,法人腐败犯罪虽然也有法人最高管理机构成员一致同意实施的情形,但更多情况下是法人组织体系内的部分代表人或管理人员为了法人利益而实施的,法人组织层级架构的复杂化遮蔽了内部监管漏洞,使得腐败行为得以实施。在法人资格依然保留且其组织漏洞依然存在的情形下,仅仅处罚自然人无法实现法人的自我修复,也难以杜绝再犯。不能实现自我修复的法人将面临失去营业执照、失去市场、股价下跌等更为严重的损失,对法人的股东、员工乃至普通公众都会产生辐射性影响,产生不必要的犯罪连带成本。基于法人再犯预防以及效能治理的要求,一些国家已经不再满足于对法人施以经济性的刑事处罚,而是在刑事程序中尝试建立以法人自我修复为内容的协商机制,即作为犯罪人的法人与作为抽象被害人的国家及其代表机构达成协议,法人以积极实现合规要求表明其认错悔过的态度,取得国家的谅解,换取不起诉或从轻处罚,实现法人回归社会,修复法人与国家、社会以及公众之间关系的目标。在美国"暂缓起诉协议"(Deferred Prosecution Agreement, DPA)制度中,联邦执法机关与涉案企业达成协议,涉案企业需要承认被指控的犯罪行为,并交纳罚款;同时,执法机构会给予涉案企业一定的改进期间,涉案企业在这一考验期内需要积极完善合规体系,弥补运营漏洞。若执法机构认可了涉案企业的合

---

① 《〈联合国反腐败公约〉实施立法指引》,http://www.unodc.org/unodc/en/treaties/CAC/legislative-guide.html,2019年8月2日访问。

规努力以及成效,即涉案企业履行了协议,建立了完善的合规机制,就不再被提起公诉,案件以公司免于定罪和避免刑事处罚而结束。① 法国也建立了与美国类似的公共利益司法协议制度(Convention Judiciaire d'Intérêt Public,CJIP)。根据法国《刑法典》第131-39-2条之规定,若法人应对特定轻罪承担刑事责任,则可判处合规计划之处罚。根据《萨潘第二法案》的规定,受到调查的法人,在共和国检察官起诉之前,可向其建议达成公共利益司法协议,缴纳公共利益罚金;在那些有明确被害人的案件中,企业还需要在一年之内按照约定方式赔偿被害人的损失。企业需要在法国反腐败局监管下,在最长3年的期限内,提交一份合规计划,以确保《刑法典》第131-39-2条规定的措施和程序在法人内部得以建立并实行。"特定的措施和程序"具体是指:行为准则;内部举报系统;定期更新的风险绘图资料(旨在识别、分析和列举以诱惑法人贿赂为目的的外部风险);评估程序;内部或外部的会计监督程序;培训机制和纪律制度等。当合规计划已经执行超过1年,并由反腐败局向检察官提交报告说明被定罪的法人已采取适当的措施和程序来预防和发现腐败行为,并表明后续行动已非必须,则法人将免于被提起公诉;在协议规定期限内,被调查法人如未充分履行规定义务,则检察官可以向法院汇报,由法院决定恢复公诉程序。② 此外,联合国积极推行"反贿赂合规模式"项目,旨在制定并推进基于管理部门和私营企业之间合作环境下的新的应对腐败的策略。③ 刑事协商与合规机制为涉案法人的主动合作提供了激励,有助于其自我修复及预防再犯,同时,对于作为潜在犯罪人的企业,也具有激励功能,可以鼓励其形成良好的企业合规文化。

综上,在积极治理主义导向下,有效地预防腐败风险成为国家配置反腐败资源的指导理念,对于处于腐败治理最末端的刑事立法产生了推动性影响,并要求刑事法理论做出积极回应。在刑事实体领域,利益冲突的法益原理得到确认,腐败不作为犯的行为理论受到关注,单位组织"腐败危险源监督"责任理论逐步推广,刑罚"量的预防"观念逐渐流行;在刑事程序领域,立足于腐败犯罪控制模式的基本原理,行政领域的权利克减原理被引入诉讼正义的理论架构之中,以腐败损害关系修复为基础的二元化标的理论以及刑事协商与合规原理的兴起,不仅扩张了刑事程序的功能,而且促进了刑事程序与实体规范、民事程序乃至前置行政程序的一体衔接。尽管上述刑法立法理论更新并不具有普遍性,有的是根据个别立法现象进行的理论归纳,有的仅产生于符合本国国情的反腐败刑事制度体系之下,但至少可以反映出在积极治理主义影响下现代国家刑事法理论革新的可能方向,为我国反腐败刑事法理论与立法的完善提供了差异化的参考样本。

---

① 陈瑞华:《美国暂缓起诉协议制度与刑事合规》,载《中国律师》2019年第4期。
② 陈萍、孙国祥:《中法法人犯罪刑事规制体系对比与借鉴》,载《学海》2017年第6期。
③ 赵赤:《反腐败刑事法治全球考察》,法律出版社2020年版,第180页。

第三章　积极治理的中国语境与反腐败刑事立法政策优化

尽管中国政治话语体系中没有明确提出过积极治理主义的概念，但从全面深化改革的总目标和战略部署上看，积极治理主义的实质理念在某种程度上已经有所体现。在我国国家治理体系框架下，积极治理主义应定位为一种国家治理战略观，在腐败治理领域表现为积极治理的反腐败战略观。党的十八大以来，我国腐败治理取得了显著成效，但反腐败斗争形势依然严峻，在取得并全面巩固腐败治理"压倒性胜利"的前提下，进一步构建"不敢腐、不能腐、不想腐"的"一体推进"体制机制，将制度优势转化为治理效能，需要确立积极治理的反腐败战略观，优化反腐败刑事立法政策，推动反腐败刑事立法的现代化，提升国家应对腐败的能力。

第一节　改革开放以来腐败演变与治理模式考察

腐败是现代国家面对的重大风险，是对国家政治稳定、社会稳定以及可持续发展的严重威胁。加快推进腐败治理体系建设，完善腐败治理体制机制，提高腐败治理能力，是国家治理现代化的重要表现。改革开放至今，从"寻租型"腐败到"制度型"腐败，再到"系统型"腐败，腐败衍生类型与机理的变化对腐败治理模式提出了升级更替要求，在继承和优化前两个阶段治理模式合理内核的基础上，现阶段所构筑的系统性治理模式，体现了积极治理的国家反腐败战略观。

一、改革开放以来腐败类型与演变机理

20 世纪 80 年代的改革开放使中国第三次打开了现代化的大门，实现了中国现代化的转型，成功开创了当今经济体制创新和经济持续发展的"两个盛世"。① 然而，与其他已经经历过或正在经历现代化转型的国家一样，与现代化发展如影随形的腐败，也同样以"中国速度"在繁殖与蔓延，② 且在衍生原理和类

---

① 邹东涛主编：《中国改革开放 30 年（1978—2008）》，社会科学文献出版社 2008 年版，第 1 页。
② 何增科：《反腐新路：转型期中国腐败问题研究》，中央编译出版社 2002 年版，第 9 页。

型形态等方面均发生了较大改变。

(一)"寻租型"腐败的形成与演变机理

寻租本是经济学中的一个概念,是西方经济学家针对政府对市场进行干预而产生的腐败现象提出的。1967 年,美国经济学家戈登·塔洛克在《关税、垄断和偷窃的福利成本》一文中论证了寻租现象,美国明尼苏达大学教授安妮·克鲁格于 1974 年在其论文《寻租社会的政治经济学》中就寻租问题进行了系统论述。寻租理论的"租"是指,由于不同体制、权利和组织设置而获得的额外收益,或因政策干预和行政管制而形成的非生产性利润,这种利润的取得不需要通过现实的生产活动,因而被称作"直接的非生产性利润"。市场主体对额外利润的竞相追逐,导致了一种特殊的经济现象——"寻租"。寻租理论解释了市场经济中的市场主体为争夺因政府管制而产生的资源控制所发生的竞争现象,成为 20 世纪 70 年代西方经济学研究的热门问题之一,并被公共选择学派引入政治过程的研究领域。20 世纪 80 年代末,吴敬琏等一批学者率先在《经济社会体制比较》杂志上介绍了西方寻租理论,将寻租理论引入中国,为经济转型时期建立市场经济体制和反腐败制度找到了理论基础。

中国市场经济体制改革始于 20 世纪 80 年代的改革开放,正式确立于 20 世纪 90 年代邓小平同志"南方谈话"之后。为避免社会的剧烈动荡,我国选择了国家主导、强制、渐进的经济转型模式,为一定时期内两种体制的交错和并存提供了客观条件。这一时期,一方面,在计划体制下,国家计划和管制的结果使寻租机会增多;另一方面,在市场体制下,各种所有制类型的企业和集团并存,人们有追求利益最大化的动机和权利,加之转型期内法制不健全,就使寻租现象发生的概率大大增加。[①] 在市场化改革还没有到位的情况下,通过行政权力分配资源的体系和市场分配资源的体系混合在一起,政府依然保有对市场资源的直接管理权,这成为产生制度租金的根源,即市场主体自发地按照潜在规则向资源管理者支付一定的"费用",产生制度租金。权力在寻租中扮演着双重角色:一方面向寻租者"出租"权力以获得租金;另一方面又通过权力处处"设租",创造新的租金,[②]即以种种名义加强行政权力对于经济活动的干预,增加行政审批的项目,以便增加寻租的机会。[③] 与此同时,市场经济鼓励人们追求个人利益,"经济人"追求自身利益最大化的欲望被唤醒,利益最大化理所当然地成为企业生产经营活动追求的目标。[④] 市场主体基于趋利本能开始了自发的寻租活动。从 20 世纪 80 年代的商品寻租到 90 年代以后的市场要素寻租,再到世纪之交以国有

---

① 靳涛:《转型与寻租》,载《经济问题探索》2002 年第 8 期。
② 钱小平、魏昌东:《"寻租型"职务犯罪控制机制创新》,载《新疆社会科学》2008 年第 6 期。
③ 郭建民、毛家强:《寻租理论与反腐败分析》,载《西北工业大学学报(社会科学版)》2003 年第 4 期。
④ 贺卫、王浣尘:《市场经济与转型期经济中的寻租比较》,载《经济科学》1999 年第 6 期。

资产为租源的寻租活动,市场主体在攫取非法经济利益的同时,诱发了"寻租型"腐败的泛滥,为掌握社会公共资源的国家工作人员实施权钱交易型的职务犯罪提供了"温床"。

在市场经济体制转型过程中,"寻租型"腐败成为中国腐败的主要形式,并进一步演化出更为具体的寻租腐败模式:一是"审批式"腐败。改革开放初期,对经济活动设置了层层行政审批,这往往成为租金产生的源头,使得"审批式"腐败成为最为典型的"寻租型"腐败。随着市场经济改革的深入,国家将市场自发调节的事项还给市场,行政审批的范围逐步缩小,但在关系国计民生的重要领域,仍然保有对市场经营活动的审批权力,对于这些领域的审批权如果缺乏必要监督,仍然会导致"审批式"腐败的泛滥。二是"投资型"腐败。在国家投资的交通建设、城市公共设施建设、经济适用房建设等领域掌握资源分配权的公职人员利用权力在国家投资项目中谋取私利,即属此类腐败。三是"规范制定式"腐败。与利用投资决定权或审批权进行寻租不同,此种腐败是利用对法律的制定权或解释权进行寻租。尽管这种类型的腐败出现不多,但具有典型意义。例如,在原商务部条约法律司巡视员郭某某受贿案中,犯罪人利用参与和主管外资法律法规起草和修订的权力,将规范解释权转化为权力寻租。

(二)"制度型"腐败的形成与衍生机理

"制度型"腐败,也称制度性腐败,是指现有的由人创造的正式制度不仅不能对人们相互间的行为起到限制、规范的作用,反而在设计、变迁和约束的过程中滋生和助长了个人或集体的腐败动机,加强了个人或集体滥用公共权力牟取私利的腐败行为。① "制度型"腐败不是制度的腐败,而是因制度本身存在问题诱发的腐败。从犯罪学角度看,腐败虽然是犯罪人自我意志决定的结果,但与制度监督的空缺或弱化有直接关系。在委托—代理关系中,"如果代理人得知,委托人对代理人的行为细节不是很了解或保持着'理性的无知',因而自己能采取机会主义行为而不受惩罚,那么代理人就可能会受到诱惑而机会主义地行事;如果委托人要想发现代理人实际上在干什么,就需耗费很高的监督成本(信息不对称)","当人们觉得,他们的欺骗行为不为人所知或难以察觉,能够机会主义地行事而不受惩罚时,就会陷入'败德行为'(moral hazard)"②。监督制度的缺失、虚置与错位,造成了国家对权力制约、控制乃至评价能力的明显迟滞,难以发挥源头治理与过程性监督的功能,提高了腐败脱逃的机会,是我国现代化进程中诱发腐败最重要的原因,其结果就是导致制度性腐败在经济转型阶段盛行。

---

① 雷玉琼、曾萌:《制度性腐败成因及其破解——基于制度设计、制度变迁与制度约束》,载《中国行政管理》2012 年第 2 期。

② 〔德〕柯武刚、史漫飞:《制度经济学:社会秩序与公共政策》,韩朝华译,商务印书馆 2000 年版,第 78 页。

"制度型"腐败通常包括以下具体类型:一是"制度空缺型"腐败。在新旧经济体制交替过程中,因缺乏对公共权力行使的制约监督规范而导致腐败,是市场经济转型初期最普遍的一种腐败形式。例如,在国企改制过程中出现了企业所有权的大变动和利益关系的重新调整,由于原来公共财产的产权界定就不明晰,加之对于企业改制活动缺乏必要的制度规范和监督约束,某些人就有了利用手中的权力侵占公共财产的机会,这导致了国有企业改制领域腐败的高发。再如,由于缺乏资金转移、人身转移这些堵截性制度,腐败后的外逃成为腐败发生的"激励"因素,并且为后期的追逃追赃增加了难度。二是"制度空置型"腐败。这种腐败类型的特点在于,尽管国家已经规定了相关制度,但既有制度对权力运行缺乏有效的监督与制约,进而因制度无效产生腐败。制度规范缺乏可操作性和强制力是导致"制度空置型"腐败发生的重要原因。例如,政府财政预算制度是清廉政府建设的基础,"预算是政府体制运作的血液,控制了血液,就能预防和控制腐败"[1],但我国1994年《预算法》对政府财政权缺乏有效监督,导致预算任意调整、进度混乱、突击花钱的现象愈发严重,并引发了各种腐败现象。又如,1999年8月30日九届全国人大常委会十一次会议通过的《招标投标法》明确规定了重点项目强制招投标制度,但由于制度缺乏刚性,交通领域招投标中的腐败并未因此得到有效遏制。此外,制度设计本身存在的利益冲突和行为悖论,也是导致"制度空置型"腐败发生的重要因素。在制度改革的过程中,制度设计一方面取决于并反映出个人或集体的利益偏好,另一方面作为一种公共准则又要起到规范人的行为的作用,这容易形成个人或集体既是制度的制定和实施者,又是制度规则下的被约束者的悖论。[2] 我国事业单位及行业垄断性的国有企业既掌握公共资源、面向社会提供公益服务,又通过市场进行资源配置,既当"运动员"又当"裁判员"。这导致相关立法无法发生监督功能,掌握关键公共资源的单位组织往往成为腐败的易发主体。三是"制度错位型"腐败。这种类型腐败的产生是由于对公共权力及其行使者的监督制度设计存在腐败风险点的评价偏离。中国腐败治理制度体系在总体上奉行的是以惩治为中心的构建理念,偏离公共权力的生成与运行过程,存在腐败评价基点后置化问题,尤其体现为以权力交易而非利益冲突作为行为评价的违法性标准,面对利用职权所掌握的信息为私人谋利等利益冲突行为,缺乏具有威慑效果的规范评价,容易导致潜在的腐败风险向现实腐败转化。尽管党内规范也规定了一些利益冲突规则,如《中国共产党党员领导干部廉洁从政若干准则》等,但这些规范适用范围窄、监督控制

---

[1] 郑永年:《反腐败与制度建设》,http://politics.people.com.cn/n/2014/0806/c70731-25415010.html,2021年1月18日访问。
[2] 雷玉琼、曾萌:《制度性腐败成因及其破解——基于制度设计、制度变迁与制度约束》,载《中国行政管理》2012年第2期。

弱、惩罚力度小、规范位阶层次不高,对非党员的国家公职人员无约束力,对作为党员的国家公职人员的约束也较为有限。总之,在腐败违法性评价标准上的错位,是导致腐败难以从源头被遏制、惩而不减的重要原因。

(三)"系统型"腐败的形成与衍生机理

"系统型"腐败是伴随着我国经济体制转型及从严惩治腐败的不断深化而出现的新的腐败现象,指为降低腐败被发现的风险,提高腐败"安全系数",同一系统内的公职人员利用各自的权力,相互默许、配合、支持以共同谋取利益的腐败行为。在各类腐败案件中,系统性腐败占有相当大的比例,某些领域的腐败大案甚至牵涉公职人员近百人,涉案金额达十几亿元。[①] 在十八届中央纪委五次全会上,时任中央纪委书记王岐山将当时山西省发生的一系列腐败案明确界定为"系统性、塌方式腐败";会议公报也强调:"出现区域性、系统性腐败案件的地方、部门和单位,既追究主体责任、监督责任,又严肃追究领导责任"。

从腐败衍生原理上,"系统型"腐败建立在特定领域权力集中化的基础上。在我国经济体制转型过程中,在涉及信贷审批、土地出让、工程建设等涉及国计民生的特殊资源领域,政府仍保有绝对的垄断权,过大的市场资源配置权为"系统型"的权力寻租留下空间。当然,"系统型"腐败并不等于"寻租型"腐败,也非简单的共同腐败,而是与特定的权力配置结构密切相关,是既有权力结构的"系统误差",即公共权力在横向层面上向特定单位和个人集中,在纵向关系上由下向上级集中,使得权力授予、运行和监管环节存在一定的制度短板,而腐败一旦渗透进公权机构,即可以依托集中化的权力结构在系统内扩散蔓延,形成上下级共同构筑腐败网络、共同分享腐败收益的系统性腐败。[②] 此外,随着系统内部权力分口管理和岗位调整的变化,单个系统的腐败又会随着领导人员的流动而被输入其他系统之中,形成跨部门、跨领域的腐败利益共同体,对整体环境产生严重的危害,是导致组织自我修复功能被破坏、政治生态严重恶化的重要原因。

"系统型"腐败反映了腐败行为从特定个人向系统扩张蔓延的新变化,该类型腐败又可以分为以下具体类型:一是"一把手"腐败。单位"一把手"掌握了组织体系内部的政治资源、经济资源和人力资源,处于腐败发生的高风险地带,权力边界不清晰,权力运行程序缺乏明确规定且较难得到有效的监督制约,直接导致了"一把手"腐败增长。中国人民大学国家发展与战略研究院的统计数据显示,在 2000 年到 2014 年 3 月底公布的大部分案件中,担任"一把手"职务的有

---

① 钟纪言:《赖小民案以案促改工作启示》,http://www.ccdi.gov.cn/toutiao/202101/t20210118_234021.html,2021 年 1 月 18 日访问。

② 王尘子:《"结构—过程"视角下的系统性腐败生成机理研究》,载《中共福建省委党校(福建行政学院)学报》2021 年第 3 期。

219 人，占腐败官员总数的 60% 左右。① "一把手"腐败与"系统型"腐败往往具有直接关联，这些"关键少数"的落马通常会牵扯出本系统及相关领域的一大批腐败分子，容易导致"塌方式"腐败的发生。二是"族群型"腐败。20 世纪 80 年代初，个体性腐败曾在市场资源垄断行业占主导地位，之后群体性、集团性腐败形式开始蔓延，腐败组织内部开始出现共同体特征，以单位腐败犯罪为其极端表现形式，尤其是在交通、能源、海关等权力管理型系统中更为明显。通过行政化的人事任命制度，单位腐败又逐步扩散为行业体系内的腐败，垄断行业的单位之间腐败相互关联，"圈子文化"加上垄断属性，使特定行业内部扭曲结成了腐败利益共同体。这样的族群式腐败，往往是"拔出一个带出一群"。例如，从 2012 年 3 月—2014 年 12 月，中石油体系中有 46 人因腐败而"倒下"，其中多数曾有过工作上的合作关系或上下级隶属关系。三是"基层型"腐败。"基层型"腐败发生在公共权力向社会延伸的末端领域。基层公务人员拥有大量的事务管理性权力，自主性相对较多，但又缺乏有效的权力监督机制，由此导致了大量基层腐败的发生。从收受千万元好处费的"村官"，到挪用上亿元资金的村会计，再到把数百万元专项补助揣进私囊的副镇长，"小官"也能大贪，"蚁害"不可小觑。②

上述三种腐败类型虽然不能涵盖我国在现代化进程中所有的腐败类型，但至少代表了不同阶段的主要腐败类型。20 世纪 80 年代至 90 年代，基于市场资源配置权的交易关系，首先出现的是"寻租型"腐败；从 20 世纪 90 年代到 21 世纪初，由于新旧经济体制整体转化过程中权力制约制度供给不足，"制度型"腐败开始全面爆发；随着预防性、堵截性制度的逐步完善，腐败逐渐从个体性向群体性、组织化蔓延，"系统型"腐败出现。"系统型"腐败是腐败衍生的高级形态，对政治体系和政治生态的危害尤为严重。随着国家治理体系的不断完善和腐败惩治力度的加大，上述腐败类型又出现了新的变体，如"寻租型"腐败演变为"市场化"腐败，少数官员不再直接进行权钱交易，而是将其伪装成正常的市场交易，出现了延期受贿、权益型受贿、高利转贷型受贿等新的腐败方式。③ 当下中国腐败类型呈现出多元化、复杂化、隐秘化的态势，腐败治理任重道远。

二、改革开放以来腐败治理的阶段发展与模式变更

腐败类型与腐败治理之间具有回旋式的对应关系。一方面，腐败类型变化会引起腐败治理方式的调整；另一方面，腐败治理方式的变化也会迫使腐败者对腐败行为做出适应性调整，产生新的腐败现象，而新的腐败现象反过来又会促进

---

① 董鑫：《报告："一把手"更易腐败 八小时之外应受监督》，载《北京青年报》2014 年 7 月 25 日。
② 詹勇：《破解"小官巨腐"的权力症结》，载《人民日报》2014 年 11 月 18 日。
③ 程文浩：《新型腐败的识别要点和惩治策略》，载《人民论坛》2021 年第 17 期。

腐败治理方式的不断改进。根据改革开放以来腐败的主要类型与机理演变过程,我国腐败治理大致可以分为以下三个阶段,并形成了对应的腐败治理模式。

(一)"运动式"反腐败阶段(1978—1992)

"运动式"反腐败阶段存在于改革开放后至我国正式确立社会主义市场经济体制之前。"运动式"反腐败是指以政治意志为主导,通过执政党和国家组织的意识宣传与组织网络渗透,进行全社会广泛动员的腐败治理方式。社会动员是贯彻政治意志的重要方式,在革命战争年代,大规模的社会动员有效地帮助中国共产党实现了一系列政治目标。改革开放之后,面对经济领域腐败现象的猖獗,中央迅速做出重要部署,在全国范围内展开反腐败运动。与中华人民共和国成立之初动员全体群众参与的"运动式"治理不同,改革开放之初的"运动式"治理采取了"组织动员"结合"严打"的内外组合方式。

第一,在党的组织体系内,掀起了为期5年的"整党运动"。1982年9月党的十二大报告提出,"我们要通过这次整党,使党内政治生活进一步正常化,切实纠正不正之风,大大加强党同群众的密切联系。这样,我们就一定能够实现党风的根本好转。"1983年党的十二届二中全会通过了《中共中央关于整党的决定》,要求尽快实现党风的根本好转。① 为了使党风根本好转,中央决定从1983年下半年开始,分三批对党的作风和党的组织进行全面整顿。1984年1月1日,中共中央整党工作指导委员会发出通知,要求重点纠正严重的不正之风。具体抓两条:一是抓纠正利用职权和工作条件谋取私利的歪风,二是抓纠正官僚主义作风。② 但由于对党内不正之风问题的长期性认识不深,没有完全认识到在改革开放过程中腐败一经产生便会长期存在,党风不正的问题并未在这段时期被彻底扭转。1987年3月,时任中央纪委常务书记韩光代表中央纪委在全国纪检工作会议上的讲话中还就"提不提'党风根本好转'问题"专门做了说明。从1982年提出五年内"实现党风的根本好转"到1987年不提党风"根本好转"问题的变化,标志着中央对新形势下党风廉政建设和反腐败工作的复杂性、艰巨性和长期性问题有了更进一步的认识。③

第二,在刑事领域,掀起了从严惩处腐败犯罪的"严打"运动。1982年1月11日,中共中央发出关于严厉打击经济犯罪活动的紧急通知,指出有一些干部,甚至是担负一定领导职务的干部,在不同程度上存在着走私贩私、贪污受贿,以及把大量国家财产窃为己有等严重的违法犯罪行为。对于这个严重损坏党的威

---

① 《中国反腐倡廉大事记(1978—2010)》编委会编:《中国反腐倡廉大事记(1978—2010)上编》,中国方正出版社2010年版,第244页。
② 中央纪委国家监委研究室编:《新中国成立以来党风廉政建设纪事》,中国方正出版社2019年版,第156页。
③ 王冠、任建明:《中国特色反腐败模式的探索与创新:从"运动"到"运动+制度"》,载《河南社会科学》2020年第12期。

信、关系到党的生死存亡的重大问题,全党一定要抓住不放,雷厉风行加以解决。1982年4月13日中共中央、国务院发布《关于打击经济领域中严重犯罪活动的决定》,其中指出,"这些严重破坏经济的犯罪活动……有的甚至受到某些领导干部的支持。问题远比一九五二年'三反'时严重……如果继续听其发展,就将对我国社会主义事业的前途产生极大的危害。"① 由此,党和国家启动了改革开放后首次反腐"严打"运动,其后,又根据治理需要,先后发动过多次大规模的反腐败运动,② 查处了一大批腐败犯罪案件。历届最高人民检察院工作报告及相关资料显示,全国各级检察机关在1979—1982年间查处的贪污贿赂等腐败案件总数为98225件,1983—1987年间则增至15.5万件,1988—1992年间则超过21万件,其中,大案、要案呈加速增长之势。③ 1987—1992年,全国各级纪检机关共查处党内各类腐败案件874690件,处分党员733543人,其中,开除党籍的有154289人,由司法机关给予刑事处分的党员有42416人。④

"运动式"反腐败以政治动员为导向,自上而下调动资源、集中完成某一特定任务,具有高效性。在幅员辽阔、人口众多且行政组织存在"结构功能"缺陷的体制中,周期性地采用运动型治理进行纠偏是不得已的选择。⑤ 但是,"运动式"反腐败也存在短期化、应急性和非规范化的弊端。在缺乏制度供给的情形下,"运动式"反腐败的早期成效很容易随着腐败者做出适应性调整而消解殆尽。在"运动式"反腐败阶段,中共中央、国务院出台了《关于严禁党政机关和党政干部经商、办企业的决定》(1984年12月)、《关于禁止领导干部的子女、配偶经商的决定》(1985年7月)等规定;全国人大常委会颁布了《关于严惩严重破坏经济的罪犯的决定》(1982年3月)、《关于惩治贪污罪贿赂罪的补充规定》(1988年1月)等特别刑法,构建起从自然人到单位,从国家工作人员到公司、企业工作人员的贿赂犯罪刑法体系,但由于规制范围较窄,针对公权力配置、运行的监督制约制度并未建立,"运动式"反腐败并未取得明显效果,腐败蔓延趋势难以得到有效遏制,并促使中国腐败治理迅速进入了第二阶段。

---

① 中共中央书记处研究室、中共中央文献研究室编:《坚持改革、开放、搞活——十一届三中全会以来有关重要文献摘编》,人民出版社1987年版,第143页。
② 1978—2000年间中国有5次反腐败高潮,第一次是1982—1983年打击经济领域中严重犯罪活动的斗争,第二次是1983—1987年开展的整风和纠正新的不正之风的斗争,第三次是始于1988年并在1989年下半年达到高潮的反腐败斗争,第四次是1993年后开展的、并在1995年达到高潮的反腐败斗争,第五次是1997年后开展的反走私、反腐败并举的反腐败斗争。何增科:《反腐新路:转型期中国腐败问题研究》,中央编译出版社2002年版,前言第11页。
③ 何增科:《反腐新路:转型期中国腐败问题研究》,中央编译出版社2002年版,第2页。
④ 《中共中央纪律检查委员会向党的第十四次全国代表大会的工作报告》,http://cpc.people.com.cn/GB/64162/64168/64567/65446/4441713.html,2021年7月10日访问。
⑤ 王冠、任建明:《中国特色反腐败模式的探索与创新:从"运动"到"运动+制度"》,载《河南社会科学》2020年第12期。

(二) 制度化反腐败阶段(1992—2012)

党的十四大以后,中国正式进入市场经济体制转型阶段,由于对腐败衍生原理有了更为深入的认识,加之"制度型"腐败趋于严重,党和国家提出了加强制度建设、加强权力监督、预防腐败的反腐败策略,腐败治理正式进入制度化反腐败阶段,形成了制度化反腐败模式。1992年党的十四大报告明确提出"廉政建设要靠教育,更要靠法制"的主张,"制度反腐"理念初步确立。当时的一个普遍共识是,"腐败现象的产生主要根源于制度缺陷,即市场经济转型期的制度缺陷。腐败之风之所以屡禁不止,且愈反愈狂,与制度高度相关,要解决腐败问题,就应该把它放在制度建设的框架下处理。"[①]2007年党的十七大报告明确将"惩防并举、注重预防"增加为腐败治理的基本方针,要求"扎实推进惩治和预防腐败体系建设,在坚决惩治腐败的同时,更加注重治本,更加注重预防,更加注重制度建设,拓展从源头上防治腐败工作领域",明确地、系统性地提出了"制度反腐"的基本策略。

制度化反腐败要求加强以制度建设为核心的反腐败体系建设,公务员选拔、任用以及限权、控权等具有腐败预防功能的立法首先得到了发展。党的十四大之后,国家先后颁布了《国家公务员暂行条例》《行政监察法》和《招标投标法》等法律法规;党的十六大之后,相继颁布《行政许可法》《公务员法》《反洗钱法》《反垄断法》等法律。反腐败刑事立法也不断完善,1997年,《刑法》设立"贪污贿赂罪"专章,系统地规定了贪污贿赂犯罪。根据《联合国反腐败公约》之要求,我国《刑法》修正了非国家工作人员贿赂犯罪、洗钱罪,增设了利用影响力受贿罪等罪名,进一步扩大了规制范围。这一时期党内反腐败规范也不断完善,制订了《关于党政机关县(处)级以上领导干部收入申报的规定》《中国共产党党员领导干部廉洁从政若干准则(试行)》《关于省部级现职领导干部报告家庭财产的规定(试行)》《中国共产党纪律处分条例(试行)》等党内规范;同时,民主生活会、述职述廉、诫勉谈话、党内询问和质询、党员领导干部报告个人有关事项等制度,也逐渐建立健全起来,初步形成了从党内规范到国家法的二元反腐败立法体系。

然而,应当注意的是,这一时期的反腐败制度建设仍仅着眼于单个制度本身,缺乏总体性腐败治理的战略性定位和系统性安排,并未从国家治理体系和治理能力现代化角度全面评估制度设计在权力监督上的合理性和执行力,随着"系统型"腐败的出现,既有反腐败制度存在的缺陷和不足开始显现,具体表现为:一是制度规则较为简单。由于制度创设之时带有一定的应急性特征,权力监督与制约规则较为简单,相关规则容易被规避。二是制度缺乏执行力。虽然制

[①] 胡鞍钢、康晓光:《以制度创新根治腐败》,载《改革与理论》1994年第3期。

定了很多规章制度,但缺乏有效的腐败发现与责任承担机制,当腐败变得更为复杂、隐蔽时,单纯依靠固定的反腐败机构难以高效地进行反腐败工作。三是对"一把手"腐败缺乏规制能力。当"关键少数"出现腐败时,制度受制于自身的边界,难以发挥规制功能。四是制度建设缺乏协同性。在国家加大反腐败立法资源投入、腐败预防体系初步建立的情形下,出现了党内反腐败规范滞后于国家规范,预防性规范滞后于惩治性规范,程序性规范滞后于实体性规范的问题。这些问题的存在,严重削弱了制度化反腐败的功能与效果。尽管这一阶段反腐败也取得了一定成效,全国检察机关在2002—2010年间办理的贪污贿赂案件的受案与立案总数均呈逐步递减趋势,中国贪污贿赂犯罪整体蔓延与扩张之势已得到一定程度的遏制,但在腐败案件绝对数量降低的同时,贿赂犯罪数量却逐步增加,大案率和要案数不断上升。① 一批高级干部腐败的出现,表明腐败已经成为自上而下的系统性现象,中国陷入了反腐败资源加大投入与"系统型"腐败难以根治的困境,腐败治理面临着严峻挑战。

(三) 系统性反腐败阶段(2012年至今)

"系统型"腐败所造成的危害,已经严重危及党和国家的存亡。在十八届中共中央政治局第一次集体学习时,习近平指出,"大量事实告诉我们,腐败问题越演越烈,最终必然会亡党亡国!……近年来我们党内发生的严重违纪违法案件,性质非常恶劣,政治影响极坏,令人触目惊心。各级党委要旗帜鲜明地反对腐败,更加科学有效地防治腐败。"党的十八大以来,以习近平同志为核心的党中央对全面从严治党和反腐败斗争高度重视,将惩治和预防"系统型"腐败作为新时代反腐败斗争的重要内容,提出构建不敢腐、不能腐和不想腐的反腐败体制机制,使得腐败治理进入了系统性反腐败的新阶段。党的十八大系统分析了我国近二十年的腐败治理经验,确立了"干部清正、政府清廉、政治清明"的腐败治理目标,提出了建设廉政文化、健全法律制度、注重科学有效的新要求。2013年中共中央印发了《建立健全惩治和预防腐败体系2013—2017年工作规划》,明确健全惩治和预防腐败体系是国家战略和顶层设计,要将国家战略和顶层设计贯穿于改革发展稳定的各项工作中。2014年10月,党的十八届四中全会通过《中共中央关于全面推进依法治国若干重大问题的决定》,从制度建设层面对反腐败作出顶层设计和部署,明确要求"形成不敢腐、不能腐、不想腐的有效机制"。2017年10月党的十九大报告提出,要强化不敢腐的震慑,扎牢不能腐的笼子,增强不想腐的自觉,通过不懈努力换来海晏河清、朗朗乾坤。2019年10月党的十九届四中全会通过《中共中央关于坚持和完善中国特色社会主义制度、推进国家治理体系和治理能力现代化若干重大问题的决定》,对"坚持和完善党和国

---

① 孙国祥、魏昌东:《反腐败国际公约与贪污贿赂犯罪立法研究》,法律出版社2011年版,第103页。

家监督体系,强化对权力运行的制约和监督"作出重要部署,强调必须健全党统一领导、全面覆盖、权威高效的监督体系,构建一体推进不敢腐、不能腐、不想腐体制机制,确保党和人民赋予的权力始终用来为人民谋幸福。

系统性反腐败将腐败治理置于国家治理现代化的大格局中,立足于长远的战略考量和顶层设计,通过体制改革和制度完善,整合反腐败资源,较大程度上体现了积极治理的反腐败战略观。系统性反腐败与"运动式"反腐败和制度化反腐败的不同之处在于:一是战略定位不同。系统性反腐败从国家治理现代化的顶层设计角度定位腐败治理,以健全党和国家监督体系为目标,整合反腐败资源和力量,完善监督制度建设,扩大监督覆盖面,增强监督有效性,推进制度改革,完善问责追责机制,把权力关进制度的笼子,弥补了以往腐败治理中监督制度匮乏、监督效力不足的短板。二是权威性程度不同。系统性反腐败以全面从严治党为先导,以习近平同志为核心的党中央把全面从严治党纳入"四个全面"战略布局,从上至下确保了正风肃纪反腐败意志的贯彻执行,并通过国家监察体制改革,完善了国家权力结构,建立了高效权威的反腐败组织体制和运行机制,解决了以往腐败治理权威性不足的弊端。三是协同性程度不同。系统性反腐败重视腐败治理系统下各项制度建设之间的协同关系,以避免因制度冲突或缺乏衔接而导致腐败治理的低效化。四是法治化程度不同。与以往较多依赖政策进行反腐败不同的是,在全面依法治国背景下,系统性反腐败坚持法治思维、法治方法,加快推进党内规范与国家法"二元"反腐败立法体系建设,《中国共产党纪律处分条例》《中国共产党问责条例》等党内法规的颁布实施,《监察法》《公职人员政务处分法》等一批具有腐败治理功能的立法的制定、修正,优化了立法运行协同机制,实现了中国特色腐败治理立法体系的整体升级。

经过多年的系统性治理,我国腐败治理取得了明显成效。2017年10月,党的十九大报告在总结过去五年成绩时指出,"不敢腐的目标初步实现,不能腐的笼子越扎越牢,不想腐的堤坝正在构筑,反腐败斗争压倒性态势已经形成并巩固发展"。2019年,中央纪委国家监委立案审查调查中管干部45人,全国纪检监察机关立案审查调查案件61.9万件,给予党纪政务处分的有58.7万人,涉嫌犯罪移送检察机关的有2.1万人,全国共查处民生领域侵害群众利益问题的案件有10.4万件,处理13.2万人,群众获得感、幸福感、安全感不断增强。① 2022年10月,党的二十大报告指出:"我们开展了史无前例的反腐败斗争,以'得罪千百人、不负十四亿'的使命担当祛疴治乱,不敢腐、不能腐、不想腐一体推进,'打虎'、'拍蝇'、'猎狐'多管齐下,反腐败斗争取得压倒性胜利并全面巩固,消除了

---

① 赵乐际:《坚持和完善党和国家监督体系 为全面建成小康社会提供坚强保障——在中国共产党第十九届中央纪律检查委员会第四次全体会议上的工作报告》,载《人民日报》2020年2月25日。

党、国家、军队内部存在的严重隐患。"当然,基于腐败的复杂性、多变性和长期性,目前反腐败斗争形势依然严峻,在取得并全面巩固腐败治理"压倒性胜利"的前提下,如何进一步构建一体推进"三不"体制机制,将制度优势转化为治理效能,全面提升国家腐败治理能力,仍是当下腐败治理所需重点解决的问题。

从我国腐败治理的阶段性发展上看,每一阶段都有其依存的特定历史环境和社会系统,每一阶段的反腐败模式都建立在对前一阶段反腐败模式辩证否定的基础上,前一阶段反腐败模式的合理内核,在后一阶段也得到了继承和优化。此外,不同的反腐败阶段均采取了权威化的反腐败领导体制,腐败治理在党中央的发起和主导下通过政治意志的上传下达展开,党的最高领导人在国家腐败治理中扮演着关键决策者,一些贪腐大案、要案的破获,均与高层领导人的直接推动分不开。[①] 当然,在反腐败体系构建的战略性、体制机制的权威性、制度运行的协同性以及法治化程度上,系统性反腐败已经与前两个腐败治理模式有了较大不同,有效提高了国家应对腐败风险的抗制能力,是积极治理主义在腐败治理领域的重要体现。

第二节 国家治理话语体系下积极治理反腐败战略观的倡导

中国特色的国家治理与国家政治实践和国情紧密结合,是中国共产党领导人民进行的科学、民主、依法和有效的治国理政实践。从国家治理体系构建的宏观层面上看,积极治理主义应定位于国家治理发展战略观,在反腐败领域进一步体现为积极治理的反腐败战略观。积极治理不是常规化治理,而是在治理出现危机、困境或挑战时,对既有治理理念、原理、规则进行系统完善的优化性治理。在中国腐败治理进入系统性治理阶段后,面对依然严峻的腐败形势,倡导积极治理的反腐败战略观具有重要的理论与现实意义。

一、积极治理主义在国家治理话语体系中的定位

(一)国家治理的内涵

1989 年,世界银行发表的一篇题为《撒哈拉以南非洲:从危机到可持续增长》的报告中首次使用了"治理危机"(crisis in governance)一词。此后,"治理"(governance)一词被广泛用于政治学、经济学、管理学的研究之中,着重于对管理主体的分权化。在中文中,"治理"一词由来已久,我国古典文献中常用"治国安

[①] 胡杨:《论中国特色反腐模式转型的内在逻辑与发展路径》,载《马克思主义与现实》2010 年第 4 期。

民"来指国家治理。理论层面的"治理"概念则最早出现在 1995 年出版的《公共论丛:市场逻辑与国家观念》一书中。在该书中,"治理"被翻译成为"治道",即"为实现经济发展,在管理一国的经济和社会资源过程中运用公共权力的方式"。2000 年以来,我国学者对"治理"进行了大量基础性研究,聚焦于中国共产党领导下政府的积极作用,以区别于西方分权化的研究范式和研究场域。俞可平认为,中国的改革并非许多西方学者所理解的政治改革,这种改革不涉及基本政治框架的变动,而是一种以政府治理或政府管理体制为重点内容的改革,治理是指广义的政府治理,包括政府自身内部的治理、政府对市场和社会的治理。[1]国内的相关研究丰富、深化了治理理论体系,使治理不再是西方政治理论和管理理论的"专利",并在中国特色社会主义理论体系构建与实践道路发展过程中获得了新的内涵与意义。

中西方话语体系下的治理概念存在一定的区别:一是治理主体的区分化。西方治理概念蕴含国家的"回退"(rolling back)的逻辑设置,[2]治理是拯救政府失灵和市场失灵的新模式,以促进治理多元化、去中心化为旨趣。因此,治理的主体是多元的、分散的。我国虽然也认为治理应当包括多方主体,但同时也强调没有权威主体的治理是不可能的,尽管经济全球化确实已经对传统的政治模式和公共管理产生了巨大的冲击,但国家与政府仍然是最重要的政治权力主体。[3]我国的治理必须坚持中国共产党的领导,中国共产党是中国特色社会主义事业的领导核心,处在总揽全局、协调各方的地位,党的领导是做好党和国家各项工作的根本保证,是我国政治稳定、经济发展、民族团结、社会和谐的根本点。二是治理基准的差异化。西方治理理论产生于完善的市场机制下,由于资源配置的低效而出现,治理基准在于通过新公共服务、多中心化和互动化等新模式,提高治理效率。[4] 我国治理理论则是构建于中国特色社会主义市场经济的基础上,治理的基准是政府将社会能管理好的事务归还社会。[5] 三是治理基础的区别化。西方治理理论建立在西方民主和代议制基础上,以治理主体承担委托—代理责任为条件;而我国治理理论则建立在传统民本思想和全心全意为人民服务的基础上,以治理主体担当好维护人民利益的责任角色为条件,坚持人民当家作主,发展全过程人民民主,密切联系群众,紧紧依靠人民推动国家发展。概言之,我国的治理概念既强调公众参与与对话的治理一般规则,要求政府能够以平等方式与其他社会主体协商合作,也突出了党的领导在治理体系中的核心作用,强

---

[1] 俞可平:《中国治理变迁 30 年(1978—2008)》,载《吉林大学社会科学学报》2008 年第 3 期。
[2] 〔英〕安德鲁·海伍德:《政治学(第二版)》,张立鹏译,中国人民大学出版社 2006 年版,第 125 页。
[3] 俞可平:《善政:走向善治的关键》,载《文汇报》2004 年 1 月 19 日。
[4] 张力:《述评:治理理论在中国适用性的论争》,载《理论与改革》2013 年第 4 期。
[5] 彭莹莹、燕继荣:《从治理到国家治理:治理研究的中国化》,载《治理研究》2018 年第 2 期。

调稳定压倒一切的治理目标及具有中国特色的治理方式与治理模式。

从政治学角度来说，国家治理是指最高权力机关依靠立法、司法、行政权力以及中央与地方的分权，实现管理社会各个方面的过程。国家治理首要的和最基本的目的是维护政治秩序以及保障政府能够持续地对社会价值进行权威性的分配。① 广义的国家治理是指国家按照某种既定的秩序目标，对全社会的运行与发展进行自觉的、有计划的控制、协调和引导；狭义的国家治理就是政治治理或者政府治理。② 在现代治理理论生成的西方社会，研究者逐步发现，治理本身也是有限度的。英国学者认为，广义上的治理体系存在着"合作与竞争""开放与封闭""可治理性与灵活性""责任与效率"的两难处境，包含着失败的风险，需要一个"元治理"角色对治理资源进行统筹调整，以避免治理失败的风险，而国家是最适合担当"元治理"角色的，因为国家本身就是更广泛更复杂的社会的一部分，同时又承担着保证社会机构制度完整和维持社会凝聚力的责任。③ "元治理"概念的提出，充分表明国家在治理体系中具有主导地位，只要治理是以缓和冲突、维护秩序为目的，国家就是最佳的治理主体。在多元主体参与的治理体系中，若缺乏国家的主导性参与和支持，治理的效率与效果都会受到极大影响甚至无法实现。在中国政治体制下，国家治理是人民当家作主，党、政、企、社、民、媒都需要参与到国家治理中，这本身就符合治理的广泛参与性；同时，这种参与又具有集中性，统一在中国共产党的领导下，而中国共产党又代表着最广大人民的根本利益，这就使得参与性和集中性有了辩证统一的关系，既符合了治理的基本特征，也具有中国政治体制下的特殊性。当代中国正处在社会转型时期，"处在转型时期的中国社会存在诸多矛盾，既有体制机制转换过程中旧有的矛盾，更有发展过程中产生的新矛盾。从计划经济转型到市场经济，不可避免地存在因体制机制变化带来的矛盾；转型时期的中国更需要处理好改革、发展、稳定三者之间的关系。众多矛盾交织在一起，唯有通过实现治理体系、治理能力的现代化，才能有效解决社会矛盾问题"④。2013年中共十八届三中全会提出了"完善和发展中国特色社会主义制度，推进国家治理体系和治理能力现代化"的全面深化改革总目标，标志着中国治理实现了从政治统治、政治管理向国家治理的转变。⑤ 2022年党的二十大将全面依法治国提升到国家治理的新高度，提出"全面依法治国是国家治理的一场深刻革命，关系党执政兴国，关系人民幸福安康，关系党和国家长治久安"。

---

① 徐湘林：《转型危机与国家治理：中国的经验》，载《经济社会体制比较》2010年第5期。
② 丁志刚：《全面深化改革与现代国家治理体系》，载《江汉论坛》2014年第1期。
③ 〔英〕鲍勃·杰索普、漆燕：《治理的兴起及其失败的风险：以经济发展为例的论述》，载《国际社会科学杂志（中文版）》1999年第1期。
④ 吴传毅：《法治政府建设的多维审视》，载《行政论坛》2019年第3期。
⑤ 陈进华：《治理体系现代化的国家逻辑》，载《中国社会科学》2019年第5期。

(二) 国家治理语境下的积极治理主义:积极治理发展战略观

积极治理主义虽然在西方国家的国家治理中最早被验证运用,但作为现代国家防范风险、应对危机的基本理念,同样也可以运用于中国国家治理现代化的实践过程中,并且在中国国家治理话语体系下更具有独立的价值定位和丰富的实践意义。

在西方政治语境下,积极治理主义通常是国家对各种自然、人为风险及引发的社会危机进行主动干预的态度和立场,与进入风险社会后国家必须承担更多社会责任有直接关系。但是,国家治理现代化的中国道路所面对的情况更为复杂,在国家治理现代化过程中政治、经济、文化叠加的"三重转型",与社会安全问题、政治安全问题和国家安全问题等交织在一起,挑战复杂交错。① 中国国家治理体系的现代化,涉及国家与社会、政治与行政等诸多要素的系统性变革,其改革的目标、内容、范围和边界,涉及的深层次的矛盾和问题,在中国社会历史进程中所扮演的角色和意义,已经远远超过了传统意义上、西方意义上的政府改革或公共部门改革的范畴,是一场真正意义上的社会再造运动。② 中国话语体系下的"国家治理"不是突然的、片段的、零散的治理,而是历史的、整体的、发展的治理。③ 中国国家治理语境下的积极治理主义不仅是指应对危机与预防风险的国家治理观,还是指在更高层面上以积极治理方式推进国家治理体系和治理能力现代化的国家治理发展战略观。

从管理角度,战略观通常是指管理主体从全局和长远出发,对各管理要素和管理过程进行总体谋划的观念。国家治理发展战略观则是国家对治理体系、治理过程和治理能力进行总体规划,具有导向性、全局性、长远性的特征。国家治理发展战略观具有导向性,国家治理体系建设与国家治理能力提高的策略、路径、措施等,均取决于是否确立战略观以及战略观的内涵;国家治理发展战略观具有全局性,研究全局和各个部分,实现整体最优功能;国家治理发展战略观具有长远性,不仅要充分考虑各种制约因素,有计划、分阶段地实现总体目标,更要寻求人类共同利益和共同价值的新内涵,推动国家治理的可持续性发展。总体国家安全观、人类命运共同体、"一带一路"倡议等国家战略的提出,已经包含了积极治理发展战略观的基本理念。积极治理发展战略观以科学决策为先导,以风险预防、安全保障为首要目标,在对国家治理运行机制动态把握的基础上,重视效能化与结构化治理并参与全球化治理,可以为新时代中国特色社会主义建设提供理念性、方向性指导。

---

① 鞠成伟:《国家治理现代化的中国道路》,载《中国纪检监察报》2019年12月26日。
② 薛澜等:《国家治理体系与治理能力研究:回顾与前瞻》,载《公共管理学报》2015年第3期。
③ 魏昌东:《腐败治理"中国模式"的立法发展与理论探索》,上海人民出版社2019年版,第5页。

二、积极治理反腐败战略观之倡导：现实与未来

积极治理反腐败战略观是积极治理发展战略观在腐败治理领域的理念折射。积极治理反腐败战略观是以遵循腐败衍生与治理原理的科学决策为先导，强调腐败风险预防与政治安全保障的基本立场，重视提高腐败治理效能和推进以社会参与、全球化参与的顶层性、综合性的腐败治理理念。在当下系统性治理阶段，全面从严治党、国家监察体制改革、国际追逃追赃等方面的制度建设已经体现出积极治理反腐败战略观的部分理念，未来，从整体上倡导积极治理反腐败战略观具有现实性和必要性。

（一）倡导积极治理反腐败战略观之现实基础

1. 预防性治理理念的兴起

党的十八大以来，中国反腐败进入历史转折期，诸多新问题正成为战略选择的重点解决目标，其中最为重要的是反腐败理念的转变。目前，预防性治理理念愈发受到重视，突出表现在：贯彻全面从严治党方针，充分发挥全面从严治党引领保障作用，通过全面从严治党，将腐败扼杀在早期状态，以最终实现对腐败犯罪的预防目的。2013年，中共中央发布《中央党内法规制定工作五年规划纲要（2013—2017年）》，以全面推动党内法规规范化、体系化建设。在这一纲要指引下，党内规范得到了系统性完善，改变了以往党内规范与国家法在腐败认定标准、腐败容忍度等方面的重合问题，在党内设置了更为严格的廉洁标准，明确了党内规范与国家法在反腐败上的不同定位和功能区分，确保"将纪律挺在前面"，形成了党内规范与国家法之间相互衔接的二元化反腐败规制体系。这正是积极治理反腐败战略观的集中体现。

2. 效能性治理理念得到强化

提高腐败治理的效能是积极治理反腐败战略观的重要体现，这在监察体制改革上表现最为明显。以往由纪委、行政监察、检察（反贪）部门共同分担腐败治理的职责，掣肘过多，反而导致了腐败治理的低效。2016年，中国开始推进国家监察体制改革，在实践摸索中逐步形成了腐败治理的"中国模式"。作为事关全局的重大政治体制改革，监察体制改革以提高腐败治理效能为导向，构建了高效、权威的监察反腐败体制，推进了国家治理体系和治理能力现代化，代表着中国进入了"集中统一、权威高效"的腐败治理新时期。

在西方"三权分立"和"议会至上"的政治体制之下，监察权不具有独立性。而在我国监察体制改革之前，监察权也是从属于行政权力。监察权的依附性导致了监察效率的降低和监督效果的弱化。将监察权从行政权中剥离出来，设置为人大体制下与司法权、行政权并列的独立权力，提升监察机关的位阶，强化其职责,是中国腐败治理立法实践的重大创新,在世界监察体制中也独树一帜。《监察法》第 4 条规定,"监察委员会依照法律规定独立行使监察权,不受行政机关、社会团体和个人的干涉";第 8 条规定,"国家监察委员会对全国人民代表大会及其常务委员会负责,并接受其监督";第 6 条规定,"国家监察工作坚持标本兼治、综合治理,强化监督问责,严厉惩治腐败……构建不敢腐、不能腐、不想腐的长效机制"。监察委员会作为人大监督体制下的一级独立机构,既不是司法机关,也不是行政机关,而是专门的反腐败工作机构;监察委员会的监察权,既不是司法权,也不是行政权,而是独立的腐败监督权。① 有效的腐败发现机制及追责机制是确保腐败治理效能最大化之关键。以"构建集中统一、权威高效的中国特色国家监察体制"为目标,《监察法》强化了监察机关的调查职责和追责能力,尤其是通过留置措施的制度创新将"双规"纳入法治化轨道,进一步完善了腐败发现机制,提高了腐败监督的发现能力,符合《联合国反腐败公约》"促进和加强各项措施,以便更加高效而有力地预防和打击腐败"之宗旨。

3. 反腐败全球化参与理念逐步加强

党的十八大以来,以积极治理反腐败战略观为导向,中国广泛参与了腐败的全球治理,在推动反腐败国际合作方面发挥着越来越重要的作用。2014 年,中国主导推动了经合组织《北京反腐败宣言》的制定,成立了经合组织反腐败执法合作网络,与亚太各国加强追逃追赃等方面的合作,携手打击跨境腐败行为。2016 年,二十国集团(G20)领导人杭州峰会通过了《二十国集团反腐败追逃追赃高级原则》和《二十国集团 2017—2018 年反腐败行动计划》,各国进一步加强反腐败务实合作,尤其是追逃追赃合作,这标志着中国向着构建国际反腐败合作新格局的目标迈出了坚实一步。2019 年 10 月,国家监委首次与联合国签署合作谅解备忘录,对促进《联合国反腐败公约》实施,推动双方开展国际追逃追赃、"廉洁丝绸之路"建设等合作具有重要意义。截至 2020 年,我国已与 81 个国家缔结引渡条约、司法协助条约、资产返还与分享协定,与 56 个国家和地区签署金融情报交换合作协议,初步构建起覆盖各大洲和重点国家的反腐败执法合作网络。同时,国家监委还先后同 9 个国家的反腐败司法执法机构签署了 10 份反腐败合作谅解备忘录,反腐败执法合作体系不断完善。在"天网"行动中,我国集中公开曝光了涉嫌贪腐外逃的"百名红通人员",引渡、遣返、异地追诉、劝返多管齐下,境外追逃追赃也取得了阶段性成果。2014—2019 年,我国共从 120 多个国家和地区追回外逃人员 7242 人,其中党员和国家工作人员 1923 人,"百名

---

① 关于监察权的属性,理论界有"第四权说""五权叠加说""准司法权说""复合权力说"等不同观点,本文同意"第四权说"的观点并进一步认为监察权具体表现为腐败监督权。相关观点可见徐汉明:《国家监察权的属性探究》,载《法学评论》2018 年第 1 期。

红通人员"60人,追回赃款185.76亿元。①

(二)倡导积极治理反腐败战略观之时代价值

我国反腐败理念的调整说明在反腐败系统性治理阶段积极治理的反腐败战略观正在形成。但是,我们也应当注意到,积极治理的反腐败战略观尚未真正成为腐败治理的主导性理念,以消除腐败诱因、遏制腐败动因为目标,从根源上消除腐败"交易机会"的积极治理主义科学立法观并未占据支配地位。腐败治理的预防法与惩治法、社会法与国家法、程序法与实体法的协同性仍有不足,《监察法》与刑事立法的衔接仍存在诸多问题,未充分贯彻积极治理的协同治理观念。即使是预防性治理理念下的腐败预防性立法,在防止利益冲突、行权公开、财产登记等方面也仍然存在诸多"制度洼地",直接影响到腐败治理整体效能的提升。因此,在不敢腐、不能腐、不想腐一体推进战略目标之下,进一步明确积极治理的反腐败战略观,优化反腐败刑事政策,推动反腐败立法体系建设完善,应是中国腐败治理的发展方向。倡导积极治理反腐败战略观的时代价值体现在:

第一,有助于强化党和国家的使命担当。当下中国正处于新时代改革的战略机遇期,一方面经过40多年的经济体制改革,已经形成了中国特色社会主义市场经济体制,现代化的改革成果令世界瞩目;另一方面,国家治理也面临着现代化过程中腐败的巨大挑战。腐败问题关系人民的切身利益、社会的稳定和国家的长治久安,是对我们党执政的重大挑战。党和国家应当确立积极治理战略观,推进腐败治理的战略谋划和顶层设计,加强以监察体制改革为中心的腐败治理体系建设,优化整合各种腐败治理要素,切实解决好反腐败制度科学性问题,从而实现构建廉洁政府和清廉社会的使命担当。

第二,有助于推进腐败治理体系的协同构建。腐败治理体系是规范权力运行和维护公共秩序的系统化的制度集合,治理制度只有构成有机联系的统一整体,才能发挥制度的正向功能,取得治理成效。通过加强积极治理反腐败战略观,可以进一步整合各方优势,科学地配置治理资源,推进国家—社会的协同治理,最大程度地降低制度构建的风险与成本,推动反腐败制度优势向治理优势的转化,从而获取最佳的腐败治理效果。

第三,有助于提高国家应对腐败风险的抗制能力。中国在经济转型深化阶段所面临的风险无处不在。国家和社会治理结构的脆弱性是引发风险并导致风险转为现实危害的主要原因。"各种风险往往不是孤立出现的,很可能是相互

---

① 朱基钗、孙少龙:《织牢织密追逃追赃"天网"——新时代反腐败国际追逃追赃工作纵深发展回眸》,https://www.ccdi.gov.cn/yaowen/202008/t20200807_223399.html,2021年8月28日访问。

交织并形成一个风险综合体"①,避免风险的发生,避免小风险转为大风险,避免大风险转为严重灾难,是国家治理的重要任务。积极治理反腐败战略观重视推动系统化的结构治理,通过优化与完善权力运行结构和腐败治理机制,可以更为有效地防范和化解腐败及腐败犯罪风险。

第三节 积极治理反腐败战略观下反腐败刑事政策的优化更新

将腐败治理纳入国家与社会治理系统,建构完备且科学的反腐败立法体系,是根治腐败的关键所在。在构建一体推进"三不"体制机制中,刑事立法具有"不敢腐"的威慑功能,确立与犯罪衍生机理及治理规律相适应的反腐败刑事政策,对于强化刑事立法的"不敢腐"功能,具有重要作用。如何以积极治理反腐败战略观为导向,优化反腐败刑事政策,是当下中国反腐败立法现代化中的根本性与基础性问题,应当受到特别关注。

一、我国反腐败刑事政策的简要梳理

反腐败刑事政策属于具体的刑事政策,受国家基本刑事政策所统辖,反映出基本刑事政策的价值目标。然而,刑法立法并未规定反腐败刑事政策的具体内涵,只能基于立法传统的主观解释论立场并结合当下反腐败政策文件、国家机关工作报告、党内反腐败政策等,进行综合判断。

(一) 刑事政策的定义

刑事政策的定义可以分为狭义和广义两个层面。狭义的刑事政策是国家有效应对犯罪的刑事处罚策略。被称为"现代刑法学之父"的德国刑法学理论启蒙大师费尔巴哈将刑事政策界定为"国家据以与犯罪作斗争的惩罚措施的总和"。广义的刑事政策是国家进行犯罪治理的所有策略和措施。以李斯特为代表的德国刑事社会学派提出犯罪是一种社会现象而非生物现象,"最好的社会政策就是最好的刑事政策"②。20世纪中叶以后,新社会防卫论坚决反对传统的报复性惩罚制度,主张在人道主义基础上,合理地组织对犯罪之反应,即确认犯罪人有回归社会的权利,社会有义务回应犯罪人,将犯罪人改造为新人,这一任务的实现需要更多地依赖刑法之外的制度改革。广义上的刑事政策由此成为一个普遍概念。米海依尔·戴尔玛斯-马蒂教授则认为:"刑事政策就是社会整体据以组织对犯罪现象的反应方法的总和,因而是不同社会控制形式的理论与实

---

① 习近平:《深刻认识全面建成小康社会决胜阶段的形势》,载《求是》2016年第1期。
② 〔德〕弗兰茨·冯·李斯特:《德国刑法教科书》,徐久生译,法律出版社2000年版,第8页。

践。"在马蒂教授看来,与费尔巴哈的古典刑事政策(国家据以与犯罪作斗争的惩罚措施的总和)相比,这种广义的刑事政策在以下几个方面都进行了扩展:(1)从原来单纯惩罚性措施扩展到如赔偿或调解等其他方法;(2)从原来的国家扩展到社会整体,当然,前提是社会整体要组织反犯罪反应,由此排除了纯粹个别式的不被社会认可的反应,但也允许包括某些市民社会的做法(如私人民兵组织或调解网络);(3)从原来的斗争扩展到"反应",以便在原来事后的、被动的"反作用式反应"之外,再加上事先的、主动的预防性反应;(4)犯罪也扩展成为"犯罪现象",以包罗一切不符合规范的犯罪行为或越轨行为。①

国内学者对于刑事政策也有狭义和广义的区分界定。狭义说认为,刑事政策是指国家以预防及镇压犯罪为目的,运用刑罚以及具有与刑罚类似作用的各种制度,对犯罪人及有犯罪危险性的人发生作用之刑事上的各种对策。② 广义说则认为,刑事政策是国家和社会整体为合理且有效地组织对犯罪的反应而提出的有组织地反犯罪斗争的战略、方针、策略、方法,以及行为的艺术、谋略和智慧的系统整体。③ 严励教授认为,狭义说和广义说的区别在于研究视角的不同,狭义说立足于刑事法以内,在刑法以内研究如何通过运用刑罚、改良刑罚来对付犯罪。广义说不局限于刑法,而是在探究犯罪原因的基础上,超越刑法以外去寻求防止犯罪发生的对策,可以说一切能够对付犯罪的方法、措施和手段,都是刑事政策研究的对象。这就突破了刑法的范畴,而从更广的意义上来研究应对犯罪的一切对策,其中包括应对犯罪的社会政策,如教育、就业等。④ 犯罪治理是一项系统工程,但考虑到广义上的刑事政策已经超越了刑事法本身,更接近于"刑事政治"⑤,缺乏制度化、规范化的具体落实,故而本书仍采取狭义说,将刑事政策界定为国家运用刑事法惩罚、预防和控制犯罪的实践。⑥

(二)我国反腐败刑事政策的发展

刑事政策可以分为基本刑事政策和具体刑事政策,具体刑事政策又可以根据调整对象、范围、部门等不同做出更为具体的划分,如分为刑事立法政策、司法政策、处遇政策等。作为打击和预防犯罪的系统工程,刑事政策是由不同层系、不同结构的具体刑事政策相互作用、相互依存、相互制约而形成的一个有机整体。⑦ 基本刑事政策是国家和社会应对犯罪的基本活动准则,贯彻于刑事活动

---

① 〔法〕米海依尔·戴尔玛斯-马蒂:《刑事政策的主要体系》,卢建平译,法律出版社2000年版,第3页。
② 陈兴良:《刑事政策视野中的刑罚结构调整》,载《法学研究》1998年第6期。
③ 梁根林:《刑事政策:立场与范畴》,法律出版社2005年版,第23页。
④ 严励:《中国刑事政策的建构理性》,中国政法大学出版社2010年版,第14页。
⑤ 卢建平:《刑事政策与刑法》,中国人民公安大学出版社2004年版,第131页。
⑥ 梁根林:《刑事政策:立场与范畴》,法律出版社2005年版,第12页。
⑦ 卢建平:《刑事政策与刑法》,中国人民公安大学出版社2004年版,第135页。

的始终,对具体刑事政策具有指导和统辖功能,具体刑事政策应当依照基本刑事政策制定,不得违反基本刑事政策的基本目标、价值和准则。

1. 国家基本刑事政策的发展

中华人民共和国的基本刑事政策经历了由"镇压与宽大相结合"至"惩办与宽大相结合"的演进历程。[①] 我国1979年《刑法》第1条将"惩办与宽大相结合"刑事政策确认为刑法的制定根据,但该刑事政策在实践中很快就被"严打"政策所取代(1997年《刑法》将该刑事政策予以删除)。改革开放之初,确保经济过渡阶段的社会稳定成为国家刑事政策制定的主要依据。由于1983年前后社会治安急剧恶化,先后出现了"二王持枪杀人案""卓长仁等劫机案""唐山菜刀队杀人案"等恶性暴力犯罪案件,1983年8月25日中共中央印发《关于严厉打击严重刑事犯罪活动的决定》指出:"严厉打击刑事犯罪活动,是政治领域中一场严重的敌我斗争。为迅速扭转社会治安的不正常状况,中共中央决定,以三年为期,组织一次、两次、三次战役,按照依法'从重从快,一网打尽'的精神,对刑事犯罪分子予以坚决打击"。根据该规定,不仅传统的杀人、强奸、抢劫、爆炸等严重暴力犯罪可被判处死刑,流氓、致人重伤或死亡、拐卖人口、传授犯罪方法、强迫妇女卖淫等犯罪也可在刑法规定的最高刑以上处刑,直至判处死刑。由此,依法从重从快、严厉打击严重刑事犯罪活动的"严打"政策一跃成为基本刑事政策。然而,"严打"政策过度追求以犯罪惩治来达到稳定社会秩序的理想目标,背离了法治原则之基本要求,实际效果并不理想。在对"严打"政策进行反思的基础上,2005年罗干同志在全国政法工作会议上首次提出了宽严相济刑事政策。之后,最高检和最高法相继公布了贯彻执行宽严相济刑事政策的司法意见,将宽严相济刑事政策确立为我国的基本刑事政策。2010年2月8日最高人民法院发布的《关于贯彻宽严相济刑事政策的若干意见》指出:"贯彻宽严相济刑事政策,要根据犯罪的具体情况,实行区别对待,做到该宽则宽,当严则严,宽严相济。"作为国家的基本刑事政策,宽严相济蕴含了更多人文关怀和人道主义,即既要有力打击和震慑犯罪,维护法制的严肃性,又要尽可能减少社会对抗,化消极因素为积极因素,实现法制效果和社会效果的统一,集各种刑事措施和对策于一体。

2. 反腐败具体刑事政策的发展

反腐败刑事政策属于特定领域的具体刑事政策,虽然总体上循着基本刑事政策的变化轨迹发展,但仍然有其相对独立的特征。改革开放之初,广东、福建沿海地区借着对外开放、实行特殊政策之机,刮起了走私贩私之风,公职人员成

[①] 高铭暄、彭凤莲:《新中国基本刑事政策的演进》,载卢建平主编:《刑事政策评论(2006年第一卷)》,中国方正出版社2007年版,第1页。

为走私活动的"保护伞",腐败现象泛滥,造成了极为恶劣的影响。国家高度重视这一问题,迅速确立了从重、从严惩治腐败的刑事政策。1982 年 3 月 8 日五届全国人大常委会二十二次会议通过《关于严惩严重破坏经济的罪犯的决定》。作为严厉惩治腐败犯罪的具体体现,该决定将受贿罪的法定最高刑从 5 年以上有期徒刑提升至死刑(贪污罪在 1979 年《刑法》中的法定最高刑即为死刑),并恢复了贪污罪与受贿罪配置同等刑罚的立法模式。1982 年 4 月 10 日邓小平同志在中共中央政治局讨论《关于打击经济领域中严重犯罪活动的决定》会议上明确指出:"我们要有两手,一手就是坚持对外开放和对内搞活经济的政策,一手就是坚决打击经济犯罪活动。""改革开放不过几年的时间,就有相当多的干部被腐蚀了。卷进经济犯罪活动的人不是小量的,而是大量的……所以,现在刹这个风,一定要从快从严从重。"这是从重、从严惩治腐败犯罪刑事政策的最初提法。1982 年 4 月 13 日中共中央、国务院《关于打击经济领域中严重犯罪活动的决定》进一步明确了从严惩治刑事政策,"所有犯罪分子都应认清形势,抓紧时机,走'坦白从宽'的道路;如果心存侥幸,错过时机,就一定要依照人大常委会通过的《决定》从严惩处。"在"严打"政策成为基本刑事政策之后,从重、从严的反腐败刑事政策更为明确。2002 年,最高人民检察院明确提出,"坚持两手抓思想和依法从重、从严方针,进一步加大查处职务犯罪案件的力度"[①],即是对从重、从严反腐败刑事政策的再次确认。在司法适用上,所谓从重,就是将贪污贿赂犯罪作为刑事犯罪打击的重点罪名,在对其进行实际处罚时,适用较重的刑种、较长的刑期或者较重的附加刑;所谓从严,是指惩治贪污贿赂时既要严格区分罪与非罪的界限,又要在法律规定的范围内尽量将贪污贿赂行为认定为犯罪加以惩治。[②] 从重、从严惩治腐败犯罪刑事政策在党的十八大之后依然延续。

受"惩罚少数、教育多数"传统观念的影响,反腐败刑事政策强调将反腐败资源集中于"大要案"上,同时也形成了"抓大放小"的刑事政策。《关于打击经济领域中严重犯罪活动的决定》规定,"对一般案件和重大案件,重点抓重大案件……总之,要集中力量抓紧处理大案要案",这是明确提出了"抓大"要求;"对于在经济上犯有不那么严重的罪行的人,在他们决心悔改和清退赃款赃物以后,可以减轻或免予处分",这是确立了"放小"策略。在刑事司法上,1998 年以前,"大案"指贪污、贿赂 1 万元以上,挪用公款 5 万元以上的案件;1998 年起,"大案"指贪污、贿赂 5 万元以上,挪用公款 10 万元以上,其他案件涉及金额在 50 万元以上的案件。"要案"则是指县处级以上领导干部的犯罪案件。"抓大放小"

---

① 杨新顺:《加大惩治和预防职务犯罪工作力度 高检院确定八项刑事政策》,载《法制日报》2002 年 6 月 18 日。

② 《贪污贿赂犯罪刑事政策研究》课题组:《贪污贿赂犯罪刑事政策论纲》,载游伟主编:《华东刑事司法评论(第五卷)》,法律出版社 2003 年版,第 103 页。

的刑事政策在刑法立法上有更为明显的体现。1979年《刑法》以及1988年1月21日六届全国人大常委会二十四次会议通过的《关于惩治贪污罪贿赂罪的补充规定》分别增加了"利用职务上的便利"和"为他人谋取利益"作为贪污贿赂犯罪的要件,客观上限制了贪污贿赂犯罪的处罚范围,体现了"惩罚少数、教育多数""抓大放小"的刑事政策观念。① 在此之后,贪污贿赂犯罪的犯罪构成模式被运用到单位腐败犯罪、私营领域腐败犯罪立法之中,形成了较为统一的腐败犯罪立法限缩规制模式。在"从重、从严惩治"和"抓大放小"刑事政策的共同作用下,贪污贿赂犯罪立法呈现出"厉而不严"的规制模式,②即刑罚虽具严厉性,但犯罪构成要素限制了刑法规制范围,法网并不严密。

值得注意的是,党的十八大以后,"抓大放小"的刑事政策在刑事司法领域被"老虎苍蝇一起打"的刑事政策所取代。"抓大"针对的是"大案、要案",查处能取得良好的社会效果,但"放小"却存在相当严重的负面效果。腐败基本都是从"小恶"开始,不在"小恶"阶段进行有效干预的"放小"政策,难免有"肥猪政策"之嫌,并且小案与大案有时是相对的,"放小"有时就意味着放弃了"抓大"的可能性,更为重要的是,"放小"会导致人们对腐败的违法性认识淡化,久而久之,会形成不将犯罪视为犯罪的腐败氛围,削弱惩治的整体效果。③ "老虎苍蝇一起打"是习近平同志在十八届中央纪委二次全会上首次提出的,"要坚持'老虎'、'苍蝇'一起打,既坚决查处领导干部违纪违法案件,又切实解决发生在群众身边的不正之风和腐败问题。要坚持党纪国法面前没有例外,不管涉及到谁,都要一查到底,决不姑息"。坚持"老虎苍蝇一起打",既坚决查处远离群众的大官腐败,又严肃查处发生在群众身边的腐败。打"老虎"可以迅速提高群众对反腐败的"关注度",拍"苍蝇"又可以大幅增加群众的获得感。之后,该政策迅速由纪检监察的党内政策转为国家刑事政策,2014—2018年最高人民检察院工作报告均明确提到了"打虎""拍蝇"等关键词。在2018年之后,中央纪委依然贯彻了"老虎苍蝇一起打"的政策,查处民生领域侵害群众利益问题、严惩基层腐败等依然是年度工作统计的关键词。这些都足以表明该政策取代"抓大放小",已经成为我国反腐败刑事司法政策的重要内容。此外,为进一步推动腐败问题的标本兼治,党的十九大报告还明确提出了"受贿行贿一起查"的刑事司法政策。2021年9月,中央纪委国家监委与中央组织部、中央统战部、中央政法委、最高人民法院、最高人民检察院联合印发了《关于进一步推进受贿行贿一起查

---

① 刘明祥:《规定"为他人谋取利益"系现实所需》,载《检察日报》2003年7月3日。
② 以规制的广度和规制的力度相合来应对犯罪,刑法大体上可以归纳为四种模式:又严又厉(罪状设计严密、刑罚苛厉)、不严不厉(罪状设计不严密、刑罚不苛厉)、严而不厉(法网严密而刑不苛厉)、厉而不严(刑罚苛厉而法网不严密)。储槐植:《议论刑法现代化》,载《中外法学》2000年第5期。
③ 孙国祥:《反腐败刑事政策思考》,载《人民检察》2014年第14期。

的意见》,对进一步推进"受贿行贿一起查"作出部署。

在"严打"刑事政策被宽严相济刑事政策取代之后,受宽严相济刑事政策的积极影响,立法对腐败犯罪的刑罚力度进行了修正和调整。《刑法修正案(九)》在单位行贿罪、介绍贿赂罪、单位受贿罪中增设了罚金刑,并对行贿人的特别自首制度,作了严格限定,体现了从严的一面;同时还规定了贪污贿赂犯特别坦白制度,对于在提起公诉之前如实供述罪行,真诚悔罪,积极退赃,避免、减少损害结果发生的,可以从宽处罚,并在保留死刑立即执行的情形下,规定了贪污贿赂犯罪不可假释的终身监禁制度,体现了从宽的一面。当然,这种影响仅限于刑罚领域,在犯罪圈上并未发生变化,立法新设的利用影响力受贿罪,对外国公职人员、国际公共组织官员行贿罪,对有影响力的人行贿罪等罪名,仍然沿用了传统的限缩模式。

总体而言,当下我国反腐败刑事政策具有多元化、层次化、结构化的特征。在宽严相济的基本刑事政策之下,我国当下反腐败刑事政策总体偏向从严的一面,即从重、从严惩治腐败,该刑事政策贯穿于腐败刑事治理的始终,既是刑事立法政策,也是刑事司法政策。在犯罪圈的划定上,基于"惩罚少数、教育多数"的理念,"抓大放小"目前仍然属于刑事立法政策,但在司法领域则被"老虎苍蝇一起打"的刑事司法政策所取代。

二、我国反腐败刑事政策存在的问题

从20世纪80年代开始,我国确立了以重点打击、重刑威慑为特征的从严惩治腐败的刑事政策,并贯彻于腐败治理的三个阶段之中。但面对如今制度性腐败与系统性腐败的交互演变,反腐败刑事政策尤其是立法政策未有实质性改变,在推进立法与司法的协同性以及程序和实体的一体化上难以发挥导向功能,与党内政策的边界也较为模糊。

(一)反腐败刑事立法政策的滞后化

刑事立法政策是指对刑事立法有指导功能的刑事政策。从重、从严惩治腐败以及"抓大放小"属于综合性的反腐败刑事政策,既适用于立法,也适用于司法。在司法上,从重属于量刑政策、"抓大放小"与从严都属于追诉政策。在立法上,从严表现了国家对犯罪主体的打击立场,即将特定主体纳入刑事法网;从重则体现了重刑和重罚的刑罚配置立场,如立法规定了贪污贿赂犯罪的死刑、对索贿从重处罚等;"抓大放小"意味着通过构成要件要素累加,限缩立法的规制范围,形成一个相对较小的犯罪圈,将惩治对象集中于较为严重的腐败犯罪。

20世纪80年代的反腐败刑事立法政策制定之时,我国正处于经济转型时期"寻租型"腐败犯罪衍生的初期阶段。当时,腐败类型较为单一,行为方式较为简单,刑事政策注重对国家工作人员严重腐败犯罪的重刑威慑。"在贪污贿赂行为多发的态势之下,担心法网过于严密"代价"太大,打击面太宽,似乎"需要"作出某种程度的妥协"①,于是在从重、"抓大放小"刑事立法政策的影响下,形成了"厉而不严"的腐败犯罪立法模式。1997年《刑法》颁布之后,在保持"厉而不严"的立法模式的同时,依据从严刑事政策,法律不断扩大行为主体和行为对象的规制范围,先后将国家工作人员的"身边人"、外国公职人员、国际公共组织官员等主体纳入贿赂犯罪立法规制体系之内,但贿赂犯罪的责任基础和行为模式并未有任何修正,新增的贿赂犯罪采取了与普通贿赂犯罪相同、相似甚至更为严格的构成模式,无法从整体上解决贿赂犯罪立法规制能力存在的问题,也不能真正改变立法规制能力不足的现状。当下腐败类型及衍生机理较20世纪80年代已发生巨大变化。"系统性腐败""族群式腐败""小官巨腐"等新型腐败的出现,表明腐败侵蚀已经从社会局部扩大到整体环境系统,腐败治理不再是简单的个案处理问题,而是净化、再造社会环境问题。②"外延扩张式"立法③看似扩大了刑法的规制范围,但实质上仍处于"停滞"状态,腐败犯罪的立法结构并未有更新发展。

  反腐败刑事立法政策滞后化限制了反腐败刑事司法政策功能的发挥。基于司法服从立法的基本原则,在刑法立法对腐败违法性评价标准未发生调整时,刑事司法政策也仅能在立法框架内发挥有限作用。"老虎苍蝇一起打"所指的不仅是要惩治高级公职人员的腐败,对于老百姓身边的普通公职人员腐败也必须予以严厉惩治。"苍蝇"并不意味着"微腐",因为符合腐败犯罪入罪标准的"苍蝇"至少在腐败数额上已经满足了"较大"的标准。强调"打苍蝇"不是为了体现法网的扩张化和严密性,而是对以往因腐败犯罪重视"大案、要案"而形成的"选择性司法"现象的纠正。换言之,是对以往应当承担刑事责任的犯罪人进行的必要追诉。在"老虎苍蝇一起打"的刑事司法政策之下,刑法的规制范围并未有实质性变化,犯罪圈并未有实质性扩大,法网疏松的弊端并未有实质性改善。"受贿行贿一起查"的政策认为,行贿人不择手段"围猎"党员干部是当前腐败增量发生的重要原因,强调对行贿罪的司法查处的目的在于,斩断"围猎"与甘于被"围猎"利益链、破除权钱交易关系网,实现腐败的源头治理。立法关注重点仍是受贿罪,行贿罪和受贿罪在犯罪构成模式、立案标准、特别自首、刑罚处罚等方面处于"非对称"状态。④ 例如,行贿人在被追诉前主动交代犯罪行为的,可以减轻处罚或者免除处罚,而受贿罪则不存在相同的规定。行贿与受贿"非对称性"立法结构的保持,使得行贿收益仍然高于行贿成本和风险,无法有效遏制行

---

① 孙国祥:《我国惩治贪污贿赂犯罪刑事政策模式的应然选择》,载《法商研究》2010年第5期。
② 刘艳红:《中国反腐败立法的战略转型及其体系化构建》,载《中国法学》2016年第4期。
③ 魏昌东:《〈刑法修正案(九)〉贿赂犯罪立法修正评析》,载《华东政法大学学报》2016年第2期。
④ 钱小平:《惩治贿赂犯罪刑事政策之提倡》,载《中国刑事法杂志》2009年第12期。

贿行为,不利于提升"受贿行贿一起查"的司法执行效果。

(二) 反腐败刑事政策的刑事一体化导向程度不足

刑事一体化是一种刑事政策思想。储槐植教授最早提出"刑事一体化"的主张,认为刑法和刑法的运行处于内外协调状态才能实现最佳社会效益;实现刑法最佳效益是刑事一体化的目的,刑法和刑法运行内外协调,即刑法内部结构合理(横向协调)和刑法运行前后制约(纵向协调),是刑事一体化的内涵。① 内在协调是指在刑法体系中实现犯罪构成的合理性与司法适用的正当性;外在协调是要在刑法实施过程中注意与其他立法之间的关系,确保刑事机制运行的顺畅。刑事一体化关键在于"化",即学科之间的深度融合,防止在刑法学研究中因割裂与其他相关学科的关系而形成故步自封的僵化体系,以此保证刑法运行机制的合理和通畅。② 刑法与刑事诉讼法的关系构成了刑事一体化内部协调的核心关系,刑事一体化的基础在于刑法与刑事诉讼法的一体化,刑事政策在刑法与刑事程序中贯通,是刑罚目的的实现以及实体公正与程序公正、公正与效率统一的重要保障。

目前,反腐败刑事政策并未贯彻刑事一体化理念,这不仅导致反腐败刑事立法政策与司法政策之间出现紧张关系,而且割裂了刑事实体法与程序法的内在联系,导致立法之间的协同性不足,影响到反腐败效能的提升。这一点具体表现为:一是"抓大放小"刑事立法政策与"从严"刑事司法政策的内在冲突。"抓大放小"刑事立法政策强调刑法规制范围的限缩化,通过增加犯罪构成要素的方式提高了入罪门槛,但"为他人谋取利益"作为受贿罪必备的主观构成要件要素,在实践中难以证明,这在一定程度上妨碍了"从严"惩治腐败的刑事司法政策的贯彻。因此,司法机关不断通过发布规范性文件、司法解释等来弱化、消解这一主观构成要件要素。最高人民法院《全国法院审理经济犯罪案件工作座谈会纪要》将该构成要件要素客观化,将收取请托人财物后承诺、实施或实现为他人谋利的行为,或明知他人有具体请托事项而收受财物的,均认定为为他人谋取利益。最高人民法院、最高人民检察院《关于办理贪污贿赂犯罪刑事案件适用法律若干问题的解释》进一步将在具有上下级或行政管理关系情形下,收受他人财物可能影响职权行使的,视为承诺为他人谋取利益。根据该规定,为他人谋取利益几乎已经完全被收受行为所吸收,成为虚置化的构成要素,丧失了规范要素的立法价值和司法意义。二是实体与程序的制度协同性不足,影响从宽政策的贯彻效果。宽严相济基本刑事政策对反腐败刑事政策具有指导功能和适用功能,即反腐败刑事政策不仅有"从重、从严"的一面,也应当体现出宽严相济中的

---

① 储槐植:《刑事一体化论要》,北京大学出版社2007年版,第25页。
② 陈兴良:《刑事一体化:刑事政策与研究方法视角的思考》,载《中国检察官》2018年第1期。

从宽一面。刑事实体法上的自首、特别自首、坦白等制度以及程序法上的认罪认罚等制度均体现出反腐败刑事政策的宽缓化特征,但实体与程序宽缓制度的出发点仍有不同,前者体现出人身危害性降低以及一定的程序价值,后者则体现更多的是程序效率价值。由于缺乏刑事一体化思想的贯彻与导向,刑事诉讼上的认罪认罚制度和刑法上的自首、坦白等认罪从宽制度之间并未形成协同性的从宽机制。认罪认罚从宽的基本特征是程序从简、实体从宽,①但腐败犯罪案件并未有独立的简化程序设计,也未形成认罪认罚的实体法路径,认罪认罚的实体从宽与刑法上的坦白、自首形成了两个相对独立的从宽体系,存在多项从宽情节竞合时难以确定从宽幅度、刑罚过度轻缓以及"同案不同判"等问题,容易造成刑罚处罚的宽严失当。三是单向性的思维观念使程序的刑事政策功能难以发挥作用。在司法实践中,具体法律争端和实践问题都是实体与程序相互交织的,不存在纯粹的刑事实体法问题,也不存在纯粹的刑事程序法问题。② 刑事程序问题与实体问题的交织状态,使得实体与程序应当被等同视之。程序具有解决实体问题的独立价值和促进刑事政策贯彻的积极功能。面对腐败犯罪主观故意难以证明的问题,在程序上规定主观故意的推定规则,可以减少证明困难,以体现从严惩治腐败的刑事政策;实体法网的严密性也需要通过建立举报保护、奖励机制等程序设置予以强化,以提高腐败发现的概率,形成腐败难以脱逃的普遍性认识。然而,目前程序与实体一体融合观念尚未成为刑事政策的主导性观念,程序制度供给不足,以从宽政策为导向的单位犯罪程序出罪机制、腐败民事赔偿之诉、污点证人制度、举报人保护和奖励等程序性制度均未确立,程序的刑事政策功能尚未被充分激活。

(三) 反腐败刑事政策与政党政策界限不清

政党政策是政党在一定历史时期为实现一定任务而制定的行动纲领、方针和准则,是政党所代表的阶级或利益集团的利益和意志的体现。与国家刑事政策不同,政党政策是政党领导机关制定的,并以政党的名义表现出来的政党意志,只对政党的各级组织和全体成员有强制性和约束力。党的十八大以来,我们党旗帜鲜明地提出了诸多反腐败政策,如"反腐败无禁区、全覆盖、零容忍""要坚持抓早抓小,对党员干部身上的问题做到早发现、早提醒、早纠正、早查处"等。上述党内反腐败政策对国家腐败治理无疑产生了积极影响,但若将其纳入刑事政策范畴,则会模糊刑事政策和政党政策的界限,不利于国家之间就刑事政策进行学术交流和对话,也不利于我国科学、合理刑事政策的制定与实现。③ 因

---

① 孙谦:《检察机关贯彻修改后刑事诉讼法的若干问题》,载《国家检察官学院学报》2018年第6期。
② 李勇:《跨越实体与程序的鸿沟——刑事一体化走向深入的第一步》,载《法治现代化研究》2020年第1期。
③ 卢建平:《刑事政策与刑法》,中国人民公安大学出版社2004年版,第131页。

此,反腐败刑事政策与反腐败政党政策应当予以必要区分。当然,刑事政策与政党政策并非对立关系,在一定条件下,政党政策可以转化为刑事政策。在我国,中国共产党是执政党,在国家政治、经济、生活中处于领导地位,党的政策若得到国家机关的重申、承认、遵守和执行,就可以转化为国家政策,如前文提到的"老虎苍蝇一起打"。

尽管刑事政策与政党政策存在于不同的作用领域,具有不同的功能,区分标准也较为明确,但实践中仍然存在将两者混同的情形,突出表现在"零容忍"政策上。党的十八大以来,基于"全面从严治党"的战略部署,我们党确立了"零容忍"的反腐败政策。2014年,习近平总书记在十八届中央纪委三次全会上强调,反腐败高压态势必须继续保持,坚持以零容忍态度惩治腐败。2015年,十八届中央纪委五次全会上,习近平总书记代表党中央对反腐败工作进行全面部署,强调要坚持无禁区、全覆盖、零容忍,严肃查处腐败分子,着力营造不敢腐、不能腐、不想腐的政治氛围。在2017年党的十九大报告中,习近平总书记指出,我们党坚持反腐败无禁区、全覆盖、零容忍,坚定不移"打虎""拍蝇""猎狐"。2022年党的二十大报告中再次强调了以零容忍态度反腐惩恶,决不姑息。党内腐败"零容忍"政策所针对的是违纪行为,其积极意义在于:一是党纪严于国法,破法必先破纪,确立"零容忍"有助于增强我们党自我净化、自我完善、自我革新、自我提高的能力,永葆党的先进性和纯洁性。二是坚持"零容忍"的立场有助于强化党内监督,扫除党内监督的盲区和漏洞。三是强调"零容忍"有助于遏制破"德"和破"纪"这样的"小恶",形成有效的事前预防机制,防止腐败犯罪的发生。

在党内政策上确立"零容忍"具有合理性和必要性,但对该政策是否可以成为国家刑事政策,则有不同的观点。"肯定说"认为,"零容忍"具有一般预防和特殊预防的双重属性,如果处罚力度轻,犯罪便会出现"破窗效应"①,因此对于腐败犯罪应当采取"零容忍"态度。② 有观点进一步认为,作为刑事政策的"零容忍"是指刑事制裁的绝对严厉、严格和严肃,刑事法网应当采取扩大犯罪圈的做法、降低腐败犯罪的入罪门槛,同时提高刑罚处罚的及时性、有效性与预防性;贯彻"零容忍"还应当降低或大幅降低数额,甚至取消现行起刑点,将任何形式的

---

① 美国学者乔治·凯琳和詹姆斯·威尔逊提出的"破窗理论"认为,如果一幢建筑的一扇窗户遭到破坏而未及时得到修补,那么肇事者就会误以为整幢建筑无人管理,从而产生自己可以任意破坏的心理暗示,久而久之,这些破窗户就给人一种无秩序的感觉,在这种氛围下,各种违反秩序的行为和轻微犯罪行为暗中生长,社会治安就会逐步恶化。"破窗理论"应用的典型就是美国的"零容忍"打击犯罪政策,这种政策被视为是一种有效合理地修补"破窗"的策略。一般认为,"零容忍"政策包括以下两个方面:一是严格执法,二是重视打击轻微犯罪。〔法〕雅克·博里康、朱琳编:《法国当代刑事政策研究及借鉴》,中国人民公安大学出版社2011年版,第203—204页。
② 王秀梅:《论贿赂犯罪的破窗理论与零容忍惩治对策》,载《法学评论》2009年第4期。

小贪小贿行为均视为犯罪。① "否定说"认为,对于腐败"零容忍"并不等于定罪上"零容忍","有案必查、有腐必惩"也不等于腐败行为一律要定罪,当下无论是立法的设罪模式,还是具体的司法实践,乃至社会文化根基,都无法支持腐败定罪"零容忍"之诉求。② 根据我国宽严相济刑事政策和罪刑法定原则,轻微腐败行为不得定罪处罚,可以说明所谓腐败现象"零容忍"并非彻底地体现在刑法意义上,将纪检监察意义上的腐败"零容忍"策略思想植入刑事司法领域,并不具有充分的合法性与正当性。③

实际上,对于"零容忍"可以有不同角度的解读。从党内反腐败角度,"零容忍"就是"全面从严治党"的要求,是纪严于法、纪在法前的表现。从刑事司法角度,"零容忍"体现国家惩治腐败的态度和立场,"零容忍"不是对数额的零容忍,而是对腐败的零容忍,即使刑法规定了较高的犯罪门槛,也不代表国家对腐败是"有限容忍",因为对符合入罪标准,具有严重社会危害性的腐败行为,都给予严厉惩治,也是"零容忍"的体现。换言之,"零容忍"实质上就是"有腐必惩""老虎苍蝇一起打"的刑事司法政策。但是,若从刑事立法政策角度,则难以将"零容忍"认定为是一项刑事立法政策。理由在于:第一,不符合刑事政策的制定主体要求。"零容忍"政策是由党内最高机关及领导人确立的反腐败政策,但国家机关的行动纲领、方针和具体政策中并未明确倡导"零容忍",即使在最高人民检察院向全国人民代表大会所作的工作报告中也只是提到了"老虎苍蝇一起打"而不是"零容忍"。简言之,"零容忍"尚未获得国家机关的确认,未转化为国家刑事政策,仍属于党内反腐败政策。第二,导致纪法边界模糊。主张"零容忍"的"肯定说"认为应当降低腐败犯罪入罪门槛,甚至完全取消犯罪数额,但这样会导致违纪违法与犯罪之间的边界模糊,不符合党内法—国家法构建的二元化反腐败体系的运行规则,党纪无法发挥"挺在前面"的作用,反而降低了治理效能。目前,反腐败立法模式虽然具有一定的局限性,但其可取之处也不容否定,对"零容忍"主张的盲目信奉,其实反映出的是对刑罚作用的过度迷信。④ 第三,容易引起不必要的误解。"老虎苍蝇一起打"已经非常生动、明确地表明了刑事司法政策的立场,若再加入"零容忍",则属于不必要的重复,并会与刑事立法政策发生概念上的冲突,引起刑事政策体系内部关系的混乱。

三、积极治理战略观下反腐败刑事立法政策的应然选择

当下我国反腐败刑事立法政策与腐败机理演变及腐败治理阶段更替的现实

---

① 孙道萃:《论"零容忍"反腐作为具体刑事政策及其展开》,载《河南师范大学学报(哲学社会科学版)》2015年第5期。
② 孙国祥:《腐败定罪"零容忍"之审思》,载《江海学刊》2013年第4期。
③ 魏东:《对腐败犯罪"老虎苍蝇一起打"的刑事政策考量》,载《甘肃政法学院学报》2014年第2期。
④ 孙国祥:《我国惩治贪污贿赂犯罪刑事政策模式的应然选择》,载《法商研究》2010年第5期。

并不相适应,已经影响到立法运行效能的发挥。为构建有效的反腐败刑事机制,应在积极治理战略观导向下,优化腐败犯罪刑事政策,确立"打早打准、一体并进"的刑事立法政策,将其与"老虎苍蝇一起打""受贿行贿一起查"等刑事司法政策一起,共同纳入从严惩治腐败的刑事政策体系中。

(一)"打早打准、一体并进"刑事立法政策的选择依据

刑事政策的制定受各种因素的影响,影响刑事政策的因素可以划分为"结构引导性因素"和"形式适应型因素"[①]:前者是国家与社会剧烈和深刻变化的反映,作用于中长期,包括国家治理战略、社会发展策略、犯罪的真实状况等;后者是因社会变化而导致的微小调整,作用表现在短期,当出现违法行为剧增、以往不成问题或无足轻重的某种犯罪的局势突然恶化这样的危机时,刑事政策主体便会采取一些或严或宽的措施对这种犯罪进行打击。从影响因素的结构层次看,"结构引导性因素"反映了刑事政策制定所要考虑的宏观与中观因素,以此确定刑事政策的方向与框架,是推动腐败刑事政策修正的关键因素。

由于刑事政策属于广义上的国家治理范畴,国家治理观念、模式、体系等对其有直接影响,故国家治理战略观亦属于刑事政策制定的"结构引导性因素",对刑事政策的选择具有重要影响。在中国经济转型深化阶段,风险无所不在。在积极治理战略观导向下,防范风险发生的主要方式是通过优化和完善治理结构,防范和化解腐败风险,而不是在单个时间点上采取行动。在立法策略方面,往往要求在风险发生的早期阶段就建立刑法干预措施,避免事后治理造成的高成本或临时性处置施压导致的治理无序。近年来,我国历次刑法修正案增设了大量的抽象危险犯,并将帮助行为正犯化等,都或多或少体现了积极预防的刑事政策特征。

积极治理战略观对刑事政策的影响还体现在对协同治理模式的倡导方面。积极治理战略观下的国家治理模式与以往治理模式最大不同在于能够发现国家—社会关系中的结构性危机,通过合理调配资源,积极推进形成国家和社会的有效合作机制,解决因现代化而引发的结构性矛盾。积极治理战略观下的刑事政策往往具有刑事一体化的特征。突出表现为:一是国家与社会的协同治理。国家将治理责任纳入风险防范体系,社会主体在自治范围内承担风险预防责任,通过国家与社会的合作实现从单一治理向协同治理的积极转变。随着社会模式的巨变,单靠国家一己之力不能有效预防犯罪,这就需要将以国家为本位控制犯罪的模式转向"国家—社会"双本位控制犯罪的模式。[②] 二是实体与程序的协同治理。刑法立法确立了需要国民普遍遵守的行为规范,但刑法干预的前置化与

---

① 〔法〕雷蒙·加桑、朱琳:《解析西方民主国家的刑事政策的变化:以法国为例》,载《比较法研究》2010年第3期。

② 储槐植:《刑事一体化与关系刑法论》,北京大学出版社1997年版,第89—90页。

法益标准的抽象化,使得司法人员仍需要对行为违反规范能否达到值得处罚的程度作出更为明确的价值判断,并且实体规范刑法功能的实现,也需要程序制度加以保障和推动,由此提出了实体与程序协同治理的要求,其实质仍是刑事一体化思想在当下社会治理中的丰富与完善。

积极治理战略观下的反腐败刑事政策应当具有多元化和层次性特征。在刑事立法政策层面,在腐败类型及衍生机理已经发生重大变化的情形下,面对"寻租型"腐败、"制度型"腐败以及"系统型"腐败的多元复合状态,刑事立法的违法性评价标准不应当仍停留在腐败"结果本位"阶段,而是应当通过现代公共权力的行权逻辑进行准确定位,前移防卫阵线,对引发严重腐败风险的行为进行评价,严密法网。在刑事司法政策层面,面对愈发隐蔽和复杂的腐败犯罪,需要完善犯罪发现和追诉机制,确立犯罪即被惩罚,绝无逃脱可能之认识。在刑事制度运行层面,需要完善刑事一体化的运行机制,提升刑法的一般预防功能和犯罪整体治理效果。考虑到当下反腐败刑事司法政策的时代适应性,所需重点优化的应是刑事立法政策。根据积极治理战略观,应当确立"打早打准、一体并进"的刑事立法政策,以推动反腐败刑事立法的更新升级,满足当下中国腐败治理的现实要求。

(二)"打早打准、一体并进"刑事立法政策的内涵与贯彻

1."打早打准、一体并进"刑事立法政策的基本内涵

"打早打准"是指根据腐败衍生的过程性预防需要,对具有引发腐败高度风险的行为予以精准打击的刑事立法策略。"打早"是指在腐败衍生的早期阶段刑法就可以积极介入,通过对具有高度腐败风险的行为加以惩治,以预防更为严重腐败后果发生。"打准"是指在腐败衍生过程中,刑法惩治并非全面开花,而是选择对腐败发生具有根源性、诱导性、催化性的关键行为予以精准打击,以有效消除腐败衍生的系统环境条件。"打早打准"不同于"打早打小"。"打早打小"在党内反腐败政策和扫黑除恶专项斗争的刑事政策上均有使用。《中共中央关于全面推进依法治国若干重大问题的决定》指出:"对违反党规党纪的行为必须严肃处理,对苗头性倾向性问题必须抓早抓小,防止小错酿成大错、违纪走向违法。""抓早抓小"就是"打早打小",它要求纪律和规矩挺在前面,纪律对于党员具有刚性约束力,要发现一个查一个,查实一个处理一个,防止"小节"拖成"大祸",坚持有案必查、有腐必惩。扫黑除恶中的"打早打小"是指必须依照法律规定对可能发展成为黑社会性质组织的犯罪集团、"恶势力"团伙及早打击,绝不能允许其坐大成势。"打早打小"属于党内执纪政策或刑事司法政策,以行为违纪或违法为前提,通过严格执纪、执法,阻断"小恶"变成"大恶"。"打早打准"则属于立法政策,强调对既有立法违法性标准的批判性反思,"打早打准"所锚定的是已具有严重社会危害性但尚未被纳入刑法评价范围的行为,其直接结

果是扩大犯罪圈和刑事责任范围。

"一体并进"是指根据腐败治理的系统性需要,加强立法之间的协同关系,整体推进反腐败刑事程序法和实体法共同发展,建立高效、权威的腐败刑事治理机制的立法政策。"一体并进"来自积极治理反腐败战略观下构建腐败协同治理模式的需要,也受到一体推进不敢腐、不能腐、不想腐机制的直接影响。"一体"贯彻了刑事一体化的理念,重点强调刑事一体化中刑事程序法和实体法的协同关系,以减少制度不适应带来的治理效果贬损。"并进"强调了程序与实体立法更新的同步化,不能"按下葫芦浮起瓢"。"打早打准"和"一体并进"是具有不同侧重的政策目标,前者重点关注腐败犯罪圈设置的科学性和刑事责任配置的合理性,后者则重点关注"法法衔接"的通畅性和刑事惩治机制运行的高效性,同时两者又存在交融关系,即应当在"打早打准"中寻找"一体并进"的路径和方法,在"一体并进"中协调"打早打准"和"宽严相济"的关系。

2. "打早打准、一体并进"刑事立法政策的贯彻要求

"打早打准、一体并进"刑事立法政策将改变传统反腐败刑事政策概念模糊、层次不清、重点不突出的弊端,对腐败犯罪立法将产生全方位、系统性的影响。

在立罪模式上,"打早打准、一体并进"刑事立法政策要求在传统的重罪模式之外,建立以预防为导向的腐败轻罪模式。刑事政策对于刑法具有导向功能,主要体现在划定打击范围、确定打击重点、设定打击程度与选择打击方式上。① 在从重、从严刑事政策之下,刑法以权钱交易作为违法性的评价标准,在权钱交易、出卖公权的情形下,行为自然具有严重的社会危害性,从而形成了"重刑化"的立罪模式。然而,在"打早打准"刑事政策之下,对腐败犯罪的违法性评价无需权钱交易的实际发生,行为人收受来自本职工作以外的其他薪酬、好处而发生利益冲突的情形也会有较高的腐败风险,从腐败风险预防的积极治理角度,也应当被刑法禁止。由此,要求违法性评价标准扩张至前置阶段的利益冲突行为,可以避免利益冲突行为沦为权钱交易行为,但由于利益冲突所产生的社会危害性低于权钱交易,从罪责相适应角度,又只能采取轻罪模式,于是这就改变了贪污贿赂犯罪单一的重罪模式格局。

在罪刑结构上,"打早打准、一体并进"刑事立法政策要求扩大腐败犯罪的犯罪圈,建立"严而又厉"的罪刑结构。目前,在"抓大放小"以及从重、从严刑事立法政策影响下,腐败犯罪的刑法结构呈现出"厉而不严"的特征。一方面,立法对腐败犯罪中的核心罪名(贪污罪、受贿罪、行贿罪)设置了包括死刑、无期徒刑在内的重刑,体现了刑罚的严厉性;另一方面,立法又在犯罪构成的客观要件、主体要件、主观要件上设置了限制性要素,使得刑事法网具有了粗疏性。从"打

---

① 储槐植:《刑事政策的概念、结构和功能》,载《法学研究》1993年第3期。

早打准"刑事政策角度看,改变刑事法网严密性不足的路径应当与腐败犯罪系统性治理相结合,不仅要推行包容性规范,减少不必要的限制性要素,实现腐败惩治的早期化,提高刑罚一般预防效果,而且还应当建立行贿与受贿罪的对称性罪刑结构,精准定位系统性腐败犯罪中的腐败滋生源头,增加腐败犯罪中单位组织的监督责任,推动单位环境自净系统构建,最终实现源头治理之目的。

在追诉机制上,"打早打准、一体并进"刑事立法政策要求重视程序的独立价值及对实体规范的保障功能,建立独立的反腐败程序机制。传统反腐败刑事政策对刑事程序立法的影响并不明显,以至于造成了反腐败刑事程序制度建设的迟滞,诸如主观推定规则、污点证人制度、举报人保护和激励制度等已经被证明行之有效的程序制度在我国尚未建立,这影响了刑事治理的效率。在我国监察体制改革背景下,监察中心主义的出现,在一定程度上弱化了刑事程序的功能,使得反腐败刑事程序系统的完善显得更为必要。从"一体并进"刑事政策角度看,反腐败刑事立法治理效能的提升,不仅是要进行上述"补漏式"的程序立法,更为重要的是在腐败轻罪模式创制、单位组织监督责任扩张、腐败犯罪被害人地位明确等实体法概念不断深化发展的情形下,积极推进程序立法更新,加强刑事程序与实体规范的融合,推进刑事程序与监察程序的衔接,建立社会参与机制,形成一体化的反腐败刑事治理体系。

综上,在我国全面深化改革的背景下,推进国家治理体系和治理能力现代化的国家治理目标蕴含了积极治理的国家战略观,在腐败治理领域体现为积极治理的反腐败战略观。积极治理的反腐败战略观,是以科学决策为先导,以腐败风险预防、政治安全保障为核心,注重腐败治理的结构化和效能化,且具有全球化视野的腐败治理观念。改革开放至今,腐败类型发生了从"寻租型"到"制度型"再到"系统型"的转变,腐败治理阶段和模式也发生了重大变化。在目前的"系统型"腐败治理阶段,我国反腐败刑事政策存在立法政策严重滞后、刑事一体化导向性不足以及与党内反腐败政策边界不清等问题。对此,应明确积极治理的反腐败战略观在腐败刑事治理中的主导地位,确立"打早打准、一体并进"的刑事立法政策,与"老虎苍蝇一起打""受贿行贿一起查"等刑事司法政策一起共同推进反腐败刑事政策内涵的系统性更新。

第四章 中国贪污贿赂犯罪立法运行的实证与效果评估

基于特定社会发展阶段下腐败犯罪治理的需要，中国贪污贿赂犯罪立法整体上呈现出从无到有、从收缩到扩张的发展趋势，在改革开放之后迅速建立了以自然人和单位为主体的二元化腐败犯罪刑事立法体系，形成了以死刑与长期自由刑为核心的"重刑结构"。21世纪以来，贪污贿赂犯罪立法再次进入"活跃期"，以犯罪主体类型扩张为核心的罪名增设及刑罚制度优化，成为这一时期贪污贿赂犯罪立法完善的重要特征。不断完善的贪污贿赂犯罪立法是否能有效提升国家腐败治理能力，需要进行立法运行效果的评估。立法运行效果评估属于立法后评估，重在评估立法实践，评估法律法规对经济、社会和环境的实际影响，评估社会执法、司法和守法的具体问题，①其目的在于评价立法质量和实施效果，发现立法问题，为立法主体进行立法完善提供科学依据。本章所评估的对象是腐败犯罪中最为主要的贪污罪、受贿罪，通过选择合理的实证方法，对1997年《刑法》颁布实施以来的贪污罪、受贿罪立法运行效果进行评估，发现立法规范在实践运行中存在的问题，进而为下一阶段贪污贿赂犯罪立法完善提供参考。

第一节 贪污贿赂犯罪立法运行的实证分析

在犯罪治理层面，立法运行效果通常表现为通过客观测量法对司法机关在一段时间内某类案件立案或判决数量变化的检验，以揭示刑法规范规制下的某类犯罪是否得到了有效遏制。但通过客观测量法得到的犯罪变化态势，受刑事政策、反腐败体制改革、大案要案等因素的影响，并不能直接反映出规范本身在实践中的问题。因此，本文将客观测量法与案例实证法相结合，在对立法运行宏观情况进行客观测量之外，还通过案例分析法对具体个案中犯罪构成要素的控

---

① 席涛：《立法评估：评估什么和如何评估？（上）——以中国立法评估为例》，载《政法论坛》2012年第5期。

辩争议进行归纳,合理评估刑法规范在司法实践中的适用情况,形成立法运行效果的综合性评价。

一、实证方法、样本与指标选择

(一) 实证方法选择

实证研究采取客观测量法和案例分析法相结合的方式,前者属于宏观或中观层面的实证,包括贪污贿赂犯罪案件数量变化以及刑罚适用情况,后者属于微观层面的实证,针对贪污罪、受贿罪构成要件的司法适用情况进行具体分析。

客观测量法是通过对历年各种反腐败机关查处的腐败案件进行统计分析来测量政治腐败程度的方法。[①] 客观测量法以现实的腐败发案状况作为判断依据,对腐败犯罪程度和规模的测量具有准确性,通过对反腐败成果与腐败犯罪发案状况间的对应关系,间接揭示腐败的现状及其后果。腐败的客观测量法在实际的腐败状况测量中经常会面临局限性的障碍,其原因在于,即使有这些统计分析也只能大致反映腐败案件发生的频率。"在现实中被曝光和查处的腐败案件只是实际所发生的腐败的'冰山一角',只占腐败实际数量的一部分,它只能反映社会反腐败的努力程度,而不能准确说明腐败的实际程度。"[②] 尽管客观测量法存在腐败程度测量结果上的真实性问题,但仍然可以大致反映出某种犯罪的基本走势,进而为立法运行效果评价提供依据。因此,腐败的客观测量法仍是国内学者在对中国腐败状况进行具体实证研究中所主要采用的测量方法。

案例分析法是以犯罪构成为基础,结合刑法的解释方法,探讨具体个案,以发现贪污贿赂犯罪构成要素在认定案件中所发挥的作用及存在问题的一种方法。客观测量法在对已然腐败犯罪的量度上具有趋势化的判断优势,但这种方法无法将犯罪构成要素的运行效果纳入测量范围,因此在一定程度上影响了立法运行效果评价的准确性。案例分析法通过案例判解可以归纳一些在客观测量法中未被觉察到的犯罪构成要素变量,弥补客观测量法的不足。

有鉴于此,在贪污罪、受贿罪立法运行效果评估中,应当将两种测量方法有机结合起来,据以得出更为科学的结论。

(二) 实证样本选择

客观测量法的实证样本来自最高人民检察院在全国人民代表大会上所作的

[①] 何增科:《反腐新路:转型期中国腐败问题研究》,中央编译出版社2002年版,第47页。
[②] 王传利:《1990年至1999年中国社会的腐败频度分析》,载《政治学研究》2001年第1期。

历年的工作报告、历年《中国检察年鉴》关于贪污贿赂犯罪的统计,以及中央纪委、国家监委网站上关于省部级高官的腐败数据。在时间跨度上,为全面评估1997年《刑法》中贪污罪、受贿罪的立法运行情况,将实证研究的基本时间跨度确定为1997—2020年。同时,基于对党的十八大前后贪污贿赂犯罪变化以及监察体制改革以来贪污贿赂犯罪治理情况的整体把握要求,更为具体的数据采集时间段为2009—2017年和2018—2020年。

案例分析法的实证样本来自"无讼案例"库。在判决书选取时,关键词设定为"贪污罪""受贿罪""刑事""判决"。在判决书时间段上,将时间确定为党的十八大后的2013—2018年,共计6年。在案例发生区域上,综合考虑各省人口、经济总量以及区域发展的协调性,按照中国七大传统区划,选择有代表性的省、直辖市确定案例总量,即华北地区选择北京、河北、山西;东北地区选择吉林;华东地区选择上海、江苏、山东;华中地区选择湖北;华南地区选择广东;西南地区选择重庆、四川;西北地区选择陕西、甘肃,共13个省或直辖市。在抽样比例上,考虑到社会调查研究很少使用高度精确的样本容量,故根据经验样本量的范围(表4-1)①确定了不同省份的抽样比例,最终得到1039件贪污罪案例、1102件受贿罪案例。除了数据统计之外,研究还采取了样本内容分析法,选择争议点集中的代表性案例进行具体分析,形成从抽象分析到具体分析的实证路径。

表 4-1　犯罪总体规模与抽样比

总体规模	100 人以下	抽样比为 50%以上
	100—1000 人	抽样比为 50%—20%
	1000—5000 人	抽样比为 30%—10%
	5000—1 万人	抽样比为 15%—3%
	1 万—10 万人	抽样比为 5%—1%
	10 万人以上	抽样比为 1%以下

(三) 实证指标设计

客观测量法的实证指标设为历年检察机关直接立案侦查的贪污罪、受贿罪立案数量;在监察体制改革后,该指标为历年检察机关移送起诉的职务犯罪案件数量。

案例分析法的实证指标相对复杂。贪污罪设置五大统计内容,分别是案件信息、主体要素、客观要素、刑罚、判决争议点。第一部分案件信息下分3列,分别是"序号""案号"和"行为人姓名";第二部分主体要素下分5列,分别是"性

---

① 杜智敏编:《抽样调查与SPSS应用》,电子工业出版社2010年版,第181页。

别""逮捕时年龄""认知水平""职务"以及"职务类型";第三部分客观要素下分9列,分别是"行为起讫时间""行为跨度""利用职务之便(细分为:主管、管理、经手)""侵吞""窃取""骗取"和"总数额(万)";第四部分刑罚下分4列,分别是"主刑(年)""罚金(万)""没收财产(万)""刑罚裁量";第五部分判决争议下分3列,分别是"辩护人意见""法院意见""争议事项"。受贿罪指标设计也包含五大统计内容,分别是案件信息、主体要素、客观要素、刑罚、判决争议。除了客观要素设计不同外,其余四项与贪污罪设置相同,为共同要件。受贿罪的客观要素项下分为2列,即"利用职务上的便利"和"为他人谋取利益"。

二、贪污贿赂犯罪的整体趋势考察

图 4-1 为 1997—2017 年检察机关立案侦查的贪污贿赂犯罪案件数量统计,用于分析 1997 年《刑法》颁布实施以来贪污贿赂犯罪的整体走势。图 4-2 为 2009—2017 年检察机关立案侦查的贪污贿赂犯罪案件数量统计,用于分析党的十八大以来贪污贿赂犯罪的整体走势。2018 年后,检察机关自侦案件转由监察委员会负责调查,检察机关在工作报告中不再就贪污罪、受贿罪进行单独统计,表 4-2 是对监察委员会移送起诉的人数、检察机关实际起诉的人数以及检察机关对司法工作人员腐败犯罪查办人数进行的统计。需要说明的是,表 4-2 统计的是职务犯罪数量,包括但不限于贪污罪和受贿罪。

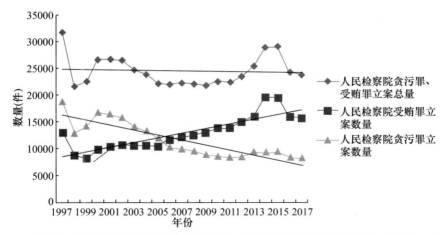

图 4-1 全国检察机关立案侦查贪污罪、受贿罪案件数量统计(1997—2017)
资料来源:1997—2017 年《中国检察年鉴》。

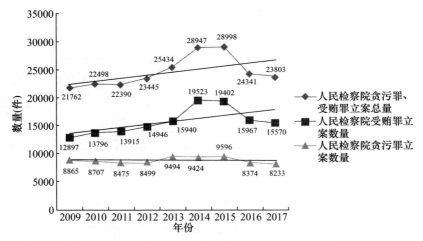

图 4-2 全国检察机关立案侦查贪污罪、受贿罪案件数量统计（2009—2017）
资料来源：2009—2017 年《中国检察年鉴》。

表 4-2 监察委员会移送、检察机关起诉的职务犯罪人数（2018—2021）

时间	监察委员会移送（人）	检察机关提起公诉（人）
2018	16092	9802
2019	24234	18585
2020	19760	15346
2021	20754	16693

资料来源：2019—2022 年最高人民检察院工作报告。

三、贪污贿赂犯罪构成要件的案例实证

（一）贪污罪、受贿罪共同要件的案例实证

1. 样本情况统计

通过数据筛选发现，涉及犯罪主体身份争议的贪污罪样本共 147 件（表 4-3），占贪污罪全部样本比例的 14.1%，其中有 18 件样本法院在判决书中将公诉机关指控的贪污罪认定为诈骗罪，37 件样本法院将贪污罪认定为职务侵占罪，另有 3 件样本因主体身份无法认定而最终判决无罪。受贿罪中涉及犯罪主体身份争议的样本为 58 件，占比 5.2%，其中有 16 件样本法院在判决书中将公诉机关指控的受贿罪认定为非国家工作人员受贿罪。

在实践中关于贪污罪、受贿罪主观要素认定的争论也屡见不鲜。经过数据筛选发现，在贪污罪 1039 件样本中，控辩双方就非法占有公共财物目的进行辩论的，有 116 件，占贪污罪全部样本比例的 11.2%。其中，47 件样本中的被告人或辩护人提出所得财物用于公务支出，不具有非法占有的目的，有 13 件样本法

院对辩方提出的辩护理由予以认定。受贿罪中有 6 件样本存在公务支出的争议,仅 1 件样本法院将公务支出予以扣除。

表 4-3　样本库中贪污罪、受贿罪主体和主观要件的争议案例统计

	贪污罪			受贿罪		
	争议案例（个）	占比	改判案例（个）	争议案例（个）	占比	改判案例（个）
主体	147	14.1%	58	59	5.2%	16
主观故意	116	11.2%	13	37	3.3%	4

2. 主体要件的案例实证

（1）国家工作人员从事公务的界定。贪污罪、受贿罪属于身份犯,主体身份的有无是罪与非罪、此罪与彼罪的界限,在司法实践中是控辩争议较为激烈的领域,争议点主要集中于对"其他依照法律从事公务的人员"的认定。

> **案例一**
>
> **李某某诈骗案**
>
> **事实认定**:在国家实行家电下乡政策期间,被告人李某某经营的光明水暖商店是经冀州市(现冀州区)财政局、商务局审核批准的家电下乡销售网点。2010 年,河北省财政厅规定农民购买的家电补贴由商家先行垫付,且由商家负责审核农民信息,之后,冀州市财政局凭商家上报的农民购买家电的相关资料将商家垫付的补贴款拨付到商家的指定账户。2010 年 1 月至 2012 年 5 月,被告人李某某利用受冀州市财政局委托发放补贴的便利条件,通过将价格高的家电下乡太阳能替换农民购买的价格低的太阳能,骗取国家补贴;或者以假报、虚报农民购买家电下乡太阳能的方法骗取国家补贴。在此期间,被告人李某某共骗取国家补贴 16007.55 元。所得款项被其消费。
>
> **争议焦点**:公诉机关指控,被告人李某某利用受冀州市财政局委托审核农民信息、先行垫付发放补贴的便利条件,骗取国家家电下乡补贴款 16007.55 元,用于个人消费,应以贪污罪追究其刑事责任。
>
> **裁判理由与结果**:被告人李某某经营的光明水暖商店,以自己的名义进行审查并提供财政补贴,其审查后果由其自身承担,垫付的资金也是自己的。申请程序是否齐全,是否支付财政补贴,决策权在乡镇财政部门。被告整理并复制了补助基金所需的产品识别卡、发票、身份证、户口簿等,是代购买产

品的农民以获得相应财政补贴所为,而非乡镇财政部门应当从事的职务行为。被告人李某某不具有构成贪污罪的特殊主体身份,故公诉机关指控被告人李某某犯贪污罪,本院不予支持。法院以诈骗罪判处李某某有期徒刑八个月,缓刑一年,并处罚金人民币 16007 元。①

案例二

马某某贪污案

事实认定:2009 年 10 月至 2011 年 12 月,被告人马某某所经营的留坝县启新家电服务部受留坝县财政局、经贸局委托成为留坝县家电下乡销售网点,代理审核并现场垫付家电下乡产品补贴资金。被告人罗某某所经营的汉中忠义电器有限责任公司被暂停和取消家电下乡网点备案资格后,为减少损失,罗某某与马某某商议通过启新家电服务部为忠义电器公司申报家电下乡补贴。二人于 2011 年 10 月至 11 月期间两次利用马某某代理审核、录入补贴信息及申报资料的职务便利,申报忠义电器公司销售信息 348 户,在留坝县江口财政所骗取补贴 88173.15 元。

争议焦点:公诉机关认为,被告人马某某受国家机关委托,在从事经营家电下乡代补贴工作期间,利用职务便利,骗取家电下乡补贴资金,构成贪污罪。辩护人则认为,被告人马某某不具有犯贪污罪的主体资格且不存在利用职务之便占有公共财产。

裁判理由与结果:被告人马某某在家电销售过程中,与留坝县财政局、经贸局签订了协议书,协议书约定被告人马某某有代理审核、录入信息并垫付补贴资金的职责,是接受国家机关委托从事职务,属于贪污罪的犯罪主体,构成贪污罪。故该辩护意见于法不符,本院不予采纳。马某某犯贪污罪,被判处有期徒刑三年,宣告缓刑四年。②

根据《刑法》第 93 条的规定,国家工作人员包括两类:一是国家机关的工作人员;二是以国家工作人员论的人员,即国有公司、企业事业单位、人民团体中从事公务的工作人员、受委派到非国有单位从事公务的人员以及其他依法从事公务的人员。2000 年 4 月 29 日九届全国人大常委会十五次会议通过的《关于〈中

---

① (2013)冀刑初字第 95 号判决书。
② (2013)留刑初字第 16 号判决书。

华人民共和国刑法〉第九十三条第二款的解释》规定,村民委员会等村基层组织人员协助人民政府从事下列行政管理工作,属于《刑法》第 93 条第 2 款规定的"其他依照法律从事公务的人员":(1) 救灾、抢险、防汛、优抚、扶贫、移民、救济款物的管理;(2) 社会捐助公益事业款物的管理;(3) 国有土地的经营和管理;(4) 土地征用补偿费用的管理;(5) 代征、代缴税款;(6) 有关计划生育、户籍、征兵工作;(7) 协助人民政府从事的其他行政管理工作。村民委员会等村基层组织人员从事前款规定的公务,利用职务上的便利,非法占有公共财物、挪用公款、索取他人财物或者非法收受他人财物,构成犯罪的,适用《刑法》第 382 条和第 383 条贪污罪、第 384 条挪用公款罪、第 385 条和第 386 条受贿罪的规定。"其他依照法律从事公务的人员",属于"兜底性条款",具有一定的模糊性,必须加以限制性解释。就《刑法》第 93 条的规定看,"其他依照法律从事公务的人员"应当具备三个基本特征:一是从事公务,即从事国家、公共事务的管理性活动;二是有法律依据,由法律授权其代表国家从事公务活动;三是行为人只在某种特定条件下才从事公务活动。① 可见,从事公务是国家工作人员身份判断的实质性标准,但司法实践对该要素的认定仍然较为模糊。

上述两个案例的案情相似,但司法机关却做出了不同判决,出现了"同案不同判",其根源仍在于对从事公务的理解不同。一般认为,从事公务是指"在国家机关、国有公司、企业、事业单位、人民团体等单位中履行组织、领导、监督、管理等职责"②。《全国法院审理经济犯罪案件工作座谈会纪要》第 1 条第 4 款规定,"从事公务,是指代表国家机关、国有公司、企业事业单位、人民团体等履行组织、领导、监督、管理等职责。公务主要表现为与职权相联系的公共事务以及监督、管理国有财产的职务活动。如国家机关工作人员依法履行职责,国有公司的董事、经理、监事、会计、出纳人员等管理、监督国有财产等活动,属于从事公务。"公务活动的本质是管理性和职能性,案例一和案例二中的两名被告虽然受当地财政局委托并签订相关合同,但不具有对国有财产的管理权和决定权;虽可以以自己名义进行审查并垫付财政补贴,但国有财产处分决定权最终还在政府部门手中,两人不具有实质层面监督、管理国有财产的权力,不属于受托管理、经营国有财产的人员,也不属于"其他依照法律从事公务的人员",不符合贪污罪主体要求。在此情形下,司法机关应当按照诈骗罪而不是贪污罪进行认定。

(2) 公务与劳务的区别。贪污罪样本中涉及被告人所从事的是公务还是劳

---

① 孙国祥:《贿赂犯罪的学说与案解》,法律出版社 2012 年版,第 299 页。
② 最高人民检察院法律政策研究室编:《修订刑法条文实用解说》,中国检察出版社 1997 年版,第 111 页。

务之争的共 23 件,其中 14 件法院认定为劳务,构成职务侵占罪,另外 9 件法院认定为公务,构成贪污罪。受贿罪样本中有 9 件涉及公务和劳务的争议,其中 7 件被法院认定为劳务,2 件被认定为公务。

案例三

孙某某职务侵占案

事实认定:港口医院是河北港口集团有限公司成立的事业单位。2003 年 7 月 1 日,港口医院与被告人孙某某签订了无固定期限的劳动合同,合同约定的岗位性质是生产岗位。从 2008 年 1 月 6 日到 2011 年 10 月 8 日,被告孙某某在担任港口医院收费员期间,发现营业付费电脑打开第二个窗口的同时,结账电脑继续在第一个窗口收费,终端不记录第二窗口接收的金额。于是,被告人利用门诊收费程序漏洞从第二窗口拦截 163 张现金收据,截获门诊费用总额为 642467.34 元。

争议焦点:案发后,检察机关以孙某某构成贪污罪向法院提起公诉,一审法院经审理后判决孙某某犯贪污罪,处有期徒刑七年。一审判决后,孙某某以其是单位的收费员,是合同制工人,是劳务活动,不具备贪污罪的主体要件,应以职务侵占罪定罪处罚为由提出上诉。

裁判理由与结果:上诉人孙某某对单位的财物没有管理支配权,其工作是服务性工作,属于劳务而非公务,不具备贪污罪的主体身份。上诉人及其辩护人认为不构成贪污罪,应以职务侵占定罪处罚的意见,本院予以采纳。①二审法院以职务侵占罪判处孙某有期徒刑四年九个月。

案例四

胡某某贪污案

事实认定:2011 年 10 月至 2013 年 1 月,被告人胡某某被襄阳市襄州区中医院颈肩腰腿痛一科聘用为该病区医务工作人员,具体负责为住院患者书写病历,收取患者住院医疗费用,代患者办理入院、出院手续。其间,被告人胡

---

① (2015)秦刑终字第 102 号判决书。

某某收取患者孟某某1500元住院医疗费、收取患者罗某3683.56元住院医疗费、收取患者廖某某3758.18元住院医疗费、收取患者米某某2040.91元住院医疗费、收取患者兰某某2344.99元住院医疗费、收取患者彭某某3175.79元住院医疗费、收取患者黄某某2375.35元住院医疗费、收取患者梁某某4000元住院医疗费,共计22878.78元不上交,占为己有,用于日常生活开支。

争议焦点:公诉机关指控被告人胡某某犯贪污罪。辩护人辩称胡某某从事的工作属一般劳务活动,不属于在事业单位中从事公务的人员,不具备贪污罪的主体身份,不构成贪污罪;胡某某利用经手住院费的职务便利侵吞钱款,应认定为职务侵占罪。

裁判理由与结果:被告人胡某某被襄州区中医院颈肩腰腿痛一科聘用期间,利用其为病人办理入院、出院手续,经手收取病人住院费用的便利条件,非法占有国有事业单位的公共财物,其行为符合贪污罪的特征,应当以贪污罪追究其刑事责任,辩护人的辩护意见不予采纳。被告人胡某某犯贪污罪,判处有期徒刑一年八个月。①

上述两个案例中,被告人都是以合同聘用的方式在医院从事收费工作,但司法机关却做出了职务侵占罪和贪污罪的不同认定。一般认为,劳务行为是直接从事物质资料的生产活动和服务活动;公务与劳务的区别在于后者不具有国家权力性、职能性和管理性;劳务活动不具有公共事务的管理性,也不具有任何公权力的性质,即无职权,不具有"利用职务上的便利"之可能。1988年《关于执行〈关于惩治贪污罪贿赂罪的补充规定〉若干问题解答》规定,"直接从事生产、运输劳动的工人、农民、机关勤杂人员,个人劳动者,部队战士,经手公共财物的,如果他们所从事的仅仅是劳务,不能成为贪污罪的主体。"该司法解释最早提出了公务和劳务的区分要求,但仍然是列举性表述,并未给劳务行为进行定性。《全国法院审理经济犯罪案件工作座谈会纪要》第1条第4项在"从事公务"概念的基础上,进一步提出:"那些不具备职权内容的劳务活动、技术服务工作,如售货员、售票员等所从事的工作,一般不认为是公务"。但是,对于何为"职权内容",司法解释依然没有解释清楚。实践中有很多国有机关、企事业单位将某些管理职权直接委托给基于合同聘用关系而进入单位的工作人员,这些人员实际行使的是管理权,但司法判例中基本将其认定为是非国家工作人员。而对于网络管理、信息管理这些对技术有一定要求的岗位的工作人员,其所从事的工作属于技

---

① (2015)鄂襄州刑初字第191号判决书。

术性活动,具有明显的劳务性质,但在一些判例中仍将其认定为公务。显然,对于国家工作人员主体要件实质性判断标准的公务概念,司法实践中的认识和运用还是较为混乱的。应当明确的是,公务具有职权性特征,判断贪污罪从事公务的职权性,应当看行为人基于其职责对国有财产是否具有支配权或者处分权;若是临时经手或保管,则不具有支配、处分财物的权力,不应认定为从事公务。据此,国有企业的会计、出纳按照其职责可以对其控制的财产进行处分,应定为公务,但是售货员、售票员对于其经手的财物仅仅是临时性占有,并无支配、处分的权限,认定为劳务更合适。案例三中被告人窗口收费行为对财产的占有是临时的,不具有对财产的支配和处分权限,不符合贪污罪的主体要件,二审法院改判职务侵占罪是正确的。

3. 主观要件的案例实证

国家工作人员出于贪污、受贿的故意,非法占有公共财物或收受他人财物之后,将赃款赃物用于单位公务支出或社会捐赠的,是否影响到贪污罪、受贿罪的认定,在司法实践中也存在一定争议。

案例五

吴某某贪污案

事实认定:吴某某在 2005 年 6 月至 2014 年 8 月,报销个人消费 15836 元,虚报招待费 41895 元,共计 57731 元,用于个人日常生活开支。

争议焦点:公诉人建议以贪污罪判处四年以下有期徒刑。吴某某及其辩护人认为,公诉机关指控被告人吴某某贪污的 57731 元,其中用盖有"供销酒苑"印章报支的 41895 元是吴某某报销的单位 10 年间的无票开支费用,不能认定为贪污,即为报销单位无票账目而占用的款项不应计入贪污数额。

裁判理由与结果:2005 年 6 月至 2013 年 12 月间,延安市煤炭经销(出口)公司在购买办公用品、电器维修、客户招待时存在无票支出的情形,被告人吴某某用加盖"供销酒苑"印章的票据在公司账务中报销的费用,不能排除是为了报销公司无票开支费用。故公诉机关指控虚报招待费 41895 元构成贪污罪的证据不足,本院不予支持。被告人吴某某采用虚报招待费用等手段侵吞公款15836元,用于招待同学、朋友和购买照相机等,其行为已构成贪污罪,判处有期徒刑一年又六个月,宣告缓刑,缓刑考验期为两年。①

案例六

刘某某受贿案

事实认定:2010年至2013年,被告人刘某某在任乡宁县台头镇卫生院院长期间,与山西通盛集团医药物流有限公司乡宁片区区域负责人尹某某约定,按照卫生院进购药品结算额的10%作为药品回扣。2010年6月至2013年7月,乡宁县台头镇卫生院在山西通盛集团医药物流有限公司进购药品总额为3080882.63元。其间,被告人刘某某先后多次以现金形式收受尹某某药品回扣共计5万元。

争议焦点:公诉机关认为,被告人刘某某收受回扣5万元,即构成受贿,其在犯罪行为完成后,对所收受钱款的支配,不影响对其受贿金额的认定,应以收受回扣的数额认定受贿数额。被告人及辩护人提出,在尹某某多次以现金形式给被告人刘某某回扣款后,被告人刘某某将该款中的44960元用于单位因公支出,应以被告人刘某某实际占有的5040元认定受贿数额。

裁判理由与结果:被告人刘某某收取山西通盛集团医药物流有限公司乡宁片区区域负责人给付的药品回扣款5万元后,因公支出44960元,其余5040元归个人所有,乡宁县人民检察院指控罪名成立,指控犯罪数额予以变更。被告人及辩护人认为用于因公支出部分应予核减的观点,本院予以采纳。被告人刘某某犯受贿罪,免予刑事处罚。②

贪污罪、受贿罪属于故意犯罪,虽然立法没有明确规定"非法占有的目的",但从"贪利型"犯罪属性上看,"非法占有的目的"仍是这两罪的不成文构成要素。将贪污、受贿款项用于公务支出,是否表明行为人对赃款不具有非法占有的目的,是实务中争议比较大的问题。《关于办理贪污贿赂刑事案件适用法律若干问题的解释》第16条规定:"国家工作人员出于贪污、受贿的故意,非法占有公共财物、收受他人财物之后,将赃款赃物用于单位公务支出或社会捐赠的,不

---

① (2015)黄龙刑初字第10号判决书。
② (2015)乡刑初字第57号判决书。

影响贪污罪、受贿罪的认定,但量刑时可以酌情考虑。"该规定表明,在贪污、受贿犯罪故意支配之下,行为人同时也具有对公共财物、他人财产非法占有的目的,即使将赃款赃物用于单位公务支出,也仅是犯罪既遂之后的赃款处置行为,不影响犯罪认定。但是,若行为人在占有公共财物或收受他人财物时,缺乏贪污、受贿的故意,则不构成犯罪,这种情形可能出现在行为人为单位垫付了相关资金而使得单位公务支出发生在先时,此时行为人对相关财产的占有并不具有犯罪故意和非法占有目的,相关财产数额应当从犯罪数额中予以扣除。在案例五中,吴某某所在的公司在购买办公用品、电器维修、客户招待时存在无票支出的情形,为将个人垫付的款项收回而虚报报销费用的行为不具有贪污的故意。在案例六中,被告人以收受回扣为目的接受医商回扣 5 万元,具有明确的受贿故意,其行为已构成受贿罪既遂,赃款的事后处置,不影响受贿罪的认定,一审法院将相关款项从受贿数额中扣除并不正确。

(二)贪污罪、受贿罪具体构成要件的案例实证

1. 贪污罪具体构成要件的案例实证

贪污罪的手段方式包括利用职务便利进行侵吞、窃取和骗取三种行为。据统计,涉及贪污罪行为方式是否成立的样本有 39 件,占贪污罪全部样本的 3.75%。贪污罪与职务侵占罪、盗窃罪、诈骗罪在实行行为上存在竞合关系,区别的关键在于相关行为是否同时具备利用职务便利的因素。

案例七

柯某职务侵占案

事实认定:2013 年 5 月至 2014 年 10 月,被告人柯某在担任佛山市禅城区某某片区改造工程指挥部维稳治安队队长期间,利用负责治安队人事和考勤的职务之便,隐瞒治安员陈某、刘某、柯某乙的辞职情况不上报,制作虚假出勤记录,冒领上述三人工资共人民币 61616 元,后将全部赃款用于个人消费。

争议焦点:柯某冒领工资的行为是否属于利用职务上的便利侵占国家财产?

裁判理由与结果:被告人柯某作为指挥部治安队的队长,对公共财物及财政资金没有直接支配权力,保安员辞职后未及时上报并制作虚假考勤表的

行为不属于从事公务的行为,不能认定为利用职务上的便利的行为。被告人犯职务侵占罪,判处有期徒刑一年一个月。[1]

案例八

赵某某诈骗案

事实认定:2008 年秋至 2009 年春,被告人赵某某利用担任本村党支部书记的职务之便,在协助沂水县某镇党委政府开展青临高速公路占地补偿工作过程中,明知上级政府禁止在占地范围内抢种果树抢建地上附着物,仍先后单独或伙同他人以在高速公路占地范围内抢种果树或抢建机井的方式,骗取国家补偿款 149265 元。其中,被告人赵某某分得 21115 元。

争议焦点:公诉机关以赵某某犯贪污罪提起公诉。原审法院认为,国家工作人员利用职务上的便利,非法占有公共财物的,是贪污罪。被告人赵某某的辩护人以其行为不具有"利用职务便利"的构成要件申请再审。

裁判理由与结果:再审法院认定,利用职务上的便利是指利用自己职务范围内的权力和地位所形成的主管、管理、经手公共财物的便利条件。本案中的犯罪对象系国家补偿款,属于公共财物,但国家补偿款系村民自行在镇经管站领取,虽然存在赵某某帮其他群众代领的现象,但根据书证,赵某某均签自己的真实姓名,赵某某并没有对国家补偿款主管、管理、经手的便利条件,因此,被告人赵某某没有职务上的便利。被告人赵某某的行为构成诈骗罪,判处有期徒刑三年,并处罚金人民币 80000 元。[2]

案例九

高某职务侵占案

事实认定:2013 年 3 月至 9 月,被告人高某与永清北矿冶金材料科技有限责任公司(国有企业)签订劳动聘用合同,合同期限为一年,高某担任该公

---

[1] (2015)佛城法刑初字 352 号判决书。
[2] (2014)沂刑再初字第 1 号判决书。

司门卫,负责厂区内财物的安全。其间四次变卖所看管的公司财物,将所得赃款 11400 元据为己有。

争议焦点:公司门卫看管公司财物"监守自盗"是否属于利用职务便利?

裁判理由与结果:被告人高某与永清北矿冶金材料科技有限责任公司签订劳动聘用合同,并按照合同约定担任公司门卫负责看管厂区财物,其所从事的仅为一般性劳务而非代表国有公司履行职责,因此不属于从事公务的人员,公诉机关指控被告人高某犯贪污罪不成立。被告人高某在担任门卫期间,利用职务上的便利,变卖公司财物并占为己有,数额较大,事实清楚、证据确实充分,被告人高某的行为构成职务侵占罪,判处拘役三个月。①

上述三个案例涉及贪污罪与职务侵占罪、诈骗罪的区分。在贪污罪与职务侵占罪的区分上,除了主体是否属于国家工作人员以外,还应当判断行为人所利用的是否属于公权的职务便利。《关于人民检察院直接受理立案侦查案件立案标准的规定(试行)》第 1 条第 1 款规定,贪污罪的"利用职务上的便利"是指,利用职务上主管、管理、经手公共财物的权力及方便条件。主管是指不具体管理、经手公共财物,但有审查、批准、调拨、安排或者以其他方式支配、处分公共财物的职权。② 管理是指行为人基于职责对公共财物的保管、监管活动。区分主管与管理的标准是看行为人是否对公共财物具有直接的支配权。利用主管公共财物职务之便的行为人因为依法享有支配权,可以依照自己的职权改变财物的去向、用途,但利用管理公共财物职务上的便利的行为人只能依法执行保管、看守等工作。③ 经手是指行为人依据其职责,对公共财物进行的支配、处分活动。劳务活动也可能会经手公共财物,区分的关键在于,公务中的经手具有对财产的支配性、管理性特征,而非临时性占有。

在案例七中,被告人担任指挥部维稳治安队队长负责治安队人事和考勤,负责工资的统计和发放,但不具有管理和支配国有财产的职能,其行为不属于公共财物的管理、经手行为,行为人利用所在岗位职权,隐瞒保安队员离职的真相,骗取公款的行为构成职务侵占罪。在案例八中,被告人协助镇政府开展青临高速公路占地补偿工作,属于"其他依照法律从事公务的人员",但其单独或伙同他人以在高速公路占地范围内抢种果树或抢建机井的方式骗取国家补偿款却并未利用其职务之便,其虚报行为也是以村民身份而为,不符合贪污罪中利用职务上的便利这一构成要素,法院按照诈骗罪认定是准确的。在案例九中,被告人为国

---

① (2014)永刑初字第 38 号判决书。
② 董邦俊:《贪污罪新论》,中国方正出版社 2004 年版,第 111 页。
③ 赵煜:《惩治贪污贿赂犯罪实务指南》,法律出版社 2012 年版,第 43 页。

有企业的门卫,其职责是看管厂区内的财物安全,不具有管理和支配国有财产的职能,无论从主体要件上,还是客观要件上,均不符合贪污罪的构成要件,其行为应当构成职务侵占罪。

2. 受贿罪具体构成要件的案例实证

(1)利用职务上的便利。在样本梳理中发现,控辩双方就"利用职务上的便利"进行辩论的有 138 件,占受贿罪样本总数的 12.2%。"利用职务上的便利"是普通受贿、索贿型受贿、经济受贿的共同构成要素。利用职务上的便利收取贿赂,意味着国家工作人员收受的财物与其职务行为具有关联性(财物是职务行为或所许诺的职务行为的不当报酬),而不意味着利用职务上的便利本身是一个实行行为。①

案例十

相某长受贿案

事实认定:2009 年至 2014 年 2 月,被告人相某长利用担任沂水某某医院神经外一科主任的职务之便,在本单位购进药品、医疗手术耗材过程中,先后非法收受医药代表陈某捷、裴某超等人所送回扣款共计 15.1 万元,并在工作中为其谋取利益。

争议焦点:公诉机关认为,被告人相某长构成受贿罪。辩护人认为,被告人的职责主要是业务管理,不具有职务上的便利,应构成非国家工作人员受贿罪。

裁判理由与结果:被告人收受回扣的基础在于科室主任的身份及其全面负责科室管理的职权,符合受贿罪"利用职务上的便利"要件。被告人所在神经外一科一直使用特定的有回扣的药品、器械,业已符合"为他人谋取利益"要件。综上,被告人作为国有医院科室主任,事先与药品、器械经销商约定收取款项,构成受贿罪,判处有期徒刑二年,并处罚金人民币 20 万元。②

案例十一

陶某某非国家工作人员受贿案

事实认定:2010 年 3 月至 2015 年 12 月,被告人陶某某在担任苏州市相

---

① 张明楷:《单一行为与复数行为的区分》,载《人民检察》2011 年第 1 期。
② (2015)沂刑二初字第 19 号判决书。

城人民医院骨科诊疗小组组长期间,利用负责管理该小组全面工作的职务便利,在采购骨科耗材的过程中,为褚某及莫某实际控制的公司谋取利益,并多次收受褚某、莫某贿赂的回扣款合计人民币 1967550 元。

争议焦点:公诉机关认为,被告人陶某某构成受贿罪。辩护人认为,被告人陶某某利用开处方工作的便利收受财物,系从事不具备职权内容的劳务活动,且不存在采购行为,未利用职务上的便利,应属非国家工作人员受贿罪。

裁判理由与结果:骨科耗材品牌需在省、市集中采购入围耗材目录范围内选取,因骨科耗材使用专业性较强,所以是由骨科科室主任或者组长进行申请或者推荐,并经医院讨论后,再决定是否进入相城医院的骨科耗材品牌。根据现有证据,虽然被告人陶某某作为骨科诊疗小组组长对于骨科耗材选择具有建议推荐权,但本案所涉及的骨科耗材品牌进入相城人民医院采购目录与被告人陶某某的建议推荐并无关联。综上,被告人陶某某在医疗活动中,利用对本组医生进行指导的工作便利,通过选择使用相应品牌的骨科耗材以获取回扣,并非从事具有职权内容的公务,未利用职务上的便利,故被告人陶某某的行为不应构成受贿罪,而应构成非国家工作人员受贿罪,对辩护人的辩护意见予以采纳。法院以非国家工作人员受贿罪判处陶某某有期徒刑三年四个月。①

案例十二

宋某甲非国家工作人员受贿案

事实认定:2011 年 4 月份开始,被告人宋某甲作为某院骨二科副主任、副院长,是骨二科交叉韧带重建术的主刀医生。他做该方面手术的耗材均为由薛某担任业务经理的河北新强源医疗器械贸易有限公司提供(通过招投标程序进入该院的此类耗材唯一供应商)。为此,自 2012 年 3 月至 2013 年 11 月间,薛某通过银行转账的方式,先后六次给被告人宋某甲手术耗材回扣款,共计 365120 元。

争议焦点:公诉机关认为,被告人宋某甲构成受贿罪。辩护人认为,被告人宋某甲收受医疗耗材回扣行为单纯属于医师的业务行为,与其副院长、副主任的行政职务没有关系,且其所用耗材供应商仅此一家,无选择的余地,应以非国家工作人员受贿罪定罪处罚。

---

① (2017)苏 0507 刑初 391 号判决书。

裁判理由与结果：因被告人宋某甲具有国有事业单位行政职务、医师职务双重身份，其开处方收取回扣的行为虽是一种职务行为，但是该行为不是履行与其行政职权相联系的公共事务以及监督、管理国有财产的职务行为，而是属于医务人员业务范围的行为，且其没有选择耗材销售方的权利，只有使用权，不存在利用职务上的便利，所以公诉机关指控罪名不妥。法院判处宋某甲犯非国家工作人员受贿罪，处有期徒刑一年，并处没收财产二十万元。[①]

《关于人民检察院直接受理立案侦查案件立案标准的规定（试行）》第1条第3项规定，"利用职务上的便利"是指利用担任职务范围内的权力，即自己职务上主管、负责或者承办某项公共事务的职权及其所形成的便利条件。《全国法院审理经济犯罪案件工作座谈会纪要》第3条第1项规定，"利用职务上的便利"包括了以下三种情况：一是利用本人职权，即利用本人职务上主管、负责、承办某项公共事务的职权；二是利用职务上有隶属、制约关系的其他国家工作人员的职权；三是利用不属于自己主管的下级部门的国家工作人员的职务便利。这两个司法解释对于"利用职务上的便利"包括利用本人主管、负责、承办某项公共事务的职权，并无分歧，但是《关于人民检察院直接受理立案侦查案件立案标准的规定（试行）》认为"利用职务上的便利"还包括"职权所形成的便利条件"（如一般的工作联系和方便条件）。为有效打击商业贿赂，最高人民法院、最高人民检察院《关于办理商业贿赂刑事案件适用法律若干问题的意见》第4条第1款规定，医疗机构中的国家工作人员，在药品、医疗器械、医用卫生材料等医药产品采购活动中，利用职务上的便利，索取销售方财物，或者非法收受销售方财物，为销售方谋取利益的，构成受贿罪；第3款规定，医疗机构中的医务人员，利用开处方的职务便利，以各种名义非法收受药品、医疗器械、医用卫生材料等医药产品销售方财物的，为医药产品销售方谋取利益，数额较大的，以非国家工作人员受贿罪定罪处罚。根据《关于办理商业贿赂刑事案件适用法律若干问题的意见》，医生收受贿赂的，应区分所利用的是管理权还是医生本身所具有的处方权，前者利用的是公权力，构成受贿罪；后者利用的是业务权力，构成非国家工作人员受贿罪。

《全国法院审理经济犯罪案件工作座谈会纪要》通过列举方式明确了利用职务便利的具体形式，但却未概括出"利用职务上的便利"的核心内涵，导致司

[①] （2015）迁刑初字第15号判决书。

法适用中对该构成要素的认定产生不同认识。在案例十中,被告人为神经外科主任,对科室具有全面管理的权力,包括在科室临床用药上的推荐使用权、监督权。法院认为,被告人对药品的推荐使用权和监督权属于科室管理权,利用该权力收受回扣的,属于利用职务上的便利,构成受贿罪。在案例十一中,控方认为,被告人担任骨科诊疗小组组长,负责管理该小组全面工作,被告人向医院推荐骨科耗材,属于利用本人主管公共事务的权力,应构成受贿罪。辩方则认为,尽管被告人有推荐权,但最终药品选择仍是由医院决定的,且无法证明医院的决定与被告人的建议存在直接关联,被告人所利用的不是公共事务管理权而是医生的业务权,应当构成非国家工作人员受贿罪,法院采纳了辩方的意见。在案例十二中,控方认为,被告人基于职务身份且其符合受贿罪利用职务上的便利的要求,辩方则强调了行政管理职权与受贿之间缺乏因果关系,无法证明被告人在招投标过程中对耗材使用具有决定权,应当构成非国家工作人员受贿罪,法院采纳了辩方的意见。上述三个案件的共同之处在于,被告人既具有单位内部的行政管理权,也具有医生业务的处方权。尽管《关于办理商业贿赂刑事案件适用法律若干问题的意见》对两种权力进行了区分,但在两种权力归于同一主体的情形下,很难将这两种权力截然分开,由此使得案件处理依赖于对公权行使与收受回扣之间因果关系的证明,如案例十。若无法证明公权力行使与收受回扣之间存在因果关系,特别是在公权力与回扣之间的影响是隐性的或间接性的,如案例十一、案例十二,则只能按照非国家工作人员受贿罪处理。

(2) 为他人谋取利益。通过案例分析发现,有 58 件样本案例中的被告人以未曾为行贿人谋取不正当利益为由,主张不构成受贿罪,占受贿罪样本总数的 5.2%,有 7 个样本案例法院认定被告人不构成受贿罪。

案例十三

王某受贿案

事实认定:被告人王某任某县人民检察院检察长。2013 年初,经人介绍,陕西华创实业有限公司法定代表人黄某华和王某结识。相识之后,王某对黄某华表示其妻子是律师,询问能否让其妻子担任华创公司的法律顾问。因华创公司已有法律顾问,黄某华变相拒绝。随后黄某华考虑到王某是检察长,怕王某因此事日后找他麻烦,即决定按照公司法律顾问的佣金标准送给王某 5 万元,以维持良好关系。2014 年 5 月,黄某华将装有 1 幅书法作品和 5 万元现金的纸袋子送给王某,王某予以收受。

争议焦点：公诉机关以受贿罪提起公诉。辩护人认为，被告人收受黄某华人民币 5 万元的行为，与被告人的职务行为不存在关联性，更不存在黄某华利用被告人的行为谋取利益的意思表示和事实，不构成受贿罪。

裁判理由与结果：公诉机关指控王某收受黄某华 5 万元人民币构成受贿罪的证据，不能证明王某利用职务便利为黄某华谋取了利益，也不能证明黄某华对王某有请托事项或预期请托，该起指控王某受贿的事实不成立，本院不予认定。①

案例十四

于某受贿案

事实认定：被告人于某在担任中共蓬莱市委常委、政法委书记、政协主席期间，自 2004 年春节前至 2013 年春节前，利用相关职务便利，分多次非法收受蓬莱市金策选矿厂总经理时某送予的现金、银行卡，折合人民币共计 36 万元。

争议焦点：公诉机关认为，被告人于某构成受贿罪。辩护人对起诉书指控的事实无异议，但认为，于某与时某之间存在 36 万元的经济往来，但鉴于时某从未提出任何具体请托事项，于某也从未为其谋取利益，该经济往来不具有受贿罪"权钱交易"的本质特征，应当定性为违纪，不应被认定为受贿罪。

裁判理由与结果：法院认为，本案中，被告人于某收受财物与其职务密切相关，被告人于某前期的供述以及行贿人时某的证言中均证实，双方对于将来可能会有的请托事项也是明知的，时某给付金钱有对于某职务行为施加影响的意图。而且时某证言证实，于某没有向其送过任何物品，被告人于某也供述没有送过等值物品，显然不属于正常人情往来。2016 年《关于办理贪污贿赂刑事案件适用法律若干问题的解释》第 13 条第 2 款中的"价值三万元以上"，是为了便于实践掌握而对非正常人情往来作出的量化规定。本案中，涉案 36 万元也远超该数额。综上，被告人于某非法收受 36 万元不属于纯粹的感情投资，应认定为受贿。②

---

① （2015）铜中刑二初字第 5 号判决书。
② （2018）鲁 0613 刑初 54 号判决书。

"为他人谋取利益"是除索贿型受贿之外其他类型受贿罪的构成要素。在索取财物的情形下,取得财物是履行职务的前提条件,财物与职务行为之间的对价关系非常清楚,但在行贿人主动交付财物的情况下,财物与职务行为之间的对价关系并不明确,需要通过"为他人谋取利益"要素,补强权力交易的对价关系,由此形成了普通受贿与索贿之间不同的行为构造。对于"为他人谋取利益"的要件属性,理论上存在"客观要件说""旧客观要件说""新客观要件说""主观要件说""双重要件说""混合的违法性要素说"等争议。"客观要件说"认为,"为他人谋取利益"是受贿罪客观方面的表现。其中,"旧客观要件说"认为,在索贿的情况下,索贿人主动向他人索要财物,并以此作为"为他人谋取利益"的交换条件,无论实际上是否"为他人谋取利益",都构成受贿罪;在收受贿赂的情况下,只有既收受他人财物,又"为他人谋取利益",才能构成受贿罪。[1] "新客观要件说"认为,"为他人谋取利益"是受贿罪的客观构成要件要素,其内容的最低要求是许诺为他人谋取利益,不要求有谋取利益的实际行为与结果。[2] "主观要件说"认为,"为他人谋取利益"只是行贿人与受贿人之间就货币与权力互相交换达成的一种默契。对行贿人来说,是对受贿人的一种要求;对受贿人来说,是对行贿人的一种许诺或答应。因此,"为他人谋取利益"只是受贿人的一种心理状态,属于主观要件的范畴。[3] "主观要件说"进一步解释认为,"腐败交易的本质决定了互相谋利必然是双方心理的沟通与默契,并不要求受贿人实施具体行为,只需明知职务行为与贿赂之间形成对价关系。只要行为人明知或应知请托人是希望其利用职务以谋取利益而收受了对方财物,就应认为收受财物的行为与其职务之间具有对价关系,即使行为人事实上并没有为对方谋取利益"[4]。"双重要件说"认为,"为他人谋取利益"既是受贿罪的主观构成要件,又是受贿罪的客观构成要件。因为为他人谋取利益是行贿人与受贿人之间以财物与权力进行交换所要求的必要条件。对行贿人来讲,是对受贿人的一种要求;对受贿人来讲,是对行贿人要求的许诺和满足;既反映了受贿人的主观心理状态,属主观要件的范畴;又是一种客观存在的行为,属于客观构成要件的范畴。[5] "混合的违法性要素说"则指出,应该不再纠结于"为他人谋取利益"到底是客观要件还是主观要件这样"二者择一"的形式化提问方式本身,而应该采取"混合的违法性要素说"。该"混合"并非指"为他人谋取利益"既是被动型受贿的主观要件又是其客观要件,而是意在强调"为他人谋取利益"在不同受贿情形下表现形式多样,在

---

[1] 祝铭山主编:《中国刑法教程》,中国政法大学出版社1998年版,第711页。
[2] 高铭暄、马克昌主编:《刑法学(第七版)》,北京大学出版社、高等教育出版社2016年版,第630页。
[3] 王作富、陈兴良:《受贿罪构成新探》,载《政法论坛》1991年第1期。
[4] 陈兴良、周光权:《刑法学的现代展开》,中国人民大学出版社2006年版,第686页。
[5] 毕志强等编:《受贿罪定罪量刑案例评析》,中国民主法制出版社2003年版,第38—39页。

此意义上与"双重要件说"相区别。①

"主观要件说"要求行为人主观上必须具有为他人谋取利益的意图,才构成受贿罪。若在虚假承诺的情形下,行为人主观上缺乏为他人谋取利益的意图,却又收取了请托人的财物,则无法按照受贿罪处理,但这种情形下的收受行为仍然侵害了公职行为的不可收买性。此外,在"事后受贿"情形下,难以证明行为人在收取财物时或事前具有为他人谋取利益的主观意图,存在解释论上的问题。"双重要件说"认为,同一构成要素具有多重属性,违反了犯罪构成的基本理论,主观构成要件与客观构成要件之间具有相互排斥的关系,同一构成要件不可能既是主观构成要件又是客观构成要件。"混合的违法性要素说"虽然区分了不同情况,将默契受贿和一部分在收受礼金的情况下"为他人谋取利益"定位为主观违法性要素,而将事后受贿中的"为他人谋取利益"定位为客观违法性要素,②但依然没有彻底解决"主观要件说"存在的问题,对于虚假承诺情形下的受贿无法给出令人信服的解释结论。"客观要件说"将"为他人谋取利益"视为实行行为,使得受贿罪成为复合行为犯,但"为他人谋取利益"和"收受他人财物"之间并不存在目的与手段的关系,不符合复合行为犯的构成原理,将其视为复合行为犯也会导致犯罪既遂标准和法益侵害标准的滞后化,导致在仅有谋利意思而无谋利行为下的处罚漏洞,并不足取。

比较而言,"新客观要件说"更为合理。对于"为他人谋取利益"性质的理解,应当结合贿赂犯罪法益进行分析。职务行为的不可收买性反映在犯罪构成的客观方面即要求行为人实施收受他人财物行为,在主观方面要求行为人明知权力不能被收买而有意被收买。"为他人谋取利益"不属于行为人"有意"被收买的主观意识,因为作为权力交易一方,国家工作人员对于是否进行交易在绝大部分情况下具有主导性,即使"无意"为他人谋利,也不影响其收受请托人财物。"为他人谋取利益"的基本功能在于构建出收受他人财物与权力交易的关系,从而证明贿赂犯罪的法益受到了现实侵害。只有将"为他人谋取利益"定位为客观要素(属于构成要件中的"状态要素"而非实行行为),才能避免"主观要件说"立场下对于"虚假承诺型"受贿或"事后受贿"规制能力不足的弊端。"新客观要件说"也是司法实践所采取的立场。《全国法院审理经济犯罪案件工作座谈会纪要》将"为他人谋取利益"理解为包括"承诺""实施"和"实现"三个阶段,只要具有其中一个阶段的行为,就具备了为他人谋取利益的要件。承诺是同意接受贿赂作为权力交易对价的明示或默示的外在表示,不是主观内在态度或单纯的

---

① 付立庆:《受贿罪中"为他人谋取利益"的体系地位:混合违法要素说的提倡》,载《法学家》2017年第3期。
② 同上。

思想流露，因而属于客观要素。根据《关于办理贪污贿赂刑事案件适用法律若干问题的解释》第 13 条的规定，具有下列情形之一的，应当认定为"为他人谋取利益"：其一，实际或者承诺为他人谋取利益的；其二，明知他人有具体请托事项的；其三，履职时未被请托，但事后基于该履职事由收受他人财物的。国家工作人员索取、收受具有上下级关系的下属或者具有行政管理关系的被管理人员的财物价值在 3 万元以上，可能影响职权行使的，视为承诺为他人谋取利益。该司法解释关于"为他人谋取利益"的最新解释仍然坚持了"新客观要件说"，其中第 13 条第 3 款的规定，明确了默示承诺的行为定性，再次强调了"新客观要件说"的基本立场。

基于"新客观要件说"立场，"为他人谋取利益"以承诺作为最低标准。承诺是一种行为，可以是明示的，也可以是默示的。在他人主动行贿并提出为其谋取利益的要求后，国家工作人员虽未明确承诺，但只要不予以拒绝，就应当认定为是一种默示的承诺。正如有学者分析指出的，在这种情况下，"对方有求于国家工作人员的职务行为时，国家工作人员虽然没有明说'我给你办'，但是在对方有求于他时收受财物，本身就是一个默示的承诺。这种不予拒绝的行为给对方传递了如下信息：'国家工作人员会给我办事的，要不然他会拒绝。'所以，只要没有拒绝接受财物，就是默示为他人谋取利益"①。明示的承诺可以通过录音、录像、文书、行贿人证言等方式加以证明，默示的承诺则需要通过推定规则加以证明。《全国法院审理经济犯罪案件工作座谈会纪要》规定，"明知他人有具体请托事项而收受其财物的，视为承诺为他人谋取利益"。最高人民法院审判委员会 2011 年 12 月 20 日发布的指导案例"潘玉梅、陈宁受贿案"的裁判理由具体阐释为："请托人许某某向潘玉梅行贿时，要求在受让金桥大厦项目中减免 100 万元的费用，潘玉梅明知许某某有请托事项而收受贿赂……承诺'为他人谋取利益'，可以从为他人谋取利益的明示或默示的意思表示中予以认定。潘玉梅明知他人有请托事项而收受其财物，应视为承诺为他人谋取利益，至于是否已实际为他人谋取利益或谋取到利益，只是受贿的情节问题，不影响受贿的认定"②。该指导案例强调了"为他人谋取利益"的"推定规则"，即在明知对方有请托事项的情况下，收受财物行为本身就可推定为是"为他人谋取利益"的承诺。在推定规则之下，承诺行为与收受财物行为在形式上已经"合体"，以至于"为他人谋取利益"作为犯罪构成要件的地位受到挑战。在司法实务中，一些检察机关"运用推理方式证明许诺行为的存在，即在不存在相反证据时，推定许诺行为伴随着收受财物的行为，而要求受贿人证明自己没有许诺为他人谋取利益的行为也几乎

---

① 张明楷：《刑法分则的解释原理（第二版）（上）》，中国人民大学出版社 2011 年版，第 309 页。
② 最高人民法院审判委员会：《潘玉梅、陈宁受贿案（指导案例 3 号）》，载《人民法院报》2011 年 12 月 13 日。

是不可能的。这样,在实际上,已经取消'为他人谋取利益'要件的定罪功能"①。案例十三中,被告人既无为他人谋利的行为,又无要为他人谋利的承诺,应当不构成受贿罪,但公诉机关仍然以受贿罪提起公诉,所贯彻的即是将收受财物行为与默示许诺行为予以合并的推定理念。案例十四也存在类似的情况,被告人是市委常委、政法委书记、政协主席,其职责并不包含对地方企业的管理,但法院根据《关于办理贪污贿赂刑事案件适用法律若干问题的解释》的规定,认为被告人和地方企业之间存在间接的行政管理关系,且根据供述推定被告人对于将来可能会有的请托事项也是明知的,视为承诺为时某谋取利益,从而认定被告人构成受贿罪。但是,将上级管理关系进行扩大适用,不符合司法解释的原意,也会导致"级别关系"取代"权力关系"而过度扩大受贿罪的适用范围。总之,"为他人谋取利益"这一要件,不仅在理论上存在诸多争议,而且司法机关在司法实践中对其把握也并不准确。

(3)收受财物的违法性抗辩。"感情投资""人情往来"表明收受财物不具有利用职务便利为他人谋取利益的性质,从而否定了收受行为的刑事违法性。样本研究发现,被告人或辩护人以"人情往来""感情投资"作为抗辩理由的样本案例有60件,有7件样本法院经审理采纳辩护人的意见。

案例十五

刘某受贿案

事实认定: 被告人刘某任河北移动党组成员、董事、副总经理(副厅级),收受贿赂292万元,其中于2007年至2014年分17次收受下属单位丁某某等17人所送价值9.2万元的购物卡。

争议焦点: 公诉机关以受贿罪提起公诉。辩护人认为,丁某某等17人送的购物卡均是在春节前,应视为对领导的感情投资,礼尚往来,刘某没有为这些人承诺,也没有为他们谋取利益,故不应认定为受贿行为。

裁判理由与结果: 结合本案证据,无证据显示丁某某等人有具体的请托事项,以及刘某利用职务上的便利,为其谋取了利益,故9.2万元不应认定为受贿款项。②

---

① 杨兴培、李翔:《经济犯罪和经济刑法研究》,北京大学出版社2009年版,第424页。
② (2014)巨刑初字第77号判决书。

案例十六

吴某某受贿案

事实认定：被告人吴某某利用担任盐城市城市管理局副局长、局长的职务便利，为陈某以盐城市绿地园林建筑工程有限公司、江苏南洋建设集团有限公司等公司的名义承接盐城市城管系统的市容整治新工程、公厕建设工程，以为其谋取利益，并于2006年至2017年间，先后13次收受陈某贿送的现金合计11万元。2014年，被告人吴某某家属在陈某儿子结婚时出礼金5000元，2015年至2017年间，被告人吴某某家属每年春节给陈某孙女压岁钱2000元，合计6000元。

争议焦点：公诉机关以受贿罪提起公诉。吴某某提出未为陈某谋利的辩解，辩护人也提出双方互有人情往来，吴某某给予陈某儿子的结婚礼金、孙女的压岁钱应当核减。

裁判理由与结果：吴某某对陈某承做的市城管局相关工程具有职务便利，并予以关照；证人陈某证实其在每年春节时贿送是为了感谢吴某某对其承做工程的关照以及想请他继续关照，因双方关系好，平时送钱觉得生分，故借春节给吴某某女儿压岁钱的名义送钱给吴某某。吴某某收受陈某财物的行为与其职务行为有着具体关联，符合受贿罪"权钱交易"的性质。在案证据证实，吴某某家属在陈某儿子结婚时出礼金5000元、在陈某孙女出生后每年春节给压岁钱合计6000元。从双方往来数额看，并非正常人际交往中的对等往来，该小额人情往来不影响本案受贿事实的认定，但从有利于被告人的角度，该1.1万元予以核减。①

亲戚、朋友之间相互走动，你来我往，在婚丧嫁娶中以"送礼"的方式表示祝福，是自古流传下来的习俗，便于增进人际交往，但其中也会夹杂着出于腐败目的而披着灰色外衣的"感情投资"或"人情往来"。对于这种财物馈赠是否构成受贿，理论界存在争议。"肯定说"认为，在司法实践中，"一事一贿"的模式已经基本淘汰，取而代之的是"感情投资""放长线钓大鱼"的模式，行贿人在投资时，并无明确的请托事项，受贿人也心知肚明，在收受贿赂后不立即为行贿人谋取利益，这样一旦事发，就能以"友人馈赠"的名义蒙混过关，这种"灰色收入"实质是贿赂的隐蔽形式，当以受贿罪定罪量刑。② "否定说"则认为，财物馈赠并不具备

---

① （2017）苏09刑初39号判决书。
② 李洁：《官员的灰色收入当属贿赂犯罪的隐蔽形式》，载《政府法制》2005年第14期。

受贿罪的构成条件,也不能排除赠与者确实是出于真心感谢等情感因素,且一律将其认定为犯罪,也不符合国情。[①]"区分说"认为,收受"礼金""红包"等"人情往来"不能一概而论,关键看是否与行为人的职务因素有关。如果送礼者是因有求于对方,即使是以拜年、祝寿、贺喜、给小孩压岁钱等名目送的,也是形礼而实贿;反之,如果双方是基于亲情、友情等真实的感情而收受礼物,即使数额再大,也是礼物而非贿赂。《关于办理商业贿赂刑事案件适用法律若干问题的意见》第10条采取了"区分说"立场,提出了贿赂和馈赠的区分标准,包括:一是发生财物往来的背景,双方是否存在亲友或交往关系;二是往来财物的价值;三是财物往来的缘由、时机和方式,提供财物方有无职务上的请托;四是收受方是否利用职务上的便利为赠予方谋取利益。实际上,受贿与"感情投资""人情往来"馈赠的区别在于是否具备了受贿罪的全部构成事实,特别是有关权钱交易的事实,如赠与方是否有求于收受方的职务行为、收受方是否许诺为他人谋取利益以及是否利用了职务之便。至于赠与方与收受方之间是否存在亲友关系,是否平时有较多的、价值较大的礼尚往来关系,收受方式是否隐蔽以及是否有接受馈赠的合理理由等,均不是区分受贿与馈赠的主要标准。换言之,收受方是否具有利用职务上的便利为他人谋取利益的可能,才是区分"人情往来"是否构成受贿的实质标准。对此,《关于办理贪污贿赂刑事案件适用法律若干问题的解释》进一步规定了为他人谋取利益的推定规则,即国家工作人员收受具有上下级关系的下属和管理关系的被管理人的财物价值在3万元以上,可能影响职权行使的,视为承诺为他人谋取利益。根据该规定,若不具有上下级或管理关系,或者虽具有前述关系但不可能影响职权行使的单纯收受馈赠行为,不能被认定为受贿。

案例十五中刘某分17次收受下属所送的价值9.2万元的购物卡,已经超过3万元的标准,但法院认为单次、单人数额较小,且刘某未有为他人谋取利益的承诺,因此属于"感情投资"而不属于贿赂。在2014年该案判决时,司法解释并未就利用职务便利的推定规则做出规定,故而法院根据当时立法和司法解释,未将此笔款项纳入贿赂数额范围。该案中被告人收受过节费大多是因其对行贿人平时的照顾和提拔,属于可能影响职权行使的情形,若根据《关于办理贪污贿赂刑事案件适用法律若干问题的解释》的规定,该案被告人接受具有上下级关系的下属的财物超过3万元,且可能影响职权行使,应被视为为他人谋取利益,应当构成受贿罪。案例十六发生在《关于办理贪污贿赂刑事案件适用法律若干问题的解释》公布之后,涉及基于"人情往来"的回送资金是否属于贿赂的问题。通常而言,朋友间的人情往来大体上是互惠平衡关系,若国家工作人员收取大额

---

① 吕天齐:《贿赂罪的理论与实践》,光明日报出版社2007年版,第374页。

"礼金"后,象征性地回送小额礼金,表现出明显不对等,则大致可以推定为行贿受贿的性质。① 有观点认为,即使出现了与其他普通亲友的礼金相差悬殊的大额礼金,也要全面谨慎地考察双方的日常往来、经济实力、社会地位等因素,不能简单地因数额较大就得出贿赂的定性。② 必须正视的事实是,官员们即使有往有来,通常也是对方"来"的多,而官员"往"的少,不会出现"逆流"现象。③ 案例十六中,被告人回送资金的数额较小,与受贿罪数额不相匹配,不属于正常的"人情往来",并且其发生在受贿既遂之后,也不应当从犯罪数额中予以扣除,最多只能当做酌定从宽情节。司法机关认为数额差距较大的"人情往来"不影响受贿罪事实认定,但却以有利于被告人原则而将数额予以扣减的处理,值得商榷。有利于被告人原则是指存疑时有利于被告,即在对事实存在合理疑问时,应当作出有利于被告人的判决、裁定。对案件事实存在着合理的疑问,不是对法律的疑问,也不是对案件任何事实都有疑问,而是指对案件定罪量刑有重要意义的事实存在合理的疑问。④ 在案例十六中,司法机关对于案件事实的认定无任何疑问,不符合适用有利于被告人原则的条件,回送资金数额不能从受贿数额中予以扣减。

四、贪污贿赂犯罪的罚金刑适用考察

贪污罪、受贿罪的罚金刑能否产生刑罚的一般预防效果,需要予以进一步实证考察。在前述通过"无讼案例"库检索所收集的 2013—2018 年贪污罪、受贿罪案例样本的基础上,以《刑法修正案(九)》增设贪污贿赂犯罪罚金刑为时间划分点,对 2016—2018 年贪污贿赂犯罪判决书样本进行了二次筛选,共取得 1244 个样本案例,并根据《关于办理贪污贿赂刑事案件适用法律若干问题的解释》第 19 条贪污罪、受贿罪主刑和罚金刑的规定,将罚金刑分为三档,进行了样本归类。

表 4-4　贪污罪、受贿罪罚金刑适用情况统计

法定刑幅度	案例(个)	处法定最低罚金的案例(个)	占比
处 3 年以下有期徒刑或拘役	484	296	61.2%
处 3 年以上 10 年以下有期徒刑	607	340	56.0%
处 10 年以上有期徒刑或无期徒刑	153	33	21.6%

《关于办理贪污贿赂刑事案件适用法律若干问题的解释》第 19 条规定,贪

---

① 孙国祥:《贪污贿赂犯罪研究(下册)》,中国人民大学出版社 2018 年版,第 675 页。
② 车浩:《贿赂犯罪中"感情投资"与"人情往来"的教义学形塑》,载《法学评论》2019 年第 4 期。
③ 蔡宝刚:《竖立人情与腐败之间的法律界碑——以官员"礼上往来"的法律规制为例》,载《求是学刊》2011 年第 4 期。
④ 白鉴波:《存疑有利于被告原则之解析》,载《人民法院报》2014 年 2 月 26 日。

污贿赂犯罪判处 3 年以下有期徒刑或拘役的,罚金刑幅度为 10 万—50 万元;判处 3 年以上 10 年以下有期徒刑的,罚金为 20 万元以上犯罪数额 2 倍以下;判处 10 年以上有期徒刑或无期徒刑的,罚金为 50 万元以上犯罪数额 2 倍以下。通过分析发现,超半数案件在本档法定刑上都被判处了最低限额的罚金(表 4-4),即 10 万元、20 万元和 50 万元。从统计情况看,罚金数额通常小于犯罪数额,甚至一些涉案金额高达百万或者千万的案件仍然适用了最低限额罚金。例如,四川会理铅锌股份有限公司董事长陈某受贿 833 万元,判处罚金 50 万元;[1]普天银通支付有限公司总经理徐某贪污 1720 万元,判处罚金 60 万元。[2] 除此之外,还有大量案件涉案数额与罚金数额相差甚远。[3] 在 1244 个案例中,仅有判处 3 年以下有期徒刑的案例中出现了犯罪数额 2 倍的罚金,在判处 3 年以上有期徒刑的案例中没有出现过判处犯罪数额 2 倍或接近 2 倍的罚金,判处犯罪数额 1 倍罚金的案例也仅有 6 件。[4]

第二节 贪污贿赂犯罪立法运行的效果评估

立法运行效果评估是对法律规范是否具有科学性、是否被公众普遍遵守和认可,以及法律本身及实施环境是否存在问题作出的检验。贪污贿赂犯罪立法运行效果的评估内容主要可以分为两个方面:一是立法对腐败犯罪治理的影响,即立法在总体上是否发挥了对腐败犯罪的遏制功能;二是立法规范实施所产生的反腐败效能,即立法规范在具体的司法适用中是否有利于加强腐败犯罪的预防和惩治。基于影响腐败治理因素的多元化及相互之间的关联性影响,在具体评估时,应结合腐败衍生与腐败治理的阶段性变化、反腐败刑事政策、国家监察体制改革等因素,进行客观性、整体性、综合性的评估。

一、贪污贿赂犯罪立法规制能力的提升

(一)贪污贿赂犯罪案件数量总体趋于下降

基于"犯罪黑数"的存在,贪污贿赂犯罪实际发生数量与司法机关立案受理数量之间并不具有完全对应的关系,但从较长时期的趋势看,司法机关立案受理

---

[1] (2018)川 3427 刑初 12 号判决书。
[2] (2017)沪 0104 刑初 510 号判决书。
[3] (2018)粤 01 刑初 248 号判决书,受贿 327 万元,罚金 50 万元;(2017)京 03 刑初 145 号判决书,贪污 2511 万元,罚金 150 万元;(2018)京 02 刑初 63 号判决书,贪污 6405 万元,罚金 140 万元;(2018)鲁 09 刑终 39 号判决书,贪污 2235 万元,罚金 230 万元。
[4] (2016)京 01 刑初 54 号判决书,受贿 110 万元,罚金 100 万元;(2015)双刑初字第 241 号判决书,受贿 169 万元,罚金 175 万元;(2016)津 0102 刑初 255 号判决书,受贿 123 万元,罚金 100 万元;(2015)双刑初字第 241 号判决书,贪污 519.5 万元,罚金 520 万元;(2017)黑 0421 刑初 11 号判决书,贪污 285 万元,罚金 300 万元;(2017)吉 0106 刑初 79 号判决书,贪污 40 万元,罚金 40 万元。

数量仍然可以反映出腐败犯罪治理的总体效果。根据图 4-1 的趋势线，自 1997 年《刑法》颁布以来，全国检察机关贪污贿赂犯罪立案总量虽有起伏，但总体上趋于缓慢下降，表明腐败犯罪得到了有效控制，反腐败刑事立法在总体上产生了积极的犯罪治理效果。

根据图 4-2 以及表 4-2，2009 年以来我国贪污贿赂犯罪呈现出"先增再降"趋势。在党的十八大后至国家监察体制改革之前，贪污贿赂犯罪案件数量从 2012 年的 23445 件逐年攀高，至 2015 年达到 28998 件的峰值之后缓慢下降至 2017 年的 23803 件。出现这样的情况较有可能的原因是，党的十八大之后腐败治理进入了系统性反腐败阶段，在全面从严治党和"老虎苍蝇一起打"的反腐败高压政策之下，存量腐败被大量发现，导致案件数量出现了快速增长。换言之，案件数量增长并非代表增量腐败的扩大化，而是反映了在反腐败政策更新与执行力提高之下存量腐败的消融瓦解。在存量腐败案件被大面积涤荡之后，案件数量在 2016 年又回归到十八大召开前的水平。

随着 2018 年《宪法》修正和《监察法》的颁布实施，国家监察体制改革全面展开。由于改革涉及国家权力的重新配置、制度试行摸索以及新制度与既有制度之间的衔接和协同等问题，反腐败体制的整合与磨合需要时间，因此这在一定程度上造成了 2018 年全国检察机关移送起诉的职务犯罪人数迅速下降。2019 年和 2021 年检察机关移送起诉的职务犯罪人数虽然有所回升，但与监察体制改革之前相比，仍呈现较为明显的下降趋势。由于表 4-2 统计的案件数量不仅包括了贪污罪、受贿罪案件，还包括监察机关有管辖权的其他职务犯罪案件，因此可以合理推导出这一时期贪污罪、受贿罪案件数量实际上要低于表 4-2 中的数字。据此，可以进一步推断，贪污罪、受贿罪案件数量的运行箱体已经从每年 2 万件以上下降至每年 1.5 万—2 万件，总体案件数量呈现下降趋势，腐败治理效果显著。出现这种情况的原因是多方面的，包括：一是全面从严治党的强化，使得腐败行为在早期阶段更容易被发现，减少了违纪、违法行为向犯罪转变的概率；二是建立了独立、权威、高效的监察体制，较大程度上清除了办案过程中的障碍性因素，遏制了行为人逃脱惩罚的侥幸心理，产生了威慑性预防的效果；三是在一体推进不敢腐、不能腐、不想腐体制机制建设过程中，反腐败刑事立法、腐败预防制度和社会参与机制不断完善，也减少了部分犯罪的发生。

（二）贪污罪立法产生了较为明显的治理效果

从图 4-1 全国检察机关贪污罪案件立案情况的趋势线看，贪污罪立案数量从 2002 年以后出现了整体下降趋势，2007 年首次降到 1 万件以下，2009 年首次降到 9000 件以下。尽管在 2013—2015 年贪污罪立案数量又增长到每年 9000 件以上，但这与同一时期国家加大反腐败执行力度、清理腐败存量有关。2016 年贪污罪立案数量又重新回到 9000 件以下。图 4-2 显示，在党的十八大之后，贪污罪立案数量走势较为平稳,在维持总量低于受贿罪的情形下,波动幅度也没有受贿罪那么剧烈,总体上保持了平缓下降的趋势。上述情况表明,贪污罪整体蔓延与扩张之势已得到有效遏制,这种变化虽然在较大程度上与财会、审计制度健全以及贪污行为容易留下证据而被发现有关,但也可以认为,在前置预防性措施已经得到完善的情形下,贪污罪立案数量仍然继续保持缓慢下降及低波动率,说明贪污罪立法发挥了一般预防功能,至少对于贪污罪案件数量扩大化有一定的遏制效果。

二、贪污贿赂犯罪立法规制能力的不足

(一)受贿罪案件数量并未稳定下降

与贪污罪案件数量下降趋势不同的是,受贿罪案件数量的趋势则呈现总体上升特征,2006年受贿罪立案数量首次超过贪污罪,并逐步拉大了数量差距,涉及原省部级以上高官的大案数量在2014—2017年之间一直处于高位。尽管在国家监察体制改革后,无论是受贿罪立案数量,还是大案数均有所下降(表4-1、图4-3),但这一变化并非刑法规制能力提高所致,而是来自全国范围内展开的全面从严治党和"老虎苍蝇一起打"所产生的系统性威慑。强化党的反腐败意志并予以坚决贯彻,提高反腐败机制的权威性和执行力,是党的十八大以来腐败治理的重要特征,刑事政策、反腐败体制机制以及具体制度更新所形成的系统性威慑以及"大老虎"不断落马所产生的冲击性影响,对腐败犯罪产生了一定的遏制效果。同时,在疾风骤雨式的反腐败运动转为常态化的系统性治理之后,存量腐败大面积减少,也是导致立案数量降低的原因之一。

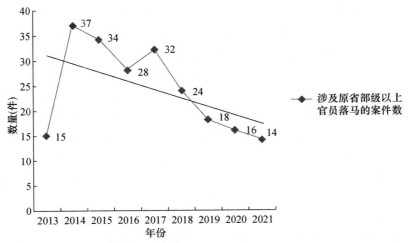

图4-3 涉及省部级以上官员落马的案件数(2013年1月至2021年8月)

资料来源:中央纪委国家监委网站,https://www.ccdi.gov.cn/;中国经济网,http://district.ce.cn/newarea/sddy/201410/03/t20141003_3638299.shtml。

腐败具有极强的社会适应性,新的受贿类型和方式会不断出现,未来受贿案件数量也可能会出现反弹。1997年开展的反走私、反腐败并举的反腐败斗争虽然压制了受贿罪案件蔓延势头并保持了一段时间的稳定,但在2005年之后受贿罪案件数量又出现了上升趋势并一直到2016年才有所降低(图4-1)。实践中,在高压反腐败之下,不收手、不收敛的情况仍然存在,且腐败存量较高,系统性腐败具有集团性、日常性和顽固性特征,容易出现不断反复和死灰复燃的情况。因此,尽管目前受贿案件数量有大幅下降,但并未如贪污罪一样进入稳定的下降通道,犯罪治理效果仍需进一步观察。

(二)受贿罪构成要素限制了规制能力的提升

早期受贿罪并非独立罪名,仅作为贪污罪的一种行为类型加以规定。1952年《惩治贪污条例》第2条规定:"一切国家机关、企业、学校及其附属机构的工作人员,凡侵吞、盗窃、骗取、套取国家财物、强索他人财物,收取贿赂以及其他假公济私的违法取利之行为,均为贪污罪。"1979年《刑法》首次实现了受贿罪与贪污罪的分立,受贿罪作为一个独立罪名被规定于刑法中,"利用职务上的便利"也首次成为受贿罪的构成要素。1982年《关于严惩严重破坏经济的罪犯的决定》对受贿罪的罪刑结构进行了修正,删除了"利用职务上的便利"要素,增加了索贿的规定,其第1条第2款规定:"对刑法第一百八十五条第一款和第二款受贿罪修改规定为:国家工作人员索取、收受贿赂的,比照刑法第一百五十五条贪污罪论处"。1988年《关于惩治贪污罪贿赂罪的补充规定》对受贿罪的定罪量刑进行了更为全面的修正,再次将"利用职务上的便利"规定为受贿罪的构成要素,并首次增加了"为他人谋取利益"的构成要素,区分了索贿与普通受贿的构成要件,设定了不同程度的刑事责任。《关于惩治贪污罪贿赂罪的补充规定》第4条第1款规定:"国家工作人员、集体经济组织工作人员或者其他从事公务的人员,利用职务上的便利,索取他人财物的,或者非法收受他人财物为他人谋取利益的,是受贿罪。"1997年《刑法》继承了1988年《关于惩治贪污罪贿赂罪的补充规定》关于受贿罪的规定,仅在以下方面进行了修正:一是增加了国家工作人员斡旋受贿的规定;二是提高了受贿罪的起刑点数额,各个量刑档次的数额也有了相当幅度的提高。在此之后,受贿罪的犯罪构成要件未被再修改过。

相比国家腐败治理策略以及治理阶段的更新发展,受贿罪的犯罪构成从1997年至今并未发生任何变化,立法规制能力不足问题愈发明显。首先,受贿罪案件数量降低并不意味着立法规制能力的提高。近年来,受贿罪案件移送起诉数量有一定程度的降低,但绝非表明刑法立法的规制能力有所提升,而是国家反腐败刑事政策以及监察体制改革带来的反腐败执行力提升所致。其次,司法裁判尺度的不统一表明受贿罪立法规制能力仍然有待提高。从前述案例实证中可以看出,在立法滞后的前提下,面对不断出现的新问题,司法机关只能频繁地通过司法解释寻求解决途径,出现了"国家工作人员"判断标准的实质化、"利用职务上便利"的扩大化以及"为他人谋取利益"的虚置化等现象。这样的司法解释具有明显的应急性特征,在解释内容的明确性、合理性、周延性以及前后解释的协调性上均存在不足,导致了诸如"公务"与"劳务"界限无法分清、职务行为与业务行为难以区分、为他人谋取利益的推定规则过度泛化等一系列司法适用中难以解决的问题,造成了司法裁判尺度的不统一,影响了司法的公信力,降低了刑罚惩罚所具有的一般预防效果。最后,受贿罪立法规制能力不足还体现为立法存在明显的规制漏洞。"为他人谋取利益"要件限缩了受贿罪的规制范围,将"感情投资""人情往来"排除在受贿罪之外,但传统的"受贿办事"模式已经逐渐消失,取而代之的则是"感情投资""放长线钓大鱼"的隐蔽性贿赂模式,[①]强调"为他人谋取利益"将难以对隐蔽性贿赂进行有效规制。尽管《关于办理贪污贿赂刑事案件适用法律若干问题的解释》以通过上下级关系、管理与被管理关系推定出"为他人谋取利益"的方式,对上述漏洞进行了一定弥补,但并没有从根本上解决这一问题。无论给付人与收受人之间是否存在特定的关系,不收受他人财物都是公职人员廉洁性的基本要求,一旦收受他人财物,权力即有被交易的风险,特别是在中国这样的"人情社会"中,"人托人办事"是一种常态,行贿人与受贿人之间并不一定具有上下级关系或管理与被管理关系。受贿罪本身规定的诸多限制性要素成为人为制造的规避受贿罪的机会,不利于遏制犯罪动机和提升刑罚的一般预防效果。这可能是实践中贪污罪案件数量稳中有降而受贿罪数量上升的原因之一。

(三)罚金刑的一般预防功能并未得到体现

罚金刑是法院依法对犯罪人判处向国家缴纳一定数额金钱的刑罚方法。对具有贪利性动机的犯罪人来说,罚金刑以剥夺金钱利益为代价,可以使其感到犯罪无利可图和痛苦,从而实现刑罚目的。受重刑主义影响,贪污贿赂犯罪立法偏重自由刑和生命刑,财产刑供给不足。1997年《刑法》虽然规定了没收财产,但在一般情况下仅为"可罚制",只有在情节特别严重时,才为"并罚制"。为充分发挥财产刑的一般预防功能,《刑法修正案(九)》增加了贪污罪和受贿罪的罚金刑,并将其规定为"并罚制",《关于办理贪污贿赂刑事案件适用法律若干问题的解释》对罚金刑的适用标准进一步予以规定。然而,罚金刑在实际适用中仍然存在问题。表4-4对贪污罪和贿赂罪共计1244个案例进行了统计,发现法院在适用罚金刑时存在就低不就高现象,绝大多数案件都判处所在法定刑档的最低限额罚金,罚金数额与犯罪数额之间出现了"倒挂"现象。

罚金刑与自由刑不同,不是典型的人格刑刑罚,在罚金数额设置上应当尤为

[①] 杨兴培、李翔:《经济犯罪和经济刑法研究》,北京大学出版社2009年版,第424页。

注意是否与犯罪的严重性程度相适应,并且达到足以使潜在犯罪人感受到处罚威慑的程度。目前三档罚金刑的最低数额分别为 10 万元、20 万元和 50 万元,与对应行为的社会危害性程度并不成正比,其中第二档最低罚金 20 万元还可能低于第一档罚金刑(10 万—50 万元)。此外,罚金刑的数额未考虑到地区经济的差异性,北上广浙苏等地区普通科员年收入普遍高于甘肃、宁夏、广西等偏远地区,对于前者,目前罚金刑的最低标准并无威慑效果,即便对于偏远地区的公职人员而言,最低罚金也并非高不可攀。在罚金刑的适用中,司法机关有较大的裁量空间,但却存在重自由刑、轻罚金刑的处罚思维。按照第二档法定刑受贿数额 20 万—300 万元,罚金区间在 20 万元至受贿数额 2 倍以下的规定,可以推出第二档法定刑的罚金标准最低是 20 万元,最高标准是 600 万元,但从样本检测情况看,没有发现适用受贿数额 2 倍罚金的样本,说明司法机关在罚金适用上并未贯彻从严惩治腐败犯罪的刑事政策。有较大可能是,司法机关仍延续了自由刑重于罚金刑、应当在自由刑上体现从重处罚的传统裁判理念,但却导致立法所规定的"无限额罚金"以及司法解释中犯罪数额 2 倍以下的规定处于虚置状态,难以发挥罚金刑的一般预防功能。

  综上,在党的十八大以来的反腐败高压态势下,贪污贿赂犯罪案件总量有明显下降,"反腐败斗争压倒性态势已经形成"。贪污罪案件数量趋势下降并较为平稳,犯罪能够得到有效惩治,说明贪污罪立法规制能力较好,并且财产犯罪作为其"兜底性罪名",也确保了刑事法网的严密性。受贿罪虽然近年来数量明显降低,但从长期趋势看,案件总量仍处于上升状态,犯罪形势依然严峻,而实务中关于构成要件的争议较多,亦表明该罪的立法规制能力存在不足。此外,贪污贿赂犯罪的罚金刑起点数额较低,存在明显的从轻适用倾向,作为财产刑所具有的一般预防功能并未充分发挥。当前中国的反腐败斗争正处于关键时期,腐败演变的"倒 U 字"形曲线拐点正在出现。[①] 在此背景下,进一步推动反腐败刑事立法体系建设应当贯彻积极治理的反腐败战略观,以有效降低腐败风险为目标,重点完善贿赂犯罪的刑法立法,解决犯罪构成要件所导致的立法规制能力不足问题,提升刑罚的一般预防功能,全面优化"不敢腐"的刑事惩治机制。

[①] 过勇:《十八大之后的腐败形势:三个维度的评价》,载《政治学研究》2017 年第 3 期。

第五章　中国腐败犯罪刑法立法完善

贿赂犯罪是最具代表性的腐败犯罪类型，是腐败犯罪治理的重点罪名。在一体推进"三不"体制机制建设中，刑法具有"不敢腐"的威慑功能，确立与犯罪衍生机理及治理规律相适应的贿赂犯罪刑法立法体系，提升立法的规制能力，是积极治理的反腐败战略观在刑法立法领域的重要体现。21世纪初以来，面对风险社会的治理需要，刑法有了明显的风险抗制功能，立法干预提前化、抽象化成为刑法立法的重要特征，由此形成了积极预防的刑法观。在积极预防的刑法观之下，刑法参与社会治理的工具性功能得到重视，"犯罪圈扩大的立法趋势，是当代中国社会治理与社会控制的客观需要"[①]，"应正视刑法工具属性的客观性与刑法功能主义的发展，重新认识刑法谦抑精神，松绑刑法保障法和释放刑罚有效性的预防潜质"[②]。应当认为，积极预防的刑法观是积极治理的国家发展战略观在刑法立法领域的贯彻体现，与积极治理的反腐败战略观在公职刑法领域具有高度的理念契合。积极治理的反腐败战略观和积极预防的刑法观都要求贿赂犯罪刑法立法应当以提升腐败风险预防能力为目标，更新法益原理，扩张腐败诱因领域的行为规制，完善刑罚配置，提高立法的一般预防效果，巩固并强化"不敢腐"的整体威慑效果。

第一节　廉洁性法益的反思与分层化设计

刑法的目的是保护法益，犯罪的本质是法益侵害，"只有实质上侵害或者威胁了法益的行为，才能被刑法规定为犯罪"[③]。以权力交易为基础的"一元式"法益结构，限制了贿赂犯罪的规制范围，是立法规制能力不足的重要原因。在积极治理的反腐败战略观下，应着眼于廉洁性法益的结构性反思，以腐败风险预防为目标，创新廉洁性法益内涵，确立"双层式"廉洁性法益结构，推进腐败犯罪立法体系更新。

[①] 周光权：《转型时期刑法立法的思路与方法》，载《中国社会科学》2016年第3期。
[②] 高铭暄、孙道萃：《预防性刑法观及其教义学思考》，载《中国法学》2018年第1期。
[③] 张明楷：《法益保护与比例原则》，载《中国社会科学》2017年第7期。

一、廉洁性法益的反思

(一) 贿赂犯罪法益争议

"廉洁性说"是我国贿赂犯罪法益之通说,该说认为贿赂犯罪法益是国家工作人员职务行为的廉洁性。然而,21世纪初以来,"廉洁性说"面临着诸多理论批判。理论质疑可归结为三个方面:一是"廉洁性"存在内涵不明确的缺陷,难以发挥法益的解释功能。从廉洁性的概念上,也无法判断它是以公正性,还是以不可收买性作为基本立场,也无法确定是指行为的廉洁性还是公职人员身份的廉洁性。① 二是廉洁性的实质是廉洁义务,不是利益,不具有法益的基本属性。"法益是对某种利益的损害,而不是对义务的违反"。三是"廉洁性"无法反映贿赂犯罪的罪质特征,无法发挥罪名区分功能。"国家工作人员从政行为廉洁性义务要求本是十分广泛的,禁止贿赂行为只是其中一项要求,某种意义上,公务人员的廉洁制度约束的是其身份之下的一切不廉洁行为,包括那些与其职务行为无关的不廉洁行为,如对公职人员办理家庭婚丧嫁娶的限制性要求。因此,将廉洁性义务作为受贿罪的保护法益无法发挥其罪与非罪的界分功能。"②

借鉴德日贿赂犯罪法益原理,批判观点进一步提出了"公正性说""不可收买性说"和"复合的信赖利益说"三种主张。"公正性说"认为,国家工作人员职务行为的公正性应为贿赂犯罪的法益。《刑法》第385条受贿罪规定了"为他人谋取利益"的要素,意味着国家工作人员收受他人财物的行为不一定都构成受贿罪,只有在可能对职务行为的公正性产生影响的场合,才能成立犯罪,而在谋取合法利益的手段为贿赂所决定时,就等同于对职务行为公正性的侵害。③ "不可收买性说"主张,只要国家工作人员索取或收受的财物,与其已经实施的、正在实施的、将来实施的或许诺实施的职务行为具有对价关系,即构成对不可收买性的侵害。④ "复合的信赖利益说"认为,贿赂犯罪的法益具有复合性,即将社会对职务行为的信赖感和职务行为的不可收买性或公正性结合,形成以国民信赖为基础的职务行为不可收买性说或公正性说。该说进一步认为,在斡旋受贿中,尽管行为人没有直接的职权,但其受贿行为依然破坏了社会公众对公职行为不可收买的普遍信赖,故仍然构成受贿。⑤

学术争鸣深化了贿赂犯罪法益的研究,但上述观点也存在一些值得商榷之

---

① 张明楷:《刑法学(上)(第六版)》,法律出版社2021年版,第1584页。
② 孙国祥:《受贿罪的保护法益及其实践意义》,载《法律科学(西北政法大学学报)》2018年第2期。
③ 黎宏:《刑法学各论(第二版)》,法律出版社2016年版,第524页。
④ 张明楷:《刑法学(下)(第六版)》,法律出版社2021年版,第1587页;刘艳红主编:《刑法学(下)(第二版)》,北京大学出版社2016年版,第449页。
⑤ 周光权:《刑法各论(第三版)》,中国人民大学出版社2016年版,第476页。

处。"公正性说"以斡旋受贿作为法益解释的突破口,但斡旋受贿是受贿罪的一种行为方式,将该特定行为作为受贿罪保护法益的解释依据,会将"未造成公正性损害"的行为排除出贿赂犯罪之外,不符合目前刑法立法的规定。将为他人谋取利益的行为视为对公正性侵害的危险,实质仍是建立在公职行为不可收买性的基础上,继而会推导出不可收买性是贿赂犯罪的基本法益而公正性是附属法益的矛盾结论。"复合的信赖利益说"将信赖利益作为贿赂犯罪的法益之一。根据现代责任政府理论,国民信赖就是国民对政府的信任,基于对契约原则支配下的政府守信的信赖,国民有理由相信自己的个人利益能够得到充分的保障与实现。[①] 但是,信赖本身并非一种利益,信赖所产生的期望结果才是利益的归属,即在信赖支配下的期待利益才是法益。"不可收买性说"揭示了贿赂犯罪"权钱交易"的本质特征,较之其他观点更为合理,但并没有体现出超越"廉洁性说"的特殊优势。"不可收买性说"并不比"廉洁性说"具有更强的解释能力。"廉洁性说"虽然有语义不明之不足,但抽象性概念也具有内涵包容性强之特点。在"廉洁性说"之下,"为他人谋取利益"的判断标准几乎已经和收受行为相重合,即便采用"不可收买性说",司法解释能够扩张的最大范围也莫过于此。由于均以权钱交易作为判断基础,"不可收买性说"也难以解决"廉洁性说"的司法盲点。例如,在"感情投资型"贿赂中,由于时空跨度较大,"财"和"事"之间的交易性质不明显,在难以证明交易关系存在的情况下,"不可收买性说"和"廉洁性说"都只能得出无罪结论。再如,行为人利用职务便利为他人谋取利益之后,向行贿人借款数百万并签订了借款合同,之后行为人利用此笔借款进行投资并获得巨大盈利,最后又将所借钱款和利息返还给请托人,这种情况下,采取"不可收买性说"或"廉洁性说"在结论上并无不同,即都必须证明借款行为与利用职务便利行为之间存在因果关系,否则,都只能按照无罪处理。此外,"不可收买性说"也无法解释索贿型受贿罪的法益。索贿人的目的在于"求财"而非交易权力,仅需要实施索贿行为即可构成受贿罪,这种情形下行为所侵害的法益无法用"不可收买性说"予以回答,相反却可以用"廉洁性说"进行解释,即不得违法收取财物本身就是公职人员廉洁性的体现。

(二)廉洁性法益的重新反思

传统的"廉洁性说"被认为存在诸多缺陷而日渐式微,但"公正性说""不可收买性说"和"复合的信赖利益说"在自洽性的证成上也存在不足,未见得有优于"廉洁性说"的解释优势,也不能有效解决"廉洁性说"面对的现实难题。对此,需要重新反思以下问题:

[①] 曾坚:《信赖保护:以法律文化与制度构建为视角》,法律出版社2010年版,第52页。

1. 廉洁性法益内涵具体化之可能

贿赂犯罪的法益属于国家法益,对国家法益的侵害通常以违反制度及其义务的方式呈现。"国家制度,像司法机构或者货币体系或者其他的公众利益,虽然不是有形有体的对象,但是它确实是生活所必要的现实,对它的损害会长远地危害社会的效能和公民的生活。"① 如同违反税收、兵役等强制性义务会侵害法益一样,违反廉洁义务,也会对法益造成侵害。廉洁义务是公职人员的法定义务。我国《宪法》第 27 条规定了国家机关实行工作责任制,"工作责任制"即包括了对公职人员廉洁义务的要求。《公务员法》第 14 条将"清正廉洁"明确规定为公务员的法定义务;第 59 条进一步将"清正廉洁"阐释为公务员不得"利用职务之便为自己或他人谋取私利"。据此,可以认为,职务行为廉洁性有明确的内涵,是指公职人员行为廉洁性的义务负担,即公职人员负有不得利用职务便利谋取私利的法定义务。

廉洁义务作为贿赂犯罪的法益,并不会让罪名出现无法区分的问题。第一,罪名区分是法益和构成要件共同作用的结果,法益不是罪名区分的唯一标准。盗窃、诈骗等财产犯罪均侵害到同样的财产法益,而其罪名区分则是依据行为要件的不同。第二,即使将廉洁义务作为贪污贿赂犯罪的类罪法益,也不影响将其作为贿赂犯罪的法益。类罪法益是对同类法益的归纳提升,类罪中最主要犯罪的法益可以上升为类罪法益,如《刑法》分则第六章"妨害社会管理秩序罪"第七节"走私、贩卖、运输、制造毒品罪"的类罪法益就是该节之下最为重要罪名"走私、贩卖、运输、制造毒品罪"的法益。对于第八章"贪污贿赂罪"而言,受贿罪已经成为最为主要的腐败犯罪类型,该章类罪法益与受贿罪法益可以在名称上具有同一性。基于廉洁概念的可包容性,作为该章类罪法益的廉洁义务在内涵上可以广于作为贿赂犯罪法益的廉洁义务,通过对廉洁义务负担范围的界定,可以将该章的类罪法益和受贿罪法益予以区分。

2. 社会认同对贿赂犯罪法益的影响

法益是需要由国家刑罚保护的国民的生活利益。某种生活利益要成为法益,必须经过"个人承认""社会承认"和"法的承认"三重承认。② 法益本身不是规范要素而是蕴含在规范之中的价值要素,"立法者自然会在某一条款中追寻某一目的,所以就会当然有一个法益存在",法益可以为"具体刑法条文的目的和意义"提供一种概括性的思想方式,③ 但法益并非立法者单向的主观决定,相

---

① 〔德〕克劳斯·罗克信:《刑法的任务不是法益保护吗?》,樊文译,载陈兴良主编:《刑事法评论·第 19 卷(2006)》,北京大学出版社 2007 年版,第 151 页。

② 〔日〕関哲夫、王充:《法益概念与多元的保护法益论》,载《吉林大学社会科学学报》2006 年第 3 期。

③ 〔德〕克劳斯·罗克辛:《德国刑法学总论(第 1 卷)》,王世洲译,法律出版社 2005 年版,第 14 页。

反,二战以来法益理论的复兴,承担着限制立法者权力的功能。"国家能够使得刑罚介入国民的自由,必须被限定在那些侵害或威胁市民法益的场合,通过刑罚来抑制或预防犯罪的发生的必要性,是为了市民生活的安全,这才是刑罚正当化的依据。"[1]立法权来自国民,是现代法治的基石,要求立法者所主张的法益也应代表公众所承认的生活利益,获得社会公众的广泛认同。对于司法制度、税收制度以及行政制度等所代表的公共法益来说,其社会认同来自社会生活所必要的现实,公共法益只有得到一般民众承认,并最终服务于个体国民时,才是合法的。就此而言,贿赂犯罪法益既非立法者的意思表示,也非学者的一厢情愿,而是社会公众所认同的生活利益。

社会公众所认同的生活利益,并非虚无幻化的概念,而是往往表现为蕴含在传统文化之中由公众口耳相传的价值观念。"廉洁"一词,古已有之,早在《楚辞·招魂》中就有"朕幼清以廉洁兮"的表述,中国传统法律文化中关于包拯、海瑞等清吏的历史、戏曲、传说故事等都反映出民间对廉洁的推崇。中华人民共和国成立至今,廉洁一直贯彻于党和国家的政策、制度之中,获得了最为全面的理论宣传与实践贯彻,并作为政治词语取得了最为广泛的公众认同。可以说,较之"不可收买性""公正性"等外来法益概念,廉洁性在中国具有深厚的历史积淀和广泛的公众认同,具有作为贿赂犯罪法益的社会基础。

3. 刑事政策对贿赂犯罪法益选择的影响

刑事政策代表了政治意志和社会主流价值取向,俨然成为现代社会调节刑法体系的"中枢神经"。[2] 贿赂犯罪刑事政策、刑事立法以及立法所保护的法益,三者之间存在着千丝万缕的联系,贿赂犯罪立法发展往往是贯彻反腐败刑事政策的要求,立法更新发展会导致立法所保护的法益产生对应性变化,刑事政策就是在这样的因果链中发挥对法益的导向性影响。英国的贿赂犯罪法益从基于委托代理关系的"信赖利益"转向"正当行为"即与实践中出现了大量不存在委托代理关系的贿赂行为直接相关。[3] 德国1997年《腐败防治法》将"过去接受他人利益和许诺给予利益与具体的公务行为联系在一起",修正为"与履行公务有关即可构成犯罪",其目的也是在于规制"送礼"等腐败行为的早期现象,这些行为将影响公职人员工作的公正性与客观性。[4] 韩国《关于禁止不当请托及收受财物法》将公职人员非法收受财物的行为犯罪化,其重要原因之一即司法实践中

---

[1] 〔日〕关哲夫、王充:《法益概念与多元的保护法益论》,载《吉林大学社会科学学报》2006年第3期。
[2] 劳东燕:《刑事政策与刑法解释中的价值判断——兼论解释论上的"以刑制罪"现象》,载《政法论坛》2012年第4期。
[3] 钱小平:《英国贿赂法立法创新及其评价》,载赵秉志主编:《刑法论丛(第30卷)》,法律出版社2012年版,第392页。
[4] 《德国刑法典》,徐久生、庄敬华译,中国法制出版社2000年版,第33页。

存在不少刻意规避权钱交易关系的贿赂行为,导致司法机关难以有效追诉,因而不得不通过立法将对价关系排除出犯罪构成之外,以弥补漏洞,严密法网。①

我国 20 世纪 80 年代形成的"一事一贿"贿赂模式已被以长期交往、利益勾连为特征的"系统环境型"贿赂模式所取代,权钱交易行为的"前置化""去财物化""民事化"加大了犯罪的隐蔽性,加剧了犯罪的社会危害性,提升了犯罪惩治难度。党的十八大以来,提出了"全覆盖、无死角""老虎苍蝇一起打"等反腐败政策。尽管"不可收买性说"较"廉洁性说"更为明确,但在权钱交易关系尚未形成、正在形成或已经形成但无法证明等情形下,"不可收买性说"存在无法逾越的解释困境,而"廉洁性说"在面对上述情况时仍然存在解释的余地,具有超越交易关系限制的可能性。因此,选择"廉洁性"作为贿赂犯罪法益,更有利于体现当下反腐败刑事政策的要求。

总之,廉洁性法益虽然存在一些规范解释学上的问题,但不是根本性、无法克服的问题;相反,在当下从严惩治腐败的刑事政策之下,在一体推进"三不"体制机制建设中,强调贿赂犯罪的廉洁性法益仍具有重要政治意义和法治价值。

二、廉洁性法益的分层化设计

在肯定廉洁性法益积极价值的同时,也应当看到作为法益内涵的廉洁义务的概念仍较为简单,不足以充分回应究竟何为廉洁义务的质疑,也无法发挥对贿赂犯罪立法的指导功能。在积极治理战略观导向下,应当进一步丰富廉洁义务的时代内涵,实现廉洁义务内涵从"一元式结构"向"分层式结构"的转化。

(一)廉洁性法益分层化之必要性与具体设计

在改革开放初期,政府对市场资源具有直接支配权,市场资源的稀缺性衍生出了"制度租金",为寻租交易提供了机会。权力监督与制约机制的缺失和弱化,引发了中国现代化进程中"原生性"腐败的泛滥,贿赂犯罪迅速取代贪污犯罪成为腐败的主要形式。在权钱交易关系的基础上,贿赂犯罪的廉洁性法益体现为"权力不得交易"的义务。"交易型"贿赂犯罪对公职行为的廉洁性造成了最为严重的侵害,伴随着市场治理体系的健全和国家腐败治理力度的不断加大,出现了以规避权钱交易关系为特征的变相贿赂、隐性贿赂、期权贿赂等新兴贿赂方式,这些不以权力交易为直接目的(最终仍是为了权力交易)的非典型性贿赂蔓延于政治与经济的交叉领域,隐藏于合法行为之下,降低了社会对这类行为危害性的警觉与预防,造成了腐败的系统性蔓延,严重破坏了政治生态。在此背景下,仍以单一的权钱交易作为廉洁性受到侵害的判断标准,已经过于滞后,并使得刑法立法难以对系统性腐败发挥威慑功能。因此,应当根据积极治理战略观,

---

① 李颖峰:《〈请托禁止法〉与韩国反腐立法新动向》,载《法学评论》2016 年第 6 期。

扩张廉洁性法益内涵,提升廉洁义务的判断标准,在权钱交易基础上,将廉洁性受到侵害的风险也作为刑法所保护的法益,形成带有预防性特征的分层化法益结构。

构建分层化法益结构的基础在于将廉洁义务的内涵予以实质化。廉洁义务的内涵界定应契合公共权力的根本属性及公共权力的职能设定。现代政府的根本目标和职责在于实现公共利益,政府行为反映了人民群众的根本利益,应保持与社会公共利益相一致的善的价值目标。① 这就要求提升对廉洁义务的判断标准,"在公私利益关系上不断提升公共利益的纯洁度和公共利益的优先度"②,将廉洁义务建立在"公共利益优先性"的实质内涵之上。"公共利益优先性"是指,公职人员不得将个人利益凌驾于公共利益之上而导致公共利益受到损害。"公共利益优先性"在公法上有明确的义务设定要求,它既是一种身份要求,也是一种行为要求。作为身份要求,"公共利益优先性"来自《公务员法》第14条的规定,即公务员应当履行"全心全意为人民服务"义务,全心全意为人民服务是公职人员的身份标签,是身份廉洁性的体现;作为行为要求,"公共利益优先性"来自《公务员法》第59条的规定,即禁止"利用职务之便为自己或他人谋取私利"。可以认为,廉洁性包括了身份廉洁性和行为廉洁性,两种类型的廉洁性在"公共利益优先性"上均有直接具体的体现。因此,"公共利益优先性"包括了三层含义:首先,公职人员具有避免利益冲突的义务。"任何人无论有多么高的道德水平,都会受到私人利益的诱惑,当决策人的个人利益与公共利益存在潜在的冲突时,其决策可能与公共利益不符。"③利益冲突本质上是权力异化的方式,为确保公权运行的正当化,必须首先恪守避免利益冲突的身份义务。其次,公职人员具有不得出卖公权的义务。公职行为的公共属性决定了公职人员不能被收买,否则会对国家利益及公共利益造成损害,不得出卖公权是公职人员最基本的行为义务。最后,公职人员具有公正行使权力的义务。公职人员应当按照公共权力的属性、功能和程序来行使权力,确保权力运行的程序公正与结果公正,即使不出卖公权,也应当公正行使人民赋予的权力,这也是公职人员行为正当性的基本要求。

从法益的结构层次上看,作为廉洁义务具体内涵的"公共利益优先性"可以划分为两个层面:(1)以权钱交易关系为基础的"不得出卖权力义务"和"权力公正行使义务"。一方面,"不得出卖权力义务"是廉洁义务的基本要求,任何权力公正行使的保证都不是可以出卖权力的理由;另一方面,"权力公正行使义

---

① 赵东坡:《论政府道德责任的来源与实现》,载《学习与探索》2014年第4期。
② 于安:《论行政廉洁原则的适用》,载《中国法学》2016年第1期。
③ 周琪、袁征:《美国的政治腐败与反腐败——对美国反腐败机制的研究》,中国社会科学出版社2009年版,第63页。

务"建立在权钱交易关系基础上,缺乏这一基础的,属于渎职犯罪。(2)以交易诱因关系为基础的"避免利益冲突义务"。该义务不以权钱交易关系为基础,义务设定来源于公职人员的身份要求,要求公职人员不得利用公权来满足个人利益,即公职行为的不可徇私性。在20世纪90年代初,党内规范就已经规定了利益冲突的禁止,2012年党的十八大进一步强调防止利益冲突,更加科学有效地防治腐败,2016年《中国共产党纪律处分条例》明确规定了利益冲突的党内责任。尽管防止利益冲突的义务目前仅直接规定在党内规范中,难以称为普遍意义上的法益,但从《公务员法》《企业国有资产法》《公职人员政务处分法》《事业单位工作人员处分暂行规定》《国有企业领导人员廉洁从业若干规定》等法律法规中依然可以推导出对公职人员有避免利益冲突的义务要求,可以作为法益来源的直接依据。例如,《公务员法》第59条规定公务员不得违反规定从事或者参与营利性活动;《企业国有资产法》第71条规定国家出资企业的董事、监事、高级管理人员不得违反本法规定与本企业进行交易;《公职人员政务处分法》第36条规定公职人员不得违反规定从事或参与营利性活动,或者违反规定兼任职务、领取报酬。法益具有先在性与自然性的一面,并非法律本身决定了法益的存在,而是社会决定了法益的存在,法律仅仅是对社会决定的法益所进行保护的规范,即使法律规范不变化,法益本身也会随着社会的变化而变化。① 在这个意义上而言,法益具有社会适应性特征,既是人类社会普遍价值与经验规律凝练的体现,也是在经验性知识基础上面向未来、开放式的规范性构想。随着国家反腐败立法体系逐步完善,在立法上确认防止利益冲突义务,将防止利益冲突义务所要求的公职行为的不可徇私性从应然性法益转为实然性法益,去除法益的模糊化,将成为我国反腐败刑事立法升级发展的重要突破口。

综上,廉洁性法益的分层化法益结构包括:一是基于权钱交易关系的公职行为的不可收买性以及公职行为的公正性;二是基于利益冲突关系的公职行为的不可徇私性,即在利益冲突时公职人员不得利用公权谋取私人利益。

(二)廉洁性法益分层化的实践价值

在"不得出卖公权义务"之外,确立"避免利益冲突义务"公职行为不可徇私性的廉洁性法益,有助于扩大刑法规制范围,进一步严密刑事法网,提升廉洁性法益指导立法与解释司法的能力。

1. 有助于弥补刑事法网的疏漏

就目前贿赂犯罪立法而言,单纯收受他人财物的,不构成受贿罪,在收受他人财物时是否具有为他人谋取利益的承诺,是区分罪与非罪的重要标志,但在很多情况下,为他人谋取利益可能仅是内在心理动机,并无外部表现,在诉讼中不

---

① 〔德〕李斯特:《德国刑法教科书(修订译本)》,徐久生译,法律出版社2006年版,第6页。

容易证明,从而使得实践中的"人情往来""感情投资"成为被告人重要的脱罪理由。在中国人情社会中,国家公职人员在节假日、红白喜事期间会有一些人情往来,收受他人馈赠财物的情形。一般认为,若送礼者是因有求于对方而送礼,那么无论采取何种形式,实质上都属于贿赂;反之,若仅是基于常态的人际交往和社会情感而收受礼物,不能按照贿赂加以认定。但如何把握贿赂与馈赠的界限,仍然未有实质性的判断标准。在权钱交易之前,可能存在较长时间的以礼金巩固"感情"的阶段,这一阶段国家工作人员单纯收受的"礼金",究竟是相对方基于情感的财产赠与,还是"对方购买职务行为的'预付款'"呢?① 在国家工作人员未作出为他人谋取利益的承诺或具体行为之前,仍属于人的内在心理活动而难以验证。在因无法证明请托人有具体的请托事项以及国家工作人员为请托人谋取了利益的情形下,司法机关一般不会将相应财物计算到受贿数额之中。虽然《关于办理贪污贿赂刑事案件适用法律若干问题的解释》明确了在具有上下级关系或管理与被管理关系情形下国家工作人员收受他人财物的承诺推定规则,但范围仍显狭窄,对于3万元以下的或不具有上下级关系或管理关系的,不能适用承诺推定规则。强调"为他人谋取利益"的司法规则,实际上仍是廉洁性"一元式"法益论的结果,即必须通过"为他人谋取利益"的证明,确认存在权钱交易的事实,才能证明廉洁性法益受到侵害。然而,在分层化的廉洁性法益结构之下,廉洁性第一层面的"避免利益冲突义务"即要求公职人员必须忠于职务,在发生利益冲突的情形下,不得利用公职行为徇私。通过将廉洁性法益内容进行扩展,把引发权钱交易的利益冲突风险作为廉洁性法益的新增内容,提前法益侵害的时间点,可以彻底解决"为他人谋取利益"难以证明的问题。以此为立法指导,推动贿赂犯罪立法的修正完善,可以严密法网,提高刑法威慑效果。

2. 有助于解决司法适用的难题

一是可以解决权钱交易难以认定的困境。在传统"一元式"法益结构之中,权钱交易的对价关系是决定贿赂犯罪成立与否的关键,但在以借款、合伙、商品交易等"合法形式"为掩饰而进行的变相贿赂的情形下,给付方式具有隐蔽性和复杂性,对价关系并不容易判断。比如,依据《关于办理受贿刑事案件适用法律若干问题的意见》第4条可知,国家工作人员以理财的名义,即使"实际出资"委托他人进行理财,但若获得"收益"明显高于出资应得收益,仍要以受贿论处。然而,证券投资市场起伏跌宕,不同主体投资能力也不同,在合法投资收益与贿赂之间建立"明显高于"的判断标准,存在一定困难。再如,在民间借贷关系中,行为人以借贷方式向请托人收取高额利息,这些高额利息是借贷本身的合法收

---

① 孙国祥:《"礼金"入罪的理据和认定》,载《法学评论》2016年第5期。

益,还是超出应得收益的贿赂?对此,有"本地利率说""法律标准说""同期银行利率说"等认定标准争议,导致司法认定中存在混乱。但是,若以基于利益冲突的公职行为的不可徇私性作为廉洁性法益内容,在对价关系无法证明或争议较大的情形下,只要收受行为与职务具有一定的关联性,就可以表明私人利益的取得与公共利益之间存在冲突,行为因违反了避免利益冲突义务而具有刑事可罚性。

二是可以弥补职权概念不周严的缺陷。通常而言,国家工作人员用于交易的权力包括本人职务上主管、负责、承办某项公共事务的职权,以及本人对其他国家工作人员的领导、监督、制约权力。本人职权不限于法定职权,也包括实际职权,但是否包括一般职务权限,则存在争议。所谓一般职务权限,是指国家工作人员并没有主管、经办、参与某项具体事务,但该事务的处理在该国家工作人员的一般职务权限范围之内。例如,甲请托民警乙打听甲弟涉及案件的处理情况,并给予其 10 万元现金,乙并非案件承办人,但却从同事丙处了解到案情,得知甲也是同案犯,遂通知其逃跑。在该案中,对于乙的收受行为是否构成受贿罪存在争议。"否定说"认为,由于行为人不具有案件承办权,缺乏"利用职务上的便利"的条件,因此不构成受贿罪。"肯定说"认为,行为人虽然没有具体职权,但具有作为司法机关成员在案件调查方面的抽象职权,简言之,双方交易的是特殊的抽象职权,基于交易的对价关系,仍然构成受贿罪。① 作为受贿罪的构成要件,"利用职务上的便利"的基本功能在于构建"钱权交易"的对价关系。对于具体职权而言,属于国家工作人员直接行使的职能范畴,对价关系易于判断,但一般职务权限是属于国家工作人员所代表的国家机关、部门或职位的概括性、抽象性权力,不具有直接的可利用性。换言之,国家工作人员不可能直接行使抽象性权力,这种情况下与其说是利用了职务行为的便利,不如说是利用了职务身份的便利。当前刑事法规范以及相关的司法解释对"利用本人职权"采取的是一种限缩解释,强调的是职务行为而非职务身份,实际上缩小了"利用职务上的便利"的范围。但是,若采取基于利益冲突的公职行为的不可徇私性的法益立场,则无需评价公职人员是否具有权力以及是否能够实际行使权力,只要能够证明财物收受与公职人员身份相关,即具有法益侵害之后果。

三是可以解决预备犯不处罚的难题。从理论上看,贿赂犯意产生之后、着手给予或收受贿赂之前的阶段属于预备阶段,行为人在预备阶段收受财物的意思表示(如约定、承诺)以及为权钱交易创造条件的行为(如利用职务便利为请托人提供商业机会),均属于贿赂犯罪的预备行为,前者属于无形预备,后者属于

---

① 崔凤媚、李勇:《论受贿罪中的"利用职务上的便利":以两起案例为切入点》,载《中国检察官》2007 年第 7 期。

有形预备。以往有观点认为,由于在预备阶段尚未形成明确的对价关系,受贿对象无法确定,数额无法量化,且社会危害性较小,因此通常不具有可罚性。① 以有形预备为例,国家工作人员利用自己处于监管地位所形成的对被监管对象的制约力,为被监管对象指定工程承揽单位,或者要求请托人借款给指定第三人,已经为他人谋取了利益,但由于尚未收受财物,因此不构成对廉洁性的侵害,因为尚未发生收受行为,作为法益侵害评价标准的权钱交易还未出现。但是,上述行为客观上却是为贿赂创造了条件,属于预备行为,由于预备犯的犯意较实行犯更难证明,故而在处罚上相当具有难度。犯罪预备规定在我国《刑法》总则之中,处罚预备犯是一个普遍适用的原则,贿赂犯罪不应当有例外,特别是对于有形预备而言,行为人已经实施了具体的预备行为,并将转向实行行为,具有侵害行为廉洁性的高度危险,有处罚之必要。若以公职行为的不可徇私性的法益进行判断,行为人利用职务便利为他人提供商业机会,即构成私人利益与公共利益的冲突状态,违反了廉洁义务之要求而具有刑事可罚性,这样就可以解决受贿罪预备犯不处罚的问题。

综上,积极治理的反腐败战略观要求立法重新评估引发贿赂风险行为的社会危害性,由此提出了将基于利益冲突的公职行为的不可徇私性纳入廉洁性法益之必要。在中国经济转型过程中,"政治支配经济型"腐败曾一度占据主导地位,但随着市场经济改革的深化,具有公共资源的独占性、掌握公共权力的公职人员成为经济主体的俘获对象,"经济支配政治型"腐败已经成为腐败衍生的重要类型,②针对极为严重的"权力围猎"现象,必须有效切断一切权钱交易机会,才能形成对腐败的根源性治理。然而,在"一元式"廉洁性法益结构之下,以权钱交易关系的发生作为法益损害的评价标准,仍然保留了行贿方进入交易环节的机会,无法实现预防性的源头治理。对此,构建分层化的廉洁性法益,有助于前移法益损害的评价基点,通过"利益冲突"的违法性评价,将不法行为阻止在权钱交易之前,从而实现积极治理战略观所主张的预防性治理目的。

第二节 贿赂犯罪立法的结构性更新与体系性完善

贿赂犯罪立法形成于20世纪80年代中期,基于"教育多数、惩罚少数"的反腐败策略,立法增加了犯罪构成要素,提高了入罪门槛,缩小了惩治范围并将死刑规定为法定最高刑,形成了"限缩+重刑"的罪刑结构。随着腐败类型的更新升级,面对系统性腐败在手段、规模、影响力等方面的变化,"限缩+重刑"罪刑结

---

① 孟庆华:《贿赂犯罪形态的基本理论》,人民出版社2014年版,第5页。
② 魏昌东:《腐败治理模式与中国反腐立法选择》,载《社会科学战线》2016年第6期。

构下立法规制范围较狭窄、预防功能不足等问题逐步暴露,已经影响到立法规制腐败能力的提升。尽管贿赂犯罪立法有过多次修正,但并未对罪刑结构进行根本性的调整,难以有效解决刑法规制能力不足的问题。在确立廉洁性法益分层模式的前提下,应当以积极治理反腐败战略观为导向,遵照公职行为的不可徇私性和不可出卖性的双层法益体系,推动贿赂犯罪立法的整体性更新。

一、公权不得徇私义务下贿赂犯罪立法的结构性更新

(一) 公权不得徇私性的刑法保护之必要

公职行为的不可徇私性是指在利益冲突下公职人员不得利用职权谋取私人利益。该法益具有刑法保护的必要性,具体体现为:

首先,公职行为的不可徇私性区别于公职行为的不可收买性以及公职行为的公正性,具有独立性。公职行为的不可收买性来自公权不得出卖的要求,法益侵害发生在权钱交易的基础上;公职行为的不可徇私性来自不得以损害公共利益的方式谋取个人利益,法益侵害存在于权力独立行使的封闭系统中,不以权钱交易关系为条件。与渎职犯罪所侵害的公职行为公正性相比,公职行为的不可徇私性还强调,实现个人利益的徇私性不以导致公共财产、国家和人民利益遭受重大损失为条件,两者具有明显区别。

其次,强调公职行为不可徇私性,对于当下腐败治理具有极为重要的刑事政策价值。在改革开放初期,伴随着"原生性""寻租型"腐败的泛滥,贿赂犯罪成为国家腐败治理的重点,但随着腐败治理体系不断完善和治理力度的不断加大,以规避权钱交易关系为特征的利益冲突型腐败逐步泛滥,个人利益的取得不再依赖于行贿人的给予而是直接从权力本身攫取利益,其不仅不依附于权钱交易关系,甚至还成为滋生贿赂犯罪的温床,以"一家两制"为代表的利益冲突型腐败蔓延于政治与经济的交叉领域,隐藏于合法行为之下,降低了社会对这类行为严重危害性的警觉与预防,造成了腐败的系统性蔓延,严重破坏了政治生态。在当下腐败治理阶段,为有效应对腐败的隐性变异,清理系统性腐败,应明确公职行为不可徇私性的法益,加强对利益冲突型腐败的刑法规制。

最后,倡导公职行为的不可徇私性符合积极预防的刑法观。刑法观与社会发展互为映射,有什么样的社会就有什么样的刑法观,有什么样的刑法观也反映出社会对刑法有什么样的需求。[①] 在中国经济转型深化阶段,风险无所不在。避免风险的发生,避免小风险转为大风险,避免大风险转为严重灾难,是国家治理的重要任务。积极预防的刑法观,重视刑法的风险预防功能,强调刑法干预的提前化、抽象化,由此带来的犯罪圈扩大化的立法趋势,符合当代中国社会治理

[①] 刘艳红:《积极预防性刑法观的中国实践发展——以〈刑法修证案(十一)〉为视角的分析》,载《比较法研究》2021年第1期。

与社会控制的客观需要。① 腐败是严重影响国家现代化发展的公共风险,采取各种手段有效防范腐败风险,是国家治理的重要任务,其中也就包括了通过刑事手段。倡导公职行为的不可徇私性,意味着刑法需要根据新的法益类型来扩大犯罪圈,同时也意味着刑法可以在腐败行为的社会危害性相对较轻时就提前介入,对于以权钱交易结果或重大损失结果为构成要件的其他腐败犯罪而言,刑法在利益冲突环节的介入,可以发挥对这些腐败犯罪的预防功能,契合积极预防刑法观的基本理念。

法益保护的基础在于立法,基于公职行为的不可徇私性,应当及时推动刑法立法修正,将利益冲突下利用公权获利的行为予以犯罪化,实现价值侧面的法益向存在侧面的法益转化,推动中国贿赂犯罪罪名体系的结构性更新。

(二) 利益冲突型腐败犯罪的刑法规制方案

1. 利益冲突型腐败犯罪的立罪模式

世界主要国家利益冲突型腐败犯罪的立法有体系化、类型化和包容性等模式,这实际是利益冲突型腐败犯罪由一个罪名统一规定,还是由多个罪名进行分散规定的问题。一个罪名统一规定固然具有针对性,但利益冲突下利用公权谋取私利的行为方式具有多样性,行为构造存在较大的差异性,因此难以统一于同一个罪名之下,且在列举不同行为类型时往往又会设置兜底性条款,容易导致该罪成为"口袋罪",英国普通法上公职人员行为不当罪即是前车之鉴,故而采取类型化的多个罪名的立罪模式更为合理。

利益冲突型腐败犯罪以利益冲突下公职人员利用公权力获得个人利益作为入罪标准,但并不属于财产犯罪,其所侵害的公职行为的不可徇私性揭示了其作为职务犯罪的根本属性。在具体罪名的犯罪构成中,个人利益的取得应作为调整处罚范围大小的"客观处罚要素",以便于与前置法所禁止的利益冲突下的违法行为相衔接。公职人员职务行为的不可收买性和不可徇私性均属于廉洁性的同类法益,宜将两类犯罪规定在同一立法体系之下,具体可以考虑将利益冲突型腐败犯罪规定在《刑法》第388条斡旋型受贿罪之下。

从犯罪分层上看,犯罪可以划分为重罪、轻罪和微罪,而根据犯罪性质,利益冲突型腐败犯罪应定位为轻罪、微罪。轻罪的刑罚通常是3年以下有期徒刑,而微罪的刑罚仅是拘役或以下之刑。根据罪责刑相适应原则,刑罚处罚力度应当与行为的社会危害性程度相适应。受贿罪所侵害的法益要重于利益冲突型腐败犯罪,相比受贿罪,将利益冲突型腐败犯罪的法定刑设置为3年以下有期徒刑、拘役或管制较为合适。国外立法通常也是将利益冲突型腐败犯罪的法定刑设置为3年以下有期徒刑。需要注意的是,将利益冲突型腐败犯罪定位为轻罪或微

---

① 周光权:《转型时期刑法立法的思路与方法》,载《中国社会科学》2016年第3期。

罪,并不意味着入罪标准的降低,在前置法规定了利益冲突型腐败行为的前提下,应当坚持刑法的法益侵害原则,注意与前置法的违法标准相区分,设置相对较高的入罪条件,以避免混淆刑事罚和秩序罚的关系,导致刑事处罚范围的过度化。

2. 利益冲突型腐败犯罪的罪名及构成要件

利益冲突型腐败犯罪属于预防性立法,"预防性立法是为了防范和化解重大社会风险,让被惩罚之人承担前瞻性预防责任"。① 根据本书前文所分析的常见的利益冲突型腐败,可以考虑在刑法立法上增设以下三个罪名:

(1) 非法从事营利活动罪

《公务员法》《政务处分法》《行政机关公务员处分条例》《事业单位工作人员处分暂行规定》以及《中央企业贯彻落实〈国有企业领导人员廉洁从业若干规定〉实施办法》等法律法规中均有关于公职人员参与营利活动或担任兼职的禁止性规定,在前置法对此类利益冲突已有较为明确规定的情形下,非法从事营利活动罪的行为要素应当保持与前置法的一致性,在客观要件中需增加非法利益的数额要素,以提高入罪标准,从而与前置法违法处罚标准相区分。据此,可将本罪的罪状设计为:国家工作人员违反国家规定,参加营利性活动,获取非法利益,数额较大的,构成本罪。本法另有规定的,依照规定。

"从事营利性活动"是指,国家工作人员直接从事营利活动,不包括配偶、子女等特定关系人从事营利活动而本人从中获益的情形。营利活动既包括经营性、管理性活动,也包括仅领取报酬的职务兼任。"非法利益"是指,利益取得途径或方法具有违法性,即违反了前置法律法规中的禁止利益冲突规则。由于法益类型及行为的社会危害性程度不同,本罪的"数额较大"不应采取受贿罪的数额较大标准,但可以参考非法经营同类营业罪10万元以上的立案标准。由于国家工作人员包括了国有公司、企业的董事、经理,他们违反法律规定从事经营活动,还可能符合非法经营同类营业罪的构成条件,因此根据"本法另有规定的,依照规定",这种情形属于法条竞合,按照非法经营同类营业罪认定。

(2) 利用职权非法牟利罪

利用职权非法牟利罪是针对影响型利益冲突而设置的罪名。《公务员法》《政务处分法》等法律法规普遍规定了禁止公职人员利用职务之便为本人或他人谋取利益。在结合前置法规定的基础上,可将本罪的罪状设计为:国家工作人员违反国家规定,利用职权或者职务上的影响为本人或者特定关系人牟取非法利益,数额较大的,构成本罪。

"利用职权或职务的影响"既包括利用本人职务上直接主管、负责、承办某

---

① 姜敏:《刑法预防性立法:罪型图谱和法治危机消解》,载《政法论坛》2021年第6期。

项公共事务的职权以及分管、领导下级国家工作人员的职权,也包括利用本人职权或地位产生的影响和工作联系关系。在利用职权的情形下,牟利行为既可以由行为人本人实施,也可以由与行为人之间有领导与被领导关系的下属人员实施;在利用职务影响的情形下,牟利行为则由其他国家工作人员实施。需要注意的是,若牟利行为是特定关系人利用国家工作人员职权或者职务上的影响而实施的,即使国家工作人员存在默许、纵容,也不构成本罪,应适用前置法的规定加以处置。本罪与为亲友非法牟利罪都属于利用权力的徇私型犯罪,在本罪数额标准上可以参照为亲友非法牟利罪非法获利数额 20 万元以上的立案标准,但两罪在犯罪构成上并不相同,为亲友非法牟利罪的犯罪主体是国有公司、企业、事业单位的工作人员,要求牟利行为导致国家利益遭受重大损失,而本罪的犯罪主体则是国家工作人员,要求有实际获利。国有公司工作人员利用职权为亲友牟利,亲友非法获利 20 万元以上,且又导致国家产生直接经济损失 10 万元以上的,可构成法条竞合,在此情形下,应认定为犯罪主体更为特殊的为亲友非法牟利罪。

(3) 职后非法获利罪

职后非法获利罪是针对"旋转门"型利益冲突而设置的罪名。由公职部门进入私营部门的"旋转门"是市场经济人才流动的常见现象,企业也渴望雇佣到熟悉公务流程与标准的人员,以帮助处理涉及行政领域的事务。"旋转门"型利益冲突规则所要禁止的是离职后的公职人员利用担任公职期间掌握的内部信息、渠道、关系来为个人谋取利益。非法取得公权力的"延后利益"构成了对公职行为不可徇私性的侵害。《公务员法》第 107 条要求离职领导在 3 年内、普通公务员在 2 年内,不得到与原职务直接相关的营利性组织任职,也不得从事与原职务直接相关的营利性活动,但该规定仅是对行为的禁止,未包含侵害公职行为不可徇私性的法益要求。对此,在本罪犯罪构成上应当加入作为法益侵害表征的非法利益要素,以与前置法规定相区别。法国《刑法典》第 432-13 条将投资参股或接受参股股份规定为"旋转门"型利益冲突犯罪的构成要素,具有一定的可借鉴性。据此,可将本罪的罪状设计为:国家工作人员辞去公职或者退休后,违反国家规定,在公司、企业等单位中从事与原工作业务活动直接相关的营利活动,获得非法收益,数额较大的,构成本罪。

本罪的犯罪主体为国家工作人员,既包括国家机关工作人员,也包括国有公司、企业、事业单位、人民团体工作人员。当然,确立上述主体范围还需要修正《事业单位工作人员处分暂行规定》《中央企业贯彻落实〈国有企业领导人员廉洁从业若干规定〉实施办法》等前置性规章,增加国有公司、企业、事业单位工作人员的"旋转门"型利益冲突规则。"与原工作业务活动直接相关"是指,国家工作人员在职时亲自并实质性参与过涉及该营利性组织的事务。"获得非法收益"是指,违反防止利益冲突规则而取得利益,包括获得工资、劳动报酬、股份、股利等财产性收益。

3. 利益冲突型腐败犯罪的刑罚配置

在积极预防刑法观之下,利益冲突型腐败犯罪旨在设置"严而不厉"的规范结构,通过发挥刑法的一般预防功能,遏制腐败诱因,减少腐败犯罪。对国家工作人员而言,一旦构成犯罪,无论是轻罪还是重罪,都会直接影响其任职、晋升等事项,因此,犯罪圈的扩大化和法网的严密性,比处罚的严厉性更具有威慑力。利益冲突型腐败犯罪并非严重的腐败犯罪类型,在法定刑配置上,可以考虑采取两档法定刑。基本犯的法定刑为:拘役、管制,并处罚金;对于情节较轻的,可以由主管部门给予行政处分或纪律处分。在数额巨大的情形下,或虽未达到数额巨大,但有其他严重情节时,法定刑为3年以下有期徒刑,并处罚金。

需要说明的是,对腐败犯罪采取由主管部门给予行政处分或纪律处分等非刑罚处罚措施,在司法实践中早已有之。1985年,最高人民法院、最高人民检察院《关于当前办理经济犯罪案件中具体应用法律的若干问题的解答(试行)》规定,贪贿犯罪数额不满2000元,情节较轻的,由行政主管部门酌情予以行政处分;1989年,最高人民法院、最高人民检察院《关于执行〈关于惩治贪污罪贿赂罪的补充规定〉若干问题的解答》规定,贪贿共同犯罪中个人所得数额虽未达到2000元,但共同贪污数额超过2000元的,主要责任者应予处罚,其中情节较轻的,由其所在单位或者上级主管机关酌情给予行政处分。利益冲突型腐败犯罪设置此类非刑罚措施,其目的在于:一是减少实刑的使用,降低犯罪人的矫正成本;二是可以与监察法、党内纪律处分条例相衔接,构建以犯罪不可脱逃性为核心的预防性治理模式。

二、公权不得出卖义务下贿赂犯罪立法的体系性完善

(一)"交易型"贿赂犯罪立法存在的问题

贿赂犯罪的本质是将职务或职务行为商品化,即将掌握的公权力作为与他人请托利益的筹码,以出卖职务或职务行为为对价而获取他人财物。[①] 行为人没有相应的职务,或者没有利用职务上的便利收受财物的,不构成受贿罪。"惩治受贿犯罪,刑法需要有自己的独立判断,这一独立的判断就是权钱交易,凡是符合权钱交易特征的,不管采取什么名义,都是变相的贿赂,都是刑法可以惩罚的行为。"[②]从法益角度看,公权不得出卖义务和公权的不可收买性是一体两面的关系。权钱交易是一种事实判断,对于受贿方而言,要求有出卖权力的事实,

---

① 孙国祥:《贿赂犯罪的学说与案解》,法律出版社2012年版,第100页。
② 陈兴良:《惩治受贿犯罪,刑法需要实质判断》,载《检察日报》2007年12月31日。

只要国家工作人员索取或收受的财物与其已经实施的、正在实施的、将来实施的或许诺实施的职务行为具有对价关系,即构成对公权不得出卖义务的违反;对于行贿方而言,以获得不正当利益为目的而向受贿方交付财物,即表明其行为侵害了公权的不可收买性。简言之,只要基于权钱交易关系的特定事实已经具备,即构成对公权不得出卖义务或不可收买性的侵害,就构成贿赂犯罪。然而,从目前贿赂犯罪立法规定看,除了权钱交易关系所需要的基本构成要件以外,立法还规定了一些额外的构成要件要素,这些额外的构成要素,限制了刑事法网的规制范围,并造成了贿赂犯罪整体规制的不均衡。

1. 法益侵害判断要素的叠加导致刑事法网产生疏漏

法益侵害判断要素的叠加,是指在犯罪构成上存在多个具有相同法益侵害判断标准的构成要素。就贿赂犯罪而言,立法规定了"利用职务上的便利""为他人谋取利益""数额"[①]等构成要素,但这些要素均包含了公权的不可出卖性或不可收买性的要求,形成了叠加性的构成要素。"利用职务上的便利"要求受贿人利用职务的行为或利用自己职务的状态,仅利用自己职务状态但并不打算实施某种职务行为也会对职务行为的不可收买性构成侵害,因为行为人一旦收受了与职务行为相关的财物,便意味着职务行为可以通过财物价值来评价,具有可收买性,收受财物与职务行为之间构成了对价关系。"为他人谋取利益"要求行为人有为他人谋取利益的承诺(可以是默许的),再次对公权不可出卖性的成立予以确证。数额则隐含着财产性利益的属性,属于权钱交易关系中的交易对象,数额有无也是对权钱交易关系是否存在的证明。

法益侵害判断要素的叠加性,来自"抓大放小"的刑事立法政策。立法为严格限制犯罪圈,将反腐败资源集中于严重的腐败犯罪,在受贿罪犯罪构成上设置了多重过滤性要素,导致了法益侵害判断要素的重复化。在司法上需要对具有相同法益侵害判断标准的构成要素进行逐一证明,才能构成犯罪。对法益侵害判断要素的多重证明,不仅使诉讼证明变得烦琐,降低了追诉效率,而且还导致刑事法网的粗疏化,一些间接侵害到廉洁性的行为无法得以规制。例如,在请托人并无明确、具体的请托时(不具有上下级或管理隶属关系),就难以认定贿赂犯罪。此外,构成要素的叠加也导致立法干预的滞后,使立法无法在腐败苗头出现之初就及时加以干预,造成大量"微腐"情形被人为放纵。可以认为,立法出现了"打击犯罪"与"放纵犯罪"并存的矛盾格局,而这也是目前贿赂犯罪治理举步维艰的主要原因。[②]

[①] 《刑法修正案(九)》构建了"抽象数额"与"情节"并列的评价模式,而《关于办理贪污贿赂刑事案件适用法律若干问题的解释》将"情节"规定为以满足一定的"数额"条件为前提(该数额约为前置数额的1/2,即"减轻数额"),导致"数额"在适用序位上优位于"情节",形成了"数额"支配"情节"模式。

[②] 孙国祥、魏昌东:《反腐败国际公约与贪污贿赂犯罪立法研究》,法律出版社2011年版,第179页。

2. 法益同一性下行为类型的区分导致社会危害性评价标准不一致

根据《刑法》第 385 条和第 388 条之规定，受贿罪可分为普通受贿、索贿型受贿、经济型受贿和斡旋型受贿四种。四种类型受贿罪侵害的法益具有同一性，在客观要素上既有共性特征，也有不同之处。索贿是国家工作人员主动提出收受贿赂的要求，主动性是索贿区别于普通受贿的主要特征，索贿必须利用职务上的便利，但不要求"为他人谋取利益"。斡旋型受贿不要求"利用职务上的便利"，但要求"利用本人职权或地位形成的便利条件"，并且要求为他人谋取的是"不正当利益"。经济型受贿在符合普通受贿罪构成要件的基础上，还要求必须发生在与公权力有关的"经济往来中"，收受对象为各种名义的回扣、手续费。经济型受贿本身就是普通受贿，即使是在经济交往过程中收受了回扣和手续费，但若不符合普通受贿罪的构成条件，也不会构成犯罪，换言之，经济型受贿的发生时空及手段方式，仅为"表面构成要素"，不具有对行为危害性的评价功能，仅具有规范的提醒功能。因此，受贿罪的类型实际只有普通受贿、索贿型受贿和斡旋型受贿三种。

上述三种受贿类型尽管在实行行为上存在一定的差别（并非本质不同），但侵害的法益具有同一性，因此在犯罪构成上应当予以等同评价，否则会导致不同犯罪构成下刑法规制范围的差异，造成法益同一性下行为社会危害性评价的不一致。索贿型受贿虽然主观恶性比普通受贿更重，但其行为仍然是对公权不得出卖义务的侵害。抛开主观恶性成分，行为人索取财物的行为，在客观上形成了公权可以被出卖的事实，这种情形下的索贿与普通受贿中行为人内心不想"帮忙"，但依然收受请托人财物并作出承诺的行为，在法益侵害性上没有什么不同。因此，索贿与受贿在行为构成上应当予以同等评价，索贿的主观恶性应当体现在量刑的从重上。此外，立法规定斡旋型受贿必须以谋取不正当利益为条件，其用意是将那些谋取正当利益而向国家工作人员交付财物的行为从行贿罪中排除出去，从而缩小打击面，但是，即便是谋取正当利益，同样会对公权不得出卖的廉洁性法益构成侵害。与普通受贿罪相比，斡旋型受贿罪中国家工作人员不是直接利用本人职务上的便利，而是利用本人职权或地位形成的便利条件，即利用的是本人的"职务影响力"，然而，即便是"职务影响力"，也是基于职务而产生的，与实际利用本人职务上的便利，没有质的区别，都是属于职务上的不当行为，且最终都侵害了职务行为的廉洁性，因此应当予以同等评价。根据行为方式不同，将这两种受贿罪加以区分，反而容易给被告人创造脱逃机会。在受贿罪体系内部以请托人谋取利益是否正当作为类型划分标准，缺乏实质正当性。

3. 对向关系下的非对称性立法导致犯罪惩治效能不高

受贿罪与行贿罪属于对向犯，其侵害的法益具有同一性，从受贿罪角度是公权不得出卖，从行贿罪角度则是公权不可收买，表述不同但实质内涵相同，均指向了职务行为的廉洁性,"谁先谁后、谁主谁从、谁危害更为严重,都是相对的"①,受贿行为与行贿行为的社会危害性程度相当。受贿与行贿"同罪同罚"或"异罪同罚",是清廉国家腐败治理的成功经验,也是《联合国反腐败公约》等国际公约积极提倡的腐败治理策略。但是,我国立法认为,国家工作人员所负担的廉洁义务重于非国家工作人员,立法上存在明显的"重受贿、轻行贿"现象,受贿罪与行贿罪之间的规范结构具有非对称性。② 具体表现为:一是"谋取利益"要素的认定标准不同。受贿罪要求受托人"为他人谋取利益",而行贿罪则规定了请托人"谋取不正当利益"。在两罪处于对向犯关系的前提下,行贿罪的犯罪构成要严于受贿罪。二是量刑数额标准不同。《关于办理贪污贿赂刑事案件适用法律若干问题的解释》将受贿罪与行贿罪基本犯的构成数额均规定为 3 万元(特定情形下为 1 万—3 万元),但是在加重犯的数额构成上,行贿罪要求的数额要高于受贿罪。三是自首条件的不同。为提高司法机关对受贿罪追诉的成功率,刑法规定了行贿罪的特别自首制度,但未对受贿罪规定类似的特别自首制度,受贿罪犯罪人的自首仍然适用刑法总则关于自首的一般规定。特别自首与一般自首的适用条件存在差别:前者要求"在被追诉前主动交代行贿行为",后者要求"自动投案,如实供述",特别自首不以"自动投案"为前提,但需要发生在检察机关刑事立案之前。

受贿罪与行贿罪的非对称性结构设计,是出于提高受贿罪追诉效率的考量,因为贿赂犯罪实施隐蔽,证据获取主要依赖于行贿人的口供,要想取得有效的行贿人口供而坐实受贿罪,需要给予行贿人一定的从宽激励。但是,也应当注意,当前对公职人员的"围猎"现象比较严重,贿赂犯意的发起者往往不是受贿人而是行贿人,行贿方主动寻找公职人员并千方百计拉其下水,已经使得行贿成为受贿发生的源头。寄希望于通过宽宥行贿人来预防腐败,并非腐败源头治理之良策。对于行贿人而言,非对称性的规范结构降低了其犯罪成本,容易形成反向激励,变相鼓励其实施行贿行为。由于行贿人的处罚较轻,因此行贿成为成本最低、风险最小、利润最大的手段,人们遇事最先想到的就是行贿。③ 行贿行为的泛滥,不仅损害了社会公平正义,更为严重的是,会形成根深蒂固的腐败文化,扭曲正常的社会交往规则,最终导致腐败治理的低效化。党的十九大深刻认识到行贿对于受贿的诱发作用,提出了"坚持受贿行贿一起查",这也成为纪检监察机关重要的反腐败政策。2015 年《刑法修正案(九)》对行贿罪特别自首条款进行了修正,对行贿人减轻处罚或者免除处罚做了从严的规定,在一定程度上缓解

---

① 〔德〕克劳斯·罗克辛:《刑事政策与刑法体系(第二版)》,蔡桂生译,中国人民大学出版社 2011 年版,第 68 页。
② 钱小平:《惩治贿赂犯罪刑事政策之提倡》,载《中国刑事法杂志》2009 年第 12 期。
③ 李少平:《行贿犯罪执法困局及其对策》,载《中国法学》2015 年第 1 期。

了行贿犯罪"从宽过度"与严厉打击之间的紧张关系。但是,立法并未提出遏制行贿行为的修正建议,无法改变司法实践中高度依赖行贿人供述的客观状态,宽宥行贿与严厉打击行贿之间的矛盾依然尖锐,有效遏制行贿动因以减少贿赂源头的刑事惩治制度还有待创新。

4. 单位组织监督责任的缺乏难以遏制系统性腐败

我国贿赂犯罪立法采取的是二元主体的立法结构,犯罪主体既包括自然人,也包括单位。单位贿赂犯罪最早来自《关于惩治贪污罪贿赂罪的补充规定》所增设的单位行贿罪和单位受贿罪,1997年后,立法对单位贿赂犯罪又做了多次修正和补充,目前的立法体系中既有纯正的单位犯罪,如单位受贿罪、单位行贿罪,也有不纯正的单位犯罪,如对单位行贿罪、对有影响力的人行贿罪。单位作为组织体,在贿赂犯罪的罪过、行为认定以及责任承担上均不同于自然人,但其立罪基础仍然在于权钱交易,因而延续了自然人贿赂犯罪的立罪模式,"谋取利益"、索取或收受等仍然是单位贿赂犯罪的基本构成要素。就此而言,单位贿赂犯罪和自然人贿赂犯罪又是"一体"的,统一于权钱交易所形成的犯罪模式之下,以权钱交易的实害结果作为刑法介入的标准。

基于权钱交易的基本框架,贿赂是权力支配者的个人行为或反映单位整体意志的单位行为,基于意志自由和罪责自负原理,应由个人或单位对其所实施的贿赂行为承担责任。然而,任何行为的发生都不是孤立的,总是存在于一定的组织系统中,行为理念、方式都会受到组织系统内部环境的影响,组织系统内部的规则扭曲、风气败坏是导致个人或单位本身实施腐败的重要原因。现代贿赂犯罪的发生既是权力支配者的个人独立行为,也与公权组织内部权力运行机制监督能力不足密切相关,后者对权力支配者的鼓励、默许与监督乏力,成为贿赂泛滥的重要原因。[①] 根据相关统计,在2000—2014年公布的厅局级官员腐败案件中,曾经担任"一把手"职务的有219名,占比约60%。"一把手"腐败在较大程度上会影响到单位内部风气,往往又会导致"腐败窝案"的发生。单位组织内缺乏有效的反腐败内控机制,是导致"一把手"腐败比例较高的重要原因,单位作为组织系统的管理与监督主体,有不可推卸的责任。然而,在现行法律中,尽管刑法规定了单位贿赂犯罪,但仍是以结果本位为立罪基础的,不涉及单位内部组织管理的责任,无法对系统性腐败产生遏制效果。

(二)"交易型"贿赂犯罪的立法完善

1. "包容性"构成模式之立法修正

受贿罪叠加性的构成要素严格限制了刑罚的适用范围,使得轻微腐败无法

---

① 钱小平:《创新中国贿赂犯罪刑法立法之选择——基于刑法预防功能的考察》,载《南京大学学报(哲学·人文科学·社会科学)》2017年第4期。

被查处,同时还会与隐秘且多样化的贿赂形式一起导致刑事法网的诸多疏漏。从积极治理角度看,上述问题不仅会使行为人对腐败产生"无罪感",造成犯罪发生率提高,还会导致社会对腐败容忍度的恶性扩张,忽视、容忍或原谅中小型腐败将最终使得对腐败的判断标准变得模糊,产生社会腐败文化。作为对不法行为最为严厉的谴责方式,刑法应确立"包容性"构成要素规范模式,简化犯罪构成要素,严密法网,确保腐败的不可脱逃性。具体应考虑对受贿犯罪立法进行如下修正:

(1) 删除"为他人谋取利益"要素。"为他人谋取利益"在受贿罪中处于极为尴尬的地位,一方面,它承担着缩小打击范围的历史使命;另一方面,腐败形式的潜伏化和隐蔽化又迫使司法对该要素进行扩大解释,在"明知他人有具体请托事项而收受财物"的情形下,被认定为是默示的承诺,已经使得该要素完全依附于收受行为而不具有实质的独立性。正如有观点所认为的,推定默示承诺的大量运用,实际上已经取消了"为他人谋取利益"要素的定罪功能。① 有观点认为,国家工作人员在索取财物时,职务行为与财物间的对价关系凸显;国家工作人员在被动受贿时,职务行为与财物间的对价关系模糊不清,只有存在其他因素使得被动受贿与职务行为之间具有对价关系,方得以认定侵犯了法益。② 但是,国家工作人员的职务行为与行贿方所提供(主动或被动)的不当利益形成对价关系,是认定受贿罪成立的核心要件,国家工作人员利用职务上的便利,非法收受他人财物,已然侵犯了职务行为的廉洁性,"为他人谋取利益"并不是形成职务行为与不当利益对价关系的充要条件,删除该要素对于认定权钱交易的对价关系并无影响。

(2) 修正"利用职务上的便利"要素。"利用职务上的便利"原本是用于证明权钱交易关系存在的构成要素,但在现代社会事务管理越发复杂、公权作用范围越发广泛的前提下,"利用职务上的便利"反而限制了刑法的规制能力。例如,对于利用上级领导、监督地位或利用职前状态等是否符合"利用职务上的便利",在理论与实务上均存在诸多争议。有观点提出,"利用职务上的便利"本身没有体现出权钱交易的特点,应当从受贿罪构成要素中删除。③ 也有观点认为,为避免刑罚面过于扩大,"职务"仍是受贿罪不可缺少的要素,但可以对其进行适度扩张解释,只要索取或收受与职务行为有关的财物,就可以认定为"利用职务上的便利"。④ 前一观点存在打击面过宽的问题,难以将日常人情往来与贿赂

---

① 杨兴培、李翔:《经济犯罪和经济刑法研究》,北京大学出版社 2009 年版,第 424 页。
② 张明楷:《刑法学(下)(第六版)》,法律出版社 2021 年版,第 1592 页。
③ 李希慧主编:《贪污贿赂罪研究》,知识产权出版社 2004 年版,第 225 页。
④ 孙国祥:《贿赂犯罪的学说与案解》,法律出版社 2012 年版,第 354 页;张明楷:《刑法学(下)(第五版)》,法律出版社 2016 年版,第 1204 页。

区分开来,而且脱离了职务关系,也难以称之为腐败犯罪。后一观点采取推定方式,将与职务行为有关的收受行为推定为"利用职务上的便利",具有诉讼上的便利性,但在行为人不具有利用职务便利的意思或利用职务便利的意思很模糊时,也很难将该行为认定为受贿罪。综合相关观点,笔者建议在立法上将"利用职务上的便利"修正为"与职务有关的行为",① 只要收受的财物或财产性利益与其职务行为具有关联性,就有权钱交易的风险,就具有可罚性,即使利用职务便利的意思并不明确,也构成受贿罪。具体而言,《刑法》第 385 条受贿罪可以修正为:国家工作人员索取或非法收受与职务相关的财物的,是受贿罪。修正后受贿罪的规制范围更为明确和广泛,追诉难度降低,从而提高了刑法的一般预防功能。修正后的受贿罪与利用职权非法牟利罪的区别在于:受贿罪建立在权钱交易基础上,要求收受行为必须与职务行为相关;利用职权非法牟利罪建立在利益冲突基础上,并不要求收受行为与职务行为相关。在受贿罪规范结构修正的前提下,《刑法》第 387 条单位受贿罪也应当做出对应性修正:国家机关、国有公司、企业、事业单位、人民团体,索取或非法收受与单位公共职能有关的财物,情节严重的,构成单位受贿罪。

(3)受贿罪内部结构的修正。立法区分了利用权力进行交易(普通受贿)和利用权力的影响力进行交易(斡旋型受贿),但这两种行为对公职廉洁性的损害并无实质区别;相反,利用权力的影响力进行交易更容易导致"系统环境型"腐败,将两种腐败类型予以区分并设置不同的构成要件,并无必要。将"利用职务上的便利"修正为"与职务有关的行为"就完全可以涵盖利用权力影响力进行交易的情形。因此,在修正《刑法》第 385 条的同时建议删除第 388 条的规定。

2."对称性"惩治结构之立法修正

行贿罪与受贿罪的"非对称性"规范结构,建立在对受贿罪和行贿罪社会危害性的差别化认识的基础上,但事实证明,这种"非对称性"规范结构并不足以遏制行贿人的犯罪动因,行贿人并不会因为刑法的宽宥而主动放弃行贿。基于积极治理战略观下的预防性治理要求,在对向犯中,应当确保双方在同一犯罪中的犯罪成本大致相当,若一方犯罪成本较低,则会导致其成为另一方犯罪的源头,降低犯罪治理效能。据此,应当通过立法修正,建立受贿罪与行贿罪"对称性"的规范结构。

(1)删除"谋取不正当利益"要素。在受贿罪删除"为他人谋取利益"要素的前提下,行贿罪、对单位行贿罪也应当删除"谋取不正当利益"要素。《关于办

---

① 钱小平:《创新中国贿赂犯罪刑法立法之选择——基于刑法预防功能的考察》,载《南京大学学报(哲学·人文科学·社会科学)》2017 年第 4 期。

理商业贿赂刑事案件适用法律若干问题的意见》将"不正当利益"具体规定为三个方面：一是违法（违规）获得的利益，即利益本身不符合法律、法规、政策、规章等规定；二是违反规定提供帮助或方便条件，这种利益本身可能是正当的，但却是基于违法的帮助或便利条件而取得的，因此具有程序违法性；三是违反公平、公正原则，在经济、组织人事管理等活动中，谋取竞争优势的利益。超出这三层含义之外的，属于"正当利益"，不构成行贿罪。例如，请托人向受托人支付了"加速费"以谋取其本来应当依法获得的利益，由于权力行使的结果与国家正常管理职能和职务行使的公正性并没有发生偏离，没有发生法定的行贿罪的实质侵害，交付财物是为促使国家工作人员正常履职，因此不构成犯罪。[①] 然而，以公正性作为贿赂犯罪的法益，并不符合贿赂犯罪权钱交易的本质特征。对于国家工作人员而言，任何情况下都不得出卖公权力，即使职务行使的公正性能够得到保障；对于请托人而言，除非是因勒索而被迫给付财物，其他情形下主动给予国家工作人员财物，都是对职务行为不可收买性的破坏，谋取正当利益情形下的行贿行为对廉洁性法益的侵害，并不低于谋取不正当利益的情形。从源头治理角度，应当通过立法修正来矫正以行贿获得好处的扭曲规则，强化职务行为不可收买性的法益观念，培养公职行为禁止收买的社会意识，最终推动清廉社会的构建。据此，《刑法》第389条第1款行贿罪应当修正为：给予或允诺给予国家工作人员与其职务相关的财物的，是行贿罪。《刑法》第391条对单位行贿罪应当修正为：给予国家机关、国有公司、企业、事业单位、人民团体与其职责有关的财物的，是对单位行贿罪。此外，还应当在司法解释中统一受贿罪与行贿罪法定刑升格的数额标准，建议按照受贿罪的标准统一加以确定。

（2）删除行贿罪的特别自首制度。行贿罪特别自首制度设立的原本目的在于激励行贿人主动分化与受贿人之间的"同盟关系"，从而更为有效地打击受贿罪。1997年《刑法》第390条第2款规定："行贿人在被追诉前主动交代行贿行为的，可以减轻处罚或者免除处罚。"这种情况下行贿人主动交代而获得的从宽力度要大于普通自首（普通自首为可以从轻或减轻处罚），故对行贿人有较大的激励作用，但却导致行贿犯罪的低成本化，不利于打击行贿犯罪。为解决这一问题，2015年《刑法修正案（九）》修改了行贿罪特别自首的从宽标准，规定特别自首"可以"从轻或减轻处罚，对于犯罪较轻的、对侦破重大案件起关键作用的，可以减轻或者免除处罚。行贿罪特别自首与普通自首的区别在于，前者须发生在"被追诉前"（犯罪之后、刑事立案前），后者是发生在犯罪之后、归案之前（可能已经刑事立案）；犯罪虽然较为严重，但对侦破案件起到了关键作用的，仍然可

[①] 孙国祥：《"加速费"、"通融费"与行贿罪的认定——以对"为谋取不正当利益"的实质解释为切入》，载《政治与法律》2017年第3期。

以按照特别自首减轻或免除处罚,但却无法适用普通自首的规定。简言之,立法对行贿罪特别自首的适用条件进行了严格限制,特别自首仅在"对侦破案件起关键作用"时,才可能轻于普通自首,其他情形下已经与普通自首无差异。在贿赂犯罪刑事追诉高度依赖于行贿人口供的情形下,"对侦破案件起关键作用"实际上更有利于那些行贿数额较大或情节严重的行贿人;对数额较小或情节不严重的行贿人来说,适用普通自首反而对其更为有利。由此,又导致行贿从宽处罚陷入另一个怪圈:严重的行贿行为反而可能获得更轻的处罚。有观点认为,"在刑罚减免条件更为宽松的情形下,特别自首尚未起到很好的分化、瓦解作用,再为其增设限制条件,效果只会更差。"①既然如此,与其在立法上不断试图优化特别自首制度,不如将其删除,从而保持与受贿罪相同的从宽力度。删除特别自首制度,虽然在短期内可能会影响到受贿案件的追诉效率,但却可以形成有效的贿赂犯罪源头治理机制,有利于提高腐败治理的效能。

（3）行贿免责事由的修正。《刑法》第 389 条规定了行贿罪的免责事由:因被勒索给予国家工作人员以财物,没有获得不正当利益的,不是行贿。行为人客观上实施了行贿行为,侵害了公职行为的不可收买性,但缺乏主观责任(谋取不正当利益在行贿罪中属于主观要素),不构成犯罪。这种情形下行贿人相当于财产犯罪中被敲诈勒索的被害人,只处罚索贿一方具有一定的合理性。然而,需要反思的是,贿赂犯罪虽然具有严重的社会危害性,但行为所引发的社会危害性并不急迫,面对公职人员利用职务便利所实施的索贿行为,相对方通常有能力予以拒绝或举报,之所以配合,是因为他也认识到公权是可以交易的。当然,仅有这种认识还不足以成为行贿责任承担的依据,与普通行贿中行贿人谋取利益意思的外部表示不同,在被索贿情形下,相对方并不会明确表示出谋取利益的意思,唯有当其完成了交易行为并实际取得利益的时候,谋取利益的意思才能予以确定,才形成刑事责任承担的依据。基于行贿罪删除"谋取不正当利益"的理由,《刑法》第 389 条第 3 款建议修正如下:因被勒索给予国家工作人员财物,没有获得利益的,不是行贿。此外,因被勒索给予国家工作人员财物而构成行贿罪的,其责任程度依然小于普通行贿,立法应当将被勒索规定为行贿罪的法定从宽情节。

3. 单位预防行贿失职罪之立法创制

单位预防行贿失职罪的立罪基础在于组织责任原理。组织责任原本是生产经营活动中监督者、管理者的义务负担,该责任原理的兴起是为了有效控制经营风险而要求监督者、管理者分担风险责任。在腐败治理领域,组织责任体现为单位对于构建有效的内部腐败预防体系的监督责任。单位是组织内部权力廉

---

① 刘仁文、黄云波:《行贿犯罪的刑法规制与完善》,载《政法论丛》2014 年第 5 期。

洁运行的监督者,其监督义务在于合理配置组织内部权力关系,建立有效的防止权力滥用的组织体系,进而达到对单位成员权力运行的有效监督。若因组织内控监督建设不符合标准而导致单位成员为本单位的利益实施腐败行为的,单位应当承担作为监督者的监督过失责任。需要注意的是,监督过失责任并不是对单位成员的腐败行为承担"替代责任",而是就单位在反腐内控机制建设上的"不作为"承担责任。组织责任不属于传统的行为责任,是单位在内部组织结构建设上疏于构建有效的权力监督机制而应当承担的法律责任。

单位预防行贿失职罪的立罪基础也可以在中国特色的腐败治理体系中寻找到正当性依据。我国腐败治理体系具有"二元一体性":"二元"即区分党内腐败治理和国家腐败治理的两个层面;"一体"即统一于党的领导,党内腐败治理对国家腐败治理具有统领作用。在党内腐败治理强调"落实全面从严治党主体责任"的政策与制度引领下,应当将单位廉洁监督与保证义务延伸至刑法领域,加强纪法衔接,增设单位预防行贿失职罪。

在商业贿赂领域,建立单位预防行贿失职罪更具必要性。在医疗健康、快消品、房地产建筑等商业贿赂高发行业,单位一般成员代表单位实施商业贿赂的情形十分常见,但是这些案件中单位决策的认定十分困难,大型跨国公司甚至还会利用子公司或通过中间人进行行贿,以实现决策主体和实施主体的分离,最终因无证据证明存在单位决策而不构成犯罪或仅认定为是行贿罪。[①] 通过创建单位预防行贿失职罪,可以防止单位脱逃责任,并提高刑法惩治的整体效能。

单位预防行贿失职罪针对的是单位对其员工行贿行为的预防责任,在立法体系上应当归属于《刑法》第393条单位行贿罪之下,作为第393条中的一款加以规定。具体罪刑规范可以设计为:单位疏于构建行贿预防机制,导致单位成员为单位利益向国家工作人员行贿的,对单位判处罚金。单位预防行贿失职罪应是纯正的单位犯罪,且采取单罚制,仅处罚单位不处罚直接负责的主管人员和其他直接责任人。仅对单位采取单罚制的原因在于,一是本罪的立罪目的在于激励单位完善内部监督机制而不是对个人不法行为进行归责和矫正;二是在内部体系结构较为复杂的单位中,单位成员为单位利益而实施行贿,并不一定会告知直接负责的主管人员(否则就转化为单位行贿罪),在这种情形下采取"双罚制"处罚直接负责的主管人员并不公平,不符合责任原理。需要注意的是,本罪应采取与巨额财产来源不明罪相类似的推定规则,单位可以提出已经建立了充分且有效的腐败预防机制的辩护理由来否定过失犯罪。在单位提出相关证据之后,由检察机关进行合规审查,若已经达到反腐败合规标准,将

[①] 程宝库、孙佳颖:《跨国反商业贿赂法制缺陷的根源及完善》,载《法学》2010年第7期。

否定单位过失的存在,单位不承担刑事责任。

第三节 贿赂犯罪刑罚制度的立法完善

在贿赂犯罪刑罚配置上,1997年《刑法》构建了以自由刑—生命刑为中心的重刑化结构。21世纪以来,在缩小死刑适用范围、保留并严格控制死刑的政策影响下,受贿罪的死刑规定面临着来自比例原则、法益原则、罪责适应原则的诸多诘难,被严格限制适用。① 《刑法修正案(九)》规定了贪污贿赂犯罪的终身监禁制度,进一步严格限制了死刑立即执行的适用,但刑罚的重刑化结构并未发生改变。对贪污贿赂犯罪施以重刑,体现了严惩腐败的高压态势,具有必要性,但仅依靠自由刑—生命刑的重刑威慑,并不能巩固和提高刑罚的一般预防功能。对于贪污贿赂犯罪这类贪利型犯罪而言,犯罪人的犯罪动因往往受两方面因素的影响:一是犯罪具有脱逃的可能性;二是从犯罪中可以获得经济收益。前者可以通过修正犯罪构成和创新罪名,堵截脱逃机会、严密法网的方式应对;后者则需要建立有效的犯罪利益剥夺和犯罪成本提升制度,在死刑、自由刑之外形成多元化的刑罚制度,构建从犯罪圈到刑罚圈的双重动机遏制机制。

一、贿赂犯罪刑罚制度存在的问题

(一) 罚金刑的一般预防功能不足

《关于办理贪污贿赂刑事案件适用法律若干问题的解释》对贿赂犯罪罚金刑的处罚标准进行了明确规定,尤其是对第二档与第三档法定刑规定了数额与倍比相结合的罚金数额计算方式,② 对于加大贿赂犯罪的刑罚力度,提高犯罪经济成本,发挥刑罚预防功能,具有重要意义。然而,司法解释所确立的罚金标准在实践中往往"就低不就高",罚金刑的一般预防功能发挥不足。罚金刑的问题不仅存在于普通受贿案件,在受贿罪大案、要案中体现得更为明显。比如,在鲁炜受贿案中,被告人受贿3200万元,判处有期徒刑14年,罚金300万元;在王晓光受贿案中,被告人受贿4870万元,判处有期徒刑14年,罚金也是300万元;在艾文礼受贿案中,被告人受贿6478万元,判处有期徒刑8年,罚金还是300万元;在王三运受贿案中,被告人受贿6685万元,判处有期徒刑12

---

① 在目前腐败现象还比较严重的情况下,短时间内废止死刑,与我国基本的政治形势不相符,死刑作为体现国家反腐败态度和立场的重要象征,在未来一段时间内仍将继续保留。赵秉志:《论中国非暴力犯罪死刑的逐步废止》,载《政法论坛》2005年第1期。

② 根据司法解释的规定,对贪污罪、受贿罪判处3年以下有期徒刑或者拘役的,应当并处10万元以上50万元以下的罚金;判处3年以上10年以下有期徒刑的,应当并处20万元以上犯罪数额2倍以下的罚金或者没收财产;判处10年以上有期徒刑或者无期徒刑的,应当并处50万元以上犯罪数额2倍以下的罚金或者没收财产。

年,罚金却是400万元。① 按照司法解释,上述被告人的罚金刑幅度应在50万元以上犯罪数额2倍以下,但实际处罚却只是犯罪数额的十分之一甚至二十分之一,而300万元的罚金大致相当于中等城市一套普通住宅的价格,加之罚金可以"代缴",对于能够将权力出卖至上千万元的犯罪人而言,这样的罚金充其量也就是一种"附带"处罚,缺乏足够的刑罚威慑效果。

罚金刑一般预防功能发挥不足的问题在行贿犯罪中也同样存在。《关于办理贪污贿赂刑事案件适用法律若干问题的解释》第19条规定,除贪污罪、受贿罪以外的刑法规定并处罚金的其他贪污贿赂犯罪应当在10万元以上犯罪数额2倍以下判处罚金,但实践中很少按照犯罪数额2倍或接近2倍判处罚金。某实证研究选取的105个行贿罪案件样本中,有38个样本的被告人被判处罚金,其中有26个被告人被处以10万元整的罚金,行贿数额最低的为4万元、最高的为64.5万元,跨度十分大;有13人被判处高于行贿数额的罚金,21人被判处的罚金低于行贿数额。② 在另一份实证研究中,113个单位行贿罪样本中99个案件共判处罚金4227.3万元,平均每案42.7万元,其中判处50万元以下罚金的案件为75件,而这99个样本的行贿额共约12283万元,平均每案行贿金额108.7万元,案均行贿额是案均罚金的约2.5倍,远低于企业可能受到的工商行政罚款,更远低于其行贿犯罪收益。③

(二) 资格刑的配置供给不足

与生命刑、自由刑这些突显惩罚已然犯罪的刑罚不同,资格刑的适用突显在对于未然犯罪的预防上,同时也具有刑罚节俭性的特征,且能够有效避免冤假错案的不易纠正性。④ 依法剥夺或限制腐败犯罪人从事特定职务或行业的资格,可以减少腐败犯罪人再次发生相同或类似犯罪的机会,在客观上起到特殊预防的积极效应。世界各国犯罪预防的一个突出趋势就是愈加强调通过资格刑以预防犯罪。然而,对于我国的贿赂犯罪而言,资格刑的供给严重不足,仅有剥夺政治权利一种,且只能适用于被判处无期徒刑或死刑的犯罪人。尽管《刑法修正

---

① 孙航:《贵州省人民政府原副省长王晓光受贿、贪污、内幕交易案一审宣判》,载《人民法院报》2019年4月24日;孙航:《河北省政协原副主席艾文礼受贿案一审宣判》,载《人民法院报》2019年4月19日;孙航:《王三运一审被判12年有期徒刑并处罚金400万》,载《人民法院报》2019年4月12日;孙航:《中宣部原副部长鲁炜受贿案一审宣判》,载《人民法院报》2019年3月27日。

② 刘霜、石阳媚:《行贿罪处罚的实证分析及其优化——以某省103个行贿罪判决为研究范本》,载《河南社会科学》2018年第6期。

③ 行江、陈心哲:《单位行贿罪量刑畸轻及其治理思路——基于A省113份样本的分析》,载《成都理工大学学报(社会科学版)》2019年第5期。

④ 李兰英、熊亚文:《刑事从业禁止制度的合宪性调控》,载《法学》2018年第10期。

案(九)》规定了从业禁止制度,①但该制度并未规定在《刑法》第34条附加刑种类之中,而是规定在第37条非刑罚性处置措施之下。因此,从业禁止制度不属于附加刑,而是具有保安处分功能的非刑罚处罚措施。尽管从实际执行效果上看,从业禁止具有限制犯罪人从事某种活动资格的效果,已经极为接近资格刑的处罚效果,但是,从业禁止不是针对腐败犯罪的制度设计,对于贿赂犯罪而言,从业禁止所产生的资格限制效果极为有限。因为对于自然人而言,《公务员法》《法官法》等法律已经就公职任职资格做出了明确规定,有前科的人不得担任公务员,再对其适用从业禁止,没有实际意义;对于单位贿赂犯罪而言,从业禁止无法适用于单位组织,对单位贿赂犯罪缺乏威慑效果。

(三) 特殊身份的量刑评价功能缺乏

受贿罪属于身份犯,公职人员的身份属于定罪身份,而非量刑身份。无论公职人员职位高低还是有权力类型的差别,量刑时均不作为法定量刑情节进行评价(可以作为酌定量刑情节)。然而,特殊身份公职人员的贿赂犯罪,不仅侵害公职行为的廉洁性,更会侵害法治基础、国家安全和社会风气,其社会危害性程度较普通公职人员更为严重,应当予以更为严厉的惩治。国外立法中已有将司法公职人员、高级公职人员与普通公职人员进行区分的例子,对于前两者配置的刑罚更重。将特殊身份公职人员等同于普通公职人员,仅以数额及数额支配下的情节作为法定刑的选择依据,无异于是变相减轻了前者的责任负担,降低了犯罪成本和刑罚对特殊身份公职人员的一般预防功能。

二、以预防刑为主导的刑罚立法完善

刑罚正当化的基础来自报应刑与预防刑的合理配置。报应刑来自行为人的责任;预防刑来自预防犯罪的需要。不同类型犯罪的报应刑和预防刑的配置关系,可能存在差别。对于杀人、盗窃这类自然犯而言,报应刑是基础;而对于贿赂犯罪这类法定犯而言,预防刑则占据更为重要的地位。以积极治理的反腐败战略观为指导,加强贿赂犯罪中的预防刑制度建设,提高刑罚的一般预防功能,是当下完善贿赂犯罪刑罚制度建设的重点所在。

(一) 罚金刑的立法完善

权钱交易的双方属于善于进行利益权衡的"经济人",通过循环往复的算计,"经济人"在一个默契的环境下不断追逐自身利益的最大化。通常认为,"经济人"对守法与违法、侵权与不侵权的选择,主要取决于不同行为之间成本和收

---

① 《刑法修正案(九)》规定:"因利用职业便利实施犯罪,或者实施违背职业要求的特定义务的犯罪被判处刑罚的,人民法院可以根据犯罪情况和预防再犯罪的需要,禁止其自刑罚执行完毕之日或者假释之日起从事相关职业,期限为三年至五年。"

益的差异。① 从"经济人"原理角度,提高犯罪的经济成本远比加大自由成本更有助于预防犯罪动因。据此,应当通过立法修正的方式,重点完善贿赂犯罪的罚金制度。

一是在立法上修正受贿罪罚金刑的处罚标准。目前立法上受贿罪罚金为无限额罚金,考虑到有悖于罪刑法定原则的明确性要求,司法解释对无限额罚金虽然规定了具体的适用标准,但这一标准在实践中明显偏低,降低了立法威慑效果。因此,建议在立法上将无限额罚金修正为倍比罚金,即三档法定刑的罚金标准均为受贿数额2倍以上、5倍以下。罚金处罚的标准设定为受贿数额的2倍以上,可以避免固定具体数额导致的司法适用的僵化与受贿数额和罚金数额的"倒挂"问题。同时,2倍到5倍的罚金区间,对于受贿数额较大的犯罪人员,更容易产生财产刑上的威慑效果,有助于提高刑罚的一般预防功能。

二是在立法上修正行贿罪罚金刑的处罚标准。与受贿罪一样,立法上行贿罪的罚金也为无限额罚金。《关于办理贪污贿赂刑事案件适用法律若干问题的解释》第19条第2款规定的行贿罪的罚金标准是"十万元以上犯罪数额两倍以下",罚金起刑点与受贿罪第一档法定刑相同,但却适用所有的行贿犯罪情形,即使行贿数额巨大,仍然是以十万元作为罚金的最低标准,使得行贿罪罚金刑的严厉性在整体上要低于受贿罪。低廉的犯罪成本与行贿所取得的巨大收益之间不成比例,难以对行贿人产生刑罚的威慑性效果。对此,笔者建议采取与受贿罪相同的罚金模式,将无限额罚金修正为倍比罚金,根据行贿数额处以2倍以上、5倍以下的罚金。同时规定特别自首的从宽处罚不适用罚金刑,以确保犯罪经济成本远超犯罪可得利益。此外,单位行贿罪、单位受贿罪、对单位行贿罪、利用影响力受贿罪、对有影响力的人行贿罪等其他贿赂犯罪的罚金制度均可以按照上述同一倍比罚金标准加以规定。

(二) 建立行贿罪的特别没收制度

在提高行贿罪的罚金刑之外,没收行贿人因行贿而产生的经济收益,也有助于加大犯罪成本。行贿人在经营中获得的经济利益的生成基础如果是违法的,则在违法基础上生成出来的经济利益也具有违法性。这是建立行贿特别没收制度的依据。根据《联合国反腐败公约》第34条的规定,应当构建与腐败相关的可撤销或废止合同制度,消灭腐败利益,使基于腐败获取的合同为可撤销的或可废止的,从而使得腐败预防制度更为彻底。在合同已经履行的情形下,没收基于行贿而产生的合同履行利益,符合腐败利益取消制度的实质精神。我国《刑法》中的没收包括了作为附加刑的没收(《刑法》第59条第1款),也包括了具有保安处分性质的针对违禁品、供犯罪所用的本人财物以及犯罪分子违法所得财物

---

① 谢晓尧:《惩罚性赔偿:一个激励的观点》,载《学术研究》2004年第6期。

的没收(《刑法》第 64 条)。但行贿特别没收制度不同于上述已有的没收制度。特别没收的对象不是个人全部财产,也不是违禁品或犯罪工具,也不同于犯罪分子违法所得的财产,而是与行贿具有派生关系的经济利益,这种经济利益的取得不是犯罪行为直接所致,而是要通过经营活动予以转化。据此,可以考虑在行贿罪之下设立特别没收制度。该制度在立法上具体可以规定为:有证据证明行贿人所获的经济利益来源于行贿的,应当予以部分或全部没收。

(三)建立刑事合规附条件的资格刑

在积极治理战略观下,针对单位贿赂犯罪,应设立刑事合规附条件的资格刑,以使单位修正或重建其内部控制机制,避免再犯。单位行贿罪、单位受贿罪以及由单位实施的对单位行贿罪构成了单位贿赂犯罪。罚金对于单位而言威慑与预防效果小于其对自然人,且单位贿赂犯罪的产生,通常与单位内部管理机制失灵有关,因此仅对单位处以罚金,难以净化滋生腐败因素的内部环境,不足以实现预防性治理的目的。对此,可以借鉴法国经验,针对单位贿赂犯罪增设刑事合规附条件的资格刑,以激励单位构建健康的组织运行机制。具体而言,对于构成单位贿赂犯罪的单位,法院可要求其按照合规审查标准提供一份合规计划,并在 3 年内确保特定的措施和程序在单位内部得以建立并实行。由于已经构成犯罪,表明受刑单位内部控制机制已经丧失功能,因而可以由法院指定专家或适格的个人或机构协助其构建合规内控机制,相关费用由单位承担,但不得超过罚金数额。资格刑的附条件性体现在,被判处合规处罚的单位未采取必要合规措施或合规建设不符合标准的,资格刑得以恢复执行,单位将被强制破产或退出市场;积极执行合规要求并符合标准的,在刑罚执行期限内受刑单位可以向检察机关提交合规报告,检察机关审查后可向法院提出申请,终止该资格刑的执行。由此来看,将刑事合规作为一种附条件的处罚方式,既保留了刑罚本身的严厉性,同时也可以为企业保留一线生机,符合"宽严相济"的刑事政策。

(四)增设特殊身份的法定从重情节

身份是责任的体现,权力与责任具有对应关系,权力越大或越特殊,承担的责任就应当越重。不仅如此,特殊身份公职人员的贿赂犯罪较普通公职人员具有更为严重的社会危害性。例如,司法人员的贿赂行为不仅侵犯了廉洁性法益,也严重侵害了公正法益以及公众的法信赖利益,应当受到更为严厉的惩罚。对此,积极治理主义坚持"权责制"的身份责任立场,即注重对具有不同身份的人处以不同的刑罚。身份上的不同带来义务的不同,可谴责性程度也不相同。[①]具体而言,可以在《刑法》第 385 条受贿罪中增加两款:司法工作人员受贿的,从

---

① 魏昌东:《〈刑法修正案(九)〉贿赂犯罪立法修正评析》,载《华东政法大学学报》2016 年第 2 期。

重处罚;国家工作人员具有高职级的,①从重处罚。在《刑法》第389条行贿罪中增加两款:向司法工作人员行贿的,从重处罚;向高职级国家工作人员行贿的,从重处罚。此外,在《刑法》第392条介绍贿赂罪以及第393条单位行贿罪中,也应增加类似的规定。

综上,积极治理的反腐败战略观在贿赂犯罪刑法立法上体现为对立法预防功能的导向性要求,应在重新审视贿赂犯罪法益的基础上,建立"内涵发展式"的贿赂犯罪法益结构,为立法规制范围的扩大化提供正当性依据。在德日刑法理论影响下,中国贿赂犯罪廉洁性法益受到诸多批判,但域外法益理论在中国贿赂犯罪语境下存在难以克服的自洽性障碍。廉洁性法益因其所具有的包容性特征而符合中国贿赂犯罪立法模式与反腐败实践的现实需要,应当得到维护。构建以身份廉洁性和行为廉洁性为核心特征的"分层式"廉洁性法益,建立以公权不得徇私和公权不得出卖义务为核心法益的贿赂犯罪双层立法结构,有助于前移法益损害的评价基点,实现积极治理战略观所主张的预防性治理目的。公权不得徇私义务下贿赂犯罪立法的结构性更新具体体现为,增设不当收受财物罪、非法从事营利活动罪、不履行回避义务罪等轻微罪罪名。公权不得出卖义务下贿赂犯罪立法的体系性完善具体体现为,简化贿赂犯罪构成要素,确立"包容性"构成要素规范模式;修正受贿罪与行贿罪"对称性"的规范结构,确保双方在同一案件中的犯罪成本大致相当;创制单位预防行贿失职罪。在刑罚改革上,应重点加强贿赂犯罪中的预防刑制度建设,提高刑罚的一般预防功能,完善贿赂犯罪的罚金刑设置、建立行贿罪的特别没收制度和刑事合规附条件的资格刑,以及增设特殊身份的法定从重情节。

---

① 根据《公务员法》《公务员职务和职级并行规定》等法律法规的规定,由司法解释对"高职级"的标准进行具体解释。

第六章　中国腐败犯罪程序立法完善

由于《刑事诉讼法》未规定专门针对腐败犯罪的特殊程序制度，腐败犯罪追诉程序与其他犯罪并无差别，这使得理论界在一定程度上对腐败犯罪程序立法改革缺乏足够关注。《联合国反腐败公约》在中国批准生效，《刑事诉讼法》在缺席审判、特别没收程序等方面做出了立法修正，在追逃、追赃等方面有效回应了反腐败国际合作的需求，但腐败犯罪程序立法改革仍未全面展开。2016年底启动的国家监察体制改革，改变了以往以检察机关反贪部门为主导的一元化追诉机制，形成了监察机关和检察机关相互配合、相互制约的"分体式"追诉机制，使得中国腐败犯罪程序立法的系统性完善成为研究关注的焦点。在这一背景下，应当以积极治理的反腐败战略观为导向，优化反腐败追诉程序设计、推进追诉制度完善，在提高立法规范的腐败发现能力与惩治能力的同时，加快反腐败追诉程序的法治化构建，推动新时代法治反腐败追诉机制的创新发展。

第一节　腐败犯罪"分体式"追诉程序的法治化构建

长期以来，腐败犯罪追诉程序具有一元化特征，即主要由检察机关独立启动并完成腐败犯罪的立案侦查、审查起诉及提起公诉等一系列追诉活动。国家监察体制改革后，监察委员会承担了检察机关原有的职务犯罪侦查工作，形成了监察机关和检察机关相互配合、相互制约的二元主体模式，两个机关因职责分工不同，在各自领域内发挥着腐败犯罪的追诉机能，监察机关实质上承担了腐败犯罪的侦查工作，检察机关承担了腐败犯罪的审查起诉与公诉职责，但仍然保留了对司法腐败的侦查职权，使得腐败犯罪的追诉程序从单一主体的统一模式转向了二元主体的"分体式"追诉模式。在"分体式"追诉模式下，监察机关可以集中优势资源进行案件调查，体现了积极治理战略观下的效能优先立场，但也容易导致监察权与检察权关系的失衡，在工作机制上出现"监察中心主义"的倾向。对此，应当从基础权力结构和具体权力配置上全面反思监检关系，提出监检关系法治化构建的具体方案。

一、腐败犯罪"分体式"追诉程序的形成

(一)腐败犯罪刑事程序的立法发展

1979年《刑事诉讼法》虽然未规定独立的腐败犯罪追诉程序,但其第13条规定贪污罪、渎职罪案件由人民检察院立案侦查,确立了腐败犯罪的专属管辖制度。1995年11月10日,最高人民检察院反贪污贿赂总局正式成立,其主要职责除了指导全国检察机关的侦查、预审工作,还包括参与重大贪污贿赂等犯罪案件的侦查等,标志着检察机关惩治贪污贿赂犯罪工作进入专业化、正规化轨道。1996年《刑事诉讼法》进行了第一次修正,其第3条规定"检察机关直接受理的案件的侦查、提起公诉,由人民检察院负责",从而将专属管辖上升为职责分工原则;同时,第18条对检察机关自侦案件的管辖作出了具体规定,第131条规定"人民检察院对直接受理的案件的侦查适用本章规定",第133条、第134条对自侦案件的拘留时间和决定逮捕期间做出了特别规定,除此之外,《刑事诉讼法》并无更多关于腐败犯罪刑事程序的特别规定。

2012年3月,十一届全国人大五次会议对《刑事诉讼法》进行了第二次修正。这次修正立足于本国国情,贯彻了中央关于建立健全教育、制度、监督并重的惩治和预防腐败体系的要求,通过对腐败犯罪刑事诉讼程序设定特别程序规定的方式,进一步规范了腐败案件的诉讼程序。一是建立了没收违法所得制度。在立法上增加了犯罪嫌疑人、被告人逃匿或死亡案件违法所得的没收程序,以符合《联合国反腐败公约》第54条第1款第3项的要求,即缔约国"考虑采取必要措施,以便在因为犯罪人死亡、潜逃或者缺席而无法对其起诉的情形或者其他有关情形下,能够不经过刑事定罪而没收这类财产"。二是建立了特别侦查措施制度。在"侦查"一章之下设立第八节"技术侦查措施",具体规定了特殊侦查手段,以符合《联合国反腐败公约》第50条对在反腐败斗争中采取特殊侦查手段及允许法庭采信由这些手段产生的证据的要求。三是建立了律师特别会见制度。《刑事诉讼法》第37条增加了特别重大贿赂犯罪案件在侦查期间辩护律师会见在押人员的,应当经侦查机关许可的程序性限制。四是建立了特别监视居住制度。《刑事诉讼法》第73条规定,对于涉嫌特别重大贿赂犯罪的犯罪嫌疑人,在住处执行监视居住可能有碍侦查的,经上一级人民检察院或者公安机关批准,也可以在指定的居所执行,但不得在羁押场所、专门的办案场所执行。

为解决传统腐败治理体制的弊端,提高腐败治理效能,2016年底国家启动了监察体制改革。作为"事关全局的重大政治体制改革",监察体制改革对国家权力结构体系进行了调整,通过设立监察委员会,将反腐败权力集中统一行使,实现了腐败治理"中国模式"的系统升级。2018年3月20日,十三届全国人大一次会议通过了《监察法》,明确规定了监察机关的职能定位、监察范围、监察职

责、监察权限、监察程序、对监察机关和监察人员的监督等重要内容。《监察法》作为中国特色的第三部反腐败特别法,①形成了以监察委员会为主导的腐败犯罪程序性立法,具体规定了监察管辖、监察案件内部流转及监督程序、立案程序、调查程序、留置程序、移送起诉程序等。作为对国家监察体制改革的积极回应,2018年10月26日十三届全国人大常委会六次会议通过了《刑事诉讼法》第三次修正决定,修正内容涉及:一是构建了监检衔接的腐败追诉制度体系。立法修正了管辖制度,建立了强制措施的衔接制度以及审查起诉阶段的衔接制度。二是建立了缺席审判制度。党的十八大以来,我国全面加大了对腐败的惩治力度,海外追逃成为一项重要的措施,贪官外逃后的法律追究问题也被提上立法进程。此次修法即在第五编"特别程序"中新增了第三章"缺席审判程序"。值得注意的是,十三届全国人大常委会六次会议还通过了《国际刑事司法协助法》,该法与《联合国反腐败公约》直接相关,由中央纪委牵头,司法部会同中央纪委监察部、最高人民法院、最高人民检察院、外交部、公安部等部门起草,是我国履行公约义务的重要举措。尽管该法未对适用范围加以限定,可以适用于一切刑事犯罪,但从立法背景上看,该法系因追惩外逃贪官的需要而颁布,当属于反腐败立法,其内容涉及刑事司法协助请求的提出、接收和处理、送达文书、调查取证、安排证人作证或者协调调查、查封、扣押冻结涉案财物、没收、返还违法所得及其他涉案财物、移管被判刑人等。

(二) 腐败犯罪"分体式"追诉程序的制度构建

在《监察法》颁布施行之后,监察机关拥有了对所有公职人员监督、调查、处置的职责,其中,调查职责包括了对职务违法和犯罪的调查,而在调查之后,监察机关可以将涉嫌犯罪的人员移送人民检察院依法审查,提起公诉。除由司法工作人员利用职权实施的14种职务犯罪仍可以由检察机关立案侦查外,其他绝大多数公职人员职务犯罪都由监察机关立案调查,但对14种司法工作人员的职务犯罪而言,检察机关也无排他性的管辖权,在必要时,监察机关仍然可以进行管辖。由此,腐败犯罪刑事追诉模式从检察机关的"一体追诉"转向了监察机关与检察机关基于职责不同的"分体追诉",而检察机关对司法腐败侦查权的保留,又使得"分体追诉"不同于"线性追诉"等以往任何一种反腐败追诉模式。"分体式"追诉程序是中国特色反腐败体制机制的重要体现,在立法所规定的依法监察,监察机关与司法机关相互配合、相互制约等原则主导下,形成了完整的制度体系。

一方面,《监察法》规定监察机关的程序性权力必须依法行使。《监察法》第5条规定,"国家监察工作严格遵照宪法和法律",提出了依法监察原则,即监察

---

① 魏昌东:《腐败治理"中国模式"的立法发展与理论探索》,上海人民出版社2019年版,第452页。

活动应当按照宪法与国家法律的规定进行,监察机关在行使监察职权时,必须严格遵守宪法、监察法以及其他法律的有关规定。在追诉程序上,监察机关应当首先遵守职权法定的要求。《监察法》明确规定了调查措施和强制措施,前者为八种独立性调查措施(谈话、讯问、询问、查询、冻结、搜查、调取、查封、扣押、勘验检查、鉴定)和三种委托性调查措施(技术调查、通缉、限制出境);后者为留置。《监察法》第22条、第43条和第44条具体规定了留置的适用条件、特别审批权限与延长适用条件及被留置对象的基本保障。监察机关监察权的行使只能限于法定的措施类型,在程序性权力的行使上,也应当遵守正当程序法定的要求。《监察法》对监察调查设定了受案、初查、立案、调查、审理和处置程序,对各程序的启动条件、职权内容、法定义务做出了规定。例如,《监察法》第41条第2款规定:"调查人员进行讯问以及搜查、查封、扣押等重要取证工作,应当对全过程进行录音录像,留存备查。"违反法定程序实施调查行为而取得的证据,将产生诉讼上的不利后果。

另一方面,《监察法》《刑事诉讼法》确立了监察机关与检察机关的相互配合、相互制约程序机制。《监察法》第4条规定:"监察机关办理职务违法和职务犯罪案件,应当与审判机关、检察机关、执法部门互相配合,互相制约。"该原则是协调监察机关与检察机关之间关系,确保反腐败权力协同运行,构建有效监检衔接机制的基本要求。互相配合,要求监察机关与检察机关相互支持、协调一致、全力合作,体现了腐败治理的同向性。例如,在管辖阶段,检察机关发现违纪违法线索的,应当向监察机关及时移送,同时涉嫌严重职务违法犯罪和其他违法犯罪的案件,需要检察机关协助的,检察机关应当予以协助;在审查起诉阶段,对于监察机关留置的案件,需要移送检察机关审查起诉的,检察机关应当依法对被调查人采取强制措施,对于事实清楚、证据确实、充分的,应当做出起诉决定。互相制约,是指监察机关与检察机关应当依照法律规定的职权,相互制约、彼此监督,防止和纠正监察活动中可能出现或已经出现的错误。监察权作为公权力受到监督和制约,是法治的基本要求。《监察法》在非法证据排除、退回补充侦查、起诉决定权等方面规定了检察权对监察权的制约条款,[①]如检察机关对于监察机关移送的案件,具有审查权,认为需要补充核实的,可以退回监察机关补充调查,必要时也可以自行补充侦查。

二、腐败犯罪"分体式"追诉程序存在的问题

腐败犯罪"分体式"追诉程序将腐败案件的侦查权归由监察委员会独立行使,有效减少了阻碍程序推进的消极因素,提高了追诉效率,具有强化"不敢腐"

---

① 苗生明、张翠松:《职务犯罪案件监检衔接问题研究》,载《国家检察官学院学报》2019年第3期。

的积极功能,但由于监察机关的政治机关属性定位以及调查程序的复合性,调查程序并未按照侦查程序加以设计,导致"分体式"追诉程序在实践运行中出现以下问题:

(一) 管辖范围上的监检衔接不足

在监察体制改革之前,国家工作人员的腐败犯罪案件通常由检察机关自行立案侦查,非国家工作人员腐败案件可以由公安机关立案侦查,在监察体制改革后,这两类案件都归于监察委员会管辖,并形成了独立的管辖规则。由于监察管辖原理和具体规则与传统司法关系存在一定的差异,监察机关与司法机关在管辖范围上产生了衔接性不足的问题。

一是司法机关的管辖权受制于监察机关的管辖权。在程序性管辖上,基于对"同级移送原则"的遵守,监察机关的管辖往往决定了之后司法管辖的选择,而监察机关的分案管辖、并案管辖又进一步扩大了监察机关的实际管辖范围。在级别管辖中,由于监察机关和司法机关判断级别管辖的标准不同,可能出现低级别监察机关向高级别司法机关移送案件,或高级别监察机关向低级别司法机关移送案件的情形。实践中采取的办法是由监察机关协调人民法院、人民检察院,进行协商解决,以确保监察机关与司法机关之间的"同级移送"。这一做法看似合理,但三方协商是建立在以监察机关管辖为中心的基础上的,司法机关通常是根据既定的监察管辖来调整自己的管辖级别,不能进行反向调整,这种做法实质上是以限制司法机关管辖权作为代价的。在监察体制改革后,检察机关保留了对在诉讼活动进行法律监督中发现司法工作人员利用职权实施的 14 种职务犯罪的管辖权。由检察机关进行侦查,更容易发现诉讼过程中司法人员的职务犯罪事实,检察机关立案办理这些案件也更为便捷,也有利于及时判断证据的合法性,保障诉讼的顺利进行。① 但是,检察机关的管辖并非排他性管辖,监察机关依然可以对上述案件行使管辖权,从而形成了共同管辖。然而,《监察法》第 34 条又规定国家机关在工作中发现公职人员涉嫌职务犯罪的,应当移送监察机关,使得监察机关管辖成为优先选择,检察机关管辖规定容易沦为象征性条款,难以发挥实际作用。②

二是指定管辖的任意性导致监检管辖的错位。在监察体制改革之前,检察机关适用指定管辖主要考虑的是被指定单位的办案能力,有突破大案、要案能力的检察院是优先考虑的对象。在监察体制改革之后,指定管辖在监察管辖上被广泛使用,这不仅是异地审判的需要,还在于上级监察机关的监察对象范围过于宽泛,从而产生了指定下级监察机关进行管辖的分流需要。当上级监察机关工

---

① 孙谦:《检察机关贯彻修改后刑事诉讼法的若干问题》,载《国家检察官学院学报》2018 年第 6 期。
② 朱孝清:《检察机关如何行使好保留的职务犯罪侦查权》,载《中国刑事法杂志》2019 年第 1 期。

作量比较饱和,而下级监察机关可以完成移交办理的监察事项时,为尽快保质保量完成工作任务,上级监察机关可以将其管辖的事项指定下级监察机关管辖。①案流分配成为上级监察机关指定管辖的重要理由,这导致了指定管辖的任意性,指定下级监察机关管辖没有明确或潜在标准,是"逐级指定"还是"越级指定"也没有限制性的规定。指定管辖的任意性不仅导致程序的不确定性,而且还会对刑事程序衔接产生牵连性影响。按照同级移送原则,被指定的监察机关在案件办理之后,移送同级检察机关向同级人民法院提起诉讼,但监察指定管辖的案件未必符合司法机关的案件管辖要求。监察机关的指定管辖对司法机关不具有约束力,指定管辖的监察机关在调查终结后移送到同级司法机关提起公诉或审判时,同级司法机关可以以没有管辖权为由拒绝受理。这不仅会导致追诉效率的降低,更为严重的是会导致犯罪嫌疑人(被告人)的超期羁押,损害其合法利益。②

三是单位犯罪处于监察管辖与检察管辖的空白地带。《监察法》所规定的监察对象为自然人,不包括单位。在监察委员会整合了检察院绝大部分职务犯罪的侦查权、成为唯一的专门反腐败机构的情形下,未能将单位作为监察对象,确属疏漏。尽管监察机关可以就单位犯罪中的自然人进行调查,并在调查结束后,向检察机关提出追究单位犯罪的建议,但是从程序上,单位作为独立犯罪主体并未被纳入监察调查程序之中,检察机关也没有对单位职务犯罪的管辖权。"监察委员会前期只对单位之下的自然人予以立案并展开调查,在此基础上进行的全部证据搜集必然是以常规化的自然人犯罪来进行的,到了后期的审查起诉与审判阶段如何转换为单位犯罪,不仅在程序上存在衔接不畅的症结,而且在前期搜集的证据与后续的关联性证明上也会存在现实问题"③,由此可能导致单位刑事责任弱化甚至被个人责任所取代。基于专属管辖的要求,检察机关无法对单位腐败犯罪案件进行管辖,而《监察法》未将单位纳入监察范围,但却将单位职务犯罪纳入了管辖范围,《国家监察委员会管辖规定(试行)》所列举的 88 个罪名中包括了 25 个单位犯罪罪名,其中有 7 个单位犯罪罪名属于监察委员会的专属管辖罪名,这也存在监察解释违反监察立法之嫌。

(二)留置措施的法治化程度不足

在监察体制改革后,纪检监察机关办理案件时往往采取"双规(两规)""双

---

① 中共中央纪律检查委员会法规室、中华人民共和国国家监察委员会法规室编:《〈中华人民共和国监察法〉释义》,中国方正出版社 2018 年版,第 119 页。
② 钱小平:《监察管辖制度的适用问题及完善对策》,载《南京师大学报(社会科学版)》2020 年第 1 期。
③ 陈伟:《监察法与刑法的衔接协调与规范运行》,载《中外法学》2019 年第 2 期。

指"方式①,变相限制或剥夺犯罪嫌疑人的自由,然而其合法性倍受质疑。党的十九大报告指出,"制定国家监察法,依法赋予监察委员会职责权限和调查手段,用留置取代'两规'措施。"以留置取代"双规"和"双指",是"用法治思维、法治方式惩治腐败的体现",实现了"双规的法治化",是我国法治建设的重大进步。②尽管留置措施的适用受到较为严格的限制,但由于其并未被定位为刑事强制措施,因此未能充分贯彻刑事程序的人权保障理念,制度构建的法治化程度仍有不足。

一是留置措施的适用不符合比例原则。"比例原则要求强制措施的适用应以达到法定目的为限度,不得滥用,针对个案不同情况,应对被追诉人施以不同强度之强制措施。"③作为完全剥夺人身自由的强制性措施,留置与逮捕并无实质性区别,但却适用于社会危害性程度明显较低的严重职务违法行为,严重职务违法与职务犯罪的留置具有相同的适用条件,将导致适用上的不公平。例如,"职务犯罪"的留置期间可以折抵刑期而获得法律上的利益,但更轻的"严重职务违法"的留置期间却无法获得类似的法律利益。④

二是被留置对象的权利保障不足。《监察法》及《纪检监察机关监督检查审查调查措施使用规定》等明确规定了被调查人的饮食、休息和安全,要求尊重被留置人员的人格和民族习俗,为其提供医疗服务,合理安排被调查人讯问时间和时长等,但在被留置对象知情权、申辩权等方面的保障依然不足,未规定对不当留置的权利救济途径,在出现错误留置时难以有效纠正错误,无法充分保障被留置对象的合法权利。此外,基于提高案件调查效率的考虑,立法也未规定被留置对象获得律师帮助的权利。《刑事诉讼法》第11条明文规定"被告人有权获得辩护,人民法院有义务保证被告人获得辩护"。职务犯罪调查权实质上等同于侦查权,在采取强制措施的情形下,应当与刑事诉讼程序规定相同留置情形下被留置人的律师帮助权。缺少这一权利的规定不仅不符合法治反腐的基本要求,而且对于调查阶段被调查对象权利保障的不充分,也会影响到境外追逃追赃

---

① "双规"源自《中国共产党纪律检查机关案件检查工作条例》第28条的规定:调查组有权按照规定程序,"要求有关人员在规定的时间、地点就案件所涉及的问题作出说明"。"双指"源自《行政监察法》(该法已废止)第20条的规定:监察机关在调查违反行政纪律行为时,可以"责令有违反行政纪律嫌疑的人员在指定的时间、地点就调查事项涉及的问题作出解释和说明,但是不得对其实行拘禁或者变相拘禁"。

② 陈瑞华:《论国家监察权的性质》,载《比较法研究》2019年第1期。

③ 我国《刑事诉讼法》所规定的强制措施在人身自由限制程度方面呈现出梯度性设计的特征,取保候审、监视居住、逮捕这三项措施对人身限制程度依次提升。强制候审措施的梯度性构建充分贯彻了比例原则的要求。实践中,侦查、检察及审判机关依据不同案情区别适用。魏昌东:《〈监察法〉监察强制措施体系的结构性缺失与重构》,载《南京师大学报(社会科学版)》2020年第1期。

④ 刘艳红:《程序自然法作为规则自治的必要条件——〈监察法〉留置权运作的法治化路径》,载《华东政法大学学报》2018年第3期。

工作的展开。

三是对于留置决定权缺乏有效监督。留置程序属于封闭性程序,留置权行使采取"同级集体决定+上一级批准"模式,但上级监察机关对下级监察机关的领导关系通常是政治领导而不是业务领导,即上级监察机关对于下级监察机关的留置决定权不承担实质审查义务,这使得"上一级批准"仅属于形式性审查,难以发挥防范权力滥用的功能。

（三）全过程录音录像缺乏过程性监督

根据《监察法》的规定,调查权由监察机关全权行使,其他机关不能主动介入,因此形成了封闭化的调查空间。尽管《监察法》也规定了调查权行使的法定职权原则和相关人权保障制度,但与以往检察机关在自侦案件中的"侦捕诉分离"原则相比仍存差别,特别是全过程录音录像缺乏过程性监督功能,易造成错案和对公民人身自由的侵害。

一是全过程录音录像缺乏实现机制。作为对调查过程进行监督的重要方式,《监察法》第41条第2款规定了全过程录音录像制度,但该制度缺乏必要的实现机制,因为全过程录音录像既非证据类型,也非随案移送、供外部审查的对象,而仅为"留存备查"、自我审查的对象。《监察机关监督执法工作规定》第51条虽然将同步录音录像规定为案件调查部门向审理部门移送的对象,但并未对录音录像的审查程序做出明确规定。

二是全过程录音录像适用空间受限。《监察法》将全过程录音录像限制在调查程序的"讯问过程"中而非调查程序的始终。调查程序与讯问并非等同概念,《监察法》未设定在留置后的24小时内必须讯问,意味着调查人员在留置之后、讯问之前仍有较为充分的时间对被讯问对象进行非法控制和施加不当影响。将录音录像仅限定于"讯问中",无法发挥以特殊程序扼制非法取证的作用。①

三是检察机关调取同步录音录像困难。《监察法》未规定司法机关调取同步录音录像的规则,实践中司法机关也很难向监察机关调取同步录音录像。尽管《监察法实施条例》第56条第2款提出"人民检察院、人民法院需要调取同步录音录像的,监察机关应当予以配合,经审批依法予以提供",但这意味着作为监督主体的检察机关在调取录音录像资料时,却需要由对证据收集合法性负有证明义务的被监督主体进行审批,倒置了监督制约关系,不符合监察机关与司法机关相互制约的均衡结构,是监察中心主义的集中体现。

（四）认罪认罚适用标准的不统一

《监察法》第31条规定了职务犯罪的认罪认罚从宽制度;2018年《刑事诉讼

---

① 魏昌东:《中国特色国家监察权的法治化建构策略——基于对监察"二法一例"法治化建构的系统性观察》,载《政法论坛》2021年第6期。

法》修订,增加了认罪认罚从宽制度。但是,两法关于认罪认罚的规定并不完全一致,区别在于:第一,认罪认罚从宽处理的标准不同。《监察法》第 31 条规定,可以被从宽处理的被调查人不仅要主动认罪认罚,还必须具有"自动投案,真诚悔罪悔过""积极配合调查工作,如实供述监察机关还未掌握的违法犯罪行为""积极退赃,减少损失""具有重大立功表现或者案件涉及国家重大利益"等情形之一。相比之下,《刑事诉讼法》第 15 条规定的认罪认罚条件就较为宽泛,只要犯罪嫌疑人、被告人"自愿如实供述自己罪行,承认指控的犯罪事实,愿意接受处罚",就可以从宽处理。第二,权利保障程度存在差异。《刑事诉讼法》规定了在审查起诉阶段,犯罪嫌疑人认罪认罚的,检察机关应当听取犯罪嫌疑人、辩护人或值班律师对涉嫌的犯罪事实、罪名及适用的法律规定、从宽处罚的建议,以及关于案件审理适用的程序等事项的意见。犯罪嫌疑人签署认罪认罚具结书时,辩护人或者值班律师还应当在场。然而,《监察法》对上述情形没有做出特别规定,律师在调查阶段不能介入,无法为被调查对象提供法律帮助和进行现场见证。

《监察法》第 31 条规定的认罪认罚从宽制度包括了两项并列条件:一是被调查人主动认罪认罚;二是具有刑法所规定的特定从宽情节。这两项条件分别来自《刑事诉讼法》和《刑法》的规定。被调查人主动认罪认罚来自刑事诉讼司法体制改革的实践经验,并由《刑事诉讼法》第 15 条所规定。特定从宽情节来自《刑法》的规定,具体包括:"自动投案"来自《刑法》第 67 条第 1 款的普通自首;"真诚悔罪悔过"来自《刑法》第 383 条第 3 款的规定;"如实供述监察机关还未掌握的违法犯罪行为"来自《刑法》第 67 条第 2 款的特别自首;"积极退赃,减少损失"来自《刑法》第 383 条第 3 款的规定;"具有重大立功表现"来自《刑法》第 68 条的立功制度。但是,"案件涉及国家重大利益"则是《刑法》未规定的从宽情节。这种"合并式"的立法模式固然反映了监察机关对认罪认罚从宽认定的严格态度和谨慎立场,但并不完全符合贪污贿赂犯罪刑法立法修正所反映出的刑事政策导向。《刑法修正案(九)》对《刑法》第 383 条进行了修正,增加了贪污贿赂犯罪的法定从宽情节,即犯罪嫌疑人"在提起公诉前如实供述自己罪行、真诚悔罪、积极退赃、避免、减少损害结果的发生",可以从宽处罚。上述法定从宽情节原本是酌定从宽情节(坦白在《刑法修正案(八)》中被规定为法定从宽情节),将酌定从宽情节上升为法定从宽情节,表明了立法对扩大贪污贿赂犯罪法定从宽情节的基本立场,因为积极鼓励犯罪嫌疑人、被告人实施法定情节行为,有助于实现刑罚的特殊预防目的,也有助于及时恢复受损社会关系。但《监察法》采取比刑事法更为严格的从宽条件,将刑事诉讼法的程序从宽和刑法的实体从宽合并在一起,也造成了反腐败刑事政策在反腐败系统"一体两端"的不一致,影响了程序内部运行的协调性,增加了司法机关对监察认罪认罚从宽审查或重新认定的工作量,减少了被调查对象在调查程序中获得从宽的机会,不利于对被调查人权益的保护。

在监察机关将案件移送给司法机关之后,案件进入了审查起诉阶段和审判阶段,在这两个阶段如果犯罪嫌疑人、被告人认罪认罚需要从宽处罚,是依照监察法的标准,还是按照刑事诉讼法的标准呢?从法律适用范围看,在审查起诉阶段和审判阶段,案件已经进入了刑事诉讼程序,应当适用刑事诉讼法关于认罪认罚从宽处理的规定。即使被调查对象在调查阶段不符合认罪认罚的从宽标准,监察机关没有在向检察机关移送起诉时提出从宽处罚的建议,在移送审查起诉或审判阶段后,检察机关或法院依然可以按照刑事诉讼法的规定作出认罪认罚从宽处罚的决定。从这一点上看,似乎犯罪嫌疑人、被告人的合法权利仍然可以受到保障,没有受到影响。但是,认罪认罚从宽不仅是实体上的从宽,也体现为程序上的从宽。在被调查对象认罪认罚的情形下,简化流程,缩短调查期间,解除人身自由受到限制的状态,是被调查对象因认罪认罚而应当享有的程序利益,若调查阶段采取严于刑事诉讼的认罪认罚从宽标准,则会导致部分被调查对象在调查阶段的上述程序利益被剥夺。2018 年《刑事诉讼法》修正之后,其第 19 条第 2 款规定,人民检察院在对诉讼活动实行法律监督中发现的司法工作人员利用职权实施的非法拘禁、刑讯逼供、非法搜查等犯罪,可以由人民检察院立案侦查。"可以"一词表明,人民检察院对司法工作人员职务犯罪案件的管辖不是排他性的,监察委员会也可以管辖。不同机关管辖会适用不同的认罪认罚从宽条件,这就存在着正当程序的瑕疵。综上,认罪认罚从宽的适用标准在职务犯罪案件办理过程中应当保持一致,不能因为程序阶段不同而在适用标准上有所差异,否则,在程序转化过程中会因适用不同的标准而产生内生性的制度矛盾,①违反正当程序原理。

三、腐败犯罪"分体式"追诉程序之完善建议

以构建"高效""权威"的反腐败机制为目标的国家监察体制改革,体现了积极治理战略下的监察优先主义立场,但监察权的独立性与排他性属性,使得监察优先主义容易转向监察中心主义,不仅破坏了腐败犯罪惩治机制各项制度的内在协同性,也违反了法治反腐的要求。对此,应当从基本权力结构和具体权力配置上完善监检衔接关系,确保"分体式"追诉程序在法治轨道上运行。

(一)监察优先主义之隐忧

监察优先主义是指为提升腐败治理能力,整合各项反腐败权力及相关制度,

---

① 詹建红:《认罪认罚从宽制度在职务犯罪案件中的适用困境及其化解》,载《四川大学学报(哲学社会科学版)》2019 年第 2 期。

确保监察权优先实现,职务违法、犯罪优先得到处理的反腐败理念。国家监察体制改革整合了反腐败资源和力量,形成了反腐败合力,构建起党领导下的全面覆盖、权威高效的监察体系,将制度优势转为治理效能,是监察优先主义产生的政策与制度基础。

贯彻监察优先主义有助于建立集中统一、权威高效的监察体制,但若对监察优先主义不加以必要限制,则容易导致监察优先主义异化为监察中心主义。监察中心主义是指为了不断增强监察机关反腐败的权威性,刻意提高监察权在国家权力结构中的地位,将监察机关与其他国家机关之间监督制约的双向关系调整为单向关系的权力结构立场。"鉴于现有权力配置与运行的实践,监察权的实际位阶已然高于审判权和检察权,故而为避免监察权的滥用进而保障公民基本权利,无疑更应强调监察机关与司法机关之间的制约。不过,实践中所呈现的却是对'互相配合'的过分偏重,以至于'互相制约'被不合理漠视。这极易使检察机关的审查起诉和审判机关的独立裁判沦为形式,并出现所谓的'监察中心主义'现象。"[①]这必然导致一种腐败犯罪刑事司法的奇怪现象:所有腐败犯罪案件是否够罪、罪轻罪重,话语权都在监察委员会,形成类似于侦查中心主义的"调查中心主义"。[②] 由于监察权的独立性及监察机关特殊的政治身份,职务犯罪调查容易脱离审判中心主义的要求而转向监察中心主义,使得监察机关调查成为职务犯罪惩治机制的核心,公诉机关与审判机关对监察机关的制约功能不足,检察机关审查起诉和法庭审判流于形式,形成监察机关"一家独大"的局面。监察中心主义将导致"非典型"错案的风险增加,被调查人权利保障弱化,违背审判中心主义的司法体制改革要求。[③]

监察中心主义产生的原因是多方面的,在权力配置方面主要包括:一是在基础权力结构上,检察权难以对监察权构成有效的监督制约。《宪法》第 134 条规定,人民检察院是国家的法律监督机关,人民检察院有权对国家法律的实施进行监督。《宪法》所规定的法律监督原则应当贯彻于具体的立法之中,三大诉讼法及新修订的《人民检察院组织法》,均规定了人民检察院对公安机关、审判机关乃至行政机关、监狱、看守所的法律监督,但《监察法》第 7 章仅规定监察委员会应当接受同级人大及其常委会的监督,人民检察院缺乏对监察机关监察活动行使法律监督的监察法根据。为防止权力滥用,《宪法》第 127 条和《监察法》第 4 条均规定了监察机关与检察机关相互配合、相互制约原则。然而,由于监察机关具有政治机关的属性并主导了诉前调查活动,检察机关在此过程中主要是配合

[①] 秦前红:《我国监察机关的宪法定位:以国家机关相互间的关系为中心》,载《中外法学》2018 年第 3 期。

[②] 王超强:《论监察体制改革背景下监、检、法关系新构》,载《东方法学》2017 年第 5 期。

[③] 李奋飞:《"调查—公诉"模式研究》,载《法学杂志》2018 年第 6 期。

监察机关,因此难以发挥检察监督与制约的功能。例如,对于监察机关不愿意移送腐败犯罪案件,而是直接以问责、政务处分代之的行为,检察机关难以进行有效的制约;①再如,检察机关"不敢"对监察委员会移交的案件做不起诉处理。检察机关难以在调查阶段发挥有效的制约监督功能,至多只能通过审查起诉等事后方式对前期调查行为进行有限的制约,但即使这样,也面临着诸多实际的困难,甚至检察机关更多只能通过自行补充侦查做补充完善的工作,②难以形成对监察权的外部制约。二是在具体权力结构上,调查权作为非刑事侦查权的定位,使其难以受到司法权的有效约束。在监察体制改革中,国家明确将监察机关定位为政治机关,③从形式角度理解,政治机关的调查行为显然不应当具有刑事司法属性,调查程序不能等同于刑事司法程序。但调查权的职权内容与诉讼功能几乎是侦查程序的翻版。例如,《监察法》所规定的除留置以外的11种监察措施完全与《刑事诉讼法》所规定的侦查措施同名且在同一程序适用;留置的适用条件基本等同于逮捕,且具有相同的刑罚折抵功能;监察调查所获取的证据完全以刑事诉讼的目的而进行,且证据的种类、审查与判断标准均等同于刑事诉讼证据等。对此,有批判性观点认为,监察机关对职务犯罪的调查所包含的权能在内容上与侦查权高度相似,④监察机关的调查权具有侦查权的性质和效果。⑤尽管学界对于确立调查权的侦查权属性,已经基本达成了共识,但立法与实践并未将调查权归入刑事侦查权范畴,这也是导致监察机关与司法机关权力制约失衡的重要原因。

(二)"分体式"追诉程序之完善建议

"分体式"追诉程序产生自国家权力结构的调整。在《监察法》中明确规定人民检察院有权对监察机关监察活动进行法律监督,以及将职务犯罪的调查程序定性为刑事侦查,是解决"分体式"追诉程序存在的问题的根本方法。除了从基本权力结构上推进立法完善之外,在具体权力配置上,应当进一步着力推进以下几个方面的完善。

1. 监检管辖范围的立法完善

基于依法监察原则,监察机关管辖罪名的犯罪主体应当符合《监察法》所规定的行使公权力公职人员的对象主体要求,对于不符合监察对象主体要求的单位犯罪,不再作为监察机关的管辖罪名,从而使监察机关将主要精力集中于贪污贿赂犯罪和渎职犯罪的调查处置上,避免管辖罪名的虚置化。因此,应当通过立

---

① 刘艳红:《〈监察法〉与其他规范衔接的基本问题研究》,载《法学论坛》2019年第1期。
② 李奋飞:《"调查—公诉"模式研究》,载《法学杂志》2018年第6期。
③ 闫鸣:《监察委员会是政治机关》,载《中国纪检监察报》2018年3月8日。
④ 陈卫东:《职务犯罪监察调查程序若干问题研究》,载《政治与法律》2018年第1期。
⑤ 陈瑞华:《论国家监察权的性质》,载《比较法研究》2019年第1期。

法修正,明确将单位受贿罪、单位行贿罪、私分国有资产罪、私分罚没财物罪等7项单位犯罪交由检察机关进行管辖。此外,对于重大飞行事故罪、重大劳动安全事故罪、工程重大安全事故罪等犯罪主体既可以由公职人员构成,也可以由非公职人员构成的犯罪,可以规定检察机关也能够进行管辖,并根据犯罪主体身份的不同,交由监察机关或检察机关进行管辖。至于非国家工作人员受贿罪、对非国家公职人员行贿罪等不存在公权力行使的犯罪则应当划归检察机关进行管辖。

以干部管理权限作为监察机关普通管辖的主要标准,是中国特色的监察体制改革的重要制度创新,但由于监察管辖与司法管辖的标准不同,容易导致两种管辖之间的错位。对此,根据程序协同原则的要求,可以通过合理设置管辖权转移的具体规则,实现监察管辖与司法管辖的对接。具体建议包括:一是与司法管辖相对应,将职务犯罪涉及数额、案件复杂疑难程度等因素,作为上级监察机关提级管辖或管辖权下放的标准,上级监察机关对于普通案件,可以指定下级监察机关管辖,但对于重大疑难案件,不得指定下级监察机关管辖;下级监察机关对于重大疑难案件,可以申请提级管辖。这样可以避免下级监察机关管辖能力不足或上级监察机关管辖案件过多的困境。二是明确监察指定管辖与司法级别管辖的对等性,指定管辖的地方监察委员会应当与追诉及审理的司法机关具有同等级别。例如,根据《刑事诉讼法》的规定,中级人民法院应受理可能判处无期徒刑或死刑的案件,因而可能判处无期徒刑或死刑的案件,不得指定基层监察委员会受理。三是确立"逐级指定"方式,即由上级监察委员会确定被指定管辖的下一级监察委员会,"逐级指定"应以两次为限。

2. 留置制度的立法完善

作为剥夺人身自由的强制性措施,留置本质上属于侦查手段,应受到正当程序和人权保障原则的严格限制,需要从立法上对留置制度予以更新完善。具体包括:一是将留置对象限于职务犯罪的被调查人,排除对职务违法的被调查人适用留置。作为剥夺人身自由的强制措施,留置的适用对象应是具有严重危害性的犯罪主体而不是违法主体。然而,由于职务违法和职务犯罪是在同一过程中进行的,在案件事实不清时,很难区分严重职务违法与职务犯罪。对此,应当建立更为轻缓的强制性措施,如监察传唤、监察拘留或监察取保,以适用于上述情形,从而达到既避免放纵犯罪又保障人权的双重目的。二是明确对被留置对象的首次讯问应当在剥夺人身自由的24小时内完成,以压缩因延迟讯问而产生的非正常讯问的空间。三是赋予被留置对象在讯问过程中的知情权和申辩权。监察机关有义务告知被调查对象所涉嫌的案由或罪名,被调查对象有权向监察机关提出申辩,做出留置决定的监察机关负有在法定期间内对申辩事由进行复核审查并予以答复的义务。四是建立检察机关的提前介入制度。《国家监察委员会与最高人民检察院办理职务犯罪案件工作衔接办法》规定,检察机关介入监察机关的案件范围为重大、疑难、复杂案件。但该规定过于原则,标准较为模糊,实践中也不统一,检察机关在介入上较为被动。对此,应当借鉴以往检察介入侦查的规定,赋予检察机关必要的介入监察的主导权,①同时基于法律监督职责,还应当规定检察机关可以对留置措施的适用情况进行实质性审查,有权要求监察机关做出正确处理,对滥权者提起追责程序。在提前介入中,检察官应当保持中立性和客观性,并对留置措施的适用情况进行监督,不得直接提审被调查人以及实施其他可能损害检察权中立性和客观性的行为。五是保障被调查对象获得律师帮助的权利。从法治反腐角度,建立监察案件律师介入制度是趋势所向,考虑到律师介入对案件办理可能产生的消极影响,应当对律师介入加以必要限制,将其定位为法律帮助者,可以为被调查人提供法律帮助、代为申诉控告等,同时明确规定律师的保密义务及违反义务的后果,以避免加重监察机关的负担,妨碍监察调查的推进。

3. 全过程录音录像制度的立法完善

加强留置阶段录音录像的过程性监督制度建设,是法治反腐的重要体现,也是权利保障原则的要求。具体而言:一是延伸同步录音录像的适用空间。在明确规定首次讯问在留置后24小时内进行的前提下,以"被调查对象被留置时"作为同步录音录像的启动时间。二是确立全过程录音录像的证据属性,并规定监察机关移送起诉时将录音录像作为证据材料一并予以移送的法定义务,同时规定检察机关对录音录像的审查程序。三是规定对人民检察院、人民法院如需要调取同步录音录像,经审批,监察机关应依法予以提供。

4. 认罪认罚制度的立法完善

在立法上将《监察法》与《刑事诉讼法》的认罪认罚标准予以统一,较为可行的方式是修正《监察法》第31条的规定,将"合并式"的立法模式修正为"选择式"的立法模式,只要被调查对象认罪认罚,或者具有刑法所规定的特定从宽情节,监察机关经过领导人员集体研究,并报上一级监察机关批准,就可以在移送人民检察院时提出从宽处罚建议。上述立法修正可以较好地实现法法衔接,提高反腐败效能,也能更好地保护被调查对象、犯罪嫌疑人以及被告人的合法权益。

第二节 腐败犯罪刑事追诉程序的立法完善

为加强对腐败犯罪的打击力度,《刑事诉讼法》在2012年、2018年进行了两次修正,分别增设了可以运用于腐败犯罪资产没收的特别没收制度和缺席审判

---

① 虞浔:《职务犯罪案件中监检衔接的主要障碍及其疏解》,载《政治与法律》2021年第2期。

制度,为反腐败国际合作提供了法律依据。但是,从积极治理的反腐败战略观以及《联合国反腐败公约》要求的角度,仍有一些重要的反腐败程序制度未能规定,因此有必要及时推动刑事诉讼法的立法修正,建立系统性的反腐败刑事追诉制度。

一、腐败损害赔偿之诉的制度构建

腐败不仅对国家政治基础及社会公平正义造成了破坏,还直接或间接地损害了市场主体的经济利益。但长期以来,腐败治理却集中于对"公法益"的保护,忽视了对"私法益"的保护,因腐败而扭曲的社会关系难以自我恢复。建立腐败损害赔偿之诉,不仅可以充分保护腐败犯罪被害人的利益,增强被害人对法秩序的信任感,还可以通过让犯罪人赔偿被害人的经济损失,提高腐败犯罪的经济成本,提升刑法的规制机能和预防能力。

(一)确立腐败损害赔偿之诉的考量因素

建立腐败损害赔偿之诉,必须有诉之主体和诉之理由,需要在实体法与程序法理论上解决以下问题:

1. 腐败犯罪是否属于无被害人犯罪(victimless crime)

无被害人犯罪是指没有直接的被害人但被认为似乎破坏了道德的犯罪行为。美国学者埃德温·舒尔于1965年首次提出了无被害人犯罪的概念,他认为:无被害人犯罪是被害人和犯罪人双方同意并且自愿交换的行为,如吸毒者与贩毒者、卖淫者与嫖娼者。这类犯罪具有交换性,行为都是参与者相互同意并自愿实施的,仅能对犯罪人自己产生危害。[①] 现代犯罪学中无被害人犯罪基本都是围绕着埃德温·舒尔的定义展开的。腐败犯罪有侵占型、交易型、滥权型三种基本类型,其中只有交易型腐败犯罪较为接近无被害人犯罪,其他类型的腐败犯罪都有明确的被害人。就贿赂犯罪而言,交易双方虽然都是自愿的,但确有明确的法益侵害对象,即国家公职人员的廉洁性法益。国家作为抽象利益主体,属于非传统意义上的被害人。除了抽象意义上的国家被害人之外,交易型腐败犯罪还可能存在具体的被害人。1985年,第七届联合国大会通过了《为罪行和滥用权力行为受害者取得公理的基本原则宣言》,将被害人定义为"个人或整体受到伤害包括身心损伤、感情痛苦、经济损失或基本权利的重大损害的人,这种伤害是由于触犯会员国现行刑事法律,包括那些禁止非法滥用权力的法律的行为或不行为所造成"。根据该定义,因为贿赂犯罪而导致经济上受到损失的人,即是贿赂犯罪中的被害人。比如,行贿人取得了原本应当由第三人获得的经济合同而导致第三人的经济损失,第三人即属于被害人。从上述意义上看,可以认为腐

---

① 王牧主编:《新犯罪学(第二版)》,高等教育出版社2010年版,第273页。

败犯罪不属于无被害人的犯罪。

2. 被害人权益受损的民事责任性质

从民事角度,对于侵占型腐败犯罪侵害的财产权,被害人可以以物上请求权提出损害赔偿;而由于渎职型腐败犯罪既可能侵害到财产法益,也可能侵害到人身法益,与之对应,被害人可以以物上请求权提出损害赔偿,或者以人身权受到侵害而提出侵权赔偿之诉。比较复杂的是交易型腐败犯罪,贿赂犯罪人实际是侵害了被害人预期的经济利益,即期待性利益。那么侵害这种利益是否构成侵权之债?传统观点认为,期待性利益不具有支配性和排他性,非绝对权,因而不能成为损害赔偿之诉的理由。但也有观点认为,因腐败犯罪行为所遭受的损害在民事法律中应当认定为缔约过失之债。理由在于,行贿人取得的特许权或其他救济,在一定程度上都可以解释为缔约关系;被害人遭受的损失是在缔约过程中为缔结合同而遭受的,是腐败犯罪人违反先契约义务所导致的某种利益损失,因此可以依照合同法的规定,提出缔约过失损害赔偿请求权。[①] 本书赞同这一观点。通常而言,能够提起损害赔偿之诉的往往涉及公私交叉领域的商业贿赂犯罪(商业贿赂还包括单纯私营部门之间的贿赂,但不在本处的讨论范围之内),行贿往往会改变先合同阶段所形成的商业竞争秩序,受贿人否定了与其他竞争者之间继续订立合同的可能性,受贿人的行为对于其他竞争者而言,属于恶意终止缔约的行为,其结果是与其他竞争者之间的合同订立无法成立,符合缔约过失的基本精神。[②]

3. 损害赔偿之诉的模式选择

因腐败行为而导致的损害,属于侵权损害或缔约过失损害,可以适用民事损害赔偿之诉。《民法典》《反不正当竞争法》《招标投标法》等法律,为腐败损害赔偿提供了法律支撑。然而,这种行为所导致的损害赔偿是否可以被纳入刑事诉讼体系之中,还必须考虑到损害赔偿之诉的模式选择以及刑事附带民事诉讼的适用范围问题。

损害赔偿的提起主体是被害人,通常应当按照民事纠纷解决机制处理,但被害人就腐败损害赔偿单独提起民事诉讼,并不可行,因为刑事诉讼周期较长,在刑事诉讼结束之后再提起民事诉讼,存在着财产刑执行完毕后无财产可供民事裁决执行的困境,而民事赔偿之诉优先于刑事程序之前启动,也不符合"先刑后民"的司法惯例。较为可行的是采取刑事附带民事诉讼的方式。通过刑事附带

[①] 岳向阳:《腐败犯罪被害人赔偿机制之构建》,载《人民检察》2014 年第 19 期。

[②] 确立缔约过失的损害赔偿,仍需要合同法的规范支撑,目前合同法规定的缔约过失行为包括:假借订立合同,恶意进行磋商;故意隐瞒与订立合同有关的重要事实或者提供虚假情况;有其他违背诚实信用原则的行为。可以考虑在《民法典》缔约过失的行为类型中增加"有其他违法行为"的表述,以确保理论与规范的统一性。

民事诉讼,可以节约司法资源,降低诉讼成本,也可以避免判决内容相冲突,是确立腐败损害赔偿之诉的最优模式。《刑法》第 36 条规定:"由于犯罪行为而使被害人遭受经济损失的,对犯罪分子除依法给予刑事处罚外,并应根据情况判处赔偿经济损失。"此规定为腐败损害赔偿之诉提供了刑事实体法的规范基础。《刑事诉讼法》第 101 条规定:"被害人由于被告人的犯罪行为而遭受物质损失的,在刑事诉讼过程中,有权提起附带民事诉讼。"与《刑法》规定的"经济损失"不同,《刑事诉讼法》规定的是"物质损失"。从文义解释角度,物质损失不包括"非物质"的财产性利益,其范围要小于经济损失。不仅如此,《刑事诉讼法》的司法解释又进一步限制了"物质损失"的范围。《关于适用〈中华人民共和国刑事诉讼法〉的解释》规定,刑事附带民事诉讼的赔偿范围限于人身权受到侵害而导致的物质损失以及财产受到毁坏而导致的物质损失两个方面。因此,只有财产受到"毁坏"的情形下,被害人才可以提出刑事附带民事诉讼,在没有毁坏的情形下,财产应当返还给财产合法所有人,但在犯罪人占有期间产生的衍生性利益损失,又不在赔偿范围之内。《刑事诉讼法》的损失判断标准是建立在物质形态基础上的,《刑法》的损失判断标准是建立在经济形态基础上的,程序法与实体法对损失判断标准的不同立场,会破坏法律之间的协调性和反腐败机制运行的通畅性,影响到腐败治理效能的提高。对此,应考虑修正《刑事诉讼法》,将刑事附带民事诉讼的适用范围扩大至"因犯罪而导致财产性利益的损失",从而将腐败损害赔偿之诉纳入进来。

(二) 腐败损害赔偿之诉的制度构建

《联合国反腐败公约》第 35 条明确提出了被害人损害赔偿制度,要求各缔约国均应当根据本国法律的原则采取必要的措施,确保因腐败行为而受到损害的实体或者人员有权为获得赔偿而对该损害的责任者提起法律程序。作为《联合国反腐败公约》缔约国,我国有义务在国内法体系上建立腐败犯罪被害人损害赔偿制度,在《刑事诉讼法》第 1 编第 7 章"附带民事诉讼"中增设腐败损害赔偿之诉制度。腐败损害赔偿之诉属于针对腐败犯罪的特殊的刑事附带民事诉讼,其具体制度构建应当包括以下方面:

1. 腐败损害赔偿之诉的诉讼主体

(1) 原告的资格。因犯罪行为而遭受经济损失的被害人,可作为原告提出腐败损害赔偿之诉。通常而言,侵占型腐败犯罪和渎职型腐败犯罪的被害人较为容易确定,交易型腐败犯罪的被害人则具有不确定性。由于刑法将腐败损失定位为"经济损失",因此对于单纯发生在政治领域中的贿赂犯罪,被害人不具有提起损害赔偿之诉的条件,只有发生在政治、经济交叉领域中的商业贿赂犯罪,才可能存在因贿赂行为导致其他市场主体丧失交易机会而造成"经济损失",进而才符合提起损害赔偿之诉的条件。然而,商业贿赂犯罪中被害人的认定标准仍然存在着争议。有观点认为,在商业活动中,腐败行为人的竞争者和采购人都可能成为被害人,前者因贿赂而失去了订立合同机会成为被害人;对于后者则是在政府采购中,供应商通过贿赂相关人员获得了合同,提供了价高质次的产品或服务,于是采购人就成了直接的被害人。① 还有观点认为,被害人应是遭受商业贿赂行为侵害的经营者、潜在的同行业竞争者、国家或社会,但不包括消费者。② 上述两种观点虽然列举了被害人的类型,但并未提出具体的被害人身份的判断标准。

在被害人身份的具体认定上应当坚持以下两个标准:一是腐败行为人的贿赂行为与被害人经济损失之间应当具有直接的因果联系,即腐败行为直接导致了被害人应当获得的经济利益被剥夺。若腐败行为与经济损失之间只具有间接因果关系,则经济损失的承担者不具有原告资格。在前述政府采购观点的举例中,采购人的损失直接来自供应商的低质产品或服务,与腐败行为之间仅具有间接因果关系,不能称之为腐败犯罪的被害人,消费者的损失与腐败行为之间通常也是间接因果关系,也不能称之为腐败犯罪的被害人。二是被害人的范围具有特定性,应当具有至少不低于行贿人的市场竞争能力。在商业贿赂中,腐败行为剥夺的是特定商业竞争者的利益,不是所有的潜在的同行业竞争者的利益。在具体判断上,通常要求行贿人与被害人共同参与同一商业竞争活动,行贿人通过行贿获得被害人的商业地位或市场份额,将被害人排挤出竞争关系。需要强调的是,商业贿赂是对正常竞争关系的扭曲,若行贿人本身的竞争能力明显超过其他参与竞争的主体,即使没有贿赂,其他竞争主体也不可能在竞争中胜出,则不存在可期待的经济损失,这种情形下不能将其他竞争主体认定为被害人。在招投标活动中,行贿人通过贿赂而中标,但并非所有参与投标的主体都可以作为被害人,只有那些与行贿人竞争实力相当的主体才具有中标的可能性,在这种情况下,被害人可能出现多人,这些竞争实力相当的主体因为行贿人的贿赂行为而丧失中标的机会,导致经济利益受损,可以作为损害赔偿之诉的共同原告。当然,是否具备同等竞争能力,需要原告按照民事诉讼的规则进行举证。

(2)被告的身份。从民事责任角度,损害赔偿的主体为侵权行为人,因腐败行为导致他人经济利益受损的,实施腐败行为的主体是刑事附带民事诉讼的被告人,包括受贿人、行贿人(被索贿且未获得利益的除外)、介绍贿赂人等。在共同犯罪的情形下,共同犯罪人之间有侵权的连带关系,属于共同被告人。在单位犯罪的情形下,单位是损害赔偿之诉的被告人。若被告人死亡,则其继承人作为

---

① 周银强:《论经济交往中腐败行为的民事损害赔偿制度》,载《大连海事大学学报(社会科学版)》2010年第3期。
② 刘忠:《〈联合国反腐败公约〉民事损害赔偿条款在中国的适用》,载《大连海事大学学报(社会科学版)》2008年第5期。

赔偿主体，在遗产继承范围之内承担赔偿责任。被告人用于赔偿的财产应当是自己的合法财产，不包括供犯罪使用的财产、违法取得的财产和财产刑执行的财产。在财产刑执行财产和赔偿之诉的财产发生冲突的情形下，根据《刑法》第36条的规定，遵循民事优先原则，先承担对被害人的民事赔偿责任。

2. 腐败损害赔偿之诉的诉因条件

被害人遭受了经济损失，是刑事损害赔偿的诉因条件，而经济损失范围的界定标准则需进一步分析。欧洲的《反腐败民法公约》对于经济损失的界定采取"充分补偿"（full compensation）标准，具体包括物质性损失、利息损失以及非金钱性损失。有观点认为，经济损失的范围包括直接损失和间接损失。直接损失是因腐败行为直接导致被害人财产减少的数额，如被害人为招投标进行的前期投入成本。间接损失是被害人的预期利益损失，即若没有腐败行为，被害人获得交易机会后可获得的合理的利润。这种合理的利润是当事人确定的、必然会获得的利益。对于非金钱损失，如给被害人名誉造成损害的，也应赔偿相应损失。[①] 还有观点提出，在预期利益无法计算时，可以根据行贿者所获得的利润计算；仍不能计算损失时，可借鉴《著作权法》和《商标法》的规定，采取"固定数额制"。[②] 本书认为，预期利益是相对不确定的利益，难以具体计算，最优的方式是将行贿人实际获得的利益作为预期利益。完全剥夺行贿人的行贿"红利"，也可以达到有效遏制行贿动因的目的，提高整体预防效果。至于非金钱损失，因无法准确评估，所以不应计算在经济损失范围之内。据此，腐败损害赔偿之诉中的经济损失包括两项：一是直接损失；二是行贿人通过行贿取得的经济利益。对于具体赔偿数额，有观点认为可以采取惩罚性赔偿机制，对犯罪人规定3倍以上的惩罚性赔偿。本书认为，在刑事惩治机制中倡导民事惩罚性赔偿并无必要，刑事责任中已经包含了严厉的财产刑制度，若民事责任中再引入惩罚性赔偿，则可能因裁决无法执行而使赔偿制度陷入"虚置化"的困境。

3. 腐败损害赔偿之诉的实施机制

在刑事诉讼中，通常采取"先刑后民"的方式，先审理被告人是否要承担刑事责任，再审理是否要承担民事责任。但是，在已经确定刑事责任的前提下，犯罪人对被害人进行赔偿的积极性可能会降低。对此，建议在立法上将腐败案件的定罪程序与量刑程序分开，在定罪程序之后量刑程序之前引入腐败损害赔偿的附带民事诉讼。在附带民事诉讼中，双方可以就损害赔偿的数额进行充分协商，达成一致。而根据《关于适用〈中华人民共和国刑事诉讼法〉的解释》，被告

[①] 周银强：《论经济交往中腐败行为的民事损害赔偿制度》，载《大连海事大学学报（社会科学版）》2010年第3期。

[②] 刘忠：《〈联合国反腐败公约〉民事损害赔偿条款在中国的适用》，载《大连海事大学学报（社会科学版）》2008年第5期。

人赔偿被害人的情况以及是否真诚悔罪可以作为对其从宽量刑考虑的因素。

二、刑事合规暂缓起诉的制度构建

通过外部刑罚威慑来推动单位内控机制建设,不仅应当反映于刑事责任承担环节,还应当体现在责任追究的刑事程序环节。构建刑事合规暂缓起诉制度,有助于推动单位进行组织系统腐败治理的标准化改造,消除滋生腐败的内部环境,提高腐败治理效能。

(一)刑事合规暂缓起诉之内涵

刑事合规暂缓起诉是指,检察机关基于对起诉产生的连带性后果等因素的综合性考虑,为被告规定一个暂缓起诉考验期的附条件不起诉制度。在考验期内,检察机关会对被告单位的内部组织结构完善进行监督和指导,若单位在考验期内达到企业刑事合规要求,检察机关将放弃起诉,否则将恢复起诉。

刑事合规暂缓起诉和刑事合规资格刑均是以相同的合规标准为指导而进行的反腐败制度构建,目标均为推动单位组织内控机制的完善,增强单位组织的腐败预防功能,但在制度定位上仍有不同:前者是基于公诉权的自由裁量性而由检察机关在起诉阶段做出的决定,是一种特殊的附条件不起诉;后者是基于审判权的自由裁量性而由法院在审判阶段做出的裁定,是一种特殊的刑罚类型。刑事合规暂缓起诉和刑事合规资格刑共同构成了二元化的刑事合规机制,可以更好地激发单位组织的自我修复和再造能力,在打击经济犯罪与促进经济发展之间寻求最佳的平衡点。

(二)刑事合规暂缓起诉制度构建的必要性

暂缓起诉制度在英美法系和大陆法系国家都较为普遍,该制度基于起诉便宜主义,通过对轻罪案件进行分流化处理,不仅可以达到诉讼经济的目的,而且还可以让犯罪嫌疑人、被告人在非监禁环境中复归社会,避免再犯。德国《刑事诉讼法》第153条规定,在轻罪案件中,在经过有管辖权的法院同意后,可以附条件不起诉,但要求被告人在规定期限内向被害人赔偿损失或向慈善机构捐款。美国暂缓起诉则由检察官基于公共利益的考虑,与犯罪嫌疑人以司法协议的方式达成,由后者在规定期限内履行协议约定的义务。若犯罪嫌疑人履行了义务,则检察官放弃起诉,但若犯罪嫌疑人不履行约定义务或不遵守法律规定,则检察官要恢复起诉。适用暂缓起诉的案件一般为未成年人犯罪、吸食毒品类犯罪以及营利性的公司经济犯罪等案件。[1] 暂缓起诉是一种附条件的不起诉,检察官对于特定案件暂时搁置起诉权,对不起诉附加在一定期限内进行考察的条件,通过对轻微刑事案件的暂缓起诉,可以使一些轻罪案件不进入审判程序,节约司法

---

[1] 丁延松:《中国语境下的暂缓起诉制度构建》,载《政法论坛》2010年第3期。

资源。同时,暂缓起诉也体现了预防型的犯罪矫正观。"一个良好的立法者关心预防犯罪多于惩罚犯罪,注意激励良好的风俗多于施行刑罚。"① 暂缓起诉通常适用于轻微犯罪,由于情节较轻,且人身危险性较低,因此让其及时复归社会更有利于激励其悔过自新,避免再犯,达到预防犯罪的目的。考虑到暂缓起诉在降低诉讼成本及预防犯罪方面的积极作用,我国学术界对暂缓起诉的价值进行了深入研究并给予了肯定,提出了诸多具有建设性的制度设计方案。② 2012年《刑事诉讼法》修订,在未成年人诉讼程序中增设了附条件不起诉制度,通过暂缓起诉,帮助犯轻微罪的未成年人再社会化,避免前科印记对其成长发展产生不利影响。

鉴于暂缓起诉制度在犯罪矫正上的积极功能以及未成年人暂缓起诉的立法经验,可以考虑在刑事诉讼程序中建立针对腐败犯罪单位主体的刑事合规暂缓起诉制度。理由在于:第一,有利于预防单位腐败犯罪。单位腐败犯罪的发生通常与单位内部组织管理体制和单位文化有关,调整单位的组织架构,解决腐败内控机制功能不足,消除产生腐败的组织诱因,可以通过建立从实体到程序的刑事合规机制来实现。第二,有利于提高诉讼效率。公诉机关起诉存在一定的诉讼成本,而且还要面临与有经济实力的单位组织的辩护对抗,有一定的败诉风险。建立刑事合规暂缓起诉制度,可以在诉讼前端时减少单位腐败轻罪案件进入诉讼后端的审判环节,发挥分流功能,提高司法效率。第三,有助于产生良好的社会效应。追究犯罪人的刑事责任是检察机关的职责所在,但对单位进行刑事处罚,即使是相对轻微的处罚,也会给单位贴上犯罪人的标签,对其今后参与招投标、政府采购等诸多经济活动都会产生消极影响,对于民营企业而言,这种影响甚至可以决定其存亡,并且很大程度上会产生对无辜者的连带责任,不知道也不可能参与单位腐败决策的单位职工、公司股东、债权人,甚至单位的退休人员,可能会在不同程度上承担单位犯罪的严重后果。建立刑事合规暂缓起诉制度,则可以通过非刑罚方式矫正单位行为,避免前科标签对单位后期经济活动产生负面效应,或给无辜者产生的连带性损害,同时还可以较好地平衡腐败犯罪治理与经济自由保护之间的关系,产生较好的社会效果。

(三)刑事合规暂缓起诉制度的具体构建

刑事合规暂缓起诉制度不仅适用于企业腐败犯罪,也适用于生产安全犯罪、环境犯罪等其他企业犯罪,具有一定的普遍性。因此,可以在《刑事诉讼法》第2编第3章"提起公诉"中增设刑事合规附条件暂缓起诉制度。具体包括:(1)前提条件。对于单位犯罪情节轻微且直接负责的主管人员和其他有直接责任人员

---

① 〔法〕孟德斯鸠:《论法的精神(上册)》,张雁深译,商务印书馆1961年版,第82页。
② 陈光中、张建伟:《附条件不起诉:检察裁量权的新发展》,载《人民检察》2006年第7期;顾永忠:《附条件不起诉制度的必要性与正当性刍议》,载《人民检察》2008年第9期。

可能判处3年以下有期徒刑的,检察机关在起诉前可与单位达成司法协议,要求该单位确认罪行,并履行特定义务,作为暂缓起诉的条件。(2)被告人的具体义务。涉案单位必须履行的义务包括:一是向国家缴纳公共利益补偿金。考虑到腐败所侵害的公共利益,可以要求被告单位向国家缴纳公共利益补偿金。公共利益补偿金属于非刑罚处罚方式,具有保安处分性质,若因被告单位不履行刑事合规协议而导致诉讼恢复并最终被判刑的,公共利益补偿金可折抵罚金。公共利益补偿金的数额应当与腐败行为所获利益成比例,但不得超过单位前3年年平均营业额的30%。二是在检察机关的监管下,被告单位提交合规计划,确保在最长3年的时间内建立符合刑事合规审查标准的内控机制,由检察机关指定专家或适格的个人或机构协助其构建内控机制,相关费用由被告单位承担。(3)外部监督。在指定内部协助专家的同时,检察机关应当指定独立的外部监督人,负责审视、检验并向检察机关报告单位履行法律义务的情况,相关费用由被告单位承担。检察机关与涉案机关的司法协议及附条件不起诉书,应当在检察机关网站上公布,以接受公众监督。(4)法律后果。在协议规定的时间内,若涉案单位履行义务,检察机关不得再提起公诉。若涉案单位违反协议要求,或者在协议规定的期限内未充分履行规定义务,检察机关应当提起公诉,单位在签署司法协议时做出的罪行确认,可以直接作为定案依据。(5)损害赔偿。在暂缓起诉的考验期内,腐败犯罪的被害人可以向检察机关提交任何可以确定其损害事实和程度的证据,由检察机关直接提起民事公益诉讼,要求被告单位向被害人支付赔偿金。在暂缓起诉考验期届满前,因不符合刑事合规标准而恢复起诉的,正在进行的民事公益诉讼直接转为刑事附带民事诉讼。而在暂缓起诉考验期届满后,检察机关不再起诉的,已经开展的民事公益诉讼可以继续进行,未向检察机关申请提起民事公益诉讼的被害人,暂缓起诉考验期届满后一年内仍可向检察机关申请提起民事公益诉讼。

三、贿赂犯罪推定规则的制度构建

从犯罪构成角度,腐败犯罪的成立需要对行为人的主观要素进行证明,贿赂犯罪中交易行为的秘密性使主观要素的证明存在着较大困难,造成了公诉方对行贿人口供的过度依赖。对此,有必要在立法上明确规定贿赂犯罪主观要素的推定规则,提高腐败犯罪的追诉效率。

(一)推定的基本原理

推定是从已知事实推导出未知事实的过程。司法机关对犯罪事实的认定方式有两种:一是直接通过证据证明;二是通过司法认知和推定来间接证明。推定是直接证明有困难情形下的一种例外选择。在有些案件中,对于事实的证明很困难,或者证明成本过高,因此通过推定规则,转换证明对象,从较易证明的基础事实中推导出待证事实,可以有效降低证明难度。已知事实(前提事实)是推定运用的重要前提,该事实必须具有客观性,如事实不确定,则不能进行推定。推定的依据在于审理者在具体实务中运用的、已经上升到法律规定的经验法则。这种经验法则来自日常经验、常识,是人们普遍承认的具有较高盖然性的经验法则。经验法则是归纳理性的结果,是一种不完全的理性,存在着非必然性和可推翻性,因此推定都是允许对方反驳的,推定的结果是可以被推翻的,"一项不可用证据反驳的推定,不是一种推定,而是一条实体法规则"①。

推定制度涉及证据制度中的证明责任分配问题。在证据法学理论上,证明责任分为两个层面:行为意义上的证明责任(提出证据的责任)以及结果意义上的证明责任(说服责任),后者是证明责任的核心。待证事实处于真伪不明状态时,由承担说服责任的当事人承担败诉的不利后果。在刑事诉讼中,证明责任由控方承担,控方对案件事实的证明需要达到"排除合理怀疑"的程度,才能消除其证明责任,若达不到这个程度,则控方要承担"疑罪从无"的不利后果。在一些特殊情况下,被告人也可能会承担一部分构成要件事实的证明责任,如对各种抗辩理由的证明,但这种证明责任通常只是提出证据的责任,其作用在于降低法官对待证事实"排除合理怀疑"的确信程度,一旦被告人履行提出证据的责任而使得法官确信程度降低,控方就必须重新说服法官,以达到"排除合理怀疑"的确信程度,若控方不能重新说服法官,则要承担败诉的风险。通过法律的特殊规定,提出证据的责任是可以转移的,但说服责任始终由控方承担。正如罗森贝克所认为的:"推定改变的只是证明主题,而不是改变证明责任分配的原则。"②对于推定,控方必须首先证明有基础事实的存在,在此前提下,若辩方未提出合理怀疑的证据,则控方就完成了证明责任,但若辩方提出了证据,则控方必须继续履行提出证据的责任和说服责任,直至使法官达到排除合理怀疑的内心确信程度,否则就会承担败诉的风险。

(二) 贿赂犯罪推定规则的积极价值

在犯罪构成上,我国刑法采取主客观相统一的定罪原则,贿赂犯罪案件具有高度的隐蔽性,在很多情况下采取的是"一对一"模式,客观证据容易湮灭,主观罪过难以证明。近些年来,贿赂犯罪呈现出权钱交易分离的特征,行贿人利用一切机会,事先做好各种"人情铺垫",待时机成熟时,再向公职人员提出要求,或者是公职人员先为他人谋取利益,待其离职之后才收取行贿人给予的报酬。在分离模式之下,权钱交易间隔时间较长,有的甚至达到数十年之久。时间推移导致的案件事实的模糊化,加大了对行为人主观罪过的证明难度。若建立贿赂犯

---

① 〔美〕迈克尔·H. 格莱姆:《联邦证据法(第 4 版)》,法律出版社 1999 年版,第 54 页。
② 〔德〕莱奥·罗森贝克:《证明责任论(第四版)》,庄敬华译,中国法制出版社 2002 年版,第 224 页。

罪的主观推定规则,则可以通过对收取他人财物等证明难度相对较低的事实予以证明,推定出行为人主观上有实施贿赂的直接故意,这样就大幅减轻了公诉方的证明负担,有效减少了犯罪嫌疑人规避法律的机会。

基于推定规则的积极价值,腐败犯罪的司法认定中已经出现了推定规则的运用。例如,1998年最高人民法院《关于审理挪用公款案件具体应用法律若干问题的解释》将携带公款潜逃行为推定为主观具有非法占有目的。《关于办理贪污贿赂刑事案件适用法律若干问题的解释》首次确认了贿赂犯罪构成要素的推定规则,其第13条在对"为他人谋取利益"要素的解释上,将国家工作人员收取具有上下级关系的下属或具有行政管理关系的被管理人员的财物推定为"承诺为他人谋取利益";其第16条规定将国家工作人员知道特定关系人收受他人财物后不上交、不退还推定为具有受贿之故意。

尽管司法解释已就贿赂犯罪推定规则做出了规定,但仍存在以下问题:一是针对贿赂犯罪主观要素的推定规则尚未建立。"为他人谋取利益"要素在贿赂犯罪中属于虚化的客观要素,因其限制了刑法规制范围,而被司法解释不断进行扩大解释,以至于实质上已经失去了构成要件功能,对该要素进行推定证明,是立法的滞后性迫使司法做出的选择。至于《关于办理贪污贿赂刑事案件适用法律若干问题的解释》第16条所规定的受贿故意之推定,仅适用于存在特定关系人的特定情形下,范围较窄,不是针对贿赂犯罪整体的主观推定规则。二是以司法解释来确定贿赂犯罪的推定规则,本身也存在着合法性不足的问题。司法解释是对立法规范的解释,应当以立法规范的功能、价值及内容为解释方向。《刑法》第395条规定了巨额财产来源不明罪,该立法规定本身就包含了在国家工作人员拥有巨额财产且无法说明来源时将其推定为非法所得的规则。但是,贿赂犯罪立法中并不包含推定规则的规范逻辑,在此前提下,通过司法解释建立主观要素的推定规则,有违罪刑法定原则之嫌。

(三) 贿赂犯罪推定规则的具体构建

通过立法构建贿赂犯罪主观推定规则,为司法适用提供规范依据,是诸多国家反腐败立法实践的重要经验,也是《联合国反腐败公约》的重要主张。1916年英国《预防腐败法》首次规定了对贿赂犯罪构成要素之"贿赂性"(corruptly)的推定规则。① 新加坡1970年《防止贿赂法》也规定,"当给予公职人员的报酬是来自于与政府或政府部门或任何公共机构签订契约的人员或其代理人时,该报酬应当被视为贿赂,但反证被证实的除外。"贿赂包含了行为人腐败的意思,上述

---

① 英国《预防腐败法》第2条规定:当其被证明在王室或者任何政府部门,或公共机构供职时的任何现金、礼品或其他报酬是……来自公共机构签订合同的人员,或者其他人所支付或者给予时,该现金、礼品或者其他报酬,应当被认为是作为诱导或者回报而贿赂地支付、给付或者接收,但反证被证实的除外。

立法上的推定规则实质上仍是针对主观要素的推定。《联合国反腐败公约》第28条则更为直接地规定:"根据本公约确立的犯罪所需具备的明知、故意或者目的等要素,可以根据客观实际情况予以推定。"对此,国内学者也主张在刑事立法上明确规定腐败犯罪主观上明知、故意等主观心理状态的证明可以适用推定,即在具备一定客观事实而根据这些事实可以对明知、故意等主观心理进行合理预测时,除非被告人能提出证据加以反驳,否则推定其具有明知、故意等主观心理要件。①

贿赂犯罪主观推定规则的立法路径,有两种方式:一是在刑法贿赂犯罪之下规定推定规则。沿袭巨额财产来源不明罪的立法模式,在贪污贿赂犯罪一章做出原则性规定。② 二是在刑事诉讼法中规定贿赂犯罪的推定规则,将刑法中已经比较成熟的规定纳入刑事诉讼法规定的推定范围之内。③ 本书认为,从立法协同性上看,在刑法与刑事诉讼法中同时规定推定规则,更为合适。一是在刑法上直接规定贿赂犯罪的推定规则更具有针对性,且有巨额财产来源不明罪的先例可以参考。二是推定规则本身属于程序性规范,从规范性质归属及逻辑体系上,应当将其纳入刑事诉讼法之中。除腐败犯罪之外,恐怖犯罪、生态犯罪等其他犯罪也存在着适用推定规则的情形,将其作为刑事诉讼证据规则的特殊规定,具有可行性。三是可以形成实体法与程序法在证据规则上的协同构建,避免规则的错位和缺位,推进反腐败刑事一体化。

在推定规则的具体设置上,应当考虑以下原则:一是推定规则的谦抑性原则。推定规则本身减轻了控方的证明责任,虽然并不导致结果证明责任的转移,但总体上是不利于被告人的。因此,应当确立最后手段原则,只有在难以证明或证明陷入僵局的情形下,才可以使用推定规则。二是推定规则的高度盖然性原则。推定规则应当建立在基础事实与目标事实具有高度盖然性联系的基础上,如谋求的利益是否与职务相关、财物是否超出了合理人情往来的范围等。三是推定规则的可反驳原则。被告人的反驳权是被告人的诉讼权利,在程序上应当确保被告人能够实施反驳权,不能将反驳权作为证明责任的倒置。

基于上述考虑,建议在《刑法》第385条之下增设第3款:司法机关可以根据收受财物的数额、次数以及与职务行为的相关性等因素,推定国家工作人员具有受贿的故意;在《刑事诉讼法》第51条举证责任之下增设一款:对于刑法规定可以进行推定的犯罪构成要素,犯罪嫌疑人、被告人可以提出反驳证据,达到合理

---

① 宋英辉、罗海敏:《〈联合国反腐败公约〉与我国刑事诉讼制度改革》,载赵秉志主编:《反腐败法治建设的国际视野》,法律出版社2008年版,第592页。
② 高长见:《〈联合国反腐败公约〉与我国刑事推定制度》,载《中共天津市委党校学报》2012年第1期。
③ 陈光中、胡铭:《〈联合国反腐败公约〉与刑事诉讼法再修改》,载《政法论坛》2006年第1期。

怀疑标准的,推定得以推翻。检察机关在提起公诉之前,应告知犯罪嫌疑人、被告人推定事实的范围;法院在开庭之前,应当告知被告人拥有对于推定事实的反驳权以及权利行使或不行使的法律后果。

四、腐败犯罪污点证人的制度构建

污点证人制度又称为污点证人刑事责任豁免制度,通常是指司法机关为获得关键证据,对同案中或其他案件中罪行较轻的犯罪嫌疑人、被告人作出承诺,在其放弃拒证权并提供关键证据之后,不再追究其刑事责任。[①] 建立腐败犯罪污点证人作证豁免制度,有助于提高腐败追诉效率,但也应当注意制度设计的合理性,避免成为犯罪人逃脱责任的工具。

(一) 建立腐败犯罪污点证人制度的必要性

1. 有助于提高腐败犯罪追诉效率

腐败犯罪案件具有秘密性特征,直接证据较为稀缺,行为人会采取各种手段掩饰犯罪行为,特别是在贿赂犯罪这样多以"一对一"形式出现的犯罪中。没有犯罪现场,犯罪潜伏期较长,行贿人和受贿人之间存在共同利害关系,二者还会建立同盟关系,相互保持沉默,这些都会导致调查或侦查陷入困境。若能给予罪行较轻的被告人免于定罪的机会,促使他与司法机关进行合作,成为污点证人并提供关键证言,有关犯罪的重大情节就能得到证明,便于侦查机关找到案件的突破口,克服腐败犯罪案件取证的困难,及时有力地实现对腐败犯罪的追诉与打击。[②] 从刑事政策角度看,污点证人制度体现了司法机关以放弃追诉相对较轻的非公职犯罪为代价而集中打击更为严重的公职犯罪的政策立场。污点证人制度具有强烈的功利主义特征,但在面对腐败犯罪案件证据获取困境时,两害相较取其轻仍是一种合理的务实选择。

2. 有助于提高反腐败立法的预防功能

在贿赂犯罪案件中,行贿人和受贿人基于利益关系的一致性,通常会自发共同"抵制"调查或侦查活动。建立污点证人制度,可以有效瓦解腐败利益共同体的关系,因为从利己主义角度,行贿人会倾向于选择对自己最为有利的处理方式,从而更容易做出揭露腐败的行为选择。污点证人的制度设计使腐败行为有较大可能被揭露,因此受贿人必须在收取财物之前慎重评估被揭发的风险,这就能对腐败动因发挥遏制功能,形成腐败预防的效果。

[①] 王以真主编:《外国刑事诉讼法学参考资料》,北京大学出版社1995年版,第430页。
[②] 周国均、刘蕾:《贿赂犯罪案件污点证人权利之保护——以〈联合国反腐败公约〉为视角》,载《比较法研究》2005年第5期。

3. 履行《联合国反腐败公约》义务的需要

因具有促进腐败犯罪揭露和提高诉讼效率的重要功能,污点证人制度在各国法律中被普遍规定,同时也被《联合国反腐败公约》积极倡导。将国际公约缔约内容转化为国内法立法实践,是中国作为缔约国的重要义务。对此,需要顺应国际腐败刑事惩治的趋势,在结合我国司法资源和反腐败现实需要的基础上,确立腐败犯罪污点证人制度,促进我国反腐败刑事法治的现代化和国际化。

(二) 建立腐败犯罪污点证人制度的合理性

1. 污点证人制度不违背刑法的基本原则

有观点认为,污点证人制度是有条件地放弃对犯罪团体中一部分犯罪分子的刑事追诉,违背了罪刑法定原则和罪责刑相适应原则。[①] 罪刑法定原则的基本含义是"法无明文规定不为罪,法无明文规定不处罚"。形式层面的罪刑法定原则的基本功能在于限制刑事司法权,确保司法权在立法规范的框架内运行,禁止司法僭越立法,强调"无罪不罚";实质层面的罪刑法定原则的基本功能在于限制刑事立法权,强调"立罪正当"。无论哪个层面的罪刑法定原则,都不包含"有罪必罚"的意思。此外,污点证人豁免刑事责任,不仅是对愿意与国家合作帮助打击严重犯罪的犯罪人的"奖励",更重要的是污点证人的主观恶性和人身危险性有所降低,因此对其给予一定程度的司法豁免,符合罪责刑相适应原则。[②]

2. 污点证人制度与"不受强迫自证其罪权"并不冲突

作为英美法上的一项传统制度,污点证人豁免建立在"不受强迫自证其罪权"的理论基础之上。所谓"不受强迫自证其罪权"是指任何人都有不被强迫提供证明自己有罪的证据的权利。[③] 在被追诉人转化为污点证人之前,他所拥有的"不受强迫自证其罪权"对控方获取共同犯罪或有组织犯罪的关键证据产生阻碍,为了维护不受强迫自证其罪的基本权利,同时实现对犯罪的有效打击,控方必须考虑通过免除污点证人的个人刑事责任以换取对更严重犯罪的成功追诉。可以说,污点证人豁免是对"不受强迫自证其罪权"的变通性、例外性规定,只有确立了"不受强迫自证其罪权",污点证人豁免制度才具有刑事诉讼上的法理依据。《刑事诉讼法》在第52条中规定了不受强迫自证其罪,即"严禁刑讯逼供和以威胁、引诱、欺骗以及其他非法方法收集证据,不得强迫任何人证实自己有罪"。根据不得强迫自证其罪的要求,被告人没有义务向法庭提出任何可能

---

① 唐磊、张明勇:《论我国贿赂犯罪追诉中刑事豁免制度之建构》,载《四川大学学报(哲学社会科学版)》2004年第3期。
② 彭新林:《中国特色腐败犯罪污点证人作证豁免制度构建要论》,载《法治研究》2014年第11期。
③ 易延友:《沉默的自由》,中国政法大学出版社2001年版,第226页。

使自己陷入不利境地的供述。被告人之所以选择以污点证人身份向司法机关作出不利于自己的供述,是因为法律规定了这种情况下可以减免被告人的刑事责任,对被告人更为有利。

3. 污点证人制度与法定从宽制度并行不悖

污点证人可以获得刑事责任豁免的待遇,本质上属于一种特殊的从宽处理。刑法总则规定了坦白、自首、立功等法定从宽制度,刑法分则规定了针对行贿人的特别自首制度。那么这种情况下,是否还有必要建立污点证人制度?有观点认为我国刑事立法上已有相关污点证人豁免制度,如《刑法》规定,行贿人和介绍贿赂人主动交代其行贿和介绍贿赂行为的,可以减轻或者免除处罚,这在一定程度上体现了污点证人制度的精神。① 法定从宽制度虽然也是一定程度上的刑事责任豁免,但与污点证人制度相比,还有较大区别。污点证人豁免制度是建立在"不受强迫自证其罪权"基础上的,是一种定罪上的豁免而非量刑上的从宽,而法定从宽则是量刑上的从宽。若以污点证人提供的证言为其定罪基础而仅在量刑上从宽,则属于变相的"自证其罪",本身就是对"不受强迫自证其罪权"的一种侵害。对于犯罪嫌疑人、被告人而言,选择与国家合作并不一定能够得到国家对其罪行的必然宽恕,②即使是特别自首也只是"可以"减轻或免除处罚。相比之下,污点证人从宽处罚则具有一种必然性,对于犯罪人的诱惑力更大,也更容易促使犯罪人与司法机关进行合作。当然,污点证人制度的适用条件,也应当较自首、立功等更为严格。就此而言,污点证人制度与法定从宽处罚制度之间,可能会存在一定的交叉关系,但绝不是重合关系,作为一种更高的"刑罚奖励",污点证人制度发挥着对普通从宽处罚制度的补充功能。

(三) 腐败犯罪污点证人制度的具体构建

污点证人制度不仅适用于腐败犯罪,还可以适用于证据较难获取的恐怖主义犯罪、有组织毒品犯罪等其他犯罪,具有一定的普遍适用性,建议可以作为《刑事诉讼法》的一般性制度加以规定。具体内容包括:

(1) 污点证人的主体资格与证据效力。污点证人是具有犯罪污点但能证明他人犯罪事实的人,他必须具有证人资格与证人能力,行为已经触犯了刑法,并且未经司法裁判。污点证人的证言与证人证言具有相同效力。

(2) 污点证人的豁免类型。从国外立法上看,污点证人豁免的类型主要有两类:一是豁免罪行;二是证据使用豁免。前者为德国所采用,是指国家对被豁

---

① 宁杰:《〈联合国反腐败公约〉与我国刑事诉讼法的修改》,载《人民法院报》2005年9月5日。
② 汪海燕:《建构我国污点证人刑事责任豁免制度》,载《法商研究》2006年第1期。

免的证人在证言中提及的罪行不再追诉;后者为英美法系国家所采用,是指被豁免的证人提供的证言不得在之后的刑事诉讼中作为不利于该证人的证据。国内学者对于污点证人豁免的类型,较为普遍采纳"有限的罪行豁免说"。有观点认为,证据使用豁免虽然有利于国家追究犯罪,但若不豁免证人罪行,则不能消除证人的顾虑,导致作证效果的降低,但完全实现罪行豁免也存在放纵犯罪的代价,因此应当对罪行豁免进行必要限制,仅对可能判处 5 年以下有期徒刑的实行罪行豁免。① 也有观点认为,能够豁免的是涉及本人参与的犯罪活动,证人没有提供实质性配合或者与证言无关的其他罪行,仍需进行刑事追诉,污点证人因提供虚假证言作伪证的责任以及民事责任不免除。② 采取何种证据豁免类型应当考虑到刑法上法定从宽的事由,如果污点证人责任豁免的程度低于法定从宽事由,显然这样的责任豁免对被告人缺乏吸引力,也在实践中难以发挥实际作用。尽管自首、坦白属于"可以型"从宽事由,但从司法实践上看,通常情况下是有较大可能获得从宽处罚的,除非情节极为恶劣。对犯罪嫌疑人、被告人而言,仅免除证据的效力,不如坦白或自首的从宽力度大,相比之下,罪行豁免对于犯罪嫌疑人、被告人转为污点证人的动力更大,应将豁免类型定为罪行豁免。

(3)污点证人的豁免条件。污点证人的豁免条件应当包括两个方面:一是必要性原则。污点证人豁免只适用于重大、疑难的贿赂犯罪案件,通常发生在缺乏案件突破口、证据难以取得的情形下。被告人本身犯罪情节较轻、社会危害性不大,是其可以转为污点证人的前提条件。就贿赂犯罪而言,能够成为污点证人的通常是行贿人,只有在案情极为特殊的情形下,才能选择受贿人。二是实质性配合原则。只有当犯罪嫌疑人为腐败犯罪的侦查或者起诉提供"实质性配合"时,才能适用污点证人豁免制度,如提供有助于主管机关侦查和取证的信息,查证属实的;或提供相关证据使公诉能够继续进行的;或为主管机关提供可能有助于剥夺罪犯的犯罪所得并追回这种所得的实际具体帮助的。

在具体立法修正上,建议在《刑事诉讼法》第 62 条"证人的资格和义务"之下,增设一款,规定污点证人资格与证据效力,即"污点证人应具有证人资格与证人能力,其证言与证人证言具有相同效力";在第 177 条"法定不起诉的条件"之下,增设一款,规定污点证人豁免制度,即"检察机关对为重大犯罪的调查、侦破提供实质性帮助,查证属实的犯罪嫌疑人、被告人,可以免于起诉,但罪行严重的除外"。此外,从体系协调性上,还应在《监察法》第 31 条认罪认罚从宽制度

---

① 汪海燕:《建构我国污点证人刑事责任豁免制度》,载《法商研究》2006 年第 1 期。
② 彭新林:《中国特色腐败犯罪污点证人作证豁免制度构建要论》,载《法治研究》2014 年第 11 期。

之下规定：对于为重大腐败犯罪的调查提供实质性配合的犯罪人，监察机关经领导人集体研究，并报上一级监察机关批准，可以在移送检察院时提出不起诉的建议。

综上，以提高腐败治理效能为目标的国家监察体制改革，形成了具有中国特色的二元主体"分体式"反腐败追诉机制，是积极治理的反腐败战略观在当下反腐败刑事立法构建中最为明显的体现。当然，在追求效能目标的同时，也应当遵循权力制衡与监督的法治原则，这是贯彻积极治理的反腐败战略观必须谨慎注意的问题。以反腐败效率为主导的监察追诉程序与以刑事法治为主导的刑事追诉程序之间存在着制度构建定位的差异，在监检衔接关系上不可避免地出现对接不畅问题，监察权的独立化及权威型集权式的监察制度，进一步加剧了两类程序在衔接关系上的错位与失位，在腐败犯罪追诉程序上产生了监察中心主义倾向。对此，应当予以必要的警惕与防范，建议在《监察法》上明确规定人民检察院有权对监察机关的监察活动进行法律监督，并将职务犯罪的调查程序定性为刑事侦查，在具体权力配置上重点完善案件管辖范围、留置、全过程录音录像、认罪认罚等制度的监检衔接构建，确保"分体式"追诉程序在法治轨道上运行。在刑事追诉程序上，进一步提高腐败犯罪的追诉效能仍然是程序优化的重点，建议在《刑事诉讼法》第 1 编第 7 章"附带民事诉讼"中增设腐败损害赔偿之诉制度，以保护腐败被害人利益，提高腐败犯罪成本；在《刑事诉讼法》第 2 编第 3 章"提起公诉"中增设刑事合规附条件暂缓起诉制度，促进单位组织的自我修复功能，避免刑罚适用的过度效应；在《刑法》第 385 条和《刑事诉讼法》第 51 条之下共同设置贿赂犯罪主观要素的推定规则，提高追诉效率；在《刑事诉讼法》第 62 条和第 177 条之下设立污点证人制度，同时在《监察法》第 31 条认罪认罚从宽制度中做出对应性规定。

第七章　中国海外腐败治理的立法完善与创新

国际法治是捍卫国家主权、维护世界和平、促进共同发展的重要制度保障，反映了各国对主权平等、和平包容、合作共赢、公正高效等理念和价值的普遍追求。在中国推进"一带一路"建设，积极参与全球治理的背景下，加强域外适用的立法建设具有重要的法治价值和国际战略意义，是积极治理战略观下全球化治理理念的重要体现。习近平总书记在中央全面依法治国委员会第二次会议上强调："要加快推进我国法域外适用的法律体系建设。"党的十九届四中全会通过的《中共中央关于坚持和完善中国特色社会主义制度　推进国家治理体系和治理能力现代化若干重大问题的决定》明确指出，"完善以宪法为核心的中国特色社会主义法律体系，加强重要领域立法，加快我国法域外适用的法律体系建设，以良法保障善治。"其中，域外反腐败立法的系统建设直接关系到国家主权与国际法治秩序的维护，关系到中国参与全球腐败治理及国内法治反腐的制度完善，关系到国家、企业与公民合法利益的有效维护，是我国法域外适用法律体系建设中应当予以重点关注的问题。

第一节　中国海外腐败现状与立法规制问题

随着我国国际地位和国际影响力的提升，越来越多的国内企业走出国门进行海外投资，于是海外腐败也逐渐增多，无论是对企业利益还是对国家利益都产生了消极影响。尽管我国《刑法》《刑事诉讼法》《国际刑事司法协助法》《引渡法》等法律法规在一定程度上可适用于海外腐败治理，但相关立法缺乏国际反腐败战略思考，未能充分考虑到中国参与全球腐败治理的现实需要，对国家主权与国际法治秩序也难以产生积极的维护效果。

一、我国海外腐败之现状

海外腐败是指具有涉外因素的腐败，包括腐败行为发生在境外、腐败主体属于涉外主体、境外腐败侵害到国内主体利益等多种情形。海外腐败主要以企业腐败为主，破坏的主要是国际商业活动秩序。海外腐败不仅有传统意义上的权钱交易、侵占国有资产等典型类型,还有灰色代理、利益输送等非典型类型。有的国企海外经营管理人员会利用资源和平台,在经营过程中进行利益输送,将国家利益变为个人利益;有的国企境外机构工作人员与当地代理内外勾结,侵吞企业利益,生造出各种"灰色"代理费,以至于有些根本不需要代理环节的海外经济援助项目,也产生大量相关费用。2009—2018年的9年时间里,至少有40家企业因涉嫌行贿等腐败行为被列入过世界银行的黑名单。① 中国交通建设股份有限公司、中国地质工程集团公司、中国建筑股份有限公司等多家知名国企都曾因涉嫌海外欺诈与行贿而在一定时期内被禁止承接世界银行资助的项目。②

由于海外企业实行腐败行为的手段复杂、涉案资金巨大、较为隐蔽,且对海外企业腐败调查取证困难、存在管辖盲点,加之既有立法对海外腐败的规制能力不足,导致海外腐败处于我国反腐败规制的边缘地带,又因为英美等国反腐败规则远比我国国内要严格很多,所以我国海外企业极易触碰其他国家或国际组织的海外腐败监管底线。2004—2019年间,美国通过《反海外腐败法》对60多家中国企业展开了执法活动。2018年11月1日美国司法部发布了"中国行动计划"(China Initiative),明确指出美国执法部门在查处涉嫌《反海外腐败法》违法案件中,应甄别出与美国企业存在竞争关系的中国企业案件,并加大针对中国企业和个人实施贿赂犯罪的执法力度。在2019年美国《反海外腐败法》执法活动中,14个执法案件里有8个案件与中国的企业及个人有关,涉及中国企业和个人的案件占比超过50%。与此同时,美国证券交易委员会甚至在旧金山办事处专门增设了"反海外腐败专案办公室",重点监控硅谷跨国企业的亚洲业务,其中主要关注涉及中国企业的业务。③ 中国企业及个人已成为美国《反海外腐败法》执法的重点对象。《反海外腐败法》无处不在的"长臂管辖",使中国企业很容易就落入"美国陷阱"。前车之鉴是法国阿尔斯通公司行贿案。该公司是法国能源巨头,负责法国境内58座核反应堆所有汽轮发电机的制造、维护和更新工作。2013年,该公司总裁弗雷德里克·皮耶鲁齐因涉嫌在印度尼西亚的一个工程项目中通过中间人向当地人索取贿赂,被美国司法部以"长臂管辖"原则在美国机场逮捕,判处5年监禁,并对公司处以7.72亿美元罚款,最终导致该公司于2014年被美国通用电气收购,由此使得美国实际上控制了法国所有核电站。我国华为公司、中兴公司违反美国贸易管制案,尽管不是腐败案件,但已暴露出美国"长臂管辖"对我国顶尖企业乃至我国国家安全带来的巨大风险,如何有效

---

① 魏伏薇:《"一带一路"背景下中资企业海外腐败问题立法研究》,载《山西省政法管理干部学院学报》2019年第2期。
② 杨毅沉:《新华社:有国有企业腐败搞到海外,上了世界银行"黑名单"》,https://www.guancha.cn/economy/2015_05_05_318421.shtml,2021年8月20日访问。
③ 万方:《反腐败合规法律实践的规范演进与实践展开——以美国〈反海外腐败法〉为切入》,载《法治研究》2021年第4期。

遏制海外腐败,不仅关乎海外企业的利益与发展,而且也涉及国家战略问题。

二、我国海外腐败的法律规制问题

海外腐败产生的原因具有复杂性,既有被投资国对腐败的容忍度问题,也有腐败产生的高收益使得投资国总公司对海外腐败的惩治动力不足与监督缺位问题,同时还有投资国海外腐败法律规制能力不足问题。在国内法上,我国反腐败立法及相关反腐败制度对海外腐败的规制能力较为有限,具体体现为:

(一) 刑事管辖标准滞后

管辖权是一国主权的象征,国家通过管辖权来反映自身的主权,具体表现为立法机关制定本国法律以确定其所适用的人、地域范围和事项,并通过司法机关等来执行本国法律。其中,制定本国法律的管辖权被称为立法性管辖权,具有原则性和基础性;执行本国法律的管辖权则被称为执行性管辖权,是立法性管辖权的具体体现和实际执行,与立法性管辖权存在着先后顺序和主次地位之别。①执行层面的管辖权需要刑事司法协助等其他制度予以协助执行,是管辖规定的适用过程,本身并不体现在管辖规定之中,因此,本书此处所指的管辖权仅指立法层面的管辖权,所指的管辖制度仅指刑法总则中的管辖规定。1979 年《刑法》确立了以属地管辖为基础的刑事管辖体系,1997 年《刑法》增加了中国公民域外犯罪的管辖规定,之后我国刑法未再对这一问题有任何修正。但是,随着全球化的发展、网络科技的进步,刑法规定的管辖制度在今天看来难免显得陈旧,难以对美国等国的"长臂管辖"予以有效反制,其具体问题表现为:

1. 属地管辖标准过于严格

美国《反海外腐败法》禁止个人或实体向外国政府官员进行非法支付以换取商业好处,该法适用于任何外国人或外国公司的雇员,只要是通过美国的邮件系统进行通信或使用隶属于美国的国际商业工具进行腐败支付,就满足了"最低联系"要求。也就是说,不论是电话、邮件还是银行转账,只要和美国发生了联系,美国法就有管辖权。在美国境内从事的所有有助于腐败的行为都是美国《反海外腐败法》所确立的"长臂管辖"的管辖依据,这些行为并不一定是犯罪行为,可能只是事前准备行为或是中立行为,如通过美国电信公司或网络服务商接收或发送与腐败行为相关的邮件、电话、短信等,但只要整体上与美国发生联系,均被认为是发生在美国领域内。"最低联系"原则是指只要与美国本土产生了某种联系,即被视为是在美国本土发生的行为而按照属地管辖进行处理,由此导致了管辖权的域外扩张。英国 2010 年《贿赂法》引入了密切联系原则,也使得

---

① 宋杰:《我国刑事管辖权规定的反思与重构——从国际关系中管辖权的功能出发》,载《法商研究》2015 年第 4 期。

管辖范围较之以前更为广泛。根据该法第 12 条第 4 款的规定,对于发生在英国境外的贿赂行为,如果行为人在实施行为时与英国有"密切联系",则可在英国境内依据《贿赂法》提起诉讼。相比之下,我国对于地域管辖的判断标准仍然采取的是传统的"实际发生地原则",要求犯罪的行为或结果有一项必须发生在中国领域内,并未实际发生在中国领域内的行为或结果,或仅与中国有一定关联性的行为,不符合属地管辖的适用条件,不能按照属地管辖进行处理。"实际发生地原则"应当是属地管辖的基本原则,在属地管辖上采取这一原则本身并无问题,但是在他国通过"长臂管辖"不断扩张其域外管辖空间的情形下,继续坚持把"实际发生地原则"作为属地管辖的唯一标准,会导致我国管辖权受到不应有的侵害,并且会使我国在国际政治、经济竞争中处于不利地位。

2. 属人管辖标准过于单一

根据刑法的规定,属人管辖中的"人"仅指自然人,不包括单位,对于单位在海外实施犯罪的情况,仅能追究单位直接负责的主管人员和其他直接责任人员的刑事责任,而不能直接追究单位的刑事责任。相比之下,美国属人管辖的范围更广,包括了美国企业和个人,甚至还包括美国企业的海外子公司。由于属人管辖的标准过于单一,我国无法对公司、企业在境外实施的腐败犯罪行为予以必要规制,也导致国际社会对我国企业腐败治理产生能力不足的消极印象,也使我国企业在国际商业竞争中处于不利地位。

(二) 刑法规制范围较窄

目前我国刑法未能全面覆盖域外行贿类型,对外国公职人员、国际公共组织官员行贿罪所涉及的行贿对象仅限于外国公职人员、国际公共组织官员,但不涉及对外国公职人员、国际公共组织官员有影响力的关系密切人,也不涉及外国政党人员或政治候选人以及外国国家机关、公司、企业等组织,在对象范围上明显小于国内行贿犯罪。此外,立法也未规定域外行贿的单位犯罪,存在着主体规制范围上的缺漏。对于外国人在海外对外国公职人员行贿而损害我国或我国公民利益的情形也缺乏必要规制,尽管此类腐败不侵害我国公职人员的廉洁性,但客观上使国际商业竞争秩序产生了扭曲,对我国公民、企业或国家利益造成了严重损害,因此仍有规制之必要。

(三) 缺乏域外调查取证的有效措施

我国域外调查取证的主要方式是通过签署的各类条约,包括通过国际刑事公约途径取证、通过双边刑事司法协助条约取证、通过国际警务合作协议取证(包括国际刑警组织通过的各项公约、区域性的多边刑事警务合作协议、双边警务协议)、通过地方警务合作协议取证、通过海关行政互助国际条约开展域外取证。虽然双边条约对调查取证的方式可以做出一些灵活性的规定,但基本措施和程序仍由我国国内法所规定。虽然《国际刑事司法协助法》规定了相关的调查取证措施,但仍然存在司法协助体制和工作机制不健全,相关部门之间的分工不够细化,各部门对中央机关的设置和职能存在不同认识等问题,导致制度执行上仍存在困难。《国际刑事司法协助法》第5条虽然明确了司法部作为对外联系机关,但该条文的规定实际上是兜底性条款,这便给司法协助的切实有效执行留下"缺口"。《刑事诉讼法》第17条、第18条规定了外国人犯罪追究刑事责任适用刑事诉讼法以及按照刑事司法协助的规定进行调查取证,但上述条文规定也较为原则,缺乏有效的技术侦查措施,在审批程序、办案时间限制、案件线索移送、联合调查取证、域外证据取得与归还等方面存在诸多问题,这会影响到海外腐败惩治的效果与效率。

(四)引渡制度不完善

引渡制度的构建既依赖于国家之间的双边引渡条约,也依赖于国内引渡法的立法建设。目前我国《引渡法》在实施过程中存在以下一些问题,影响到境外追逃追赃国际合作的效果。一是检察机关并非启动引渡案件司法审查的机关。通常而言,刑事检控机关在引渡请求上是发挥主导作用的,但我国《引渡法》未规定检察机关是引渡案件司法审查的主导机关,这不利于互惠原则的践行,可能导致我国得不到外国刑事检控机关或其他主管机关对我国主动引渡请求的必要支持。二是监察机关作为域外腐败犯罪引渡合作的主管机关的地位尚不明确。按照我国《引渡法》的规定,监察机关不是引渡合作主管机关。监察机关是境外追赃追逃国际合作的主管机关,它针对一些案件向外国提出调查取证、冻结扣押资产等方面的刑事司法协助请求是基于案件主管机关而不是引渡合作主管机关的身份。三是立法对不判处或者不执行死刑缺乏明确表述。我国《引渡法》第50条仅规定了"量刑承诺",由于我国尚未废除贪污罪和受贿罪的死刑,因此在与他国签订引渡条约时将涉及死刑问题,这可能成为别国拒绝引渡的理由。四是引渡与缺席审判之间缺乏关联性规定。国际实践表明,缺席审判与引渡追逃之间存在一定的紧张关系。缺席审判有时候会成为引渡的直接法律障碍,即当被请求国以请求国对被请求引渡之人进行了缺席审判为由直接拒绝引渡时,缺席审判就成了引渡合作的直接法律障碍。[①] 缺席审判如何与引渡制度相衔接,我国现有立法并无规定。

(五)域外适用的责任形式单一

打击腐败犯罪应当采取综合性的惩治措施,不仅包括刑事责任还应该包括民事责任、行政责任。在海外腐败领域,经合组织《禁止在国际商业交易中贿赂外国公职人员公约》规定,对于海外腐败行为,除刑事处罚外,还可以考虑实施民事或行政处罚。美国《反海外腐败法》对蓄意违法行为会追究刑事责任;对其

[①] 郭晶:《缺席审判与引渡追逃的紧张关系及突破》,载《吉林大学社会科学学报》2019年第6期。

他违法行为,会由司法部或证券交易委员会提起诉讼,处以民事罚款。此外,任何违反《反海外腐败法》的个人或公司都将被中止参与政府采购的资格。法国《萨潘第二法案》第 17 条规定了海外腐败的行政处罚措施,公司若不采取相应的措施来管控并且监察贿赂以及权钱交易行为,公司的总裁、执行董事、经理及董事会成员个人有可能受到 20 万欧元的罚款,而公司所受到的罚款可能高达 100 万欧元。我国打击海外腐败以刑事惩治为主,缺乏有效的非刑事惩治措施。例如,《公司法》和《证券法》都规定了"违反本法规定,构成犯罪的,依法追究刑事责任",但在罚则中都没有规定公司实施贿赂行为尚未构成犯罪,或者不予追究刑事责任的情形下,主管机关该如何处罚。

(六)缺乏体系化的企业合规制度

我国企业海外腐败行为的发生,与企业合规制度建设不足有直接关系。由于法治环境、社会习俗以及国情的差异,有时候中国企业认为是合理的行为,却可能已经严重违反别国的法律法规。在"一带一路"背景下,中国企业海外投资的地域除了英美等清廉程度较高的国家外,也开始越来越多地涉及清廉程度较低的国家。因此防范海外腐败风险,采取措施确保合法合规操作,对中国企业具有更为重要的意义。构建有效的企业内控机制不能依靠企业的自发性,必须借助于外部监督和强制力,这既涉及内部控制的制度完善,也涉及外部行政、刑事合规审查制度的充分构建。我国企业的合规制度建设刚刚起步,企业合规主要依赖于行业规章管理,如《中央企业境外国有资产监督管理暂行办法》《中央企业境外国有产权管理暂行办法》《关于中央企业构建"不能腐"体制机制的指导意见》《企业境外投资管理办法》《民营企业的境外投资经营行为规范》等。上述规范中关于企业合规的规定较少也较为原则,属于倡导性规定,缺乏实质约束效果,难以真正迫使单位进行腐败治理的标准化改造。目前我国以外部强制为导向的企业刑事合规制度尚未建立,难以对海外腐败犯罪发挥有效的预防功能。

第二节 中国海外腐败治理立法完善的策略与措施

20 世纪中期以来,国家的治理模式发生重大改变,国家干预主义成为各国政府职能体系发展的趋势,也是社会经济管理的主流模式。"直接适用的法""强制性规范"等概念为公法效力突破国界限制提供了制度与理论基础。在国家利益向全球延伸的过程中,掌握全球治理的话语权,制定符合本国利益的国际规则体系,维护本国利益,成为刑事法律域外扩张的重要原因。美国《反海外腐败法》的产生及对国际反腐败公约的影响,就是美国在全球范围内推广符合其利益的商业交易规则的证明。中国提出的"一带一路"倡议,正在得到世界上越来越多国家的支持和积极响应,已成为构建多层次全球化秩序的有力手段。在此背景下,无论是从捍卫国家利益,还是从加强海外企业廉洁治理,维护国际商业秩序角度,均应当加快推动我国海外腐败治理立法的系统性完善。

一、我国海外反腐败立法完善的总体策略

（一）我国海外反腐败立法完善之必要

1. 维护国家主权与国际法治的需要

国家主权平等是国际法的基石。一国公法原则上仅在其管辖领域内有效,而在域外无效力。然而,该原则在当代已受到严重挑战,特别是美国,一个多世纪以来,美国不断扩张其国内法的域外效力,对国际法体系与国际秩序产生了重大影响。因此,有必要对中国国内法域外适用规则体系进行重新认识和审视,充分挖掘和激活国内法域外适用的国际战略功能。腐败治理立法作为国家公法,最为直接地体现了国家主权,加强海外反腐败立法体系的建设,是中国提升国际规则话语权,维护国家主权的重要体现。

2. 加快推进反腐败国家立法体系建设的需要

2014年10月,党的十八届四中全会《关于全面推进依法治国若干重大问题的决定》,首次正式提出"加快推进反腐败国家立法,完善惩治和预防腐败体系,形成不敢腐、不能腐、不想腐的有效机制,坚决遏制和预防腐败现象"。建构起"不能腐""不敢腐"与"不想腐"立法体系,提高立法的腐败规制能力,是党的十八大以来国家腐败治理战略发展的重要内容。党的十九大和十九届四中全会均对反腐败立法工作做出了重要部署。国内腐败治理与海外腐败治理是腐败治理的"一体两面",具有相通性和相互影响关系,对海外腐败不加以有效控制和防范,不仅会损害被投资国的商业廉洁秩序,而且"腐败病毒"也会回流到国内,最终影响到国内腐败治理的效果。因此,无论是从构建国际反腐败新秩序,还是从提高国内反腐败整体效能角度,反腐败立法体系建设都应当涵盖海外反腐败立法内容并加快建设速度。

3. 我国参与全球腐败治理的需要

自2013年习近平总书记首次提出"一带一路"构想以来,"一带一路"已经得到了100多个国家的支持和参与。2014年亚太经济合作组织北京会议通过了《北京反腐败宣言》,提出欢迎制定《亚太经济合作组织预防贿赂和反贿赂法律执行准则》。我国作为"一带一路"倡议的提出者和建设者,在推动"一带一路"沿线国家"合作共赢"的同时,有责任加强我国海外腐败治理立法体系建设,确立"一带一路"建设的道德底线和法律红线,完善国际司法与执法合作机制,有效预防和惩治跨国腐败犯罪,确保"一带一路"成为廉洁之路、安全之路、发展之路。

4. 进一步落实《联合国反腐败公约》缔约国义务的需要

《联合国反腐败公约》是各国国家腐败治理的智慧结晶,反映了国际社会对腐败治理最低限度标准的共同认识。我国于 2006 年加入《联合国反腐败公约》,加强海外反腐败立法是我国的义务。《联合国反腐败公约》内容丰富,相关规定较为具体,目前还有许多重要制度和规定未转化为我国国内法,因此需要通过加强海外反腐败立法的系统性建设来更好地履行公约义务。

(二) 我国海外反腐败立法完善之总体思路

我国海外反腐立法完善涉及实体法、程序法、国际法等诸多方面,是一项复杂的系统工程。总结世界主要国家海外腐败治理立法的做法和经验,结合我国现有的法律基础、实践经验和实际需求,以体系化建设为目标,从维护国家利益、全球战略及对外政策角度,根据刑事法律域外适用制度建设的可行性与难易度,可以确立以下思路:

1. 海外反腐败立法的系统性修正

海外反腐败立法的系统性修正涉及:第一,反腐败刑事立法的修正。一是刑法上部分罪名适用对象范围较窄,应扩大主体规制范围,使其能适用于海外腐败;二是刑事程序法上应当建立刑事合规暂缓起诉、腐败损害赔偿之诉等特殊程序。第二,刑事法域外适用一般规则的立法完善。除了腐败犯罪之外,网络犯罪、恐怖主义犯罪等其他犯罪也存在着域外治理问题,涉及刑事管辖、涉外刑事追诉、国际合作等方面。这些问题具有普遍性和集中性,应当在目前的阶段集中解决。第三,非刑法处罚措施的同步完善。单纯依赖于刑事惩治的域外化适用,不能从根本上解决海外腐败问题,构建多元化的域外腐败犯罪责任承担机制,已经成为主要国家海外腐败治理的重要特征,由此出现了刑法与其他法律在域外适用上同步扩张、相互配合的趋势,行政处罚与民事追诉的国际化已经成为弥补刑事法律域外适用能力不足的重要措施。在加快推进刑事立法修正的同时,应当同步更新非刑事法律中的制裁规则。第四,国际条约的逐步完善。我国与其他国家订立的刑事司法、执法协助条约或协议不仅依赖于与订立国之间在打击犯罪上的共识,也受到国家政治体制、法律理念、国家影响力、意识形态乃至外交策略等诸多因素的影响,如死刑犯不引渡、双重犯罪原则等都在一定程度上阻碍了我国与他国国际刑事合作协议的订立。对此,应根据我国参与全球治理的程度、国际影响力以及外交策略逐步完善国际条约的订立。

2. 制定专门的"反海外腐败法"

从域外犯罪的主要类型上看,在破坏国家安全、恐怖主义、洗钱等领域我国已有了专门特别立法,并与《刑法》中的罪名相协调,形成了打击危害国家安全犯罪、恐怖主义犯罪、洗钱犯罪的规范体系,加强对这些犯罪的域外适用只需要对既有立法规范进行局部修正,但在腐败领域却未规定单独的反海外腐败法,海外腐败犯罪的整体性规制体系尚未建立，因此制定独立的"反海外腐败法"仍具有必要性。

反海外腐败法在《刑法》《刑事诉讼法》以及《刑事司法协助法》中已经有了基础性、原则性的规定，通过修正完善既有立法来制定反海外腐败法，虽然立法难度也较小，但弊端在于：一是立法的宣示性功能不强。在分散立法模式中，法律缺乏立法目的、立法依据、指导思想、基本原则等总则性规范的统领，难以形成宣示性的立法效果，在一定程度上降低了立法的社会影响力。二是体系性不强。涉及反海外腐败的有关法律依据分散在各法律中，缺乏体系性规划，容易产生规范之间的重叠、冲突等问题，也容易导致规范或立法之间衔接性不足，不利于形成权威、高效的腐败治理机制。从长远效果看，分散性立法模式的弊端是难以克服的，在制度实施机制上也缺乏连贯性和统一性，因此制定专门立法具有现实必要性。

有观点认为，在特别法中规定刑事法律规范，将破坏《刑法》的整体统一性，导致刑法体系的割裂与分散，因而不宜设立专门的反腐败立法。该观点是出于保持刑法典体系完整性的考虑，具有合理性。将刑法典的统一性和专业领域刑事规制的特殊性予以较好平衡的例子是《香港特别行政区维护国家安全法》。该法规定了罪行和处罚，针对我国香港地区的特殊情况，结合《刑法》相关危害国家安全犯罪、恐怖活动犯罪等做出了具体规定，是《刑法》相关罪名的具体化、特殊化，但又没有超出《刑法》的范围；同时，以组织体系建设为主导，集实体与程序为一体，形成了"集中式"立法模式，既发挥了专门性立法的优势，又协调了与《刑法》《刑事诉讼法》之间的关系，其立法模式可为"反海外腐败法"所借鉴。

二、我国海外反腐败立法的系统性修正

（一）反腐败刑事立法的修正

我国公民或企业在境外行贿外国公职人员的，构成对外国公职人员、国际组织官员行贿罪，但该罪名规制范围较窄，不利于打击域外腐败犯罪。为进一步严密刑事法网，我国可以借鉴法国经验，增设对外国公职人员或国际公共组织官员有影响力的人行贿罪。此外，行贿对象的范围也应当扩张至外国政党人员或政治候选人以及国外的公司、企业及国家机关等单位组织；在行为主体上也应当将单位纳入其中，规定单位犯罪。

具体立法建议包括：(1) 将《刑法》第164条第2款修正为"直接或间接给予外国公职人员、国际公共组织人员、外国政党人员或政治候选人以财物，数额较大的，处三年以下有期徒刑或者拘役，并处罚金；数额巨大的，处三年以上十年以下有期徒刑，并处罚金。"(2) 在《刑法》第164条之下增设一款，作为第3款："直接或间接给予外国公职人员、国际公共组织人员、外国政党人员或政治候选人的近亲属或其他关系密切人,或者向离职的外国公职人员或其近亲属以及其他与其关系密切人行贿,数额较大的,处三年以下有期徒刑或者拘役,并处罚金;数额巨大的,处三年以上十年以下有期徒刑,并处罚金。"同时,将原第 3 款改为第 4 款,原第 4 款改为第 5 款。(3) 在《刑法》第 391 条对单位行贿罪之下增设一款,作为第 2 款:"直接或间接给予外国国家机关、具有公共管理职责的公司、企业以财物,数额较大的,处三年以下有期徒刑或者拘役,并处罚金。"同时,将原第 2 款改为第 3 款。

外国人在我国境外对外国公职人员行贿但损害我国国家或公民利益的情形通常发生在国际商业竞争中,由于该行为并未侵害我国国家工作人员职务行为的廉洁性,因此不具备犯罪化的基础条件,建议在《反不正当竞争法》《反垄断法》等涉及国际竞争关系的国内法中,通过行政处罚的方式加以规制,从而形成多元化的责任承担机制。

(二) 刑事法域外适用一般规则的立法完善

1. 刑事管辖制度的立法修正

当前我国刑事管辖制度过于保守,不利于有效打击域外刑事犯罪,也不符合我国参与全球治理的时代要求。对此,应当在积极治理战略观下,转变域外管辖的基本理念,从传统防御理念转向适度扩张,对刑事管辖制度进行立法修正。

(1) 属地管辖的立法修正。在网络时代,针对国家或者公民的犯罪行为方式出现了网络化的特征,这对传统地域管辖提出了新的挑战。以海外腐败犯罪为例,如以"比特币"进行行贿,行为人和行为可以分离,行为人身处外国也完全可能通过网络操控中国的信息系统向中国或者第三国实施行贿。对此,有观点认为,应当以犯罪行为对本国国家或者公民的侵害或者影响的关联性为标准来确定刑事管辖权的有无,这种关联性是指犯罪行为对于本国国家或者公民已经形成实际侵害或者影响。也有观点认为,仅仅发生联系还不足以享有管辖权,某一法域对具体的某一网络犯罪行为是否拥有刑事管辖权,应当以实害标准作为判断的前提性根据之一。上述两种观点提出了网络时代下属地管辖的积极扩张,具有一定的合理性,但腐败犯罪多数属于无被害人犯罪,以"实害标准"为判断标准较为抽象,不易于把握。实际上,从美国海外腐败"长臂管辖"规则来看,它将行为人不在美国境内但通过网络服务商接收或发送与贿赂行为有关的邮件、短信等作为"最低联系"原则的判断标准,已经表明其确立了网络空间的管辖权,即在地理空间上构建了以国家网络体系为载体的网络空间,形成了地域管辖的"二重空间",这是美国在全球肆意行使"长臂管辖"的基础。网络空间成为继南极洲、外层空间、公海之后的"第四国际空间"。对此,我国应当及时确立网络空间的管辖规则,合理扩张属地管辖范围,以实现对"长臂管辖"的有效制衡。据此,建议在《刑法》第 6 条第 1 款之后增加一款,作为第 2 款:"凡通过我国数据通信系统实施本法规定犯罪行为的,视为在中华人民共和国领域内犯罪。"同时,原第2款改为第3款,第3款改为第4款。

(2) 属人管辖的立法修正。目前刑法规定的属人管辖仅限于自然人,不包括公司、企业等单位组织,这一点亟待完善。在增加单位主体的基础上,确立"单一经济体原则"将有助于进一步扩张管辖范围。根据"单一经济体"理论,母公司在子公司中拥有全部的利益,子公司的法律行为必然由母公司指导或决定,因此,由某一个特定母公司及其全权控股的子公司做出的法律行为应当被视为同一个法律行为。引入"单一经济体"理论,可以将子公司视为母公司的"实质未独立部分",将子公司在海外的经济犯罪行为视为母公司的经济犯罪行为,从而扩大属人管辖范围。需强调的是,适用"单一经济体"理论必须以母公司对子公司有实质的控制权为前提,排除母公司参股子公司的情形。据此,建议在《刑法》第7条后增设第3款:"单位在中华人民共和国领域外犯本法规定之罪的,适用本法。"此外,还需要通过司法解释,确立单一经济体原则,明确新增条款规定的单位包括单位有实质控制权的子公司。

(3) 保护管辖的立法修正。保护管辖的适用受到严格的条件限制,因为犯罪地不在我国领域内,犯罪人不具有我国国籍,通过外交途径、司法途径予以引渡同样也不易办到。但作为主权国家,为了维护国家、国民利益不受侵害,仍有必要在其他两种管辖模式修正的前提下,推动保护管辖一并修正,将外国人的范围从自然人扩大到公司、企业等组织。这样既可以增加阻断外国"长臂管辖"的机会,也可以与经济法、行政法上的对外处罚权相衔接,形成"行刑二元"的法域外适用模式。对此,建议在《刑法》第8条之后增设第2款:"国外公司、企业等组织在中华人民共和国领域外犯本法规定之罪,侵害我国国家、企业或公民利益的,适用本法。"

(4) 建立管辖权冲突的协调机制。首先应当建立健全刑事诉讼移管制度。我国刑事管辖权的扩张必然会带来管辖权的冲突问题,特别是我国希望对身处境外的公民行使管辖权时,是否能够实现管辖权,很大程度上依赖于外国的配合。目前解决管辖权冲突的最优模式是引渡,其次是引渡替代措施和被判刑人移管。引渡由国家之间的引渡条约具体规定,被判刑人移管则由《国际刑事司法协助法》第8章加以规定。引渡替代措施包括非法移民遣返、刑事诉讼移管和协助他国对本国人进行刑事诉讼。非法移民遣返是借助于被请求国关于非法移民的国内法规定,技术性地达到追逃的目的。"厦门远华特大走私案"主犯赖昌星被遣返就是我国运用非法移民遣返制度的成功案例。由于该措施依赖于被请求国法律,因此不适宜在本国立法中加以规定。协助他国对本国人进行刑事诉讼是在无法引渡在逃本国公民的情形下,与他国密切合作,协助其司法机关利用对方国家法律对中国公民进行刑事追诉的措施。该措施属于刑事司法协助范畴,应当符合《国际刑事司法协助法》的要求。刑事诉讼移管是将引渡成本过高且不值得耗费大量资源的案件交给犯罪地国进行处罚的措施。《联合国反腐败公约》第 47 条规定了刑事诉讼的移交制度,"缔约国如果认为相互移交诉讼有利于正当司法,特别是在涉及数国管辖权时,为了使起诉集中,应当考虑相互移交诉讼的可能性,以便对根据本公约确立的犯罪进行刑事诉讼"。该制度目前在我国国内法中未有规定,建议在《国际刑事司法协助法》中规定刑事诉讼移管制度,明确规定两国均有管辖权的案件的移管标准,确立"利益权衡标准",充分考虑主要犯罪地、是否有利于证据提取、是否有利于保护被害人以及罪犯服刑后回归社会等情形,还要考虑诉讼效益等因素。

此外,还应当建立互惠基础上的承认外国判决效力制度。被判刑人移管是以承认他国判决的有效性为前提的,为推动被判刑人移管,我国应当在互惠基础上,明确外国刑事判决的承认和执行制度。我国《刑法》第 10 条规定了对外国刑事判决的消极承认制度,即只承认外国判决执行的事实状态,作为对犯罪人从宽处罚的考量依据,而不考虑犯罪人已经在外国被定罪的法律状态,司法机关依然可以对同一案件事实进行重新审理。《刑法》第 10 条说明我国并不认可外国刑事判决的法律效力,即使犯罪人在外国已经受过刑罚。而这无助于解决我国面临的管辖权冲突的现实困境。但是近年来,我国与其他国家签署的双边协定、制定的国内立法和司法规则也一改刑法保守的立场,体现出积极承认外国刑事判决的倾向。《国际刑事司法协助法》第 14 条作为阻断"长臂管辖"重要依据的"拒绝提供协助"的事由就是建立在确认"一事不再理"原则基础上的,该条款对《刑法》第 10 条提出了直接挑战。尽管《刑法》第 10 条是为了维护国家主权,但在互惠的基础上,以更务实的态度策略性地让渡一部分司法权力,反而对国家利益是更好的维护。据此,建议将《刑法》第 10 条修正为:"凡在中华人民共和国领域外犯罪,依照本法应当负刑事责任的,在平等互惠基础上,可以直接承认外国判决的法律效力,在国外已经受到过刑罚处罚的,可以免除或减轻处罚。"

2. 域外犯罪调查的立法完善

(1) 完善域外调查取证方式。调查取证是查办刑事案件的基础工作,随着涉外犯罪的智能化、隐蔽化和国际化,调查取证手段也要不断提升应用水平,以更好地满足打击犯罪的需求。因此,建议在传统委托调查取证的基础上,在《国际刑事司法协助法》及双边条约中规定联合调查取证制度。联合调查机制是近些年发展起来的一种新的国际合作形式,表现为两个以上国家为打击涉及他们各自刑事司法管辖的犯罪活动而共同组建临时调查机构,共同开展有关的侦查和取证活动。此外,在《刑事诉讼法》上还应当明确规定远程视频听证制度,即请求国司法机关在本国境内通过通信卫星等电子传送和视频影像播放系统,连线处于被请求国境内的证人、鉴定人或其他有关人员,对他们进行询问并听取他们的回答。

（2）确立域外技术侦查的司法协助措施。如今，许多犯罪以技术为依托，犯罪行为较为隐蔽，特别是腐败犯罪，其秘密性更为显著，脱离了行贿人的证据，几乎很难有其他证据可以证明交易关系的存在，这使得在腐败犯罪中采取特殊侦查措施有了必要性。《联合国反腐败公约》规定，允许酌情使用特殊侦查手段，并允许法庭采信由这些手段产生的证据。从各国反腐败实践看，跟踪监视、密搜密取、电子监听、邮件扣押、耳目卧底等特殊侦查手段，有助于秘密地调查犯罪行为，保证调查机构能真实快速、灵活可靠地收集证据，挖出腐败案件。《监察法》第 28 条规定了技术调查措施，但《国际刑事司法协助法》并未将技术调查措施作为申请协助的内容。因此，建议修正《国际刑事司法协助法》第 25 条，将向外国请求技术调查取证作为协助事项加以规定，并对技术调查取证程序及要求进行明确。

3. 引渡制度的立法完善

（1）确立最高人民检察院作为引渡司法审查机关的地位。我国检察机关作为公诉机关承担控诉职责，与外国刑事检控机关或者其他主管机关承担的公诉职责相一致；而在其他许多国家的引渡司法审查程序中，检察机关都承担着提请和支持请求国引渡请求的职能，因此规定检察机关作为启动引渡案件司法审查的机关符合大多数国家的一般做法，便于互惠原则的践行。据此，建议将《引渡法》第 21 条"最高人民检察院经审查，认为对引渡请求所指的犯罪或者被请求引渡人的其他犯罪，应当由我国司法机关追诉"，修改为"最高人民检察院自收到外交部转来的引渡请求书及其所附文件和材料之日起 30 日内，代表请求国向最高人民法院提出引渡请求并转递相关请求书及其文件和材料。如果最高人民检察院经审查认为对引渡请求所指的犯罪或者被请求引渡人的其他犯罪应当由我国司法机关追诉，在向最高人民法院转递引渡请求书及其所附文件和材料时可以一并提出自己的意见"。

（2）将国家监察委员会确立为引渡的主管机关之一。《监察法》第 6 章将监察委员会规定为反腐败国际合作机关，与有关国家和地区在反腐败执法、引渡、司法协助、被判刑人的移管、资产追回和信息交流等领域开展合作。《国际刑事司法协助法》第 6 条将国家监察委员会确定为我国开展国际刑事司法协助的主管机关之一。因此根据上述规定，《引渡法》也应当做出对应性规定，以确保法法之间的衔接关系。建议将《引渡法》第 21 条"但尚未提起刑事诉讼的，应当自收到引渡请求书及其所附文件和材料之日起一个月内，将准备提起刑事诉讼的意见分别告知最高人民法院和外交部"，修改为"最高人民检察院经审查，认为对引渡请求所指的犯罪或者被请求引渡人的其他犯罪，应当由我国司法机关追诉，但尚未提起刑事诉讼的，应当自收到引渡请求书及其所附文件和材料之日起

30日内,将准备提起刑事诉讼的意见分别告知最高人民法院、国家监察委员会和外交部。"同时建议修改《引渡法》第47条为:"请求外国准予引渡或者引渡过境的,应当由负责办理有关案件的省、自治区或者直辖市的审判、检察、公安、国家安全、监察或者监狱管理机关分别向最高人民法院、最高人民检察院、公安部、国家安全部、国家监察委员会、司法部提出意见书,并附有关文件和材料及其经证明无误的译文。最高人民法院、最高人民检察院、公安部、国家安全部、国家监察委员会、司法部分别会同外交部审核同意后,通过外交部向外国提出请求。"

(3) 明确规定不判处或者不执行死刑的量刑承诺。为提高引渡保证的可信度,我国应当对引渡之后不判处或者不执行死刑的保证加以明确表述。赋予此种不适用死刑的承诺以明确的法律效力,可以使"量刑承诺"在被请求国的审查中符合"充分的"这一标准,并在我国对外作出的不适用死刑承诺中被直接援引。因此,建议将《引渡法》第50条修改为:"被请求国就准予引渡附加条件的,对于不损害中华人民共和国主权、国家利益、公共利益的,可以由外交部代表中华人民共和国政府向被请求国作出承诺。对于限制追诉的承诺,由最高人民检察院决定;对于量刑的承诺,包括关于不判处或者不执行死刑的保证,由最高人民法院决定。"

(4) 确立缺席审判的引渡规则。缺席审判与引渡合作之间存在客观的冲突。缺席审判可以成为拒绝引渡的理由,如《联合国引渡示范条约》第3条规定了缺席审判可以成为拒绝引渡的理由,但它同时也规定了限定条件,即被缺席定罪的人未获有审判的充分通知,也没有机会安排辩护,没有机会或将不会有机会在其本人出庭的情况下使该案获得重审,这些情况下不可以因缺席审判而拒绝引渡。但是,缺席审判也可以成为合法或者认可引渡的条件,如《欧洲逮捕令框架决定》和《关于强化无罪推定的某些方面和强化刑事程序中参加审判权利的指导》的相关规定。前者旨在解决"基于缺席判决签发的欧洲逮捕令"执行难的问题,规定了不得拒绝执行欧洲逮捕令的相关情形;后者明确了被告人参加诉讼的权利不是绝对的,规定了允许被告人缺席的条件。国际实践中最大限度地发挥缺席审判程序在国际追逃中的积极作用的做法,值得借鉴,但需要注意的是,在缺席审判中应保证被追诉人"已经知晓"缺席审判程序,并赋予被追诉人申请再审等权利。保障被追诉人已知诉讼,既符合《公民权利和政治权利国际公约》规定的"公平审判权",在别国审查我国引渡请求时,又可以作为评判缺席审判合法性的重要标准,提高引渡请求的成功率;而申请再审等权利是弥补被追诉人不在场的重要救济措施,这也能更好地与《刑事诉讼法》第295条规定的被告人重审的权利相衔接。

因此,建议在我国《引渡法》第3章中加入规定缺席审判的引渡规则,作为第52条,即"对被追诉人按照《中华人民共和国刑事诉讼法》第五编第三章进行缺席审判的,可以向外国提出引渡请求。向外国请求引渡时,应充分说明缺席审判程序的文书送达已使被追诉人知晓。将被追诉人引渡回国后,应保障其充分的申请再审的权利"。

(三)非刑罚措施域外适用的立法完善

1. 建立"行刑二元"域外责任模式

针对海外腐败犯罪类型,在刑事处罚之外,还应增加行政处罚的规定,并将行政责任纳入域外适用法律责任体系,建立"行刑二元"域外责任模式。"行刑二元"域外责任模式的积极价值在于,一方面,行政处罚与刑事处罚的同时适用会大大增加犯罪成本,提升处罚的威慑效果,具有遏制行贿动因、预防犯罪发生的功能;另一方面,这种模式可以解决我国腐败犯罪入罪门槛较高,难以适用于域外犯罪的困境,即在因为犯罪数额限制不构成国内犯罪的情形下,仍然可以通过行政处罚的域外适用对其加以处罚,发挥积极的犯罪预防效果。

据此,应当加快推进前置法对腐败行为予以行政处罚的域外适用体系建设,增补部分前置性行政处罚规定并与刑罚处罚相衔接。对于商业贿赂而言,我国仅有《反不正当竞争法》规定了行政处罚,而《证券法》《公司法》中则缺乏相应规定,因此可以考虑在《证券法》中增设一条:"发行人、上市公司在经营活动中实施贿赂行为的,对直接负责的主管人员和其他直接责任人员给予警告,并处以30万元以上300万元以下的罚款。发行人、上市公司的控股股东、实际控制人指使从事前款违法行为的,给予警告,并处以30万元以上300万元以下的罚款。对直接负责的主管人员和其他直接责任人员依照前款的规定处罚"。在《公司法》第12章"法律责任"之下增设一条:"公司违反国家法律规定实施贿赂行为的,由主管部门没收违法所得,并处30万元以上300万元以下的罚款。情节严重的,吊销营业执照。"

2. 建立中国市场禁入处罚制度

建立针对腐败违法犯罪行为的市场禁入制度意味着,一旦相关主体被市场禁入,就会被暂时甚至永久逐出市场以及有关领域,丧失继续实施相关犯罪的机会。许多国家对市场经济中的腐败犯罪多配有资格刑,即便没有配资格刑,也会给予相当于资格刑的行政制裁。例如,根据美国管理预算部颁发的实施指南中的规定,任何违反《反海外腐败法》的个人或公司将被中止参与政府采购的资格。如果相关主体的非法行为被法院判决确认,还将失去出口资质,美国证监会还可能禁止其参与证券业务。据此,建议在我国的《网络安全法》《反洗钱法》《证券法》《政府采购法》《招标投标法》《对外贸易法》中增设市场禁入制度,即对于涉嫌腐败犯罪的公司、企业,根据其所犯罪行轻重,规定在一定期限内不得从事或参与证券、招投标、政府采购、进出口等业务活动。

三、"反海外腐败法"的立法创制

在对海外腐败治理的立法规范进行系统性完善的同时,应根据中国参与全球腐败治理及国家战略发展需要,及时制定"反海外腐败法"。

(一)"反海外腐败法"的基本框架

立法框架表明了立法内容在结构上的线索与理序,是保障立法内容条理性和层次性的逻辑基础,是立法技术的核心内容。"反海外腐败法"的立法框架作为反腐败制度的立法技术体现,须符合反腐败的理论规律和立法要求。通过分析海外反腐败工作的具体要求和我国海外反腐败立法现有状况,归纳了域外反海外腐败法的立法特点,提出以下立法框架构建思路:

首先,总则部分应当明确规定"反海外腐败法"的立法目的和立法依据,对海外腐败治理工作的指导思想、立法原则以及海外腐败的概念范畴等做出明确界定。

其次,在组织体制上,应当明确负责反海外腐败的具体机构及其职责、反海外腐败机构与其他国家机关的关系等。

再次,在明确基本问题的基础上,根据国家参与全球治理及海外腐败治理的现实要求,区分海外腐败惩治与预防两个领域并分别加以规定。在惩治领域,重点涉及与刑法的立法协调以及刑法域外管辖权的扩张问题;在预防领域,重点是加强企业合规体系的系统性构建,通过外部、内部制度建设,加强企业对海外腐败的预防能力。

最后,根据全球化情势下反腐败国家合作的需求态势和《联合国反腐败公约》的规定,就国际反腐败刑事司法、执法合作做出规定,提高反腐败立法海外适用的可行性,促进国际反腐败合作的开展。

遵循这样的框架逻辑,拟将"反海外腐败法"按照如下体例加以编排,"第一章 总则""第二章 组织机构""第三章 海外腐败的罪行及处罚""第四章 预防海外腐败的企业合规""第五章 海外腐败的后果消除""第六章 海外反腐败的国际合作""第七章 附则"。

(二)"反海外腐败法"的核心内容

从国家反腐败战略发展角度出发,结合我国反腐败工作的实际现状和海外腐败治理的基本原理,"反海外腐败法"主要应包括以下基本内容:

第一,海外腐败的概念界定。海外腐败的内涵定义决定了立法的规制范围和规制内容,也涉及与《监察法》中腐败概念的协调关系,属于立法中"牵一发而动全身"的核心问题,因此需要首先予以明确和界定。

第二,"反海外腐败法"的基本原则。法律原则是法的基本要素,在法的创制过程中,法律原则概括并体现着法律制度的基本性质、内容和价值取向,是整个法律制度的指导思想和核心。"反海外腐败法"的基本原则体现了国家反腐败立法的指导思想和根本出发点,决定着立法内容的统一性以及与其他反腐败立法之间的衔接与协同关系。

第三,海外腐败治理的组织机构及其职责。海外腐败治理组织机构的高效运行,是腐败有效治理的重要保障。我国海外腐败监管较为薄弱,迫切需要明确专门的反海外腐败组织及其职责,专司负责处理海外腐败问题。

第四,预防腐败是海外腐败治理的前置性工作,是海外腐败治理的重点。应当明确预防海外腐败的主体、责任和工作内容,使预防制度具有一定的可操作性,在预防机制上重点建立海外企业合规审查制度,明确企业合规的基础制度及刑事合规体系建设的基本内容。

第五,海外腐败的罪行及处罚。在罪名及犯罪构成方面,注意与刑法的规定保持一致性,既要在犯罪构成上反映出海外腐败的特殊性,但也不能超出刑法罪名的规制范围。在处罚方面,既要注重刑罚处罚的适用,也要重视非刑罚处罚方式的运用。

第六,海外腐败的后果消除。海外腐败行为不仅损害了公务行为的廉洁性,而且也会导致对国际商业竞争中的企业或个人利益的实际损害。因此,在立法上应设置腐败后果消除的具体规则,尽可能挽回腐败所造成的实际损害,保护企业和个人的合法利益。

综上,在经济全球化背景下,腐败已经成为"世界病毒",腐败治理应当采取域内域外等视化立场。对海外腐败犯罪能否给予有效预防和惩治,不仅是国家腐败治理能力的体现,也是国家国际地位和实力的反映。目前,我国海外反腐败立法散见于不同法律之中,存在刑事管辖标准滞后、刑法规制范围较窄、缺乏域外调查取证的有效措施、域外适用责任形式单一等诸多问题,对海外腐败的规制能力较为有限。以积极治理的国际反腐败战略观为导向,我国应加快推动海外反腐败立法的系统性完善,结合国外立法经验,提出层次化的、阶段性的立法完善策略及措施。海外反腐败立法系统性修正的重点是建立"行刑二元"的法域外适用模式,这不仅要进一步完善反腐败刑事立法、推动刑事法域外适用一般规则的整体更新,还应当重视非刑事法律中的制裁措施的立法完善,推进刑事法与非刑事法在域外适用同步扩张,加强相互配合,提高非刑事制裁的威慑效果,弥补刑事法律域外适用能力不足的缺陷。在推进分散性立法完善的同时,制定专门的"反海外腐败法"具有必要性和可行性。"反海外腐败法"应成为中国特色反腐败立法体系的重要组成部分,其立法建议内容详见本书附录。

附录　中华人民共和国反海外腐败法
（建议稿）

第一章　总则
第二章　组织机构
第三章　海外腐败的罪行及处罚
第四章　预防海外腐败的企业合规
第五章　海外腐败的后果消除
第六章　海外反腐败的国际合作
第七章　附则

第一章　总　　则

第一条　为健全预防和惩治腐败体系,高效而有力地预防和打击海外腐败,维护国际市场公平竞争,建设企业廉洁文化,根据宪法,制定本法。

第二条　本法所指的海外腐败是指向外国公职人员及其关系密切人行贿,以谋取不正当商业利益的行为。

"外国公职人员"指在外国担任立法、行政或司法机关中从事公务以及在公共机构、公共企业以及国际公共组织中行使公权力的任何人员。

第三条　打击海外腐败应坚持法治原则、平等互惠原则,采取标本兼治、综合治理、惩防并举、注重预防的方针,重点加强源头监控,采取多元化的治理措施,积极推动社会参与和清廉文化教育。

第四条　国家监察委员会是负责反海外腐败的专责机关,依照本法对海外腐败违法犯罪行为进行监督、调查和处置,对反海外腐败的各项活动进行统筹协调。

第五条　全国人大及其常委会、中国人民银行、财政部、审计署、国家税务总局、海关总署及其地方机构,以及其他国家机关在其职权范围内依法参与反海外腐败活动。

第六条　任何国家机关、事业单位、社会团体、商业组织或自然人,均有义务向实施或参与反海外腐败的国家机关提供证明腐败事实的信息及相关协助。

涉及国家秘密、商业秘密或其他法律所保护的秘密信息和文件的,依照法律规定的程序提供。

第二章 组 织 机 构

第七条 国家监察委员会下设立反海外腐败局,统一领导指挥全国反海外腐败工作,在省一级设立对应的反海外腐败工作机构,负责本辖区内的反海外腐败工作,省一级反腐败工作机构受反海外腐败局的直接领导。

第八条 反海外腐败局依照本法和有关法律规定履行以下职责:

(一)对我国驻外公职人员进行廉政教育,对其廉政从业及道德操守进行监督检查;对国有企业海外投资项目进行专项巡视,对国有企业海外投资进行合规审查;

(二)对本法所规定的海外腐败行为进行调查、处置;

(三)统筹协调国内各部门打击海外腐败措施,发布反海外腐败政策,提供反海外腐败合规建设指引;

(四)统筹协调与其他国家、国际组织展开反海外腐败执法、引渡、司法协助、被判刑人移管、资产追回和信息交流等领域的合作。

第九条 反海外腐败局设立海外腐败情报与信息交流中心,负责国内外主管机关、机构和部门之间的联系,以促进安全、迅速地交换有关腐败犯罪的各个方面的情报。

第三章 海外腐败的罪行及处罚①

第十条 直接或间接给予外国公职人员、国际公共组织人员、外国政党人员或政治候选人以财物,数额较大的,处三年以下有期徒刑或者拘役,并处罚金;数额巨大的,处三年以上十年以下有期徒刑,并处罚金。

第十一条 直接或间接给予外国公职人员、国际公共组织人员、外国政党人员或政治候选人的近亲属或其他关系密切人以财物,或者向离职的外国公职人员或其近亲属以及其他与其关系密切人行贿,数额较大的,处三年以下有期徒刑或者拘役,并处罚金;数额巨大的,处三年以上十年以下有期徒刑,并处罚金。

第十二条 直接或间接给予外国国家机关、具有公共管理职责的公司、企业以财物,数额较大的,处三年以下有期徒刑或者拘役,并处罚金。

第十三条 单位实施本法规定的犯罪的,对法人或者非法人组织判处罚金,

---

① 相关刑法条文须同步修正。

并对直接负责的主管人员和其他责任人员,依照本法第十条、第十一条和第十二条的规定处罚。

单位因犯本法规定的罪行受到刑事处罚的,应责令其暂停运作或者吊销其执照或营业许可证,临时或永久性地禁止其参与政府采购、从事进出口业务或从事证券业务。

第十四条 单位的员工或代理人为法人或非法人组织商业利益,直接或间接地向外国公职人员及其关系密切人行贿的,单位应依本法第十三条的规定承担法律责任,但内部组织控制符合反腐败合规要求的除外。

第十五条 行贿人在被追诉前主动交代行贿行为的,可以减轻或免除处罚。

第十六条 海外行贿行为发生在中华人民共和国境内或通过我国数据通信系统实施的,适用本法。

外国公民、公司、企业或其子公司、控股公司在中华人民共和国境内或通过我国数据通信系统实施海外行贿的,适用本法。

第十七条 中华人民共和国公民、公司、企业或其子公司在中华人民共和国领域外犯本法规定之罪的,适用本法。

外国公民、公司、企业或其子公司在中华人民共和国领域外犯本法规定之罪,严重损害我国国家利益、企业及公民利益的,适用本法。

前两款主体不构成本法所规定之罪,但违反中华人民共和国其他法律的,应按照其他法律的规定予以处罚。

第十八条 凡在中华人民共和国领域外犯本法规定之罪,依照本法应当负刑事责任的,在平等、互惠的基础上,可以直接承认外国判决的法律效力,在国外已经受到过刑罚处罚的,可以免除或减轻处罚。

第四章 预防海外腐败的企业合规

第十九条 反海外腐败局制定、修订企业反腐败合规的最低标准。单位应当根据企业反腐败合规的最低标准建立有效的内部合规制度。

单位行业主管机关对单位合规制度建设进行定期检查。

第二十条 单位应当设立并保存会计账簿,准确记录交易以及资产处置的所有项目。

境外子公司的会计账簿应当与母公司合并。

第二十一条 单位设立会计账簿不得有以下行为:

(一)设立账外账户;

(二)进行账外交易或者账实不符的交易;

(三)记录账目时谎报用途或未说明用途;

(四)故意在法律规定的期限前销毁账簿。

第二十二条 单位应当建立内部财务控制制度,以确保所有交易和资产处置都获得授权。

第二十三条 单位及其境外子公司违反会计、审计制度的,依法追究法律责任。

第二十四条 国有企业应当建立财务轮岗制以及财务回避制,确保财务会计人员的独立性。

第二十五条 国有企业监察、内审部门应具有必要的独立性和权威性,强化内部监督的功能。

第二十六条 单位建立了符合标准的内部合规制度且构成本法所规定之罪的,应当从轻或减轻处罚。

第二十七条 对于单位合规制度尚未建立或未达标准且直接负责的主管人员和其他有直接责任人员可能判处三年以下有期徒刑的单位犯罪,检察机关可以暂缓起诉。

在单位确认罪行并交付赔偿金和保证金的情形下,由检察机关监督其建立合规计划,完善内部合规制度,并在暂缓起诉决定作出一年期限内根据内部合规制度的修复情况,决定是否恢复起诉。

第二十八条 对于向反腐败机关举报单位腐败行为的举报者,其合法权益受法律保护,反腐败机关承担举报者身份保密的义务,不得在刑事、民事诉讼或其他场合下泄露涉及举报人身份的任何信息。

反腐败机关有义务保障举报者的工作权利和人身安全,并对其举报行为给予奖励。

第五章 海外腐败的后果消除

第二十九条 因腐败行为而订立的合同为无效合同,取得的特许权或通过的法律法规等文件应按照法定程序予以撤销。因上述行为导致善意第三人合法利益受到侵害的,善意第三人应直接向腐败行为人提出诉讼,请求赔偿。

第三十条 因腐败犯罪导致国家经济利益损失的,应按照法定程序予以赔偿;因腐败行为导致其他自然人、单位的权利或经济利益受到损害的,应按照法定程序恢复权利,赔偿损失。

因腐败行为受到损害的任何人有权为获得赔偿而向该损害的责任者提出民事诉讼。

损害赔偿的诉讼时效为 10 年,从腐败行为实施之日起计算。

第三十一条 因腐败行为获得的财产、财产性利益,按法定程序予以没收,其他个人合法财产不得没收。旅行、疗养、服务等不正当利益无法没收的,按法定程序折算市场价格进行追偿。

第六章　海外反腐败的国际合作

第三十二条　中国根据签署的国际条约或互惠原则,在尊重各自独立、主权、领土完整和互利的基础上,与其他国家执法机关和专门机关展开最为广泛的反腐败国际合作。

第三十三条　在执法合作、司法协助方面建立广泛的国际合作关系,包括：
（一）情报交换；
（二）联合侦查；
（三）采取特殊侦查手段；
（四）司法协助；
（五）刑事诉讼的移交；
（六）被判刑人的移管；
（七）请求技术调查取证；
（八）其他司法与执法合作。

第三十四条　基于平等互惠原则,在本国境内通过通信卫星等电子传送和视频影像播放系统,询问被请求国境内的证人、鉴定人或其他有关人员。

第三十五条　基于平等互惠互利原则,承认和执行国外腐败资产的没收裁决,依照法定程序冻结、扣押、查封中国境内的腐败资产,加强腐败资产追回的国际合作。

第三十六条　加强商业银行等金融机构反洗钱的监管力度,建立最为广泛的反洗钱情报交换和检测国际合作机制。

第三十七条　对构成本法规定之罪的在境外或逃往境外的犯罪嫌疑人、被告人,可以进行缺席审判。对于缺席审判的被告人,应当引渡回国或适用引渡的替代措施。

第七章　附　　则

第三十八条　本法自××××年××月××日起实施。
自生效之日起,其他法律与本法冲突的,以本法规定为准。

参 考 文 献

一、著作类

1. 〔德〕埃里克·希尔根多夫:《德国刑法学:从传统到现代》,江溯等译,北京大学出版社 2015 年版。
2. 〔美〕爱德华·L.格莱泽、〔美〕克劳迪娅·戈尔丁主编:《腐败与改革——美国历史上的经验教训》,胡家勇、王兆斌译,商务印书馆 2012 年版。
3. 〔英〕安德鲁·海伍德:《政治学(第二版)》,张立鹏译,中国人民大学出版社 2006 年版。
4. 〔英〕安东尼·吉登斯:《第三条道路——社会民主主义的复兴》,郑戈译,北京大学出版社、生活·读书·新知三联书店 2000 年版。
5. 〔英〕安东尼·吉登斯:《社会的构成》,李康、李猛译,生活·读书·新知三联书店 1998 年版。
6. 〔美〕安妮·阿普尔鲍姆:《古拉格:一部历史》,戴大洪译,新星出版社、浙江人民出版社 2013 年版。
7. 《澳大利亚联邦刑法典》,张旭等译,北京大学出版社 2006 年版。
8. 〔意〕贝卡里亚:《论犯罪与刑罚》,黄风译,中国法制出版社 2009 年版。
9. 蔡圣伟:《刑法问题研究(一)》,元照出版有限公司 2008 年版。
10. 陈雷:《惩治与预防国际腐败犯罪理论与实务》,中国检察出版社 2005 年版。
11. 陈泽宪等主编:《当代中国的社会转型与刑法调整(下卷)》,中国人民大学出版社 2013 年版。
12. 陈子平:《刑法各论(下)》,元照出版公司 2016 年版。
13. 储槐植:《刑事一体化》,法律出版社 2004 年版。
14. 储槐植:《美国刑法(第三版)》,北京大学出版社 2005 年版。
15. 储槐植:《刑事一体化论要》,北京大学出版社 2007 年版。
16. 〔日〕大谷实:《刑法讲义各论(新版第二版)》,黎宏译,中国人民大学出版社 2008 年版。
17. 〔日〕大塚仁:《刑法概说(各论)(第三版)》,冯军译,中国人民大学出版社 2003 年版。
18. 《德国刑法典》,徐久生、庄敬华译,中国法制出版社 2000 年版。
19. 《俄罗斯联邦刑法典》,黄道秀译,中国法制出版社 2004 年版。

20. 樊崇义主编：《诉讼原理》，法律出版社 2004 年版。

21. 樊崇义主编：《刑事诉讼法学（第四版）》，法律出版社 2016 年版。

22. 〔美〕弗朗西斯·福山：《政治秩序的起源：从前人类时代到法国大革命》，毛俊杰译，广西师范大学出版社 2012 年版。

23. 〔美〕弗朗西斯科·洛佩斯·塞格雷拉主编：《全球化与世界体系（下）》，白凤森等译，社会科学文献出版社 2003 年版。

24. 高铭暄、赵秉志：《中国刑法立法之演进》，法律出版社 2007 年版。

25. 〔日〕谷口安平：《程序的正义与诉讼》，王亚新、刘荣军译，中国政法大学出版社 1996 年版。

26. 〔俄〕哈布里耶娃主编：《腐败：性质、表现与应对》，李铁军等译，法律出版社 2015 年版。

27. 何增科：《反腐新路：转型期中国腐败问题研究》，中央编译出版社 2002 年版。

28. 〔英〕吉米·边沁：《立法理论》，李贵方等译，中国人民公安大学出版社 2004 年版。

29. 蒋红珍：《论比例原则——政府规制工具选择的司法评价》，法律出版社 2010 年版。

30. 〔德〕柯武刚、史漫飞：《制度经济学：社会秩序与公共政策》，韩朝华译，商务印书馆 2000 年版。

31. 〔德〕克劳斯·罗克辛：《德国刑法学总论（第 1 卷）》，王世洲译，法律出版社 2005 年版。

32. 〔德〕克劳斯·罗克辛：《刑事政策与刑法体系（第二版）》，蔡桂生译，中国人民大学出版社 2011 年版。

33. 〔德〕莱奥·罗森贝克：《证明责任论（第四版）》，庄敬华译，中国法制出版社 2002 年版。

34. 冷葆青：《战后日本的腐败与治理》，中国方正出版社 2013 年版。

35. 黎宏：《刑法学各论（第二版）》，法律出版社 2016 年版。

36. 黎宏：《刑法总论问题思考》，中国人民大学出版社 2007 年版。

37. 〔德〕李斯特：《德国刑法教科书（修订译本）》，徐久生译，法律出版社 2006 年版。

38. 李希慧主编：《贪污贿赂罪研究》，知识产权出版社 2004 年版。

39. 李心鉴：《刑事诉讼构造论》，中国政法大学出版社 1992 年版。

40. 梁根林：《刑事政策：立场与范畴》，法律出版社 2005 年版。

41. 林山田：《刑法各罪论（上册）》，北京大学出版社 2012 年版。

42. 林喆：《权力腐败与权力制约（修订本第二版）》，山东人民出版社 2012 年版。

43. 刘生荣等：《贪污贿赂罪》，中国人民公安大学出版社 1999 年版。

44. 刘士心：《美国刑法各论原理》，人民出版社 2015 年版。

45. 刘艳红主编：《刑法学（下）（第二版）》，北京大学出版社 2016 年版。

46. 卢建平：《刑事政策与刑法》，中国人民公安大学出版社 2004 年版。

47. 〔德〕卢曼：《社会的法律》，郑伊倩译，人民出版社 2009 年版。

48. 吕天齐：《贿赂罪的理论与实践》，光明日报出版社 2007 年版。

49. 吕英杰：《客观归责下的监督、管理过失》，法律出版社 2013 年版。

50. 〔德〕罗伯特·库尔茨:《资本主义黑皮书——自由市场经济的终曲(上册)》,钱敏汝等译,社会科学文献出版社2003年版。

51. 〔美〕罗斯科·庞德:《通过法律的社会控制》,沈宗灵译,商务印书馆1984年版。

52. 〔英〕洛克:《政府论(下篇)》,叶启芳、瞿菊农译,商务印书馆1964年版。

53. 〔法〕孟德斯鸠:《论法的精神(上册)》,张雁深译,商务印书馆1961年版。

54. 孟庆华:《贿赂犯罪形态的基本理论》,人民出版社2014年版。

55. 〔法〕米歇尔·福柯:《生命政治的诞生》,莫伟民、赵伟译,上海人民出版社2011年版。

56. 〔法〕皮埃尔·卡蓝默:《破碎的民主:试论治理的革命》,高凌瀚译,生活·读书·新知三联书店2005年版。

57. 钱乘旦主编:《世界现代化历程(总论卷)》,江苏人民出版社2012年版。

58. 〔美〕塞缪尔·亨廷顿:《变革社会中的政治秩序》,李盛平等译,华夏出版社1988年版。

59. 〔日〕森本益之等:《刑事政策学》,戴波等译,中国人民公安大学出版社2004年版。

60. 〔日〕山口厚:《刑法各论(第二版)》,王昭武译,中国人民大学出版社2011年版。

61. 〔美〕斯蒂格利茨:《政府为什么干预经济》,钱秉文译,中国物资出版社1998年版。

62. 宋英辉等:《刑事诉讼原理(第三版)》,北京大学出版社2014年版。

63. 《苏俄刑法典》,王增润译,法律出版社1962年版。

64. 〔美〕苏珊·罗斯·艾克曼:《腐败与政府》,王江、程文浩译,新华出版社2000年版。

65. 孙国祥:《贿赂犯罪的学说与案解》,法律出版社2012年版。

66. 孙国祥:《贪污贿赂犯罪研究》,中国人民大学出版社2018年版。

67. 孙国祥、魏昌东:《反腐败国际公约与贪污贿赂犯罪立法研究》,法律出版社2011年版。

68. 王丽:《全球风险社会下的公共危机治理:一种文化视阈的阐释》,社会科学文献出版社2014年版。

69. 王牧主编:《新犯罪学(第二版)》,高等教育出版社2010年版。

70. 王以真主编:《外国刑事诉讼法学参考资料》,北京大学出版社1995年版。

71. 魏昌东:《腐败治理"中国模式"的立法发展与理论探索》,上海人民出版社2019年版。

72. 〔德〕乌尔里希·贝克:《风险社会》,何博闻译,译林出版社2003年版。

73. 《西班牙刑法典》,潘灯译,中国政法大学出版社2004年版。

74. 〔美〕西里尔·E.布莱克编:《比较现代化》,杨豫、陈祖洲译,上海译文出版社1996年版。

75. 〔日〕西田典之:《日本刑法各论(第三版)》,刘明祥、王昭武译,中国人民大学出版社2007年版。

76. 习近平:《习近平谈治国理政(第一卷)》,外文出版社2014年版。

77. 习近平:《习近平谈治国理政(第二卷)》,外文出版社2017年版。

78. 肖扬主编:《贿赂犯罪研究》,法律出版社1994年版。

79. 《新加坡预防腐败法》,王君祥译,中国方正出版社 2013 年版。
80. 许恒达:《贪污犯罪的刑法抗制》,元照出版公司 2016 年版。
81. 薛瑞麟:《俄罗斯刑法研究》,中国政法大学出版社 2000 年版。
82. 〔法〕雅克·博里康、朱琳编:《法国当代刑事政策研究及借鉴》,中国人民公安大学出版社 2011 年版。
83. 严励:《中国刑事政策的建构理性》,中国政法大学出版社 2010 年版。
84. 杨新京、上官春光:《贪污犯罪的司法认定与证据适用》,中国检察出版社 2015 年版。
85. 杨兴培、李翔:《经济犯罪和经济刑法研究》,北京大学出版社 2009 年版。
86. 杨宇冠、吴高庆主编:《〈联合国反腐败公约〉解读》,中国人民公安大学出版社 2004 年版。
87. 〔日〕野村稔:《刑法总论》,全理其、何力译,法律出版社 2001 年版。
88. 易延友:《沉默的自由》,中国政法大学出版社 2001 年版。
89. 俞可平主编:《治理与善治》,社会科学文献出版社 2000 年版。
90. 〔美〕约翰·罗尔斯:《正义论》,何怀宏等译,中国社会科学出版社 1998 年版。
91. 〔美〕泽菲尔·提绍特:《美国的腐败》,冯克利、苗晓枫译,中国方正出版社 2016 年版。
92. 曾坚:《信赖保护:以法律文化与制度构建为视角》,法律出版社 2010 年版。
93. 〔美〕詹姆斯·S.科尔曼:《社会理论的基础(上)》,邓方译,社会科学文献出版社 1999 年版。
94. 张明楷:《法益初论》,中国政法大学出版社 2003 年版。
95. 张文显:《法学基本范畴研究》,中国政法大学出版社 1993 年版。
96. 赵秉志等主编:《〈联合国反腐败公约〉暨相关重要文献资料》,中国人民公安大学出版社 2004 年版。
97. 赵秉志主编:《当代刑法学》,中国政法大学出版社 2009 年版。
98. 赵赤:《反腐败刑事法治全球考察》,法律出版社 2020 年版。
99. 甄贞等:《〈联合国反腐败公约〉与国内法协调机制研究》,法律出版社 2007 年版。
100. 中共中央书记处研究室、中共中央文献研究室编:《坚持改革、开放、搞活——十一届三中全会以来有关重要文献摘编》,人民出版社 1987 年版。
101. 中共中央文献研究室编:《十八大以来重要文献选编(上)》,中央文献出版社 2014 年版。
102. 《中国反腐倡廉大事记(1978—2010)》编委会编:《中国反腐倡廉大事记(1978—2010)上编》,中国方正出版社 2010 年版。
103. 中央纪委法规室、监察部法规司编译:《国外防治腐败与公职人员财产申报法律选编》,中国方正出版社 2012 年版。
104. 中央纪委国家监委研究室编:《新中国成立以来党风廉政建设纪事》,中国方正出版社 2019 年版。
105. 钟宏彬:《法益理论的宪法基础》,元照出版公司 2012 年版。
106. 周光权:《刑法各论(第三版)》,中国人民大学出版社 2016 年版。

107. 周琪、袁征:《美国的政治腐败与反腐——对美国反腐败机制的研究》,中国社会科学出版社 2009 年版。

108. 邹东涛主编:《中国改革开放 30 年(1978—2008)》,社会科学文献出版社 2008 年版。

109. 最高人民检察院法律政策研究室编:《修订刑法条文实用解说》,中国检察出版社 1997 年版。

110. 《最新法国刑法典》,朱琳译,法律出版社 2016 年版。

111. 《最新意大利刑法典》,黄风译,法律出版社 2007 年版。

二、论文类

(一)中文论文

1. 柏维春:《中国腐败治理的体制困境及其应对》,载《东北师大学报(哲学社会科学版)》2011 年第 3 期。

2. 〔英〕鲍勃·杰索普、漆燕:《治理的兴起及其失败的风险:以经济发展为例的论述》,载《国际社会科学杂志(中文版)》1999 年第 1 期。

3. 〔德〕Claus Roxin、许丝捷:《法益讨论的新发展》,载《月旦法学杂志》2012 年第 211 期。

4. 蔡宝刚:《竖立人情与腐败之间的法律界碑上——以官员"礼上往来"的法律规制为例》,载《求是学刊》2011 年第 4 期。

5. 蔡军:《刍议入罪慎行与严密法网二律背反之化解》,载《江西社会科学》2013 年第 6 期。

6. 车浩:《贿赂犯罪中"感情投资"与"人情往来"的教义学形塑》,载《法学评论》2019 年第 4 期。

7. 陈光中、胡铭:《〈联合国反腐败公约〉与刑事诉讼法再修改》,载《政法论坛》2006 年第 1 期。

8. 陈光中、张建伟:《附条件不起诉:检察裁量权的新发展》,载《人民检察》2006 年第 7 期。

9. 陈洪兵:《"国家工作人员"司法认定的困境与出路》,载《东方法学》2015 年第 2 期。

10. 陈洪兵:《体系性诠释"利用职务上的便利"》,载《法治研究》2015 年第 4 期。

11. 陈进华:《治理体系现代化的国家逻辑》,载《中国社会科学》2019 年第 5 期。

12. 陈萍、孙国祥:《中法法人犯罪刑事规制体系对比与借鉴》,载《学海》2017 年第 6 期。

13. 陈瑞华:《程序价值理论的四个模式》,载《中外法学》1996 年第 2 期。

14. 陈瑞华:《论国家监察权的性质》,载《比较法研究》2019 年第 1 期。

15. 陈瑞华:《美国暂缓起诉协议制度与刑事合规》,载《中国律师》2019 年第 4 期。

16. 陈卫东:《构建中国特色刑事特别程序》,载《中国法学》2011 年第 6 期。

17. 陈卫东:《论新〈刑事诉讼法〉中的判决前财产没收程序》,载《法学论坛》2012 年第 3 期。

18. 陈卫东:《论中国特色刑事缺席审判制度》,载《中国刑事法杂志》2018 年第 3 期。

19. 陈卫东:《职务犯罪监察调查程序若干问题研究》,载《政治与法律》2018年第1期。
20. 陈兴良:《刑事一体化:刑事政策与研究方法视角的思考》,载《中国检察官》2018年第1期。
21. 陈兴良:《刑事政策视野中的刑罚结构调整》,载《法学研究》1998年第6期。
22. 陈兴良:《一般预防的观念转变》,载《中国法学》2000年第5期。
23. 陈学权:《〈联合国反腐败公约〉与中国刑事法之完善》,载《法学》2004年第4期。
24. 程宝库、孙佳颖:《跨国反商业贿赂法制缺陷的根源及完善》,载《法学》2010年第7期。
25. 程文浩:《新型腐败的识别要点和惩治策略》,载《人民论坛》2021年第17期。
26. 程西筠:《由恩赐官职到择优录士——十九世纪中叶英国文官制度的改革》,载《世界历史》1980年第5期。
27. 储槐植:《刑事政策的概念、结构和功能》,载《法学研究》1993年第3期。
28. 储槐植:《议论刑法现代化》,载《中外法学》2000年第5期。
29. 褚向磊:《美国腐败问题的历史演变与制度根源》,载《南京政治学院学报》2017年第6期。
30. 崔凤媚、李勇:《论受贿罪中的"利用职务上的便利":以两起案例为切入点》,载《中国检察官》2007年第7期。
31. 崔凯:《义务视阈下的被告人庭审在场问题研究》,载《政法论坛》2017年第2期。
32. 〔日〕大谷实、黎宏:《犯罪被害人及其补偿》,载《中国刑事法杂志》2000年第2期。
33. 丁延松:《中国语境下的暂缓起诉制度构建》,载《政法论坛》2010年第3期。
34. 丁志刚:《全面深化改革与现代国家治理体系》,载《江汉论坛》2014年第1期。
35. 樊崇义:《腐败犯罪缺席审判程序的立法观察》,载《人民法治》2018年第13期。
36. 范红旗、王盛菊:《反腐败国际合作的民事机制》,载《政治与法律》2009年第3期。
37. 高长见:《〈联合国反腐败公约〉与我国刑事推定制度》,载《中共天津市委党校学报》2012年第1期。
38. 高鸿钧:《法律移植:隐喻、范式与全球化时代的新趋向》,载《中国社会科学》2007年第4期。
39. 高铭暄、孙道萃:《预防性刑法观及其教义学思考》,载《中国法学》2018年第1期。
40. 高奇琦:《试论比较政治学与国家治理研究的二元互动》,载《当代世界与社会主义》2015年第2期。
41. 顾永忠:《附条件不起诉制度的必要性与正当性刍议》,载《人民检察》2008年第9期。
42. 〔日〕关哲夫、王充:《法益概念与多元的保护法益论》,载《吉林大学社会科学学报》2006年第3期。
43. 郭建民、毛家强:《寻租理论与反腐败分析》,载《西北工业大学学报(社会科学版)》2003年第4期。
44. 郭泽强:《关于职务侵占罪主体问题的思考——以对"利用职务上的便利"之理解为基点》,载《法学评论》2008年第6期。

45. 郝力挥、刘杰:《对受贿罪客体的再认识》,载《法学研究》1987 年第 6 期。
46. 何勤华:《法的移植与法的本土化》,载《中国法学》2002 年第 3 期。
47. 何勇:《深入推进治理商业贿赂专项工作》,载《求是》2007 年第 23 期。
48. 何增科:《理解国家治理及其现代化》,载《马克思主义与现实》2014 年第 1 期。
49. 何增科:《论构筑反腐败的制度平台》,载《北京行政学院学报》2001 年第 6 期。
50. 贺卫、王浣尘:《市场经济与转型期经济中的寻租比较》,载《经济科学》1999 年第 6 期。
51. 胡鞍钢、康晓光:《以制度创新根治腐败》,载《改革与理论》1994 年第 3 期。
52. 胡键:《惩治腐败与国家治理能力建设》,载《当代世界与社会主义》2014 年第 2 期。
53. 胡铭:《职务犯罪留置措施衔接刑事诉讼的基本逻辑》,载《北方法学》2019 年第 4 期。
54. 胡杨:《论中国特色反腐模式转型的内在逻辑与发展路径》,载《马克思主义与现实》2010 年第 4 期。
55. 黄风:《对外逃人员缺席审判需注意的法律问题》,载《法治研究》2018 年第 4 期。
56. 黄风:《建立境外追逃追赃长效机制的几个法律问题》,载《法学》2015 年第 3 期。
57. 黄风:《论对犯罪收益的民事没收》,载《法学家》2009 年第 4 期。
58. 黄文艺:《谦抑、民主、责任与法治——对中国立法理念的重思》,载《政法论丛》2012 年第 2 期。
59. 季正矩:《英国经济高速发展过程中腐败例举》,载《中国监察》2001 年第 10 期。
60. 姜明安:《论中国共产党党内法规的性质与作用》,载《北京大学学报(哲学社会科学版)》2012 年第 3 期。
61. 蒋建湘:《论预防腐败的行政程序法治之路》,载《政治与法律》2014 年第 12 期。
62. 金爱慧、赵连章:《论中国传统人际关系对腐败的影响》,载《东北师大学报(哲学社会科学版)》2010 年第 2 期。
63. 靳涛:《转型与寻租》,载《经济问题探索》2002 年第 8 期。
64. 景跃进等:《专家圆桌:"第五个现代化"启程》,载《人民论坛》2014 年第 10 期。
65. 〔美〕考夫曼、朱忠汝:《论反腐败》,载《现代外国哲学社会科学文摘》1998 年第 6 期。
66. 劳东燕:《刑事政策与刑法解释中的价值判断——兼论解释论上的"以刑制罪"现象》,载《政法论坛》2012 年第 4 期。
67. 劳东燕:《罪刑规范的刑事政策分析——一个规范刑法学意义上的解读》,载《中国法学》2011 年第 1 期。
68. 雷玉琼、曾萌:《制度性腐败成因及其破解——基于制度设计、制度变迁与制度约束》,载《中国行政管理》2012 年第 2 期。
69. 黎宏、〔日〕大谷实:《论保证人说(上)》,载《法学评论》1994 年第 3 期。
70. 李奋飞:《"调查——公诉"模式研究》,载《法学杂志》2018 年第 6 期。
71. 李洁:《受贿罪法条解释与评析》,载《河南省政法管理干部学院学报》2003 年第 5 期。
72. 李捷瑜、黄宇丰:《转型经济中的贿赂与企业增长》,载《经济学(季刊)》2010 年

4 期。

73. 李兰英、熊亚文:《刑事从业禁止制度的合宪性调控》,载《法学》2018 年第 10 期。

74. 李琳:《论"感情投资"型受贿犯罪的司法认定——兼论"为他人谋取利益"要件之取消》,载《法学论坛》2015 年第 5 期。

75. 李其庆:《全球化背景下的新自由主义》,载《马克思主义与现实》2003 年第 5 期。

76. 李少平:《行贿犯罪执法困局及其对策》,载《中国法学》2015 年第 1 期。

77. 李晓明、褚础:《论"风险社会"中的预防刑法与规制刑法——兼论我国刑法颁布 40 周年的立法理念变迁》,载《武汉科技大学学报(社会科学版)》2019 年第 2 期。

78. 李颖峰:《〈请托禁止法〉与韩国反腐立法新动向》,载《法学评论》2016 年第 6 期。

79. 李勇:《跨越实体与程序的鸿沟——刑事一体化走向深入的第一步》,载《法治现代化研究》2020 年第 1 期。

80. 林喆:《中外反腐败模式略论》,载《法制与社会发展》1995 年第 6 期。

81. 刘丽:《解析〈欧洲人权公约〉的权利克减条款》,载《哈尔滨工业大学学报(社会科学版)》2011 年第 1 期。

82. 刘仁文、黄云波:《行贿犯罪的刑法规制与完善》,载《政法论丛》2014 年第 5 期。

83. 刘伟琦:《"利用职务上的便利"的司法误区与规范性解读——基于职务侵占罪双重法益的立场》,载《政治与法律》2015 年第 1 期。

84. 刘艳红:《中国反腐败立法的战略转型及其体系化构建》,载《中国法学》2016 年第 4 期。

85. 刘艳红:《程序自然法作为规则自洽的必要条件——〈监察法〉留置权运作的法治化路径》,载《华东政法大学学报》2018 年第 3 期。

86. 刘艳红:《〈监察法〉与其他规范衔接的基本问题研究》,载《法学论坛》2019 年第 1 期。

87. 刘忠:《〈联合国反腐败公约〉民事损害赔偿条款在中国的适用》,载《大连海事大学学报(社会科学版)》2008 年第 5 期。

88. 柳忠卫:《假释本质研究——兼论假释权的性质及归属》,载《中国法学》2004 年第 5 期。

89. 龙长海:《俄罗斯联邦刑法典的困境及原因探析》,载《中国刑事法杂志》2012 年第 2 期。

90. 卢建平:《认罪认罚从宽:从政策到制度》,载《北京联合大学学报(人文社会科学版)》2017 年第 4 期。

91. 马怀德:《国家监察体制改革的重要意义和主要任务》,载《国家行政学院学报》2016 年第 6 期。

92. 裴显鼎等:《违法所得没收程序重点疑难问题解读》,载《法律适用》2017 年第 13 期。

93. 彭新林:《中国特色腐败犯罪污点证人作证豁免制度构建要论》,载《法治研究》2014 年第 11 期。

94. 彭莹莹、燕继荣:《从治理到国家治理:治理研究的中国化》,载《治理研究》2018 年第 2 期。

95. 齐卫平:《制度优势与治理效能的高度统一——新时代中国国家治理体系本质特征研究》,载《人民论坛·学术前沿》2018年第6期。

96. 钱小平:《惩治贿赂犯罪刑事政策之提倡》,载《中国刑事法杂志》2009年第12期。

97. 钱小平:《"积极治理主义"与匈牙利贿赂犯罪刑法立法转型——兼论中国贿赂犯罪刑法立法改革之方向抉择》,载《首都师范大学学报(社会科学版)》2014年第6期。

98. 钱小平:《转型国家腐败治理刑法应对战略之选择——中匈贿赂犯罪立法考察与中国借鉴》,载《暨南学报(哲学社会科学版)》2015年第12期。

99. 钱小平:《创新中国贿赂犯罪刑法立法之选择——基于刑法预防功能的考察》,载《南京大学学报(哲学·人文科学·社会科学)》2017年第4期。

100. 钱小平:《贿赂犯罪情节与数额配置关系矫正之辨析》,载《法学》2016年第11期。

101. 钱小平、魏昌东:《"寻租型"职务犯罪控制机制创新》,载《新疆社会科学》2008年第6期。

102. 孙道萃:《论"零容忍"反腐作为具体刑事政策及其展开》,载《河南师范大学学报(哲学社会科学版)》2015年第5期。

103. 孙国祥:《反腐败刑事政策思考》,载《人民检察》2014年第14期。

104. 孙国祥:《腐败定罪"零容忍"之审思》,载《江海学刊》2013年第4期。

105. 孙国祥:《"加速费"、"通融费"与行贿罪的认定——以对"为谋取不正当利益"的实质解释为切入》,载《政治与法律》2017年第3期。

106. 孙国祥:《"礼金"入罪的理据和认定》,载《法学评论》2016年第5期。

107. 孙国祥:《受贿罪的保护法益及其实践意义》,载《法律科学(西北政法大学学报)》2018年第2期。

108. 孙国祥:《我国惩治贪污贿赂犯罪刑事政策模式的应然选择》,载《法商研究》2010年第5期。

109. 孙杰:《萨班斯法案能否改善公司治理,根治盈余操纵?》,载《国际经济评论》2006年第6期。

110. 孙谦:《检察机关贯彻修改后刑事诉讼法的若干问题》,载《国家检察官学院学报》2018年第6期。

111. 唐磊、张明勇:《论我国贿赂犯罪追诉中刑事豁免制度之建构》,载《四川大学学报(哲学社会科学版)》2004年第3期。

112. 唐晓清、杨绍华:《防止利益冲突制度:国际社会廉政建设的经验及启示》,载《当代世界与社会主义》2011年第2期。

113. 万毅:《独立没收程序的证据法难题及其破解》,载《法学》2012年第4期。

114. 万毅:《刑事缺席审判制度立法技术三题——以〈中华人民共和国刑事诉讼法(修正草案)〉为中心》,载《中国刑事法杂志》2018年第3期。

115. 汪海燕:《建构我国污点证人刑事责任豁免制度》,载《法商研究》2006年第1期。

116. 王尘子:《"结构—过程"视角下的系统性腐败生成机理研究》,载《中共福建省委党校(福建行政学院)学报》2021年第3期。

117. 王东:《技术侦查的法律规制》,载《中国法学》2014年第5期。

118. 王冠、任建明:《中国特色反腐败模式的探索与创新:从"运动"到"运动+制度"》,载《河南社会科学》2020年第12期。

119. 王绍光:《国家治理与基础性国家能力》,载《华中科技大学学报(社会科学版)》2014年第3期。

120. 王秀梅:《论贿赂犯罪的破窗理论与零容忍惩治对策》,载《法学评论》2009年第4期。

121. 王作富、陈兴良:《受贿罪构成新探》,载《政法论坛》1991年第1期。

122. 魏昌东:《腐败治理模式与中国反腐立法选择》,载《社会科学战线》2016年第6期。

123. 魏昌东、钱小平:《当代中国寻租型职务犯罪衍生机理与控制对策》,载《社会科学》2006年第1期。

124. 魏昌东:《〈刑法修正案(九)〉贿赂犯罪立法修正评析》,载《华东政法大学学报》2016年第2期。

125. 魏昌东、周亦扬:《论交易性本质对受贿罪构成的影响》,载《南京大学学报(哲学·人文科学·社会科学版)》2002年第6期。

126. 魏东:《对腐败犯罪"老虎苍蝇一起打"的刑事政策考量》,载《甘肃政法学院学报》2014年第2期。

127. 魏晓娜:《完善认罪认罚从宽制度:中国语境下的关键词展开》,载《法学研究》2016年第4期。

128. 吴传毅:《法治政府建设的多维审视》,载《行政论坛》2019年第3期。

129. 吴传毅:《国家治理体系治理能力现代化:目标指向、使命担当、战略举措》,载《行政管理改革》2019年第11期。

130. 吴光升、南漪:《违法所得没收程序证明问题研究》,载《中国刑事法杂志》2018年第2期。

131. 习近平:《切实把思想统一到党的十八届三中全会精神上来》,载《求是》2014年第1期。

132. 习近平:《深刻认识全面建成小康社会决胜阶段的形势》,载《求是》2016年第1期。

133. 肖中华:《也论贪污罪的"利用职务上的便利"》,载《法学》2006年第7期。

134. 谢晓尧:《惩罚性赔偿:一个激励的观点》,载《学术研究》2004年第6期。

135. 辛向阳:《推进国家治理体系和治理能力现代化的三个基本问题》,载《理论探讨》2014年第2期。

136. 熊琦:《刑法教义学视域内外的贿赂犯罪法益——基于中德比较研究与跨学科视角的综合分析》,载《法学评论》2015年第6期。

137. 熊秋红:《从特别没收程序的性质看制度完善》,载《法学》2013年第9期。

138. 徐奉臻:《从两个图谱看国家治理体系和治理能力现代化》,载《人民论坛》2020年第1期。

139. 徐静村、潘金贵:《"污点证人"作证豁免制度研究》,载《人民检察》2004年第4期。

140. 徐湘林:《"国家治理"的理论内涵》,载《人民论坛》2014年第10期。

141. 徐湘林:《转型危机与国家治理:中国的经验》,载《经济社会体制比较》2010年第

5 期。

142. 薛澜等:《国家治理体系与治理能力研究:回顾与前瞻》,载《公共管理学报》2015 年第 3 期。

143. 杨雄:《对外逃贪官的缺席审判研究》,载《中国刑事法杂志》2019 年第 1 期。

144. 尤广宇、魏昌东:《从交易禁止到利益冲突:美国贿赂犯罪立法体系的建设路径》,载《国家检察官学院学报》2019 年第 1 期。

145. 尤广宇、张涛:《美国"影响公务型"利益冲突罪:肇因、根据与启示》,载《犯罪研究》2019 年第 1 期。

146. 游伟、谢锡美:《"为他人谋取利益"在受贿罪构成中的定位》,载《法学》2001 年第 8 期。

147. 于安:《论行政廉洁原则的适用》,载《中国法学》2016 年第 1 期。

148. 于安:《美国政府官员行为道德及其法律控制——浅说〈美国政府道德法〉》,载《国外法学》1988 年第 1 期。

149. 俞可平:《增量政治改革与社会主义政治文明建设》,载《公共管理学报》2004 年第 1 期。

150. 俞可平:《中国治理变迁 30 年(1978—2008)》,载《吉林大学社会科学学报》2008 年第 3 期。

151. 袁义康:《刑事缺席审判程序的合理性及其完善》,载《华东政法大学学报》2019 年第 2 期。

152. 岳向阳:《腐败犯罪被害人赔偿机制之构建》,载《人民检察》2014 年第 19 期。

153. 詹建红:《认罪认罚从宽制度在职务犯罪案件中的适用困境及其化解》,载《四川大学学报(哲学社会科学版)》2019 年第 2 期。

154. 张怀印:《19 世纪英国治理选举舞弊现象的法律规制及其借鉴》,载《湖南科技大学学报(社会科学版)》2008 年第 2 期。

155. 张力:《述评:治理理论在中国适用性的论争》,载《理论与改革》2013 年第 4 期。

156. 张明楷:《论受贿罪中的"为他人谋取利益"》,载《政法论坛》2004 年第 5 期。

157. 张明楷:《法益保护与比例原则》,载《中国社会科学》2017 年第 7 期。

158. 张伟兵:《发展型社会政策理论与实践——西方社会福利思想的重大转型及其对中国社会政策的启示》,载《世界经济与政治论坛》2007 年第 1 期。

159. 张宇燕、富景筠:《美国历史上的腐败与反腐败》,载《国际经济评论》2005 年第 3 期。

160. 张远煌、彭德才:《民众的腐败容忍度:实证研究及启示——基于世界价值观调查数据的分析》,载《厦门大学学报(哲学社会科学版)》2017 年第 1 期。

161. 张智辉:《论贿赂犯罪的刑罚适用》,载《中国刑事法杂志》2018 年第 4 期。

162. 赵秉志:《论中国非暴力犯罪死刑的逐步废止》,载《政法论坛》2005 年第 1 期。

163. 赵东坡:《论政府道德责任的来源与实现》,载《学习与探索》2014 年第 4 期。

164. 甄贞、杨静:《缺席审判程序解读、适用预期及完善建议》,载《法学杂志》2019 年第 4 期。

165. 郑永流:《法的有效性与有效的法——分析框架的建构和经验实证的描述》,载《法制与社会发展》2002 年第 2 期。

166. 郑勇、罗开卷:《职务犯罪的立法比较与借鉴》,载《上海政法学院学报(法治论丛)》2014 年第 3 期。

167. 周国均、刘蕾:《贿赂犯罪案件污点证人权利之保护——以〈联合国反腐败公约〉为视角》,载《比较法研究》2005 年第 5 期。

168. 周啸天:《职务侵占罪中"利用职务上的便利"要件之再解读——以单一法益论与侵占手段单一说为立场》,载《政治与法律》2016 年第 7 期。

169. 周银强:《论经济交往中腐败行为的民事损害赔偿制度》,载《大连海事大学学报(社会科学版)》2010 年第 3 期。

170. 庄尚文:《世界经济衰退背景下提升国家治理效能的政策审计探讨》,载《世界经济与政治论坛》2016 年第 6 期。

(二)外文论文

1. Antonia Argandoña, The 1996 ICC Report On Extortion and Bribery in International Business Transactions, *Bussiness Ethics, the Environment and Responsibility*, Vol. 6, 1997.

2. Beth Nolan, Public Interest, Private Income: Conflict and Control Limits on Outside Income of Government Officials, *Northwestern University Law Review*, Vol. 87, 1992.

3. Giorleny D. Altamirano, The Impact of the Inter-American Convention Against Corruption, *University of Miami Inter-American Law Review*, Vol. 38, 2007.

4. Harold C. Petrowitz, Conflict of Interest in Federal Procurement, *Law and Contemporary Problems*, Vol. 29, 1964.

5. John Hatchard, Combating Corruption: Some Reflections on the Use of the Offence and the Tort of Misconduct/Misfeasance in a Public Office, *Denning Law Journal*, Vol. 24, 2012.

6. J. Peurala, Assessing the Corruption Prevention Measures and the Bribery Criminalisations in the Finnish Anti-Corruption Framework, *European Journal of Crime, Criminal Law and Criminal Justice*, Vol. 19, 2011.

7. Luis F. Jiménez, The Inter-American Convention Against Corruption, *American Society of International Law*, Vol. 92, 1998.

8. Madeleine Leijonhufvud, Corruption—A Swedish Problem, *Scandinavian Study Law*, Vol. 38, 1999.

9. Michael Bogdan, International Trade and the New Swedish Provisions on Corruption, *The American Journal of Comparative Law*, Vol. 27, 1979.

10. Roswell B. Perkins, The New Federal Conflict of Interest Law, *Harvard Law Review*, Vol. 76, 1962.

11. Sebastian Wolf, Dark Sides of Anti-Corruption Law: A Typology and Recent Developments in German Anti-Bribery Legislation, *German Law Journal*, Vol. 17, 2016.